U0920807

珍藏本
纪念版

汉译世界学术名著丛书

# 俄国革命史

第一卷

〔苏〕列夫·托洛茨基 著

丁笃本 译

商务印书馆
SINCE 1897 The Commercial Press

2017年·北京

Л. Д. Троцкий

**ИСТОРИЯ РУССКОЙ РЕВОЛЮЦИИ**

根据纽约单子出版社 1976 年俄文版译出

# 汉译世界学术名著丛书
# （120 年纪念版·珍藏本）
# 出 版 说 明

2017 年 2 月 11 日，商务印书馆迎来 120 岁的生日。120 年前，商务印书馆前贤怀揣文化救国的理想，抱持“昌明教育，开启民智”的使命，立足本土，放眼寰宇，以出版为津梁，沟通中西，为中国、为世界提供最富智慧的思想文化成果。无论世事白云苍狗，潮流左右激荡，甚至战火硝烟弥漫，始终践行学术报国之志，无改初心。



逐译世界各国学术名著，即其一端。早在 20 世纪初年便出版《原富》《天演论》等影响至今的代表性著作，1950 年代后更致力于外国哲学和社会科学经典的译介，及至 1980 年代，辑为“汉译世界学术名著丛书”，汇涓为流，蔚为大观。丛书自 1981 年开始出版，历时三十余年，迄今已推出七百种，是我国现代出版史上规模最大、最为重要的学术翻译工程。

丛书所选之书，立场观点不囿于一派，学科领域不限于一门，皆为文明开启以来，各时代、各国家、各民族的思想与文化精粹，代表着人类已经到达过的精神境界。丛书系统译介世界学术经典，引领时代思想，为本土原创学术的发展提供丰富的文化滋养，为推动中国现代学术和现代化进程做出了突出的贡献。

为纪念商务印书馆成立120周年，我们整体推出“汉译世界学术名著丛书”120年纪念版的珍藏本，寄望既利于文化积累，又便于研读查考，同时向长期支持丛书出版的译者、编者和读者致以敬意。

两甲子后的今天，商务印书馆又站在了一个新的历史时间节点上。我们不仅要铭记先辈的身影和足迹，更须让我们的步伐充满新的时代精神。这是商务人代代相传的事业，更是与国家和民族的命运始终紧密相连的事业。我们责无旁贷，必须做好我们这代人的传承与创造，让我们的努力和成果不仅凝聚成民族文化的记忆，还能成为后来人可以接续的事业。唯此，才能不负前贤，无愧来者。

商务印书馆编辑部

2017年10月

# 目　　录

## 第一卷　二月革命

# 第　一　卷

# 二　月　革　命

# 俄文版前言 5

二月革命可算是地地道道的民主革命。从政治上看，革命是在两个政党——社会革命党和孟什维克领导下开展起来的。回到二月革命的“遗训”，直到如今还是所谓民主派的正式教条。所有这一切似乎为下面的想法提供了依据，即民主派的理论家应该抓紧对二月革命的经验进行历史和理论的总结，揭示其失败的原因，判定其“遗训”原本是由哪些成分构成的，以及经由什么样的途径来实现它们。何况，两个民主派政党有超过十三年的闲暇时光来做这件事，而且它们当中任何一个都拥有一群写作行家，有这些人无论如何也不能拒绝进行这样的尝试。然而我们始终还没有见到民主派作家撰写的任何一本值得注意的关于民主革命的论著。显然，妥协派政党的首领们不敢还原二月革命的发展进程，尽管在这次革命中他们也有机会扮演同样重要的角色。这会令人感到奇怪吗？不，一切都在意料之中。庸俗民主派的领袖越是大胆地以二
月革命的无形遗训的名义发誓，他们对待真实的二月革命的态度 6
就越小心谨慎。此外，他们自己在 1917 年好几个月时间里占据领导地位这一事实，恰恰是迫使他们不去正视当时时局的最主要的原因。原因就在于孟什维克和社会革命党（这个名称今天听起来多么富于讽刺意味！）的可悲角色不仅反映了其领袖的个人弱点，

而且还反映了庸俗民主派的历史退化与二月革命作为民主革命注定要失败的命运。

全部实质就在于二月革命仅仅是一具外壳，而十月革命的内核蕴涵在其中，——这也是本书的主要结论。二月革命的历史就是十月革命的内核怎样从自己的妥协主义外壳中剥离出来的历史。假如庸俗民主派人士有勇气客观地分析时局的进程，那么他们就很少能要求任何人回到二月革命去，就像不能要求谷穗回到长成了它的种子中去一样。这就是虎头蛇尾的二月制度的倡导者如今只好闭眼不看自己曾经达到过的历史顶峰的缘故，而这顶峰同时也是他们无能的顶峰。

诚然，可以举出以历史学教授米留科夫为代表的自由主义观点，因为它毕竟是试图要跟“第二次俄国革命”算账的。可是，米留科夫根本不掩盖他只不过是忍受了二月革命而已。大概不会有把国家自由主义保皇派算作民主派，哪怕是庸俗民主派的任何可能吧？事实上，当其他任何制度都不复存在时，它也不会基于同样的
7 理由与共和国达成和解吧？但是，即便把政治考虑置于一旁，米留科夫关于二月革命的著作无论从哪种意义上来说都不能视为科学著作。这位自由主义领袖在自己写的《历史》一书中显得像一个受害者，像一个原告，可就是不像一个历史学家。他的三卷本著作读起来就像是科尔尼洛夫分子覆灭的那些日子《言论报》冗长的社论一样。米留科夫指责所有阶级和所有政党都没有帮助他那个阶级和他那个政党把政权集中在自己手中。米留科夫还猛烈抨击民主派人士不愿意或者说不能够成为彻底的国家自由主义者。同时，他自己又不得不道明，民主派人士跟国家自由主义者走得愈近，他

们就愈会失去民众的支持。最后，除了指控俄国人民犯下了名为革命的那桩罪行以外，他什么也没有留下。在撰写自己的三卷本社论时，米留科夫还仍然力图在鲁登道夫的办公室里面寻找俄国内乱的罪魁祸首。众所周知，立宪民主党的爱国主义就是把俄国人民历史上最伟大的事件说成是德国代理人一手导演的，不过为了“俄国人民”的利益，它还是要极力把君士坦丁堡从土耳其人那里夺过来。米留科夫的历史著作正在适当地终结俄国国家自由主义的政治轨迹。

理解革命如同理解整个历史一样，可以只把它当作客观条件
制约的过程。民族的发展提出了这样的任务，不可能用除革命以
外的手段来解决它们。在某些时代，这类手段是那些把整个民族
都卷进悲剧旋涡的力量所强加的。没有什么比通过巨大的社会灾 8
难来教训人更为可怜的事情了。把斯宾诺莎的格言用在这里是特
别合适的：不要哭泣，也不要发笑，而要理解。

经济、国家、政治、法律等问题，但是与之并列的还有家庭、个性、艺术创作等问题，都要由革命重新提出，统统都要自下而上地重新审视。没有任何一个属于人类创造的领域是真正的民族革命经由伟大阶段不能进入的。这里顺便指出，这一点已经为历史发展的一元论提供了最有说服力的论据。在揭示社会全部结构的同时，革命会给社会学这个最倒霉的学科的基本问题投下一道清晰的亮光，而传统思想一直是用酸醋和践踏来供养这门学科的。经济和国家，阶级和民族，政党和阶级，个人和社会的问题在社会发生大变革时是带着极大限度的张力提出来的。如果说革命不能马上解决其自身产生的任何一个问题，而仅仅是创造解决这些问题

的新的前提，那么它也会把社会生活中的全部问题彻底暴露出来。认识的方法就是暴露的方法，而这在社会学领域比在其他任何领域都用得更多。

无须说明，作者的这部著作并非十全十美的。读者面对的主
要是一部革命的政治史。经济问题之所以被论及，那是因为它们
9 对于理解政治问题是必不可少的。文化问题则完全不在研究范围
之内。不过还是不能忘记，革命过程就是某些阶级为取得政权而
进行的直接斗争，就其实质而言也是政治过程。

至于专门叙述十月革命的《俄国革命史》第二卷，作者希望今年秋季能够问世。

列夫·托洛茨基

1931年2月25日于普林基波

# 前　言 11

1917年开头两个月，俄国还是处于罗曼诺夫王朝的统治之下。可是8个月以后，年初人们还知之甚少的布尔什维克就已经掌握了政权。即使在走向政权的时刻，他们的领袖仍在受到叛国罪的指控。在历史上再也找不出第二个发生如此急剧转变的革命了，假如没有忘记这里指的是一个拥有15000万人口的国家，那么情况尤其是这样。因此很明显，1917年发生的一系列事件，不管世人怎样看待它们，都是值得研究的。

革命的历史就像所有的历史一样，首先应当叙述它是怎样发生的。不过这还不够。从叙述本身得出的结论应当是明确的：为什么它是这样而不是那样发生。事件既不能看作一连串惊险故事，也不是穿在一根线上的、一连串充满偏见的说教。它们应该服从自己既有的规律。本书作者正是把揭示其规律看作自己的任务。

革命最不容争辩的特征就是群众对历史事件的直接干预。平时，君主制国家以及民主制国家都是凌驾于民族之上的；是这方面的专职人员——君主、大臣、官僚、议员、记者在支配历史。可是在那些转折关头，亦即当旧秩序根本不能为群众所忍受的时刻，他们就会摧毁把他们和政治舞台隔开的障碍，推翻自己的传统代表，用自己的干预为新制度建立出发阵地。这到底是坏还是好，让道德

家去评判吧。我们自己则要把握事实，认清它们是怎样被客观发展进程赐予的。对于我们来说，革命的历史首先是群众对掌握他
12 们自身命运的领域实行强有力干预的历史。

各个阶级都在笼罩着革命气氛的社会里进行战斗。但是非常明显，从革命开始到结束之间，在社会的经济基础方面，以及在阶级的社会基质方面所发生的变化，对于解释革命自身的进程是完全不够的，因为革命在这短暂的时间跨度里推翻了旧的国家机关，创建了新的机关，然后又再度推翻它。革命事件的进程直接取决于革命爆发前就已经形成的各个阶级的心理上迅速、紧张和剧烈的变化。

问题就在于社会没有根据需要像工匠修复自己的工具那样来改变自己的机关。相反，社会实际上把凌驾于自己之上的机关作为某种一成不变的东西接受了。在数十年时间里，反对派的批评仅仅是防范群众不满的安全阀和维持社会制度稳定的条件。例如，社会民主工党的批评一开始就具有这种原则性的意义。不依赖个人和政党意志的异常特殊的环境是必需的，因为它会由于不满而冲破保守主义的束缚，并且引导群众走向起义。

可见，革命期间群众的意见和情绪的急遽改变不是源自人类心理的灵活性与善变性，而是相反，它源自这种心理深刻的保守性。思想和态度常常落后于新的客观环境，直至其后果以灾祸的形式猛烈撞击人们时为止，这会导致思想和激情的突飞猛进。此种情况在具有警察头脑的人看来似乎就是“巧言惑众者”活动的简单后果。

群众不是拿着现成的社会改造计划，而是带着不能忍受旧制
13 度的强烈感受投入革命的。只有阶级的领导层才有政治纲领，不过这个纲领还需要得到时局的检验和群众的赞同。革命的基本政

治过程就在于一个阶级要了解从社会危机中产生的那些任务，就要按照不断接近的方式积极为群众指明方向。革命过程中的某些阶段，因一些政党被另一些更加极端的政党所取代而趋于稳定，在运动的势头还没有遇到客观阻碍之前，它们一直在显示向左转的群众的持续增强的压力。到革命阶级中个别阶层感到失望，冷淡情绪不断增长，以及反革命势力地位得到加强的时候，反动就会开始出现。至少过去历次革命的情况大体是如此。

只有在研究群众自己的政治过程的基础上才能理解我们极少有意忽视的那些政党与领袖的作用。尽管这些政党与领袖并不是构成这一过程的独立成分，然而毕竟是非常重要的成分。没有领导组织，群众的能量就会慢慢消散，犹如没有装在带活塞的汽缸里的蒸汽一样。但是，毕竟不是汽缸也不是活塞，而是蒸汽起推动作用。

在研究革命期间群众意识变化的道路上遇到的困难是十分明显的。被压迫阶级在工厂、兵营和乡村里，以及在城市的街道上创造历史。而且，他们极少有把历史记录下来的习惯。社会激情高度紧张的时期留给沉思和反省的余地总是很少的。所有的缪斯，甚至主司大众新闻的平民缪斯，尽管她有强壮的双翼，在革命时期也不得不陷于窘迫的境地。不过尽管如此，毕竟历史学家的处境绝不是毫无希望的。虽然记录是不完整的、零散的与带有偶然性的，但是从事件本身的角度来看，这些零碎的片段往往能让人推测出隐秘进程的演变趋势和节奏。无论是好还是坏，革命政党都要
在考虑群众意识变化的基础上制定自己的策略。布尔什维克的历 14
史道路证明，这样的考虑至少大体是行得通的。为什么在斗争旋涡中对革命政治家来说是行得通的东西，在事情过后的历史学家

那里会行不通了呢？

可是，从群众意识中产生出来的过程既不是独立存在的，也不是能够自主的。无论唯心主义者和折中主义者多么生气，意识毕竟还是要由现实生活来决定。在形成俄国及其经济形态、阶级结构与国家形式的历史环境中，以及在别的国家对它的影响下，二月革命和它的后继者——十月革命的前提应该说已经具备了。一个落后国家首先让无产阶级取得了政权，既然这个事实仿佛是最令人费解的，那么这个事实的谜底就只能事先在这个落后国家的特殊性当中，也就是在它与别国的区别当中去寻找。

作者在本书开头几章里叙述了俄国历史的特殊性及其所占的比重，内容包括俄国社会及其内部各种力量发展演变的简短提要。作者希望这几章不可或缺的概括不会把读者吓跑。读者将在本书后面的部分会在活生生的运动中见到同样的社会力量。

本书绝对不是依赖个人回忆写成的。作者身为当事人的事实并不能使他摆脱在严格核实文献资料基础之上完成自己叙述的责任。本书作者既然同样为事件的过程所驱使，因此以第三人称来称呼自己。而且这不是一个单纯的文学写作形式问题：自传或者回忆录里面难以避免的主观色彩在历史学著作中是不能容许的。

然而，作者是斗争参与者这个事实自然不仅令他容易理解个
15 人和集体当事人的心理，而且容易理解事件的内在联系。这种优势可以带来积极的结果，不过要遵守下面这个条件，那就是不指望单凭自己记忆的证据，不仅描述琐碎细节是如此，而且描述重大场面也是如此；不仅看待事实是这样，而且看待动机和情绪也是这样。作者认为他遵守了这个条件，尽管这在很大程度上取决于他本人。

剩下的问题是作者的政治立场。如今他作为历史学家坚持的观点就是他过去身为当事人所坚持的那些观点。当然，读者没有同意作者政治观点的义务，作者同样也没有任何理由隐瞒这些观点。但是读者有权利要求历史著作不要写成政治立场的赞美诗，而要描绘成有内在根据的革命真实过程的画卷。只有到了事件在字里行间展现出处于完全自然的必然性之中的时候，历史著作才是完全符合自己的使命的。

为了做到这一点，必需所谓历史学的“不偏不倚”？无论谁都还无法解释清楚，它应当包含些什么内容。那句广为引用的克里孟梭的话——必须 en bloc 即从整体上理解革命——即使最好也不过是个机敏的遁词。怎么可能宣布自己是整体的追随者呢？因为它的实质乃是分裂的。克里孟梭的格言部分是由于面对太坚毅的先辈感到惭愧，部分是由于这位后人在先辈的影子面前感到难堪。



当代法国反动的因而也是时髦的历史学家之一 L. 马德林是一个以沙龙聊天的形式大肆诽谤法国大革命，也就是诽谤法兰西民族诞生的人，他一口断定：“历史学家应当站在处于险境的城墙上，同时既看见包围者，又看见被包围者。”仿佛只有这样才能达到“宽容的正义”。但是马德林自己的著作表明，如果他真的爬上把两个营垒分开的城墙，那他就只能成为反动派的间谍。好在这里 16
谈论的是过去的营垒，要是革命时期待在城墙上就会伴随着巨大的危险。其实，在警报拉响的时刻，那些号称为“宽容的正义”献身的人通常是足不出户的，静候结局：胜利到底属于哪一方。

严肃的和有批判眼光的读者需要的不是虚伪的不偏不倚，因为它献给读者的是在底部调有进行仇恨反应的强效毒药的酒杯。读者需要的是科学上的诚信，这诚信在对事实的忠实研究，建立它们之间的真实联系以及揭示它们的运动规律的过程中为自己公开的和毫不掩饰的好感和反感寻求支持。这是唯一可能的也是不折不扣的历史客观主义，因为它不是由历史学家的良好愿望（何况这愿望也是靠历史学家本人担保的），而是由他所发现的历史进程自身的规律性来检验与证实的。

*　　*　　*

构成本书史料的是大量定期出版物、报纸杂志、回忆录、原始记录与其他文献资料，其中一部分是原稿，大部分还是由莫斯科和列宁格勒的革命史研究机构出版的。我认为在正文中一一说明个别资料引自何处是多余的，因为这只会给读者带来麻烦。在那些具有综合性历史著作特点的书籍当中，我利用了两卷本的《十月革命简史》（莫斯科—列宁格勒，1927 年出版）。各位作者为这部《简史》撰写的各部分文字价值不尽相等，但是不管怎样，它还是包含着丰富的史实资料。

17 作者书中提到的日期全是按照旧历，也就是说比公历，包括现今的苏联历法晚了 13 天。作者之所以非得采用这种历法，是因为在革命期间它是实际采用的历法。当然，任何一部相关著作改用新历记载日期不会有什么困难。不过这样做在消除了一个障碍的同时又产生了另外一些更加重大的障碍。例如，推翻帝制的革命是以二月革命这个名称载入史册的，可是按照西方的历法它是 3 月发生的。反对临时政府帝国主义政策的武装示威是以“四月危机”这个名称写进历史的，可是按照西方的历法它发生在 5 月。

不必多谈其他过渡性的事件和日期，我们只要指出十月革命按照欧洲的历法是发生在 11 月就够了。正如我们所看到的，历法本身染上了事件的色彩，因而历史学家不能凭借简单的计算来矫正革命的编年史。只不过读者最好要记住，在废除拜占庭历法之前，革命必须推翻使用这种历法的制度。

列夫·托洛茨基

1930 年 11 月 14 日于普林基波

# 19 第一章　俄国发展的特殊性

俄国历史最基本也是最稳定的特点就是其发展的迟缓性，以及由此相伴产生的落后的经济状况、原始的社会形态和低下的文化水平。

俄国居民生活在东方强风与亚洲入侵者长驱直入的一望无际的寒冷大平原上。在这样的自然环境中，他们注定要长期处于落后状态。他们跟游牧民族的斗争几乎持续到17世纪末，而他们跟导致冬季严寒和夏季干旱的强风的斗争直到今天也没有完结。作为整个发展基础的农业走上了粗放经营的道路：在北方，森林遭到砍伐和焚毁；在南方，亘古的草原被翻耕过来。一句话，对大自然的开发靠的是不断扩张规模，而不是深入挖掘潜力。

当年西方的野蛮人蜂拥踏进罗马文化的废墟，那里成堆的古老石块可以作为他们的建筑材料。与此同时，居住在东方单调大平原上的斯拉夫人却找不到任何文化遗产，因为他们的前辈一直处于比他们更低级的发展阶段。在自己的天然边界内迅速立住脚跟的西欧各民族创造出了工业城市的经济与文化结晶。东方大平原上的居民在人口刚显得有点稠密时就钻进了森林，或者迁徙到边远地区和草原地带去了。在西方，最富于进取精神和最精明能干的农民变成了市民、手工业者和商人；在东方，积极肯干和富有

勇气的农民只有一部分变成了买卖人，而更多的则成了哥萨克、边
疆戍卒和拓殖移民。在西方，出现了剧烈的社会分化过程；在东 20
方，这一过程被扩张政策耽搁和冲淡了。彼得一世的同时代人维柯写道："莫斯科的沙皇虽说是基督徒，却统治着一群惰性十足的臣民。"而"莫斯科人的惰性"恰恰是经济发展迟缓、社会关系原始以及国家历史贫乏的反映。

埃及、印度和中国的古代文明具有完全自给自足的性质，也延续了足够长的时间，以至尽管其生产力水平低下，却使其社会关系达到了如此完美的地步，就如这些国家的工匠使自己的产品所达到的那种完美程度一样。俄国不仅在地理上处于亚洲与欧洲中间，而且在社会与历史方面也是如此。它与西方欧洲国家固然有区别，但是与东方亚洲国家也不尽相同。在各个不同时期，它以各种不同的特征有时跟这一方相像，有时又跟另一方类似。东方带来了鞑靼人的压迫，从而给俄国的国家结构注入了一种重要成分。不过，西方仍然是对它威胁更大的敌人，却同时也是它的老师。俄国没有形成东方制度的可能，因为它总是不得不适应来自西方的军事和经济压力。

封建关系在俄国的存在素来被以前的历史学家所否认，但是却可以被后世的研究著作无可辩驳地予以证实。而且，俄国封建制度的基本成分与西欧是一样的，只不过俄国的封建时代不得不经过长期的学术争论才得以确立，这个事实足以证明俄国封建制度的先天不足，它的不成熟性以及它在文化遗产方面是多么地贫乏。

一个落后国家固然要吸收先进国家的物质和精神成果，可是

这并不等于它盲目地模仿后者，复制后者以往所有的发展阶段。
21 维柯及其后继者提出了历史周期不断重复的理论，该理论依据的就是对古老的前资本主义文明的考察，同时部分地依据了对资本主义发展初期经验的考察。文明发展的各个阶段在一个又一个新的发源地出现的一定程度的重复是与全部发展过程中的地域性与偶然性有效地联系在一起的。但是，资本主义则意味着对这些限制条件的克服。是它提供了并且在某种意义上实现了人类发展的普遍性与持续性。这种现象本身使得重复某些国家发展方式的可能性被排除了。那些被迫力图赶上先进国家的落后国家不会遵循常规次序，历史发展滞后的特权——存在着这样的特权——允许或者更确切地说是迫使它们在应定的期限之前吸收现成的文明成果，从而能跨越一系列过渡阶段。过去，野蛮人在没有走完连接两种武器所代表的不同时代的道路的情况下，就用步枪代替了弓箭。欧洲殖民者也不是在美洲从头重新复制历史的。德国和美国在经济上超过英国的事实正好是以它们的资本主义发展滞后为先决条件的。反之，英国煤炭工业出现的保守混乱状态恰似麦克唐纳及其朋友头脑里保守的混乱状态一样，都是对英国以往过于长久地充当资本主义盟主的惩罚。历史上起步较晚的国家的发展必然会导致历史进程中各个阶段的特殊叠合，其轨迹在整体上具有无序、复杂与混合的性质。

跨越过渡阶段的可能性当然不是绝对的，其程度归根结底取决于一个国家的经济规模和文化容量。而且，落后民族在采用外部现成的文明成果以适应自己比较原始的文明的过程中，往往会降低这种做法的效能。如此一来，文明同化的过程本身就具有了

矛盾的性质。因此，在彼得一世统治时期，对西方技术和训练的引 22
进，首先是在军队和手工工场方面的引进却导致了作为劳动组织基本形式的农奴制的强化。欧洲的武器和欧洲的贷款两者无可争议都是更高级文明的产物，却同样巩固了阻碍国家发展的沙皇制度。

历史的规律性与学究迂腐的公式之间毫无共同之处。不平衡性即历史发展进程最普遍的规律在后起国家的命运中显得更加显眼和复杂。在外部必然性的鞭策下，落后国家被迫实现了跨越。于是，从不平衡性这个包罗万象的规律中派生出另一个规律，由于它还没有比较合适的名称，不妨称之为叠合规律，其含义是发展道路上各个时期的相似，某些阶段的相互结合，古老的形式与最现代的形式的混合。没有这个当然是在其全部物质内容中体现出来的规律，就不能理解俄国的历史，以及所有总的说来属于第二、第三乃至第十层次的文明国家的历史。

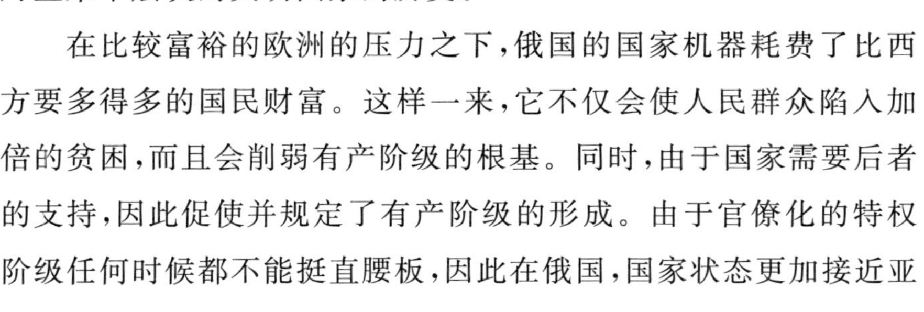

在比较富裕的欧洲的压力之下，俄国的国家机器耗费了比西方要多得多的国民财富。这样一来，它不仅会使人民群众陷入加倍的贫困，而且会削弱有产阶级的根基。同时，由于国家需要后者的支持，因此促使并规定了有产阶级的形成。由于官僚化的特权阶级任何时候都不能挺直腰板，因此在俄国，国家状态更加接近亚洲的专制制度。

从 16 世纪初开始就被沙皇正式采用的拜占庭专制制度，依靠普通贵族的支持制伏了封建大贵族波雅尔，并且使前者依附自己，又让它去奴役农民，以致拜占庭制度在这种基础上演变成了彼得堡皇帝的绝对专制。整个过程的滞后性由农奴制的发展充分表现 23

出来了，它是 16 世纪末产生的，在 17 世纪发育成形，18 世纪达到鼎盛阶段，直到 1861 年才从法律上废除它。

跟在贵族后面的是宗教界，它在沙皇专制形成过程中起过不小的不过又是完全辅助性的作用。在俄国，教会从来都没有上升到西方天主教所达到的那种支配高位。它对在专制制度下充当精神仆人的地位感到满足，还认为这要归功于自己的恭顺。主教和总主教仅仅是作为世俗政权的走卒而享有权力的。大牧首与沙皇一起共进退。在定都彼得堡时期，教会对国家的依附变得更加像奴才对主子的依附。20 万牧师和修道士实际上成了官僚队伍的一个组成部分，仿佛就是信仰领域的警察。由此得到的补偿是东正教获得了在信仰事务中的垄断地位，它的土地和财产得到了维护公共秩序的警察的保护。



信奉落后的救世主降临学说的斯拉夫主义的基础是：俄罗斯人民及其教会从头到脚都是民主的，而官方的俄罗斯——这是由彼得培植出来的德国官僚制度。关于这一点，马克思曾经指出："条顿的蠢驴们也完全同样地把弗里德里希二世等的专制主义归罪于法国人，好像落后的奴隶始终用不着文明的奴隶来进行必要的训练。"(《马克思恩格斯全集》第 28 卷，第 289 页)这段简短的评语不仅彻底终结了斯拉夫主义者的旧哲学，而且终结了"种族主义者"的最新启示。

不仅俄国封建主义的贫乏性，而且旧俄国的全部历史的贫乏性，在缺乏作为工商业中心的、真正中世纪城市的情况下，得到了更令人郁闷的反映。在俄国，手工业没有与农业成功地实现分离，仍旧保持着家庭手工业的性质。古时的俄国城市是贸易、行政、军事与领主生活的中心，因而也是消费中心，而不是生产中心。甚至靠近汉萨同盟而又没有经受鞑靼人统治的诺夫哥罗德也只是一座商业城市而非工业城市。诚然，分散于各地的农村手工业也经由大型贸易中介创造了需求。但是在社会生活中，俄国的行商无论如何也不可能拥有与自己的农民外围保持着不可分割的联系的西方手工业行会和中小工商业资产阶级所拥有的那种地位。俄国贸易的主要商路要经过境外，它们从上古以来就保证让外国商业资本掌握了控制权，全部周转领域都带有半殖民地性质，俄国商人在其中只是充当了西方城市与俄罗斯乡村之间的中间人。这种类型的经济关系在俄国资本主义阶段得到了进一步的发展，而且在帝国主义战争期间得到了更加极端的体现。



俄国城市的微不足道更有利于亚洲型国家的形成，这种情况同样排除了宗教改革的可能性，也就是排除了封建官僚式的东正教被任何一种适应资本主义社会要求的基督教现代变种所取代的可能性。反对国家教会的斗争没有超越农民的宗教派别，其中包括最强大的旧教徒派别分裂教派。

在法国大革命爆发之前 15 年左右，俄国爆发了以普加乔夫分子著称的哥萨克、农民和乌拉尔农奴工人的暴动。是什么原因没有让这次声势浩大的人民起义演变成一场革命呢？是没有第三阶层。没有城市的工业民主制，农民战争便不可能发展成革命，就像
农民教派不可能上升到进行宗教改革一样。普加乔夫起义结果适 25
得其反，作为贵族利益捍卫者的官僚专制制度得到了巩固，使得它在艰难时刻再次证明了自己存在的理由。

在彼得统治下正式开始的国家欧化在其后 100 年间越来越成

为统治阶级即贵族自身的要求。1825 年，贵族知识分子在政治上总结这种要求，实施了旨在限制专制权力的军事密谋。在欧洲资本主义发展的压力下，贵族中的进步人士企图代替国家所缺少的第三等级。然而他们终究只是打算把自由主义制度与自己那个等级的统治基础结合起来，因此他们极其害怕唤起农民。如果说密谋成了这些杰出却又孤立的、几乎未经战斗就已头破血流的军官永远值得纪念的事业，那是不足为怪的。十二月党人起义的意义就在这里。

拥有工厂的地主在本等级圈子里率先转向赞成用雇佣劳动取代农奴劳动。俄国谷物不断增长的对外输出也进一步推动了这一趋势。1861 年，贵族官僚依靠自由派地主实行了自己的农奴制改革，而软弱无力的资产阶级自由主义仅仅是作为应声虫参与了这次行动。无须我们说明，沙皇在解决俄国的根本问题——土地问题一事上比普鲁士王朝随后 10 年间解决德国的根本问题——民族统一问题显得更为小气，也更为狡诈。一个阶级的任务经由另一个阶级之手去加以解决，这就是落后国家特有的叠合方式之一。

不过，叠合发展的规律在俄国工业的历史与性质当中得到了更加不容争辩的体现。它产生得比较晚，也未经重复先进国家的发展
26 历程就进入了后者的行列，并且让先进国家的最新成就来适应自己的落后性。如果说俄国经济的进化就整体而言跳过了行会手工业时代和工场手工业时代，那么它的个别工业部门则实现了一系列机器生产阶段的部分跨越，这些阶段在西方算起来历时了好几十年。由此一来，俄国工业在某段时间里得到了异常迅速的发展。从第一次俄国革命到世界大战期间，俄国的工业产量大概增长了一倍。这

一点在有些历史学家看来可以作为充分的论据来证明如下结论："让人不得不抛弃落后与增长缓慢的奇谈。"[①]实际上超快增长的可能性恰恰是由落后性决定的，可叹惜的是，这种落后性不仅保持到了旧俄国消亡之际，而且作为后者的遗产一直保留至今。

一个国家经济发展水平的基本指标就是劳动生产率，不过它自身同样有赖于工业在国家整个经济中的比重。大战前夕，亦即沙皇俄国的繁荣到达顶点之际，按人均计算的国民收入比美国低了 8—10 倍，如果注意到俄国 4/5 的劳动力从事农业生产，而当时美国从事农业生产与从事工业生产的劳动力之比是 1∶2.5，那么上述情况就不足为怪了。还要补充一点，大战前夕，俄国每一百平方公里面积上只有 0.4 公里铁路，而当时德国有 11.7 公里，奥匈帝国也有 7 公里。其他方面的比例也差不多如此。

然而正是在经济领域，就如前面已经指出的那样，叠合发展的规律得到了最有力的体现。到革命爆发之际，俄国农业的主体部分才刚刚达到 17 世纪的水平，工业按其技术水平和资本构成却达到了先进国家的水平，而在某些部门甚至超过了先进国家。1914
年，人数在 100 人以下的小企业雇佣的工人在美国占全国工人总 27
数的 35%，而在俄国只占 17.8%。雇佣 100—1000 人的中型企业和大型企业，两者的比例大致相当。在美国，超过 1000 人的特大型企业雇佣的工人只占工人总数的 17.8%，而在俄国竟占到了 41.4%！就最重要的工业地区而言，后者的百分比还要高：彼得格勒达到了 44.4%，莫斯科甚至高达 57.3%。如果拿俄国工业同英

① 波克罗夫斯基教授的观点见本卷附录一。

国工业或者德国工业进行比较，也会得出类似的结果。这个我们在 1908 年首次弄清的事实很难被塞进有关俄国经济落后性的陈腐概念里去。不过这个事实也没有完全否定落后性的理论，而仅仅是对它进行辩证的补充而已。

此外，工业资本和银行资本在俄国实现融合的完备程度恐怕是其他任何国家都比不上的。不过，俄国工业对银行的依附则意味着它对西方金融市场的依附。重工业（冶金、煤炭、石油）几乎整个地被外国财政资本控制了，它们在俄国为自己建立了银行的辅助与中介系统。轻工业也步上了同样的道路。如果说外国人大约掌握了俄国全部股本的 40%，那么相对主要的工业部门而言，这个比例还要高得多。强调俄国银行、工厂的控股权操在外国人手里，可以说一点都没有夸张，其中英国、法国和比利时资本所持的
28 股份差不多超过了德国的一倍。



俄国资产阶级的社会属性与政治面貌是由俄国工业产生的环境和工业的结构决定的。工业生产高度集中本身就已经表明，在资本主义上层和人民群众之间不存在什么属于中间阶层的等级。支撑这个观点的根据就是最重要的工业、银行和运输企业的所有者都是外国人。他们不仅要在国外兑现从俄国攫取的利润，而且在外国议会当中施加自己的政治影响。同时他们不仅不推动争取俄国议会制民主的斗争向前发展，相反还总是阻碍这一斗争：只要让人回想一下法国官方所起的可耻作用就够了。这就是俄国资产阶级政治上陷于孤立及其反人民性质的尽人皆知和无法消除的原因所在。假如说它在自己的历史萌芽阶段要实现宗教改革还显得不太成熟的话，那么当需要它领导革命的时刻到来之际，它又显得

成熟过头了。

与国家总的发展进程相适应，输送俄国工人阶级的储备库不是行会手工业，而是农业，不是城市，而是乡村。在这种情况下，俄国无产阶级不是像英国无产阶级那样身后拖着往昔沉重的包袱，经历了好几百年时间才逐渐形成的，而是通过社会环境、各种联系与相互关系的急遽变化，通过跟昨天的剧烈决裂而突变形成的。正是因为这个原因，再加上与沙皇倍加沉重的压迫相结合，才使得俄国工人成了易于接受革命思想中最大胆的理论的人群，这与后起的俄国工业易于接受资本主义组织最新成就的情况非常相似。

俄国无产阶级总是反复再现自己简短的起源史。虽然在金属 29
加工行业，尤其是彼得格勒金属加工行业中，最终脱离了农村的世代无产阶级这一阶层已经定型，可是在乌拉尔，多数还是半无产阶级半农民的类型。每年从农村涌进各个工业区的工人新鲜力量在不断修复无产阶级同它的基本社会储备库（农村）之间的联系。

资产阶级政治上的无能是直接由它与无产阶级以及农民的关系的性质决定的。它不能带领工人跟自己走，因为工人在日常的生活中对资产阶级充满了敌意，而且很早就学会了怎样总结自己的使命。俄国资产阶级同样也不能带领农民跟自己走，因为共同的利害关系把它跟地主捆在一起了，它害怕失去无论何种形式的财产。这样一来，俄国革命的后发性也由此可见，原来不单是时间顺序问题，而且是国民的社会结构问题。

英国在完成清教徒革命时，它的总人口没有超过 550 万，其中有 50 万人生活在伦敦。大革命时期的法国有 2500 万人口，其中巴黎也是 50 万人。据测算，20 世纪初俄国的人口约为 15000 万，其中有 300 多万人住在彼得格勒和莫斯科。在这些拿来进行比较的数据后面隐藏着非常巨大的社会差异。不仅 17 世纪的英国，就连 18 世纪的法国也还见不到现代无产阶级。可是到 1905 年的俄国，在所有劳动部门，在城市和乡村就业的工人，据统计已经不少于 1000 万人，连同他们的家属则超过了 2500 万人，也就是说比大革命时期法国的总人口还要多。从克伦威尔军队中忠实可靠的手
30 工业者和独立农民，包括巴黎的无套裤汉，再到彼得堡的工业无产阶级，革命深刻地改变了自己的社会结构，改变了自己的社会方式，因而也改变了自己的社会目的。

1905 年的事件是 1917 年两次革命——二月革命和十月革命的序幕，但是正场演出中的全部角色都在这序幕中粉墨登场了，只不过没有坚持到最后。日俄战争动摇了沙皇制度，在群众运动蓬勃开展的背景下，自由资产阶级则利用自己的反对派立场来恐吓专制王朝。工人组织起来，不依附资产阶级，反而在当时第一次负有现实使命的苏维埃形式中与之对立。在国家十分广大的地域内，农民起来为土地而斗争。无论农民还是军队里的革命部队都倾向支持苏维埃，因为后者在革命走向高潮之际公开要从专制王朝手中夺取政权。但是，所有的革命力量都是首次登台，它们没有经验，也缺乏足够的信心。刚好在出现不足以撼动沙皇制度的形势，需要继续斗争推翻它的时刻，自由主义者示威性地疏远了革命。资产阶级——其实当时它已经把大部分民主知识分子吸引到了自己身边——跟人民突然分道扬镳使得专制制度得以比较容易地分化了军队，挑选出可靠的部队，并且血腥地镇压了工人和农民。虽然伤及了几根肋骨，但是沙皇制度还是完好无缺地从 1905

年的那场冲击中脱身了，而且还显得足够强壮。

在序幕和正场演出之间的 11 年时间里，历史的发展进程在力量对比方面究竟发生了哪些变化呢？沙皇制度进入了与历史发展要求愈加对抗的阶段。资产阶级在经济上变得更加强大了，不过正如我们已经看到的那样，这种强大倚靠的是工业的进一步高度集中和外国资本不断增强的作用。鉴于 1905 年教训的影响，资产阶级变得更加保守和多疑。中小资产阶级原先所占的不大的比例进一步降低。民主知识分子一般得不到任何稳定的社会支持。他 31
们所能拥有的只是过渡性的政治影响，不能发挥独立的作用，因此他们对自由资产阶级的依附极大地增强了。在这种情况下，只有年轻的无产阶级才能给农民提供纲领、旗帜和领导。无产阶级面临的如此宏伟的任务产生了创建特殊革命组织的紧迫要求，该组织要能立即吸引人民群众，使他们成为在工人阶级领导下有能力开展革命行动的力量。于是，1905 年建成的苏维埃在 1917 年得到了巨大的发展。这里我们还要指出，苏维埃不单纯是俄国历史滞后引发的产物，它还是叠合发展的产物。甚至下面这个事实也能证明这一点，即工业化程度最高的德国的无产阶级，在 1918—1919 年革命高潮时期也找不到除苏维埃以外的其他任何组织形式。

1917 年的革命仍然面临推翻官僚专制王朝的直接任务，但是它跟旧式的资产阶级革命不同，现在作为决定性力量出现的是一个新的阶级，这是一个在工业化高度集中的基础上形成的、用新的组织和新的斗争方式武装起来的阶级。在这里，叠合发展的规律在我们面前得到了极端的体现：革命从清除中世纪残余开始，在几

个月时间里它就让以共产党为首的无产阶级夺得了政权。

可见，从自己的初级任务来看，俄国革命是民主革命，不过它是根据新的纲领提出民主任务的。尽管工人在全国普遍建立了包括士兵和部分农民在其中的苏维埃，资产阶级还在就是否召开立
32 宪会议一事讨价还价。在叙述事态发展的过程中，这个问题十分具体地摆在了我们面前。这里作者只打算勾勒出在历史更替中苏维埃的革命的思想和形式的地位。

17 世纪中叶，英国资产阶级革命是在宗教改革的外衣下开展起来的，为争取按照自己的祈祷书进行祈祷的权利的斗争被混淆为反对国王、贵族、教会长老以及罗马的斗争。长老会教徒和清教徒都坚信：他们要把自己的尘世利益置于神圣的上帝可靠的庇护之下。在他们的意识里，新阶级为之奋斗的任务与圣经信条以及教会惯常礼仪的形式不可分割地结合在一起。移民们还把这个用血缘凝结起来的传统随身带到了海外。对基督教的盎格鲁—撒克逊式诠释的特殊生命力就是由此产生的。我们看到，今日大英帝国的“社会主义”大臣们怎样利用那些最具魔法效力的经文替自己的怯懦寻找借口，而 17 世纪的英国人曾经在这些经文中替自己的勇气寻找合法依据。

在没有经历过宗教改革的法国，作为国教的天主教一直存续到大革命爆发。法国革命不是在圣经条文中，而是在民主的抽象概念中替资产阶级社会的任务找到了说法和根据。法国现今的当权人物，无论他们对雅各宾党人如何仇恨，但事实总归如此：正因为罗伯斯庇尔的冷酷行为，他们才有机会利用某些法则继续掩盖自己的保守统治，而在往昔的某个时候，人们正是利用这些法则把

旧社会炸毁的。

上述每一次伟大的革命都打上了资产阶级新社会以及该社会各阶级意识新形式的印记。如同法国革命跨越了宗教改革一样，俄国革命也跨越了形式上的民主。需要在整个时代打上自己印记的俄国革命政党不是在《圣经》里面，也不是在“纯粹”民主的世俗化基督教当中，而是在社会各阶级的物质关系当中替革命任务寻 33
找依据。苏维埃制度给了这些关系以最简单、最公开和最透明的依据。劳动人民的统治第一次在苏维埃制度中得到了实现。无论这个制度最近发生了怎样的历史性蜕变，它就像宗教改革和纯粹民主在自己的时代一样，深深地渗入了群众的意识。

34

# 第二章　战争时期的沙皇俄国

俄国参加世界大战在动机与目标两方面都是自相矛盾的。展开血腥搏斗实质上是为了争夺世界统治权，就这点来看，战争对俄国而言不是它力所能及的。俄国自己的所谓军事目标（土耳其海峡、加利西亚、亚美尼亚）只具有地域的性质，它们只能附带加以解决，而且要看在多大程度上符合主要参战国的利益而定。

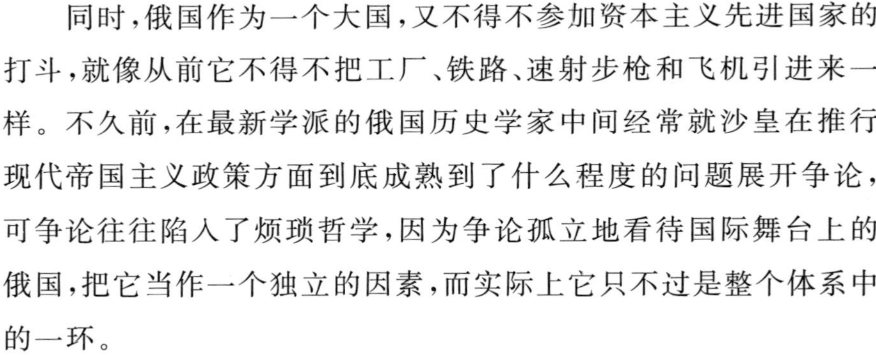

同时，俄国作为一个大国，又不得不参加资本主义先进国家的打斗，就像从前它不得不把工厂、铁路、速射步枪和飞机引进来一样。不久前，在最新学派的俄国历史学家中间经常就沙皇在推行现代帝国主义政策方面到底成熟到了什么程度的问题展开争论，可争论往往陷入了烦琐哲学，因为争论孤立地看待国际舞台上的俄国，把它当作一个独立的因素，而实际上它只不过是整个体系中的一环。

印度无论形式上还是实质上都是作为英国的殖民地卷入战争的。中国表面上是“自愿”介入的，但实际上是仆人参加主人的格斗。俄国的参战介于法国的参战与中国的参战之间。俄国以此来为得到与先进国家组成联盟、输入资本和按资本支付利息的权利付酬，也就是实际上为得到成为自己的盟国特别优待的殖民地的权利付酬，不过同时又为得到压迫和掠夺土耳其、波斯、加利西亚这些历来比俄国自己还要弱小和落后的国家和地区的权利付酬。
从自己的地位来看，俄国资产阶级这种具有双重性的帝国主义带 35
有世界上其他更强大势力国家的代理人的性质。

中国的买办是民族资产阶级的典型形式，后者在结构上属于外国财政资本与本国经济之间的代理中介类型。在全世界的国家等级中，直至战争爆发之际俄国的地位要比中国高得多。要是没有发生革命，它在战后究竟会处于一种什么样的地位，那是另外一个问题。不过，一方面是俄国的专制制度，另一方面是俄国资产阶级自身，两者都表现出越来越明显的买办特征。两者都是靠与外国帝国主义的联系生存和发育的，都是为后者效劳的。离开了它，它们便无法维持下去。不过即便有外国帝国主义的支持，它们其实也没有坚持到最后。为提成而工作的经纪人要靠自己主人的利润过活，从这个意义上说，半买办性的俄国资产阶级也拥有世界帝国主义的利益分成。

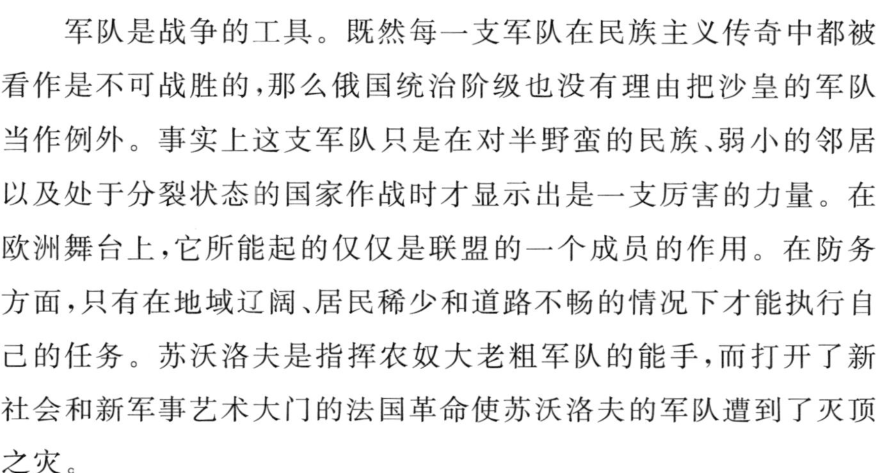

军队是战争的工具。既然每一支军队在民族主义传奇中都被看作是不可战胜的，那么俄国统治阶级也没有理由把沙皇的军队当作例外。事实上这支军队只是在对半野蛮的民族、弱小的邻居以及处于分裂状态的国家作战时才显示出是一支厉害的力量。在欧洲舞台上，它所能起的仅仅是联盟的一个成员的作用。在防务方面，只有在地域辽阔、居民稀少和道路不畅的情况下才能执行自己的任务。苏沃洛夫是指挥农奴大老粗军队的能手，而打开了新社会和新军事艺术大门的法国革命使苏沃洛夫的军队遭到了灭顶之灾。

农奴制的半废除和全面义务兵役制的确立使军队实现了与在

全国范围内程度相等的现代化。也就是说把国家的全部矛盾带进
36 了军队，而这个国家仍然面临着要完成自己的资产阶级革命的任务。不错，沙皇军队是按照西方的榜样建立起来的，但是这更多的是在形式上而不是在实质上。在农民士兵的文化水平与军事技术水平之间无法达到协调一致。俄国统治阶级的无知、惰性与狡诈在指挥机关里面得到了充分体现。在战争时期集中需求的面前，工业和交通经常显露出崩溃的迹象。仿佛是命该如此，开战的第一天，俄国军队很快就出现了不仅缺少武器弹药，而且缺乏长筒靴子的问题。在日俄战争中，沙皇军队已经暴露出它处在怎样一种状况。在反革命时期，专制王朝在杜马协助下充实了军需储备，给军队的漏洞打了许多补丁，其中也给它所向无敌的声誉补了不少破绽。1914 年，严峻得多的新考验终于来临了。



在军队的供给和经费方面，战争时期的俄国很快就暴露出自己对盟国奴仆般的依附性。这不过是它对先进资本主义国家全面依附在军事领域的反映。可是来自盟国的援助并没有挽回局面。弹药匮乏、生产弹药的工厂太少以及运送弹药的铁路网过于稀疏等等弊病使俄国的落后性转译成了失败这样一种通俗语言。这失败提醒俄国的国家自由主义者，由于它们的先辈没有完成资产阶级革命，以致他们的后人因此对历史欠下了一笔债务。

战争的最初日子就是耻辱的开始。经历了一系列局部灾难以后，1915 年春季，突然俄国发生了全线溃败。将军们把自己形同
37 犯罪的无能发泄到和平居民身上，辽阔的国土遭到了暴力的蹂躏，望不到边的人群被鞭子赶往后方。对外战争的溃败被国内的混乱局势进一步加剧了。

在回答自己的同事提出的关于前线令人忧虑的局势的问题时，陆军大臣波利瓦诺夫将军一字一句地回答说："我把希望寄托在难以通行的地带，无法走过的泥泞沼泽以及神圣的罗斯庇护者、圣徒尼古拉·米尔利基斯基的仁慈上面。"(在1915年8月4日会议上的讲话)过了一个星期以后，鲁兹斯基将军向那几位大臣承认："现代军事技术的要求对我们来说是力所不及的。无论哪一方面我们都赶不上德国人。"这不是一时的情绪冲动。军官斯坦凯维奇把这段话转述为军事工程师的语言："同德国人作战是毫无希望的，因为我们什么也没能做到。甚至新的作战手段也变成了我们失败的原因。"这样的批评真的是不胜枚举。

俄国的将军们唯一有魄力干的事情就是不断地从国内调取人肉，而他们动用牛肉和猪肉时却无比地吝啬。像尼古拉·尼古拉耶维奇手下的雅努什凯维奇和沙皇麾下的阿列克谢耶夫这样一些司令部里毫无价值的庸人利用新动员掩盖所有的漏洞。每当需要一队队战士的时候，他们就用一串串数字来安慰自己和盟国。战争期间，大约有1500万人被动员上了前线，他们塞满了火车车库、营房和转运兵站，挤作一团，人们不停地跺脚，互相踩踏，互相敌视和互相咒骂。如果说，这些人对前线还不过是虚幻的数字，那么在后方他们则是极为有效的破坏因素。大约有550万人阵亡、负伤或做了俘虏。逃兵的人数一直在不断增加。早在1915年7月，大臣们就在诉苦："可怜的俄罗斯啊，就连她的军队也一样可怜。昔日这支军队曾经用胜利的雷霆震撼过整个世界……同样是这支军队，如今看来却是由一群胆小鬼与逃兵组成的。"

与此同时，那些用绞刑行刑人的口气讥讽"将军们撤退的勇气"

38 的大臣自己当时却花费大量时间来争论下面的问题：是不是要把圣徒的遗骨从基辅搬出来？沙皇认为这没有必要，因为“德国人不会冒险触犯它们的，如果这样做，那德国人就要倒大霉了”。可是正教院已经在做这样的结论：“我们撤出的时候，就得把最宝贵的带走。”这不是发生在十字军东征的时代，这是在 20 世纪，也就是在能通过无线电把俄军战败的消息播出去的时候。

说到俄国对奥匈帝国的胜利，其实基于奥匈帝国的原因比俄国更多。正在走向崩溃的哈布斯堡王朝早就提出了对掘墓人的需求，因此不必对掘墓人提出多高的要求。我国过去也曾取得过对那些内部处于瓦解状态的国家，如土耳其、波兰或者波斯的胜利。跟奥匈帝国对阵的俄军西南战线取得过使其与其他战线相比显得特别不同的巨大胜利。在这个地方，战事是由几位将军推动的，虽然他们确实没有什么能证明自己的军事才能，但是他们至少没有从头到脚都浸透那些屡战屡败的军事指挥官身上的宿命论。在这批人当中，后来还出现了一些国内战争的白卫“英雄”。

大家都在寻找，该把罪责推给谁。有人总是把它归罪于从事间谍活动的犹太人。同时肆意攻讦那些带有德国姓氏的人。尼古拉·尼古拉耶维奇大公的司令部就以充当德国间谍的罪名枪毙了宪兵上校米亚索耶多夫，可是看来他并不是一个间谍。陆军大臣苏霍姆林诺夫也被逮捕了，其实他只不过是一个微不足道而又不修边幅的人物。以叛国的罪名指控他可能也不完全是空穴来风。英国外交大臣格雷对俄国议会代表团团长说：既然在战时以叛国的罪名指控陆军大臣，看来你们的政府很有勇气。大本营和杜马用亲德主义来指责宫廷。大家都共同忌妒盟国并且憎恨它们。法

国的指挥机关很爱惜自己的军人，却让俄国士兵备受打击。英国
也慢慢行动起来了。彼得格勒的客厅和前线司令部流行着一则中 39
听的笑话："英国发誓要坚持到流尽……俄国士兵的最后一滴血。"这类笑话散布到了下层民众中间，也传到了前线。"一切为了战争！"政府大臣、杜马代表、三军将领、新闻记者都在这样喊。"对啦，"士兵们在战壕里沉思，"他们仍然准备战斗到流尽最后一滴……我的血。"

俄国军队在战争期间阵亡的人大约有250万，比任何一个参战国都多，或者说占到了协约国军队损失总数的40%。最初几个月，士兵们还没来得及多想或者想得很少就死在了炮弹之下。但是他们在那里日复一日地积累着因没有良好指挥而给下面带来的痛苦经历。他们根据跟不上战斗步伐的、漫无目的的调动次数和难以下咽的饭菜数量测算将军们到底混乱到了何种程度。从人和物的血腥混杂中产生了一个综合性词汇："荒谬。"士兵语言中的这个词汇后来被其他更富表现力的词汇取代了。

农民组成的步兵崩溃得最快。总的看来，工厂工人所占比例较高的炮兵具有更容易接受革命思想的特点，在1905年就鲜明地反映出来了。如果说1917年事情正好相反，炮兵显得比步兵更加保守，那么原因就在于一切新来的和一切训练较少的人就像过筛子一样从步兵队伍里流失了；而炮兵遭受的损失要小得多，因而保留了旧有的骨干，同样的现象在其他专业部队里也看得到。但是到最后，炮兵也出毛病了。

从加利西亚撤退的时候，俄军总司令发布了一道秘密命令：对犯有开小差和其他违法行为的士兵要施行用树枝抽打的刑罚。对

此，士兵彼雷科是这样描述的：“对犯有最轻微的过失，比如擅自离
40 开队伍只几个钟头的士兵也开始用树枝抽打，而有时简直是为了借助树枝来提振士气，随便采用鞭刑。”早在 1915 年 9 月 17 日库罗帕特金所写的笔记就引用了古契柯夫说过的一段话：“开始时，下级军官怀着满腔热情去投身战争，现在热情消退了，而且由于经常打败仗而丧失了胜利的信心。”就在这前后，内政大臣在批评有 3 万已经伤愈的士兵依旧滞留在莫斯科一事时说道：“这是一群暴躁无比的流民，他们不遵守任何纪律，四处胡闹，还向警士挑起冲突（不久前就有一名警士被士兵打死），甚至劫走被捕者，等等。在出现混乱的时候，这些暴徒全都会跑到民众一边去，这是毫无疑问的。”还是那位名叫彼雷科的士兵写道：“大家普遍关心的仅仅是和平……至于谁获得胜利，以及实现怎样的和平——这是军队很少关心的。不论什么样的和平都是它所需要的，因为它已经被战争弄得筋疲力尽了。”

护士 C. 费多尔琴科是一个善于观察的女人，她暗中听到的士兵们的闲谈议论差不多就是他们的真实想法。她用纸把听到的如实记录下来了，后来据此写成了一本小册子：《战争中的人民》。这本书让人们看到了那样一个实验室，里面的炸弹、铁丝网、窒息性的瓦斯和政府的卑劣行为在长达数月的时间里促成了数以百万计俄国农民的觉醒。实验室里与累累白骨陈放在一起的古老偏见已经嘎吱作响了。在许多由士兵自己创作出来的格言里，已经出现了后来国内战争时期流行的口号。

1916 年 12 月，鲁兹斯基将军抱怨说，里加是北方战线的灾难。像德文斯克一样，这里也是“进行成功鼓动的老巢”。布鲁西

洛夫将军则证实，部队从里加地区撤出时纪律荡然无存，士兵拒绝向前冲锋，甚至把一个连长挑在刺刀上，为此只得枪毙了好几个人，等等。与军官团关系密切并且访问过前线的罗将柯也承认："早在革命之前很久，军队彻底瓦解的土壤就已经存在了。"

本来，已经被拆散的革命危险分子在军队里几乎销声匿迹了。41
可是，随着不满情绪的普遍增长，他们又浮现出来了。作为惩罚，当局把罢工工人遣送到前线，结果增添了一大批宣传鼓动人员，而溃败为他们提供了难得的讲台。有一份密探报告写道："后方特别是前线的军队充斥着这样的分子，他们当中有些人可能成为暴动的积极力量，而另外一些人可能只是拒绝参加镇压行动……"彼得格勒省宪兵局于1916年10月上呈的报告称，根据地方自治联合会特派员的报告，军队里弥漫着的恐慌情绪和官兵之间极度紧张的关系甚至引发了流血冲突，到处都可以遇到成千上万的逃兵。"凡是接近军队的人势必会留下完整与确凿无疑的印象：军队的士气绝对瓦解了。"出于谨慎，报告又补充说，尽管这些报道中似乎有很多不太可信的成分，可是又不得不叫人信以为真，因为许多从作战部队回来的医生也用同样的口气做了报道。

后方的情绪跟前线是一致的。在1916年10月举行的立宪民主党代表大会上，大多数代表指出，"在所有居民阶层尤其是农村以及城市的贫困阶层中"，笼罩着普遍的冷漠，无人相信战争会有胜利的结局。1916年10月30日，警察司司长在一份情报通报中写道："在各地各个阶层中都观察到了类似的战争疲惫症和对尽快实现和平的渴望，无论缔结什么样的和约都没有关系……"

几个月后，所有这些老爷——代表和警察、将军和自治机构特派员、医生和前宪兵都将一致证实，革命消灭了军队中的爱国主义[①]，布尔什维克从他们手里夺得了实实在在的胜利。

42 * * *

在战时爱国主义大合唱中，立宪民主党人无疑扮演了主角。还是在1905年年底的时候，自由主义者就割断了自己同革命的不可靠的联系，从反革命时期之初又开始举起帝国主义的旗帜。一件事是从另一件事当中产生的：既然不能通过肃清国家的封建主义残渣来保证资产阶级的优势地位，那么就只有与专制王朝及贵族结成联盟，以保证资本主义在世界舞台上占有更好的地位。如果世界灾难真的是由各个方面的因素酿成的，以及它在达到一定程度之前甚至对于它最称职的组织者来说也是不可预料的，那么丝毫也不要怀疑，俄国的自由主义作为专制王朝外交的怂恿者在促成这场灾难的过程中占据的位置并非是最末的。1914年，俄国资产阶级的领袖有充分理由欢迎这场作为自己的战争的战争。1914年7月26日，在国家杜马的庄严会议上，立宪民主党团的代表宣布："我们不提出任何条件和要求，我们只不过在衡量战胜敌人的坚强意志。"于是在俄国，举国团结一致变成了官方的教条。在莫斯科举行爱国主义示威的日子里，首席礼仪官本肯多夫伯爵对各国外交官宣布："这就是你们看到的革命；柏林方面向我们预言的革命。"对此，法国大使巴列奥洛格解释说："类似的想法看来

① 本书中"爱国主义"一词的含义基本上是指支持沙皇政府与临时政府追随协约国进行战争的立场，是跟"国际主义"对立的贬义词。列宁多用"护国主义"来表述这一立场，托洛茨基此书中"护国主义"的提法只偶尔出现。——译者

占据了所有人的心。”人们似乎在彻底排除了幻想的局势中把培养和播种幻想当成了自己的义务。

促人觉醒的教训势必不会等很长时间。战争打响以后不久，最沉不住气的立宪民主党人之一、律师兼地主罗季切夫就在该党中央委员会会议上深有感慨地说：“难道你们真的以为靠这帮傻瓜就可以取得胜利吗？”事实证明，靠傻瓜的确是不能取得胜利的。43
自由主义丧失了一半的胜利信心，它力图利用战争的惯性来清除宫廷佞臣，迫使专制王朝实行妥协。用来达到这个目标的主要武器就是指控宫廷党是亲德分子和单独媾和。

1915 年春，即缺乏装备的部队全线败退之际，在并非没有盟国压力的情况下，政府圈子里的人做了一个决定：吸收私营企业主来参与为军队服务的工作，并且为此设立了一个特别会议。与政府官员一起参加这个会议的有最具影响力的工业活动家。战争初期出现的地方自治和城市联盟与 1915 年春成立的军事工业委员会成了资产阶级在争取胜利和权力的斗争中的立足阵地。依靠这些机构的国家杜马必定更有信心来充当资产阶级与专制王朝之间的调停者。

但是，广阔的政治前景并没有使人们把视线从沉重的时代任务上引开，从特别会议流出的足以构成天文数字的亿万财富如同从中央储水池流出的水一样，通过一条条分支渠道源源不断地滋养着工业部门，以及通过同样的路径喂饱了无数贪得无厌的胃口。1915—1916 年某些军用工业部门的利润经由国家杜马的报刊张扬出来了：莫斯科的自由派纺织工厂主里亚普申斯基的公司获得了 75％的纯利润，特维尔纺织厂的纯利甚至高达 110％；科利丘金

名下固定资金只有 1000 万卢布的轧铜工厂的利润却超过了 1200 万卢布。在这一部分的经济成分中，爱国主义美德得到了慷慨而又及时的奖赏。

44　各种类型的投机和交易所里的赌博都在亢奋发作。从血腥的泡沫里产生了巨额财富。首都面包和燃料的短缺并不妨碍宫廷首饰匠法布尔热夸耀他从来都没有现在这么红火的生意。皇室家庭教师维鲁博娃提到，无论哪个季节都没有像 1915—1916 年冬天那样定做了那么多的贵重服装，卖出了那么多的钻石。夜间活动场所快要被后方的英雄、合法的逃避兵役者和简直算得上是大人物的人挤破了。对于上前线来说，他们太老了；可是就享受生活的乐趣而言，他们还算是年轻的。在灾难年头宴饮作乐，大公们并不是最后到场的出席者。谁也不在乎一掷千金。连绵不绝的金雨从天上纷纷落下来。“上流社会”伸出了手臂和钱袋，贵夫人则把裙摆高高撩起。所有这些人——银行家、军需官、工业家、沙皇和大公的芭蕾舞演员、东正教主教、宫廷女官、自由派代表、前线和后方的军官、激进的律师、男女贵族伪君子以及他们为数众多的侄儿外甥尤其是侄女与外甥女都踏着血污噼啪作响。大家都在伸手掠取，大吃大喝，生怕上天赐予的甘霖会停止降落，而且大家都怒气冲冲地斥责过早实现和平的可耻想法。

共同的利益、对外作战的失败、国内的危机促使有产阶级各个政党彼此互相接近。战争前夕本已四分五裂的杜马在 1915 年就形成了一个名为“进步联盟”的爱国主义反对党多数派。联盟的正式目的，不用说就是它所宣布的：“满足战争带来的需要。”左边的社会民主工党成员和劳动派分子没有参加这个联盟，右边公开的黑帮团体也没有参加。杜马中其余所有派别——立宪民主党、进步分子、十月党三派、中央党和一部分民族主义者都加入了这个联盟，或者像波兰人、立陶宛人、穆斯林、犹太人等民族主义团体一样追随它。为了避免用责任内阁的模式来吓唬沙皇，联盟要求建立“由享有全国信赖的人士组成统一政府”。内务大臣谢尔巴托夫公 45
爵当时在说明进步联盟的性质时，便把它视为“因担心社会革命而出现的临时联合”。对于理解这一点来说，其实并不需要多大的智慧。立宪民主党的首领、因而也等于是反对派联盟的首领米留科夫在该党代表大会上说过：“我们正行走在火山上……紧张程度达到了极限……不小心丢下一根火柴就足以引发一场可怕的大火……现在比过去任何时候都更加需要一个强硬的政权，不管它是怎样的政权，也不管是好是坏。”

在遭到惨重失败的压力之下，沙皇会做出让步的希望是如此之大，以至在8月份的自由主义报刊上登载了一份已经拟议好的“信任内阁”名单。由杜马主席罗将柯出任首相（据另一则消息报道，地方自治联合会主席李沃夫看中了这个职位），古契柯夫出任内务大臣，米留科夫则出任外交大臣，等等。一年半以后，这些命定要同沙皇联手反对革命的人物中大部分变成了“革命”政府的成员。历史允许出现这类偏离正轨的现象已经不止一次了，而这一次开的玩笑结果至少是十分短暂的。

戈列梅金内阁的大多数大臣被事态发展所吓坏的程度并不亚于立宪民主党，于是同意与进步联盟达成协议。“政府没有为自己赢得任何信任，无论最高权力执掌者还是军队、无论城市还是地方自治联合会，无论贵族还是商人及工人，都不信任政府——它不仅无法正常开展工作，而且难以生存下去，这是尽人皆知的荒谬现象。”谢尔巴托夫公爵 1915 年 8 月用这段话来评价当时的政府，他本人就在这个政府中担任内务大臣。外交大臣萨佐诺夫则这样说道：“即使仅仅是做出更恰当的安排和找到摆脱困境的办法，那么
46 立宪民主党也要首先走向妥协。米留科夫是最大的资产者，他比谁都害怕社会主义革命。大多数立宪民主党人的确在为自己的资产担忧。”至于米留科夫本人，他果然认为，进步联盟必须做出“某种让步”。因而双方准备讨价还价，而且事情看起来进展得相当顺利。可是，大臣会议主席戈列梅金，一个为年岁和荣耀所累的官僚，一个在两场牌局之间操弄政治的和用战争“与他无关”的遁词来推卸所有指责的年迈犬儒主义者，8 月 29 日携带报告去大本营晋见了沙皇，并且带回消息说，一切人事安排一仍其旧，唯有固执的杜马除外，它必须于 9 月 3 日解散。杜马会议连一声抗议都没有发出，听完沙皇解散杜马的上谕以后，在全体代表向沙皇发出“乌拉”的欢呼声中散会了。

自认为可以不倚靠任何人的沙皇政府此后怎么又能维持了一年半以上的时间呢？俄国军队的暂时胜利无疑起到了自己的作用，这一作用又为丰沛的金雨的作用加强了。前线的胜利固然很快就消失了，可后方的盈利仍在继续。不过专制王朝直至它被推翻前的 12 个月之内仍然稳固的主要原因就在于民间的不满发生了严重分化。莫斯科暗探局局长报告说，资产阶级的右倾是在“对战争结束以后可能发生的过激革命行为的恐惧”影响下出现的。如此看来，在战争时期，革命依然被认为是不可能发生的。此外，“有些军事工业委员会的领导人在向无产阶级献媚”使工业家惊恐

不安。宪兵上校马丁诺夫(他攻读马克思主义文献并非没有留下痕迹)得出的总的结论声称,政治形势得到一定程度改善的原因乃是“社会阶级发生了越来越进步的分化,从而暴露出它们在利益方面的尖锐矛盾,这在情绪激动的时候尤其能敏锐地觉察到。” 47

1915年9月解散杜马是对资产阶级而不对工人阶级的直接挑衅,可是就在自由主义者的确不是很热烈高呼“乌拉”而散会的时候,彼得格勒和莫斯科的工人则用抗议罢工予以回击。这令自由主义者更加冷淡了,他们最害怕的是不请自来的第三方会妨碍他们同专制王朝之间的家庭对话。可是下一步该怎么办呢?面对其左翼的温和抱怨,自由主义为自己选择了曾经应验过的做法:绝对站在合法的立足点上,并且通过履行爱国主义职能让官僚们成为“仿佛多余的人”。至于那份自由主义内阁的名单,无论如何也只好束之高阁了。

与此同时,形势自然而然地恶化起来了。1916年5月,杜马重新召开,但说实话,谁也不知道这是为了什么。杜马无论什么时候都不打算号召革命,而除此之外,它什么都没有说。罗将柯后来回忆说:“在这个会期里,日常工作萎靡不振,代表们懒懒散散地前来开会……长期的奋斗毫无结果,政府什么都不愿听。混乱在滋长蔓延,国家也在一步步走向毁灭。”由于资产阶级对革命心存恐惧,加上没有经过革命的资产阶级软弱无力,以致君主制度在1916年期间似乎又得到了社会的支持。

临近秋季的时候,形势变得更加紧张起来了。战事毫无希望,对于大家来说,这已是有目共睹的事实了,人民群众的愤怒眼看就有越过极限的危险。自由主义者像以往那样继续攻击宫廷党的

“亲德主义”，同时也在为自己的明天盘算，此刻它认为有必要探索和平的可能性。只有这样才能解释清楚进步联盟的领袖之一、杜马代表普罗托波波夫于 1916 年秋在斯德哥尔摩与德国外交官瓦
48 尔堡举行的斯德哥尔摩谈判。对法国人和英国人进行了友好拜访的杜马代表团在巴黎和伦敦不难亲身确认，亲爱的盟友算定要在战时榨尽俄国最后的油水，以便使这个落后国家成为自己从事经济剥削的主要场所。坐在获胜的协约国拖船上的伤痕累累的俄国就等于是殖民地的俄国。不会给俄国有产阶级留下别的出路，除非它利用两个强大阵营对抗的局面努力从协约国令人窒息的怀抱中挣脱出来，并且找到独自走向和平的道路。作为踏上这条道路的第一步，杜马代表团团长同德国外交官会晤就意味着对盟国的威胁，其目的是要争得让步，同时也是试探与德国互相接近的实际可能性。普罗托波波夫不仅是遵照沙皇外交界（会晤时有俄国驻瑞典大使在场），而且是遵照整个国家杜马代表团的意图行事的。自由主义者利用这种试探方式顺便追求相当重要的国内目标。他们向沙皇暗示：只要依靠我们，我们就会为您安排一个比施秋梅尔更好和更可靠的单独媾和局面。根据普罗托波波夫的同时也是其怂恿者的计划，俄国政府应当“提前几个月”知会盟国，我们将不得不停止战争，而且，如果盟国拒绝进行和平谈判，那么俄国势必会同德国单独缔结和约。在革命后撰写的自白当中，普罗托波波夫说到了这种仿佛什么也不用解释的情况：“在俄国，所有有理智的人，其中包括几乎全部‘人民自由党’（即立宪民主党。——托洛茨基）的领导人都确认，俄国不可能把战争继续进行下去。”

普罗托波波夫回国后向沙皇报告了自己的行程与谈判情况，

沙皇对单独媾和的想法表示完全赞同。他只是还没有看到把自由 49
主义者吸引到这项事业中来的理由是什么。于是，普罗托波波夫本人顺势断绝了跟进步联盟的关系，加入了宫廷佞臣的行列。至于这个事件，只要看看普罗托波波夫的花花公子个人性格就明白了。用他本人的话来说，他迷上了沙皇和皇后，顺便也迷上了意外得来的内务大臣职位。可是，普罗托波波夫背叛自由主义的插曲丝毫没有改变自由主义对外政策总的含义——贪婪、吝啬、怯懦与背信弃义的混合物。

11 月 1 日，杜马重新复会，国家的紧张形势变得不堪忍受了。人们期待杜马采取坚决的步骤。必须做点什么，或者至少说点什么。进步联盟再次做出不得不采用议会式揭露手法的样子。米留科夫每次在讲台上列举政府最主要的措施时，每次都重复同一个问题："这是愚蠢还是背叛？"其他代表也都在唱着高调。政府在这种场合几乎找不到替它辩护的人。于是它用自己的方式做出回答：禁止印发杜马那班雄辩家的演说辞。结果，它们竟因此散发出去了好几百万份。无论后方还是前线，没有政府的办事机构，那些附有洋溢着缮写员相应热情的附件的遭禁演说辞就不会在那里传抄。11 月 1 日辩论的反响就是如此，以致令告发者自己也感到不安和恐惧。

就在这个时候，受到 1905 年革命的镇压者杜尔诺沃鼓动，一些顽固的极右官僚向沙皇呈上了一份纲领性简要报告。这些受过严格警察式教育和阅历丰富的高官大员眼光还算不错，也够长远的，看到了某种恶果，也就是说如果他们开出的药方依然无效的话，那么原因就只能是旧制度的病症已经无药可医了。报告的作者明确反对向资产阶级反对派做出任何让步，这不是因为自由主义者如粗野的黑帮分子（高层反动分子居高临下地俯视着他们）所认为的那样愿意走得太远，情况并非如此。不幸之处就在于，自由
50 主义者是“如此衰弱和如此分裂，还必须直言不讳地说是如此无能，使得他们的胜利庆典也是如此短促，并且如此不牢靠”。主要的反对党“立宪民主党”的软弱已经由它的名称定下来了：它号称是民主政党，虽然按其实质是资产阶级的政党，不过在相当大程度上又是自由派地主的政党，所以它把强制赎回土地写进了自己的纲领。谋士们用他们惯用的方式写道：“如果没有这些从别人那里拿来的王牌，而且不是他们自己一整副牌，那么立宪民主党除了作为自由主义律师、教授和机关吏员人数众多的团体以外，什么也不是。”至于革命者则是另外一回事。简要报告咬牙切齿地承认革命政党的重要性：“这些政党的危险和力量就在于它们有思想，也有金钱（！），有自愿追随和组织良好的群众。”革命政党“有权得到绝大多数农民的同情，这些农民现在紧跟着无产阶级，因为革命的领导人把别人的土地指定给他们”。在这样的条件下，建立责任内阁会带来些什么呢？——“无非是完全彻底摧毁右翼政党，逐步吞并中间政党人士，如中央党人、自由主义保守派、十月党人以及初期可能起主要作用的立宪民主党内的进步主义者。可是同样的命运也会威胁立宪民主党……然后呢？然后是革命的群氓出场，建立公社，推翻君主政体，蹂躏有产阶级，最终会出现一个大老粗暴君。”不可否认，反动警察的仇恨在这里上升到了与众不同的历史预见。

这份值得肯定的简要报告的纲领并不新鲜，可是很彻底：由残

酷无情的专制制度拥护者组成政府，取消杜马，在两个首都实行特别戒严，为镇压暴动部署武力。这个纲领实质上在革命前最后几 51
个月期间成了政府政策的基础。但是它的成效要以 1905 年冬季杜尔诺沃掌握的那些武力为前提，可是到 1916 年秋季，它们不复存在了。因此，专制王朝企图不事声张地一步步让国家窒息而死。内阁按照“自己人”原则，即无条件忠于沙皇和皇后的人的原则进行了改组。可是这班“自己人”，首先就是变节者普罗托波波夫是微不足道的可怜虫。杜马没有被取消，但是再次休会。宣布在彼得格勒实行特别戒严的做法一直在藏着，直到革命已经取得胜利之际也没有动用，而为镇压暴动预备的武装力量结果自身也被暴动者控制了。两三个月后，所有这一切都显现出来了。

那时，自由主义为挽回局势做了最后的努力。有选举资格的资产阶级所有组织通过了一系列新的声明支持杜马反对派的十一月演讲。12 月 9 日，城市联盟做出的决议算是最果断的：“不负责任的罪犯和暴徒在为俄罗斯准备失败、耻辱和奴役。”国家杜马则召集会议予以响应：“在责任政府建立之前不会散会。”甚至国务会议这个官僚与大私有者的机构也赞成向享有全国信赖的当权人物发出呼吁。最后就连统一的贵族代表大会也提出了类似要求，这真是被苔藓封得严严实实的墓碑也开口说话了。然而什么变化也没有发生。专制王朝不愿意放弃手中剩余的权力。

经过反复犹豫和一再拖延以后，最后一届杜马的最后一期会议是从 1917 年 2 月 14 日开始的。此时距离革命的来临只剩下不到两个星期的时间了。人们在等待示威发生。在立宪民主党的机关报《言论报》上，与彼得格勒卫戍司令哈巴洛夫将军的禁止游行

52 示威的布告一起刊登出来的是米留科夫的一封信，他警告工人要拒绝“来历不明的、恶劣的和危险的”建议。尽管发生了罢工，杜马的开幕会议还是相当平静地应付了下来。杜马摆出一副它对权力问题不感兴趣的样子，同时开始讨论一个虽说是尖锐然而又是纯事务性的问题——粮食供应问题。罗将柯后来回忆说：“无能为力的杜马在徒劳无益的斗争中感到疲惫不堪了。”米留科夫则重申，进步联盟“将用言语而且只用言语发挥影响”。在二月的旋涡中，杜马就是如此作为的。

# 第三章　无产阶级和农民 53

俄国无产阶级在专制国家的政治条件下迈出了自己最初的步伐。法律禁止的罢工、地下小组、秘密传单、上街示威、同警察和军队发生冲突——这就是迅速发展的资本主义与迟迟不肯退出自己阵地的专制政体二者结合创建的培训课堂。工人集中于大企业，承受无比沉重的国家压迫，最后还有青年和新近加入无产阶级队伍的那些人的冲动，这一切导致了在西方十分罕见，而在俄国却成了斗争基本形式的政治罢工。

| 年　份 | 参加政治罢工的人数（单位：万人） |
|---|---|
| 1903* | 8.7 |
| 1904* | 2.5 |
| 1905 | 184.3 |
| 1906 | 65.1 |
| 1907 | 54.0 |
| 1908 | 9.3 |
| 1909 | 0.8 |
| 1910 | 0.4 |
| 1911 | 0.8 |

1912 …………………………………………………… 5.5

1913 …………………………………………………… 50.2

1914(上半年)……………………………………… 105.9

1915 …………………………………………………… 15.6

1916 …………………………………………………… 31.0

1917(1—2 月) ……………………………………… 57.5

＊1903 年和 1904 年的数字是全部罢工的参加人数,其中无疑多数是经济性罢工。

54 从本世纪初算起的工人罢工数据是俄国政治历史上最有教益的指标。尽管大家希望不要在正文里塞满数字,我也不能放弃引用这份 1903—1917 年间俄国政治罢工情况的表格。这些把内容压缩到最简单地步的资料只涉及工厂检查局管辖的企业,至于铁路、采矿、手工业和全部小企业,更不用说农业,由于各种各样的原因没有统计在内。但是这一时期罢工曲线的变化并没有因此显得不那么清晰。

摆在我们面前的是一条国家的政治温度曲线,在某种意义上来说这是唯一的曲线,正是在这个温度里孕育出伟大的革命。在这个无产阶级人数较少的落后国家,工厂检查局所辖企业 1905 年大约雇有 150 万工人,1917 年约为 200 万!因此可以说罢工运动达到了世界各地前所未有的规模。鉴于小资产阶级民主派的软弱性,以及农民运动的分散性与政治上的盲目性,工人的革命罢工就成了攻城槌,觉醒中的民族用它去敲碎专制制度的城墙。1905 年一年就有 184.3 万人参加了罢工。不用说,这里把多次参加罢工的工人重复统计在内了。即使我们对俄国的政治日历没有任何更多的了解,我们也能用手指指出表格上哪一年是革命的年份。

1904 年，即日俄战争的第一年，工厂检查局告诉我们总共只有 25000 人参加罢工。而 1905 年参加政治罢工和经济罢工的人数一共达到了 286.3 万人，也就是说相当于上一年的 115 倍！这种惊人的罢工现象本身引起了一种想法，即为时局进程所迫突然爆发出空前未有的革命积极性的无产阶级，不管付出多大代价都 55
必须产生与斗争的宏伟规模和任务相适应的组织：这就是在第一次革命中诞生的并且成长为总罢工和夺取政权斗争的机关——苏维埃。

1905 年十二月起义中失败的无产阶级在随后两年间努力通过英勇不屈的奋斗守住部分争得的阵地。就如罢工统计表所显示的那样，这两年还是跟革命直接衔接起来了，不过确实是退潮的两年。接下来的四年(1908—1911)在罢工统计学镜子里反映出来的是反革命获胜的年代。伴随而来的工业危机仍然在进一步削弱本来已经失血过多的无产阶级。退潮的深度与上涨的高度是对称的。全国的抽搐在这些简单的数字里留下了自己的痕迹。

1910 年开始的工业复苏让工人恢复了元气，并且给他们的能量提供了新的推动力。1912—1914 年的数据几乎重复了 1905—1907 年的资料，但是在次序上显得相反：它不是从高涨走向低落，而是从低落走向高涨。在新的更高的基础上(现在工人人数更多，也更有经验)发起了新的革命攻势。就参加政治罢工的人数而言，1914 年上半年的政治罢工次数明显接近第一次革命巅峰年份。但是战争突然爆发了，从而陡然中断了这一进程。战争最初几个月鲜明地体现出工人阶级政治上的静止状态，可是到 1915 年春，这种动弹不得的窘状已经在开始慢慢过去。政治罢工的新周期开始了。这个周期是由 1917 年 2 月工人和士兵的起义完结的。

群众斗争的剧烈高涨和低落使俄国无产阶级在好几年时间里
56 显得难以辨认了。此前两三年间，由于警察的某些专横行为就会引发全体罢工的工厂，如今完全失去了革命的面貌，并且毫无抵抗地忍受着当局最骇人听闻的罪行。严重失败的后果在很长一段时间内一再显现出来。革命人士失去了对群众的权威。尚未消亡的偏见和迷信在群众的意识里强化了。也就在这个时候，来自农村文化水平很低的移民冲淡了工人的队伍。怀疑论者讥讽地摇着脑袋。1907—1911 年间的情况就是如此。可是群众中微小变化的过程渐渐治好了失败造成的心理创伤。时局的新转折与潜在的经济推动力开启了新的政治周期。革命人士重新赢得了自己的听众。斗争在更高的层次上复兴了。

为了理解俄国工人阶级两个主要的派别，指出孟什维主义是在反动和低潮年代最终形成的这一事实是相当重要的，它主要依靠与革命脱离关系的熟练工人阶层，而在反动时期遭到严酷打击的布尔什维主义在战前数年新的革命浪尖上迅速壮大起来。“聚集在列宁周围的那些成分、组织和人员是最有效率、最有朝气、最有能力从事不懈斗争，从事抵抗的坚强组织。”警察司就是这样评价战前几年间布尔什维克的工作的。

1914 年 7 月，当外交官们把最后一颗钉子钉上为欧洲受难预备的十字架时，彼得格勒的革命洪炉一片沸腾。法兰西共和国总统普恩加莱向亚历山大三世的陵墓献花圈也不得不在街头斗争的最后余波和爱国主义游行示威的最初呼喊声中进行。

如果没有战争突然介入，1912—1914 年进攻性群众运动可能直接导致推翻沙皇制度吗？未必有人能够蛮有把握地回答这个问题。时局的发展进程不可避免地会导致革命，可是在这种情况下，要经历哪些阶段才能取得成功呢？还是不是有一种失败的结局在暗中等着它呢？为了唤起农民和争取军队，工人还需要等多久呢？对所有这些问题，我们只能进行推测。不管怎样，战争使时局的进程有了后续发展，因而更强有力地加速它进入最后阶段，保证它获得有毁灭能力的胜利。 57

随着第一声鼓角响起，革命运动渐渐平息下去了。工人当中最积极的阶层被征召入伍，革命分子被从工厂派往前线。很多人因为罢工遭到了无情处罚。工人报纸也被查封了。工会组织遭到取缔。成千上万的妇女、少年和农民被补充进了车间。战争，加上第二国际的破产，在政治上非常可怕地把群众引入了迷途，也为抬起了头的工厂管理人员以工厂的名义宣扬爱国主义提供了机会。他们迷惑了相当多的工人，使之追随自己，又迫使那些最勇敢和最坚定的工人在一边旁观不敢与人来往。革命思想只能在不大和沉默的圈子里勉强发出一些微弱的光线。这时，工厂里谁都不自称是“布尔什维克”，以免遭到逮捕，何况还会遭到落后工人的殴打呢。

由一批能力较弱的人组成的布尔什维克的杜马代表在战争爆发时表现很不称职。它与孟什维克的代表一道提交了一份声明，其中声称有责任“捍卫人民的文明财富，使之免遭无论来自何方的一切侵犯”。杜马用掌声强调了这种放弃立场的行为。党的国内组织和团体没有一个采纳公开的失败主义立场，而这个立场是列宁在国外郑重宣布的。不过，爱国主义者在布尔什维克中间并没

58 有占多大比例。与民粹主义者和孟什维克相反，布尔什维克从1914年起就已经开始在群众中开展反战的书面和口头宣传。布尔什维克的杜马代表很快就从惊慌失措中恢复过来了，并且重新开始革命工作。可是由于有一个奸细网，因此当局对他们的工作情况了如指掌。我们有足够的证据说，战争前夕党的彼得格勒委员会7个成员中有3个在为暗探局干事。沙皇统治者就是这样同革命玩捉迷藏游戏的。11月，布尔什维克全体杜马代表遭到逮捕。全国范围内开始了对党组织的普遍破坏。1915年2月，杜马党团的案件在高等法院开庭审讯。代表们显得十分谨慎，党团理论方面的权威加米涅夫像乌克兰中央执行委员会现任主席彼得罗夫斯基一样，表示要跟列宁的失败主义立场划清界限。警察司满意地指出，对代表们的严厉判决没有引发工人方面的任何抗议举动。

看来，是战争偷换了工人阶级，这种现象在很大程度上表现为：彼得格勒的工人队伍更新了百分之四十，革命的继承性戛然中断了。战争爆发前的事物，包括布尔什维克党团在内，都在向后倒退，几乎陷入了沉迷状态。然而就在毫无希望的沉寂中，在爱国主义甚至一定程度上还有专制皇权的外表下，新的情绪爆发在群众中逐渐蓄积起来了。

1915年8月，沙皇政府的大臣们奔走相告，说工人“在到处寻找为德国人的利益而变节、背叛与怠工的行为，集中精力追查导致我们在前线失败的罪魁祸首”。的确是在这期间出现的日益觉醒的群众的批评，部分是出于真心诚意，部分是为了染上保护色，不过往往都是以“保卫祖国”为出发点的。可是这个想法仅仅是出发

点。工人的不满为自己开辟了通向更深之处的道路，终于迫使工
长、黑帮工人和厂方的仆从不再吭声，同时让工人布尔什维克抬起 59
头来。

人民大众从批评转变为行动。愤怒情绪首先在因粮食供应问题而引发的骚乱中找到了发泄通道。在有些地方，骚乱带有地方性叛乱的形式。妇女、老人和孩子在集市与广场上感到自己比有服兵役义务的工人在工厂还要自主与勇敢。5 月，莫斯科发生了针对德国人的严重暴力事件。尽管参加者多半是在警察庇护下胡作非为的市民渣滓，然而暴行能够在工业中心莫斯科发生这事本身就证明，工人的觉悟程度还不足以把自己的口号和纪律强加给心绪不宁的小市民。遍布全国的粮食骚乱破坏了战争的感召力，并且为罢工铺平了道路。

由于大量非熟练工人涌进工厂以及对军事工业利润的贪婪追逐，导致了劳动条件的不断恶化与最为野蛮的剥削方式的复活。物价上涨自然降低了劳动报酬。经济罢工于是成了群众不可避免的反应，而且罢工延续得越久，也就会变得越猛烈。伴随着罢工而来的是群众集会，集会一般会做出政治性决议，跟警察发生冲突，引起枪击和牺牲的事也不少见。

斗争首先在中央纺织工业区展开。6 月 5 日，警察在科斯特罗马向织布工人开枪射击，结果造成 4 人死亡，9 人受伤。8 月 10 日，军队开枪镇压伊万诺沃—沃兹涅辛斯克的工人，导致 16 人丧生，30 人受伤。当地驻军的部分士兵也加入了纺织工人的行动。全国各地普遍举行罢工，抗议发生在伊万诺沃—沃兹涅辛斯克的枪杀事件。经济斗争以同样的方式蔓延开来，往往也是纺织

工人走在最前列。

60 与1914年上半年相比，运动在压力的强度与口号的鲜明方面后退了一大步。这并不奇怪，因为在工人领导阶层处于混乱的情况下，参加斗争的群众中间有相当多是生手。但是，从战时发生的首批罢工事件中，人们已经感觉到一场重大的战斗即将来临。8月16日，司法大臣赫沃斯托夫说："如果说现在还没有发生工人的武装行动，那完全是因为他们还没有组织。"戈列梅金说得更明确："工人领路人面临的问题是缺乏组织，它因逮捕5个杜马代表而被破坏。"内务大臣则补充说："（布尔什维克）杜马成员不能赦免，因为他们是工人运动最危险行为的组织核心。"在真正的敌人究竟在哪里一事上，这些人无论如何都不会犯错误。

与此同时，政府认为必须一如既往地打击工人革命的为首者即布尔什维克，甚至在最混乱的时刻和准备对自由主义做出让步的时候也是如此。同时，大资产阶级在力图实现同孟什维克的合作。被罢工规模吓坏了的自由主义工业家企图对工人，包括对他们选出的军事工业委员会代表强行实施爱国主义纪律。内务大臣抱怨说，要开展对付古契柯夫玩弄花样的斗争是很困难的，"所有事情都是在爱国主义旗帜下和以国防利益的名义干出来的"。不过需要指出的是，警察自己也尽量避免拘捕社会爱国主义者，他们把后者视为反对罢工与革命"破坏行为"斗争的间接盟友。由于过于相信社会爱国主义的力量，暗探局确信在战争延续时不会发生暴动。

在选举军事工业委员会期间，以精力充沛的金属工人格沃兹
61 杰夫（后面我们还会见到身为革命联合政府劳动部长的他）为首的

护国主义分子本来处于少数，可是他们不仅得到了自由派资产阶级，而且得到了官僚集团的支持。它们这样做是为了排斥布尔什维克领导的抵制分子，从而把工业爱国主义机构中的代表硬塞给彼得格勒的无产阶级。孟什维克的立场在随后的一次演讲中清楚地表达出来，他们的一位代表向委员会里面的工业家提议：“你们应该提出这种要求，鉴于现存的官僚政府已经没有价值，必须把他们自己的位子让给作为现行制度继承人的你们。”新近出现的政治友谊的增长不是以日而是以小时计算的。革命以后，它结出了自己的成熟果实。

战争给地下工作造成了非常可怕的破坏。杜马党团被捕以后，布尔什维克失去了党的中央组织。地方组织的存在也是短暂的，而且并非总是与本地区保持联系。只有分散的团体、小组和个人仍然在活动。不过，开始活跃起来的罢工斗争使工厂里的布尔什维克获得了精神与力量。他们逐渐互相认识，建立地区性的联系。地下工作逐步复活了。晚些时候警察司写道：“俄国还有绝大多数社会民主工党地下组织追随其后的列宁分子，从战争开始时起就在自己一些最大的中心（如彼得格勒、莫斯科、哈尔科夫、基辅、图拉、科斯特罗马、弗拉基米尔省、萨马拉）印发了大量要求停止战争、推翻现存政府与建立共和国的革命传单，而且这类工作以助长工人罢工和不守秩序作为自己相当可观的成果。”

工人向冬宫进发的传统纪念日游行（上一年几乎没有举行值得一提的纪念活动）引发了 1916 年 1 月 9 日的大范围罢工。这一
年，罢工运动增加了一倍。每一次较大的和顽强的罢工都伴随着 62
同警察的冲突。而工人对军队的态度是显得相当友善的，暗探局

不止一次地指出过这一令人不安的事实。

军事工业膨胀起来了，它吞噬了周围的全部资源，同时也在挖自己的墙脚。民用部门的生产处于停滞状态。尽管一切都有计划，经济调整还是什么结果都没有。由于强大的军事工业委员会的对抗，官僚集团已经无力把事态掌控在自己手中了，可是它还是拒绝让资产阶级发挥调节经济的作用。混乱状况进一步加剧。代替技术娴熟工人的是手艺不行的工人。波兰的煤矿与工厂迅速显现出令人担忧的情形：在战争头一年间，境内的工业生产能力下降了大约 1/5。供应军队和战争需要的产品却达到了总产量的 50％，其中包括全境生产的 75％左右的纺织品。超负荷运行的交通运输设施无法把必需数量的燃料和原料运到工厂去。战争不仅耗尽了本年度的国家预算，而且开始严重地侵蚀国家的固定资本。

工业家向工人所做的让步越来越少，政府照常用严厉的镇压来回答每一次罢工。所有这一切推动了工人的思想由只关心局部发展到关心全局，并且从经济领域转向政治领域。“大家必须立即举行罢工。”于是，总罢工的想法复活了。群众激进化的过程在罢工统计表中得到了再令人信服不过的反映。1915 年，参加政治罢工的工人比参加经济冲突的工人少一倍半，1916 年则少了一倍，而 1917 年头两个月，参加政治罢工的工人人数相当于参加经济罢工人数的 6 倍。下面这个数据确立了彼得格勒的地位：战争年代它的政治罢工的比重占到了 72％！

63 斗争的烈火烧毁了不少陈旧的信仰。暗探局“痛苦地”报告说，如果按照法律的规定，“要对所有蛮横无理与明目张胆侮辱陛下的行为做出反应，那么依据第 103 条办理的起诉案件数目就会达到一个从未有过的数字”。不过，群众的意识仍然落后于他们自己的行动。战争与破坏的可怕压力使斗争进程之快达到了如此程度，以致广大工人群众还来不及摆脱源自农村和城市小资产阶级家庭的众多想法与偏见，从而达到革命自身的要求。这种情况给二月革命开头几个月的时局打上了自己的烙印。

临近 1916 年年底的时候，由于罢工使得物价不断上涨。商品的直接匮乏伴随通货膨胀和运输混乱出现了。此时，居民的消费品供应减少了一半还多。反映工人运动动向的曲线急剧向上飙升。从 10 月起，积聚着不满的斗争以各种形式进入了决定性阶段：彼得格勒在为二月的奋起做准备。群众集会遍及了全市各个工厂。话题包括粮食供应、物价上涨、战争与政府。布尔什维克的传单四处散发。政治罢工蓬勃开展起来了。工厂大门口经常出现即兴的游行示威。个别工厂还与士兵建立了友好情谊。抗议法庭审判波罗的海舰队革命水兵的猛烈罢工也开始了。法国大使提请大臣会议主席施秋梅尔注意他听说的士兵向警察开枪的事实。施秋梅尔安慰大使说：“镇压将是无情的。”11 月，大群预备役工人因被派往前线而离开了彼得格勒的工厂。这一年是在雷电与风暴中结束的。

警察司司长瓦西里耶夫在与 1905 年的局势进行对比以后得
出了极为不快的结论：“广大民众中的敌对情绪达到了在前面提到 64
的那个骚乱时期所远没有达到的突出地步。”瓦西里耶夫对卫戍部队并不抱什么希望。在他看来，就连警察守备队也是完全不可指望的。暗探局报告了总罢工口号的重新活跃以及发生恐怖事件的危险性。从战场回来的士兵和军官谈及当前形势时说：“还观望什么，不管三七二十一扎死那些个恶棍得了。要是我们处在那种情况下，我们就不会多想了。”以及诸如此类的话。

金属工人出身的布尔什维克中央委员施里亚普尼柯夫讲述了那些日子里工人情绪焦躁的情形：“有时打一声唿哨，或者发出一点喧闹，就足以让工人把这当作企业停工的信号。”这一细节无论当作政治征兆还是心理征兆都是同样突出的：革命在走上街头之前已经进入了躁动状态。

外省也经历了同样的阶段，只不过要迟缓一些。运动的群众性还有战斗精神的增强使得其重心由纺织工人向金属工人、由经济罢工向政治罢工、由外省向彼得格勒转移。1917 年最初两个月共有 57.5 万人参加了政治罢工，他们当中首都工人占了最大的一份。尽管在 1 月 9 日前夜警察再次进行了破坏，那一天首都仍有 15 万工人参加了流血纪念日的大罢工。情绪是紧张的，金属工人走在前面，工人越来越感觉到退路是没有的。每个工厂都形成了多半是围绕在布尔什维克周围的积极分子核心。在 2 月头两个星期，罢工与集会一直没有间断。8 日那一天，警察在普梯洛夫工厂遭遇到了“冰雹般的铁块和炉渣”。14 日，即杜马重新召开会议的那天，彼得格勒发生了约有 9 万人参加的罢工。莫斯科也有一些
65 企业停工了。16 日，当局决定在彼得格勒实行面包凭票供应，这种新奇的做法触痛了人们最敏感的神经。19 日，食品店前聚集了大批人群尤其是妇女，大家都要求得到面包。一天以后，城里有些地方发生了捣毁面包店的事件。这乃是几天后行将爆发的起义之前的闪电。

*　　*　　*

俄国无产阶级并非仅仅从自己身上汲取勇气。其实它的人数居于民族少数的处境表明，如果没有来自人民群众内心深处的强大支持，它就不能让自己的斗争达到让它成为国家主人的那种规模。土地问题则保证它得到这种支持。

农民迟至 1861 年才获得半解放的事实使得农业几乎停留在跟两百年前差不多的水平上。保留村社旧有的、实际上在改革中已经被掠夺殆尽的公共土地储备，加上古老的耕作形式，这种局面自动加剧了农村的人口过剩危机，这危机在当时也是土地三区轮作制的危机。农民尤其觉得自己掉进了一个陷阱，因为事情不是发生在 17 世纪，而是在 19 世纪，也就是在货币经济向前深入发展的条件下。这种货币经济向农民村社提出的也许仅仅是用得起拖拉机的要求。于是我们在这里又看到了历史发展进程的某些阶段相互接近的现象，我们也看到了作为结果的异常尖锐的矛盾。

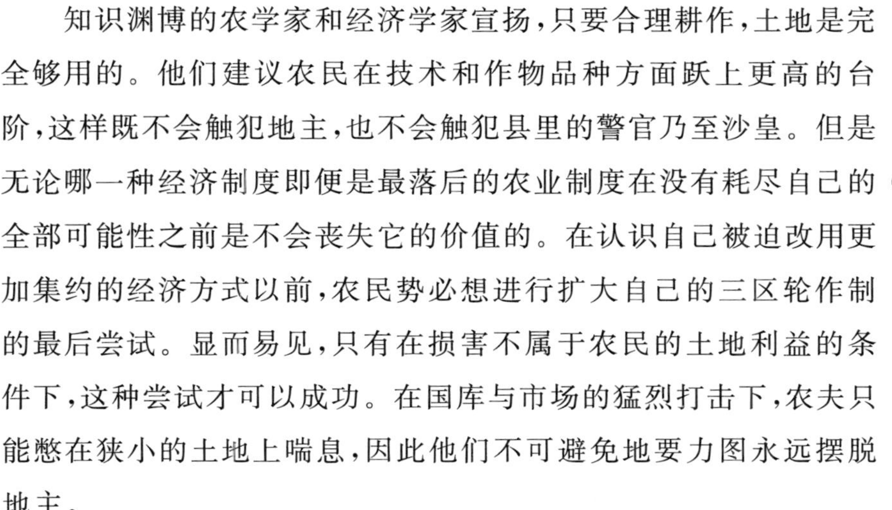

知识渊博的农学家和经济学家宣扬，只要合理耕作，土地是完全够用的。他们建议农民在技术和作物品种方面跃上更高的台阶，这样既不会触犯地主，也不会触犯县里的警官乃至沙皇。但是无论哪一种经济制度即便是最落后的农业制度在没有耗尽自己的 66
全部可能性之前是不会丧失它的价值的。在认识自己被迫改用更加集约的经济方式以前，农民势必想进行扩大自己的三区轮作制的最后尝试。显而易见，只有在损害不属于农民的土地利益的条件下，这种尝试才可以成功。在国库与市场的猛烈打击下，农夫只能憋在狭小的土地上喘息，因此他们不可避免地要力图永远摆脱地主。

第一次革命前夕，欧俄地区可耕地总面积估计有 2.8 亿俄亩。其中村社份地大约有 1.4 亿俄亩。皇室领地 500 多万俄亩，教会与修道院的土地约有 250 万俄亩。私有土地中，每户拥有 500 俄亩以上的三万名大地主共占有土地 7000 万俄亩，这大致等于几千万户农民的土地总和。这种土地统计数字便成了农民战争的现成纲领。

第一次革命没有消灭地主经济。并不是全体农民群众都起来斗争，农村的运动没有与城市的运动互相配合。由农民组成的军队虽然动摇不定，但最后还是派出了足够的兵力打垮了工人。谢苗诺夫近卫团刚一镇压莫斯科的起义，专制王朝就立即抛弃了削减地主土地以及自身专制权力的念头。

可是，遭到打击的革命在农村远不是没有留下任何痕迹。政府取消了先前的赎回金，并且允许更多地向西伯利亚移民。被吓坏了的地主不仅在租金方面做了相当大的让步，而且开始加紧出
67 售自己的地产。最殷实的农民成功地享受了这些革命成果，他们有可能租种乃至购买地主的土地。

不过，1906 年 11 月 9 日的法令为从农民中分化出资本主义农场主打开了最大的一扇门。它是业已获胜的反革命势力推行的主要改革措施。11 月 9 日的法令甚至赋予无论哪一个村社都相当少的一部分农民违抗大多数农民意愿、从村社土地划分出来建立独立田庄的权利，因而法令也就成了反对村社的资本主义炸弹。大臣会议主席斯托雷平把政府在农民问题上的新政策的实质确定为“依靠强者”。这就是说，推动农民的上层分子通过购买“闲置”地块来占有村社土地，使之变成作为现存秩序支柱的新的资本主

义农场主。不过，提出这样的任务比解决它要容易，在企图用扶植富农来悄悄取代解决农民问题一事上，反革命必定要遭到失败。

到 1916 年新年前夕，250 万独立农户巩固了对自己 1700 万俄亩私有土地的所有权。另外还有 200 万农户要求把自己的 1400 万俄亩土地划分出来。这看起来像是改革取得了巨大的成就。可是，从村社分离出来的农户大多数是根本没有生命力的，他们只是为自然选择提供了材料。最落后的地主以及小农在加紧出卖自己的财产，一方是卖自己的田庄，另一方是卖自己的那一小块土地，作为买主的主要是新生的农民资产阶级。农业无疑进入了无可怀疑的资本主义高涨阶段。1908—1912 年的 5 年间，从俄国输出的农产品由 10 亿卢布增加到 15 亿卢布。这表明，广大农民群众在无产阶级化，而农村的上层分子把越来越多的粮食投放到市场上去了。

取代农民强制性村社关系的是迅速发展起来的自愿合作组 68
织，它们在短短几年内就相当成功地深入到了农民群众之中，现在则已经成了自由主义者和民主派的理想化目标。但是在合作社里面，只有富裕农民才有实力，合作社归根结底是为他们服务的。把自己的主要精力集中在农民合作社身上的民粹主义知识分子到头来还是把自己对人民的热爱转移到牢固的资产阶级轨道上去了。这其中也为“反资本主义的”政党社会革命党与杰出的（*par excellence*）资产阶级政党立宪民主党实行联合做了准备。

自由主义表面上坚持反对反动派的土地政策，然而实际上怀着极大的希望期待用资本主义方式摧毁村社。自由主义者特鲁别茨科伊公爵写道：“农村诞生了势力强大的小资产阶级，就其全部本性与性格而言，无论对于统一贵族的理想，还是社会主义的幻想，同样都是一种异己成分。”

但是这个硕大无比的奖章还有它的背面，从村社分离出来的不仅有“势力强大的小资产阶级”，而且有它的对跖人。战争爆发前，卖掉了自己赖以生存的份地的农民数量增加到了 100 万户，这等于出现了 500 万无产阶级化了的人口。提供足够爆炸物的还有数百万贫困农民，他们除了紧紧抱住难以填饱肚子的份地以外，什么也没剩下。因此在农民当中再次出现了这么早就在破坏资本主义社会在俄国整体发展的矛盾。新生的农村资产阶级必定会为原有的而且是更强大的私有者提供支持，他们对农民基本群众如同
69 旧私有者对全体人民那样充满了敌意。在成为现存制度支柱以前，农民资产阶级自身需要稳定的秩序，以便保持他们已经争得的地位。如果考虑到在历届国家杜马里面土地问题一直保持其尖锐性质，那么上述情况的出现就不足为怪了。大家都觉得最后一句话还没有说出来。有一次农民代表彼得里琴科在杜马讲台上宣布：“你们讨论得太多了，你们又不能另造一个地球出来。也就是说，这土地你们必须要归还给我们。”这位农民既不是布尔什维克，也不是社会革命党人，正相反，他是一个右翼代表，一个保皇派。

农民运动也像工人的罢工斗争一样，到 1907 年年底的时候还比较沉寂，可是从 1908 年起开始部分恢复，并且在随后几年间发展壮大起来。斗争在村社内部确实发展到了相当大的规模，这里面还含有反动派政治报复的成分。在划分村社土地时，农民们发生武装冲突的事并非罕见。不过反对地主的斗争并没有停息下来。农民竭力焚毁贵族宅第、庄稼与草垛，沿途还捉拿违抗村社成

员意愿分离出去的单独田庄主。

战争使农民突然陷入了如此不堪的境地：政府从农村征召了大约 1000 万名劳工与 200 万匹役马。本来就弱小的农户变得更加衰弱了。无地农户的数量在不断增加。而到战争的第二年连中农也开始走下坡路。农民对战争的敌视态度逐月强烈起来了。1916 年 10 月，彼得格勒宪兵局的一份报告称，在农村已经没人相信战争会取得胜利，用保险代理人、教师、商人以及其他人士的话来说就是：“大家都在焦急地等待，这场该死的战争到底何时才能结束……”报告还写道：“到处都出现了政治问题，做出了反对地主和富农的决定，建立了各种组织的分支机构……暂时还没有统一的中心，但是必须要想到，农民正在通过合作社联合起 70
来，而合作社在全俄国每时每刻都在增加。”这里说得有些过甚其词，宪兵局在有些地方说过了头，但是报告指出的根本问题无疑是对的。

有产阶级不会预料不到，农村将会提出清单进行清算，但是当他们寄希望无论如何都要避开它时，便打消了悲观念头。关于这一点，那位喜欢四处打探消息的法国大使巴列奥洛格在战争期间同前土地大臣克里沃舍因、前大臣会议主席科科夫策夫、大地主博布林斯基伯爵、国家杜马主席罗将柯、工业巨头普梯洛夫以及其他著名人物进行过讨论。下面就是这些人向他坦承的情况：为了贯彻激进的土地改革，需要 30 万专职土地测量员进行至少 15 年的工作，不过这期间独立农户的数目将达到 3000 万，因此任何事先的估算都是没有意义的。这样一来，土地改革在地主、高官和银行家心目中成为一个求与圆形面积相等的正方形的难题。无须说明，类似的数学精密问题与农夫们完全不相干。他们认为，首先必须赶走贵族老爷，然后一切都会一清二楚。

但是，如果说战争年代的农村依然相当宁静，那是因为它的活跃分子到前线去了。士兵们不会忘记土地，至少在不是想到死亡时是这样，农夫们对未来的想法写在了弥漫着火药味的战壕里。然而即使全体农民，甚至那些学会了使用武器的农民任何时候都没有单凭自己的力量完成过他们本身的革命——土地—民主革命。他们需要有人领导。在世界历史上，农民第一次可以找到以工人为代表的领导者。可以说，俄国革命跟以往一切革命根本和最终的区别就在这里。

71 英国的农奴依附关系到 14 世纪末的时候事实上就已经消灭了，也就是说比俄国出现这种关系要早 200 年，比它取消这种关系则早了 450 年。在英国，剥夺农民的土地所有权的过程一直延续到了 19 世纪，中间经历了一次宗教改革与两次革命。如此一来，资本主义的发展——不是在外在形式上的发展——就有了充足的时间，以致在无产阶级觉醒过来走向政治生活之前很早就消灭了独立农民。

在 18 世纪末的法国，同国王的绝对专制、贵族和高级教士的斗争迫使资产阶级通过它的各个阶层在一定程度上完成了激进的土地革命。这以后，独立农民长期成为资产阶级制度的依靠力量，并且在 1871 年协助资产阶级战胜了巴黎公社。

在德国，资产阶级显得没有能力用革命方式解决土地问题，而且在 1848 年把农民出卖给了地主，就如 300 多年前农民战争时期马丁·路德把农民出卖给公爵们一样。另一方面，德国无产阶级在 19 世纪中叶还太弱小,致使它不能把对农民的领导权掌握在自己手里。正因为这样,德国的资本主义发展尽管不是像在英国那样绵延了那么长的时间,不过它仍然有足够的时间使农业从属于自己。由未完成的资产阶级革命造就的德国资本主义发展情况就是这样的。

俄国 1861 年的农民改革是在资产阶级社会需求的压力下,然而又是在资产阶级政治上十足无能的情况下,由贵族与官僚的王朝实施的。国家加速资本主义改造不可避免地使土地问题变成了革命问题,这就是农民解放的性质。俄国资产阶级时而幻想农业 72
发展按照法国类型,时而幻想按照丹麦或美国类型,随便哪个都行,就是不要俄国类型。不过他们也没有领悟到这样做需要及时预备好法国的历史与美国的社会结构。民主派知识分子尽管有革命的过去,然而在需要解决问题的关键时刻,却同自由派资产阶级以及地主站在一起,而不是同革命的农村站在一起。在这样的情况下,只有工人阶级才能领导农民的革命。

在这里,后起国家发展的叠合规律——就落后成分与现代因素的特殊结合而言——在我们面前展现出自己最完备的形式,同时为解开俄国革命的主要疑团提供了一把钥匙。假如作为旧俄国历史的野蛮遗产的土地问题被资产阶级解决了,假如它能够解决这个问题,那么无论如何俄国无产阶级都不能在 1917 年夺得政权。为了让苏维埃国家成为事实,就需要分属截然不同的历史时期的两个因素——农民战争亦即具有资产阶级发展早期特征的运动和无产阶级起义亦即象征资产阶级社会末日的运动相互接近和相互渗透。1917 年正是处在这样的环境中。

73

# 第四章　沙皇与皇后

本书完全无意去进行单独的心理方面的探究，而人们往往企图用它来代替社会和历史的分析。首先进入我们视野的是那些具有超越个人性质的巨大历史动力，君主制度也是其中之一。不过，所有这一切力量都要通过人来起作用，君主制度也正是因其原则而势必带有个人因素。这种情况本身就证明关注被历史发展进程令其与革命迎头相撞的君主的个性是正确的。此外，我希望在后面能说明，哪怕是在一定程度上说明，个体在什么地方耗尽在个性当中——而且往往比感觉到的还要可靠得多，以及个别人物的“特殊表征”又怎么常常只是更高级的规律性在个体身上刻下的印迹。

先辈们给尼古拉二世留下的遗产不仅是一个庞大的帝国，而且还有革命。可是他们没有传给他丝毫适合治理帝国乃至一个省或者一个县的天赋。最后一位罗曼诺夫以其极度的冷漠来对抗一步一步地把惊涛骇浪推向皇宫大门的历史潮流。在他的意识与他的时代中间似乎充斥着一层透明可又无法渗过的介质。

革命以后，接近过沙皇的人士不止一次地回忆起，在王朝最危急的时刻，如旅顺口陷落及舰队在对马海峡沉没的时候，10 年后俄国军队在加利西亚败退的时候，以及又过了两年，到退位之前的那些日子里，当时沙皇周围所有的人都感到十分苦闷、恐惧与震惊，

唯有尼古拉一个人保持着平静。他照样询问自己周游俄国时所竖 74
立的路碑数目，回想过去打猎期间出现的插曲，以及官方会见现场的笑闻，总之在头顶雷声隆隆和闪电飞驰之际，他关心的却是日常生活中鸡毛蒜皮一类的东西。沙皇的一名亲信将军这样问自己："这是什么，这是由于有教养而显示出来的非凡却又近乎虚幻的镇静，还是对上苍注定时世的信仰，或是感觉迟钝呢?"答案已经有一半包含在问题里面了。无论如何都不能用一副驯服的外表来解释沙皇所谓的"教养"，以及他在最可怕的环境中做到的镇定自若；实质在于他内心的冷漠，精神力量的薄弱和意志冲动的衰竭。在某些人那里被称之为有教养的冷漠面具在尼古拉那里则与他的天性自然而然地融为一体了。

沙皇的日记比任何见证人的记述都更有价值。他在日记里日复一日年复一年地延续的是一种内心空虚的烦闷记录。"长时间散步，打了两只乌鸦。在白日的阳光下喝茶。"散步，划船。接着又是乌鸦，又是喝茶。一切都在生理活动界限之内。谈论教会仪式时用的语调跟谈论喝酒没有两样。



在国家杜马会议开幕之前的日子里，全国正处于震荡之中，而尼古拉写道："4 月 14 日。身穿薄衬衫散步，乘坐新添置的划艇。在阳台上喝茶。斯坦娜和我们一起用午餐，一起游玩。阅读。"至于读了些什么，是拜读感伤的英国小说，还是审阅警察司的报告?一个字也没有提到。"4 月 15 日。接受维特辞职。跟玛丽和德米特里一起用午餐，然后用车子把他们送进宫去。"

在决定解散杜马的那一天，高官圈子里像自由主义圈子里一样感到阵阵恐惧，沙皇在日记里写的是："7 月 7 日，星期五。早晨

75 很忙。为军官们准备的早餐晚了半点钟……有雷雨而且异常闷热。大家一起散步。接见戈列梅金，签署解散杜马的命令！在奥莉加和彼得那里吃午饭。整个晚上都在读书。”由于即将解散杜马而打上的感叹号是他情绪的最高表达。

被驱散的杜马代表呼吁人民拒绝纳税和服兵役。在斯维亚堡和喀琅施塔得的军舰上和陆军部队里，发生了一系列军人暴动。针对高官要员的革命恐怖以前所未有的规模恢复了。沙皇写道：“7 月 9 日，星期天。事情完了！杜马今天关门了。做完弥撒进早餐时，看得出很多人都拉长着脸……天气很好。散步时遇见了昨天从加特契纳回来的米沙叔叔。午饭前以及整个晚上都在安静地工作。乘划艇游玩。”偏偏又说到乘划艇游玩，至于干了哪些工作，则不置一词。永远都是如此。

接下来同样是些不祥的日子，他却写道：“7 月 14 日。穿好衣服后骑自行车去海滨浴场，痛痛快快地下海洗浴。”“7 月 15 日。洗了两个澡。天气很热。两人一起吃午饭。打了雷。”“7 月 19 日。早晨游泳。然后穿好制服见客人。同弗拉基米尔叔叔还有恰根一起进早餐。”只用一句评语勉强提了一下暴动和爆炸性局势：“小事一桩！”这话反映出来的卑劣的而又尚未发展为自觉的犬儒主义的冷漠真叫人大吃一惊。

“上午 9 点 30 分去了里海团……散步很久。天气好极了。下海游泳。喝完午茶以后接见李沃夫和古契柯夫。”对于因斯托雷平吸纳反对派政治家进入自己内阁的企图而导致的这次如此不同寻常地接见两位自由主义政治家一事，沙皇的日记没有多说一个字。李沃夫公爵，也就是未来临时政府的首脑，谈到沙皇那次接见的情形时说道:“我原本预料将见到备受不幸折磨的国君,可情况不是这样。向我走来的是一个身着深红衬衫,神色略显愉快,乃至有点 76 散漫的男子。”

沙皇的眼界不会比一个警察局小官员的眼界更宽,不同的是,后者能更好地了解现实,更少地背负迷信的包袱。尼古拉多年来阅读的并且从中吸取思想的唯一报纸就是梅谢尔斯基公爵用国家经费出版的一份周报。公爵是一个卖身投靠的卑鄙小人,是一个甚至在自己的圈子里也被人瞧不起的反动官僚集团的记者。沙皇带着自己的见解毫无改变地经历了两次战争与两次革命。在他的意识与时局之间充斥着一层永远无法渗过的冷漠介质。

人们把尼古拉称为宿命论者不是没有道理的。只是需要补充一点,他的宿命论简直不是主动相信自己的“星座”。相反,尼古拉认为自己是一个倒霉的人。他的宿命论仅仅是对历史发展进行消极的自我防御的形式。它与专横携手同行,按照心理动机来看,这是无足轻重的专横;但是按照其后果来看,这又是极其可怕的专横。

维特伯爵写道:“‘我想怎样,然后就该怎样。’——这个口头禅是在这位软弱的统治者全部行为中体现出来的。仅仅因为软弱,他做了给自己统治时期下定论的一切——连绵不绝地流淌着或多或少是无辜的鲜血。而且其中大多数是漫无目的地流着……”

人们有时拿尼古拉跟他那半癫狂的高祖父帕维尔进行对比。后者是经他的亲生儿子、“幸运的”亚历山大同意被宫廷佞臣勒死的。由不相信自己而发展为怀疑一切,对地位至尊而实际上无足轻重的处境的过敏反应,被人蔑视的感觉,也可以说是帝王中不可接触者的意识确实使两个罗曼诺夫显得如此相似。不过帕维尔性格色调之鲜明无人能比，在他的乖僻行为中充满了尽管是无责任能力的却又是想入非非的成分。而在他的玄孙那里，一切都是那么暗淡呆滞，连一个闪光点都没有。

77 尼古拉不仅动摇不定，而且背信弃义。由于他对宫廷内侍态度和气，因此谄媚者把他称为可爱的人，让人着迷的人。可是沙皇对他决定要赶走的那些高官恰恰显示出与众不同的温和：一个因受到超规格接见而被迷惑的大臣可能在自己家里发现叫他辞职的信件。这似乎是一种由于自己微不足道而进行的报复。

尼古拉总是怀着敌意防备一切有才能的和影响大的人物。只有在置身一群十足无能与弱智的人当中，在伪君子与大脑有缺陷的人当中，他才会感觉良好，因为在这种场合，他无须仰视他们。他有自尊，甚至是非常讲究的自尊，但不是积极的，没有一点主动性，那是一种满怀忌妒的防守性质的自尊。他按照不断降低标准的原则来挑选大臣。只有在最极端的场合，在找不到其他出路的时候，在类似请外科医生救命的情况下，他才会起用有才智和有性格的人。维特，尔后还有斯托雷平的境遇就是如此。沙皇是带着没有掩饰好的敌意对待他们二人的。只要紧张局势刚一过去，他就赶紧摆脱这些顾问，因为他们高出他太多了。官员的遴选就是这样一成不变地进行的，以致最后一届杜马主席罗将柯于 1917 年 1 月 7 日，也就是革命已经在叩响大门之际向沙皇大胆进言：“我的陛下，在您周围没有剩下一个可靠与诚实的人了，所有优秀人物都被解职或者自行离开了，剩下的只有那些声名狼藉的人。”

自由资产阶级寻找与宫廷之间的共同语言的全部努力都付诸

东流了。不安分并且爱争吵的罗将柯企图用自己的进谏刺激沙皇，谁知一切都是枉然！尼古拉不仅对进谏者所说的论据，而且对他的无礼举动也不加理睬，尼古拉正在平静地准备解散杜马。德米特里大公（沙皇以前的宠臣和后来行刺拉斯普京的参与者）对自己的行刺同谋尤苏波夫公爵抱怨说，身在大本营的沙皇对周围所
有事物变得一天比一天漠不关心了。按照德米特里的说法，有人 78
在让沙皇喝一种使他的精神能力变得更加迟钝的草药水。至于说自由主义历史学家的米留科夫，他写道："有不少流言说，沙皇身上这种智力迟钝与道德冷漠是通过增加饮用酒精来保持的。"所有这一切都是凭空杜撰和夸大其词。沙皇不需要服用麻醉剂，他的血液里本来就有致命的"草药"，只是它以战争中的重大事件与引发革命的国内危机为背景才令人特别吃惊地表现出来。拉斯普京是个善于揣摩他人心理的人，说到沙皇，他只是简单地说了一声："他内心非常空虚。"



这个沉闷、平静和"有教养"的人是残酷的。这不是伊凡雷帝与彼得大帝那种追求一定历史目的的积极的残酷，尼古拉二世的残酷是末代子孙对自己在劫难逃的命运感到恐惧的怯懦的残酷，尼古拉二世跟他们哪有什么共同之点呢？早在即位之初，尼古拉就曾称赞枪杀工人的法纳戈里团的士兵是"好小伙儿"。他在阅读怎样用马鞭抽打"剪短发的"高等女子学校学生，或者在反犹暴行中怎样砸破毫无自卫能力的犹太人头颅之类的报道时，总是流露出快感。这个背叛了加冕誓言的人竭尽心力去结交那些社会渣滓与黑帮暴徒，不仅不惜动用国库慷慨酬报他们，而且喜欢跟他们议论他们的功绩。当这些人偶尔因谋杀反对派代表而被逮住时，他

便赦免他们。镇压第一次革命期间出任政府首脑的维特在自己的回忆录中写道:“每当这班家伙的头目毫无益处的残暴行为呈报到沙皇那里时,都会得到他的称赞,而且不管在什么情况下都会得到他的庇护。”有一次,波罗的海沿岸区总督呈报,要求制止一个名叫里希特的海军大尉“未经审讯擅自枪决没有反抗的人的行为”。沙皇却在报告上批示:“嘿。真是好样的!”类似这样的鼓励不计其
79 数。这个没有意志、没有目标,也没有想象力的“让人着迷的人”比古今所有的暴君更为可怕。

沙皇一直处在皇后的强大影响之下,而且这种影响随着困境的发展而逐年增加。他们两人组成了某种整体,这种结合确实说明了,处于环境压力之下的个人会在多大程度上需要得到群体的补充。不过我们先得介绍一下皇后。

战争时期法国驻俄国大使莫里斯·巴列奥洛格是一个对从法兰西科学院院士到女看门人的心理都洞若观火的人,他给末代皇后描绘出了一幅精细入微的肖像:“精神焦虑,长期的慢性忧郁,无穷的苦恼,时而旺盛时而衰竭的精力,思索冥冥地府与彼岸世界的痛苦,还有就是迷信——所有这些在皇后个性中极为鲜明地体现出来的特征难道不正是俄罗斯人民的性格特征吗?”不论多么奇怪,在这不乏谄媚的谎话里还是含有一些真实成分的。怪不得讽刺作家萨尔蒂科夫把出身于波罗的海地区的男爵的那些大臣和省长称作“具有俄罗斯灵魂的德国人”。毫无疑问,正是这些与俄罗斯人民没有任何关联的外国人造就了“真正俄罗斯人的”行政长官最纯正的文化。

按照巴列奥洛格的说法,皇后既然完整地接受了俄罗斯人民

的灵魂，那么人民为什么还是用如此露骨的仇恨来报答皇后呢？答案其实很简单，在人民为了从以前的中世纪野蛮中解放出来付出巨大努力的时候，这个德国女人为了自己的新地位而让自己逐渐习惯了伴随着冷酷暴行的俄国中世纪的传统与训诫，而俄国的中世纪又是各国同时期当中最贫乏和最愚昧的。这位黑森公主被专制制度的恶魔直接控制了：她从穷乡僻壤的故乡一举登上了拜占庭式专制的高位，无论如何她都不会愿意从这高位走下来。在东正教中间她找到了适合自己新的命运的神秘主义与魔力。旧制度的龌龊越是赤裸裸地显现出来，她就越固执地坚信自己的使命。80
凭着坚强的性格和病态的残酷，皇后弥补了沙皇意志方面的薄弱，并且牢牢地控制了他。

1916 年 3 月 17 日，离革命爆发还有一年，这时纷乱扰攘的国家在失败与破坏的铁钳中痛苦地抽搐，皇后给身在大本营的丈夫写信说：“……你不应该纵容，不要成立责任内阁以及做他们想要做的任何事情。这应该是你的战争，你的和平，你和我们祖国的荣誉，绝对不是杜马的。在这些问题上他们没有权利说哪怕是一句话。”这在任何情况下都是一个完美的纲领，这个纲领始终凌驾在沙皇天生的优柔寡断之上。

当尼古拉作为徒有其名的总司令去了部队以后，皇后开始公开处理国内事务。大臣们揣着报告去见她，就像朝见摄政女皇一样。她跟一小撮反对杜马、反对大臣、反对大本营的将军、反对全世界，部分地也反对沙皇的佞臣沆瀣一气。1916 年 12 月 6 日，皇后在致沙皇的信中写道：“……既然你说过想保留普罗托波波夫，他（指大臣会议主席特列波夫。——托洛茨基）怎么胆敢反对你呢，——要用拳头猛击桌子，绝不能退让，你是主人，听你坚强的妻子和我们朋友①的话吧，相信我们吧。”三天后她又重复说：“你知道你是对的，要傲然不屈，命令特列波夫同他一道工作……用手拍桌子吧。”这些语句看上去是凭空杜撰的，但它们确实是从信的原件中摘录出来的，想杜撰也杜撰不出这个样子。

12 月 13 日，皇后又劝导沙皇说：“只是别答应人们为之着迷的责任内阁。大家都变得更安静、更规矩了，不过都愿意感觉到你的管束。已经很久了，怕有好几年了吧，人们一直对我说同样的话：‘俄罗斯喜欢鞭子的感觉。’——这是他们的天性！”这个具有温
81 莎教养和头戴拜占庭皇冠的东正教徒黑森女人不仅仅是俄罗斯灵魂的“化身”，而且本能地蔑视它：他们的天性需要鞭子——这是专制王朝在掉进深渊前两个半月时俄国皇后写给俄国沙皇关于俄国人民的评语。

在性格方面占优势的皇后在智力上其实并不比她的丈夫高，甚至比他还要低得多，不过她在追求由头脑简单者组成的上流社会方面比他强得多。维系沙皇、皇后与家庭教师维鲁博娃之间的多年亲密友谊为这对专制夫妇的精神成长设定了一个限度。维鲁博娃自称是一个糊涂虫，看来这并不是谦逊之词。谁也不能否认维特目光准确，他是这样描述她的：“一个极其平庸以及并不漂亮的彼得格勒糊涂小姐，好像是奶油面团做成的皮囊。”可是年迈的高官、大使和银行家都奴颜婢膝地向她献殷勤，而她还有足够的智商，不至于忘记自己的钱包。沙皇和皇后在这个女人的社交圈子

① 指拉斯普京。——译者

里消磨了大量时光，他们同她商量各种各样的事情，同她书信来往，也在信中谈论她。她比国家杜马甚至大臣会议更有影响力。

不过，维鲁博娃本人仅仅是“朋友”的中介人，“朋友”的权威比所有这三个人都要高。皇后写信给沙皇是这样说的：“……这是我个人的意见，我还要弄清我们的朋友的想法。”朋友的意见不是个人的，它决定一切。几个星期后皇后坚持自己的要求：“……我是坚强的，不过你还是听我的话吧，这就是等于听我们的朋友的话。各方面都相信我们吧……我替你担忧，就像替一个温情的和心肠软的孩子担忧一样。孩子需要指导，可是他却听从那些愚蠢的顾问。其实，作为上帝派来的人会告诉他应该干些什么。”

这位上帝派来的朋友就是格里戈里·拉斯普京。

“……在我们的朋友的祈祷和帮助下，一切都会好的。”

“假如我们没有这位朋友，一切都早已完蛋了，我完全相信这一点。”

* * * 82

在尼古拉和亚历山德拉整个在位期间，不仅从俄国，而且从其他国家将巫师与患歇斯底里症的女人送进了宫廷。俄国有一批特别显赫的供养者，他们聚集在眼下这位先知周围，于是在君主制度下形成了一个势力强大的集团。里面不乏拥有伯爵夫人称号的年迈伪善者，因卸职而苦闷的高官，以及把政府各部整个地租赁下来的银行家。东正教会的高层主教们在满怀醋意地跟催眠术士及巫师方面开展并不享有特权的竞争时，匆忙地使自己进入了互相倾轧的中心之地。曾经两次触犯这个当权小集团的维特把他们称为“得了麻风病的宫廷佞臣”。

专制王朝越是与世隔绝，以及专制君主越是觉得自己是无家可归的孤家寡人，他就越是需要来自冥界地府的扶助。有些野蛮人为了求得好天气，用绳索绑紧牌匾在空中旋转挥舞。沙皇和皇后为了达到各种完全不同的目的，也在利用各式各样的牌匾。在沙皇专列的车厢里，有一个放有大小神像以及举行宗教仪式所需全部物品的完整祈祷室。这些东西原先是用来抵挡日本、后来是抵挡德国大炮的。

至于宫廷圈子里人的水平，说实在的，一代又一代过去了，还真没有发生多大的变化。在绰号为“解放者”的亚历山大二世的朝代，大公们真诚地相信家神和巫婆。到亚历山大三世的时候，情况并没有什么好转，只不过显得更宁静一些。“得了麻风病的宫廷佞臣”一直都存在，只是成员有所变化，形式也翻新了。尼古拉二世没有创立，而是从先辈那里继承了野蛮的中世纪宫廷氛围。可是国家在这几十年间发生了变化，任务变得更加复杂了，文化也向前
83 发展了，结果宫廷里的人被远远地抛在了后面。如果说君主专制政体在大棒之下被迫对新生力量做了一些让步，那么它内心还是根本赶不上现代化的步伐。相反，它依然与世隔绝，在仇恨与恐惧的压力下，中世纪的气息更加浓烈了，只是暂时还不具有笼罩全国无法忍受的噩梦的性质罢了。

临近 1905 年 11 月 1 日，亦即第一次革命最紧急的关头之际，沙皇在日记中写道：“认识了上帝赐予的人格里戈里，他是从托博尔斯克来的。”此人就是拉斯普京，一个西伯利亚的农民，曾因盗马挨过痛打，头上还留着尚未完全愈合的伤疤。这位来得正是时候的“上帝赐予的人”很快在高官显贵中找到了帮手，不过说得准确些是他们发现了他。这样一来，新的当权小集团形成了。这个小

集团不久便完全控制了皇后，并且通过皇后控制沙皇。

自 1913—1914 年冬季开始，彼得格勒上流社会就已经有公开传闻，说所有高层官员的任命、市场供应与工程承包都要由拉斯普京集团决定。“长老”本人逐渐变成了国家机关。那些相互竞争的部门精心地保护着他，至少在仔细留意他的一举一动。警察司的密探逐日逐时记录他的生活日志。连下面这样一件事也没有漏过：拉斯普京在探访自己出生的波克罗夫斯克村时，因酒醉而跟自己的父亲在街上打得头破血流。可就在同一天，1915 年 9 月 9 日，拉斯普京发出了两封友善的电报：一封发给正在皇村的皇后，另一封发给身在大本营的沙皇。

密探们用一本正经的语气记录下了朋友日复一日狂饮作乐的情形：“今天清晨 5 点回来，酒气十足。”“25—26 日晚间女演员 B 在拉斯普京那里过夜。”“与公爵夫人 Д（沙皇宫廷一个低级侍从的妻子。——托洛茨基）一起去了阿斯托丽亚旅店……”类似的记载在日志里比比皆是：“晚上 11 点左右从皇村回家。”“拉斯普京与 Ш 公爵夫人大醉而归，现在又出门了。”第二天早晨或晚上又去了皇村。至于有个密探提出的观察入微的问题：长老为什么总是心 84
事重重？答案就在下面：“我不能决定杜马会议是开还是不开。”接着复又写道：“清晨 5 点回家，烂醉如泥。”就这样，曲调的演奏一年到头总是练习下面 3 个音阶：酒气十足、烂醉如泥、醉醺醺的。宪兵将军格洛巴切夫把这些对国家至关重要的报道编订成册并且在上面签字画押。

拉斯普京登峰造极的影响延续了 6 年之久，这也是君主制度的最后时光。在相当程度上参与过拉斯普京的生活，然后又参与了对他的谋杀的尤苏波夫公爵说："他在彼得格勒的生活化作了从不间断的节日，化作了一个好运意外降临的苦役犯的纵酒行乐。"杜马主席罗将柯写道："我手里有一大群母亲写来的信，诉说她们的女儿因那个厚颜无耻的色狼而蒙受的耻辱。"与此同时，彼得格勒大主教皮季里姆和几近文盲的大主教瓦尔纳瓦因为得到了自己的职位而对拉斯普京感激涕零。由于紧跟拉斯普京，萨布列尔得以长期保住至圣俄罗斯正教会圣教公会事务大臣的职务。正是出于他的强烈要求，不愿接受"长老"的大臣会议主席科科夫策夫被解除了职务。拉斯普京任命施秋梅尔当了大臣会议主席，普罗托波波夫当了内务大臣，还任命了新的东正教事务大臣拉耶夫与其他许多人。法兰西共和国大使巴列奥洛格设法同拉斯普京见了面，并且跟他面吻。他大发感慨："Voila un veritable illumine!"(法语：你瞧，真是一个得到天启的人！——译者)以便通过这样的方式为法兰西事业赢得皇后的欢心。作为俱乐部赌徒与高利贷者已经列入秘密警察名册的犹太人西曼诺维奇是长老的财务代理人，他通过拉斯普京让一个十足的无耻之徒多布罗沃利斯基当上了司法大臣。



关于此类新的任命，皇后致信沙皇说："把这个小副本放在自己面前吧。我们的朋友请你就所有这些和普罗托波波夫商量一
85 下。"过了两天，皇后又来信说："我们的朋友说，施秋梅尔还可以作为大臣会议主席待一段时间。"接着复又说道："普罗托波波夫在我们的朋友面前显得十分恭敬，他将会交上好运。"

就在密探郑重其事地记录女人和酒瓶的数目的那些日子中的某一天，皇后在信中悲伤地告诉沙皇，人们指责拉斯普京"乱吻妇

女等等，读读使徒行传吧，他们亲吻众人是为了祝福”。引用使徒行传对密探未必会有什么说服力吧。在另一封信当中，皇后更有甚者地写道：“在做晚祷的时候，对我们的朋友我想了很多。那些经师与法利赛人是怎样迫害基督的，他们把自己伪装得那么完美无瑕……啊，对啦，从来没有本乡本土的预言家。”

把拉斯普京与基督相提并论在这个圈子里已经习以为常，根本不是什么偶然现象。面对历史的可怕力量，恐惧确实太强烈了，以致沙皇夫妇能够在无形的上帝和福音派基督无形的灵魂中得到满足。需要“人类之子”再次降临。在拉斯普京身上，只剩下权力空壳和垂死挣扎的专制王朝找到了跟自己一模一样的基督。

“假如没有拉斯普京”，旧制度的仆役、枢密官塔甘采夫说，“他会被杜撰一个出来”。这话里边的内涵要比说话人所想到的要丰富得多。如果把流氓行为这个名称理解为社会底层的反社会寄生分子的极端反映，那么我们完全有权把拉斯普京现象叫作最上层的帝王流氓行为。

86

# 第五章　宫廷政变的念头

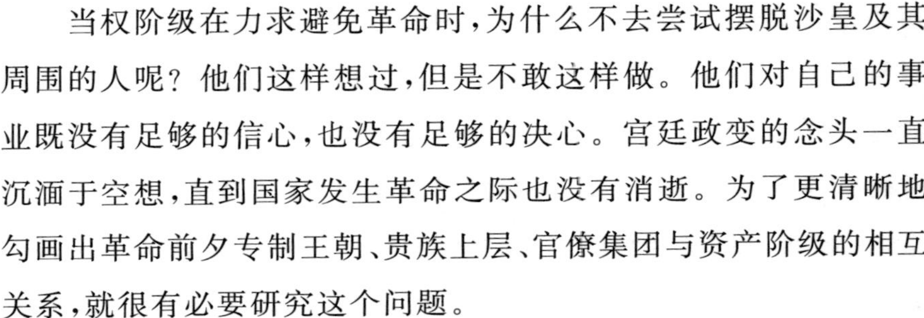

当权阶级在力求避免革命时，为什么不去尝试摆脱沙皇及其周围的人呢？他们这样想过，但是不敢这样做。他们对自己的事业既没有足够的信心，也没有足够的决心。宫廷政变的念头一直沉湎于空想，直到国家发生革命之际也没有消逝。为了更清晰地勾画出革命前夕专制王朝、贵族上层、官僚集团与资产阶级的相互关系，就很有必要研究这个问题。

有产阶级是彻头彻尾的君主主义者，这是利益、习惯与怯懦使然。不过他们想要的是没有拉斯普京的君主制。君主制很适合他们：我就是你们所要的那个样子。作为对建立体面的大臣会议提出的要求的答复，皇后带着从拉斯普京手里接过的苹果来到大本营面见沙皇。她请求沙皇吃掉苹果以增强自己的意志。她恳请说："你要记住，就连菲利浦先生（一个行骗的法国催眠师。——托洛茨基）都说过，不能答应什么宪法，因为那将是你的俄国的末日……""成为彼得大帝、伊凡雷帝和帕维尔皇帝吧，——把所有人都压在自己下面！"

这是由恐惧、迷信和对国家的恶意疏离组成的无比丑陋的混合物！诚然，沙皇家庭至少在上层看起来似乎不是那么孤独，因为拉斯普京总是为上流社会贵夫人们的星座所环绕，而且巫术也向来支配着贵族阶层。但是这种可怕的神秘主义不是把人们联系起来；相反，它把他们分散开了。每一个人都可以按照自己的方式拯救自己。许多贵族太太都有各自相互竞争的圣徒。甚至在彼得格勒上层，沙皇全家像是感染了鼠疫病菌似的，被猜疑与敌意的围墙隔离了起来。宫廷女官维鲁博娃回忆说："在四周所有人中间，我 87
强烈地意识与感觉到了对那个人——我视之为神灵的仇恨，而且感觉到这种仇恨达到了多么可怕的地步……"

在战争血红的背景下，在地下震动的轰鸣声中，特权阶层一刻也没有放弃享受生活的快乐；相反，他们在尽情纵酒狂欢。但是一具骷髅越来越频繁地光顾他们的盛宴，它用指骨吓唬他们。于是他们在阿利斯（皇后亚历山德拉的昵称。——译者）的恶劣本性和沙皇背信弃义的软弱中，在维鲁博娃这种贪得无厌的蠢货和颅骨上留着伤疤的西伯利亚基督身上感觉到了全部的不幸。让人无法忍受的预感像巨浪一样波及了整个统治阶级，它一阵紧似一阵地自四周向中心收缩，因而把令人痛恨的皇村上层越来越孤立起来了。在自己本来谎话连篇的回忆录里，维鲁博娃把这个上层当时的自我感觉说得够清楚了："……我问了自己一百遍，彼得格勒上层社会究竟出了什么事？他们是不是全都在精神上出了毛病，或者是染上了战争时期变得猛烈起来的某种流行病。这一切很难说清楚，不过事实是大家都处在精神失常的紧张状态。"

庞大的罗曼诺夫家族，也就是一帮贪得无厌、厚颜无耻与人人痛恨的男女大公统统属于丧失理智者之列。害怕死亡的他们企图从日益令人窒息的围困中挣脱出来，他们在不肯驯服的贵族阶级面前讨好奉承，同时大讲沙皇夫妇的坏话，他们或者互相之间或者

在自己周围的人中间进行挑唆。至尊的叔叔们向沙皇递交规劝的信件，透过其中表示敬意的词句可以听到切齿之声。

十月革命后的普罗托波波夫文理已经不太通顺了，可是他还是对上层的情绪做了生动的描述："革命前甚至最高阶级也存在着
88 不满和反对。在贵族沙龙和俱乐部里，政府的政策遭到了不怀好意的尖锐批评；沙皇家庭中形成的各种关系受到了挑剔和议论；关于国家元首的奇闻笑谈四处流传；讽刺诗歌也创作出来了；许多大公也参加这类聚会；而他们的出席在公众心目中大大增强了讽刺传闻与恶意夸张的特殊可信度。不过，这类玩笑的危机意识直到最后一刻也没有显现出来。"

以亲德主义甚至直接与敌人勾结的罪名对宫廷佞臣进行的指责，使有关他们的传闻变得特别耸人听闻。喜欢争吵却又不太可信的罗将柯坦率地说道："勾结以及类似企图在逻辑上是如此明显，以致至少对我来说，在德国参谋部跟拉斯普京集团互相策应一事上没有什么疑问，这是毋庸置疑的。"单纯以"逻辑上的"明显性为由大大减弱了这份证词的绝对语气。革命以后，没有发现任何有关拉斯普京一伙跟德国参谋部进行勾结的证据。至于所谓的"亲德主义"，那是另外一回事。当然，问题并不在于对来自德国的皇后，以及大臣会议主席施秋梅尔、克莱恩米赫尔伯爵夫人、宫廷事务大臣弗列杰里克斯和其他具有德国姓氏的先生对德国产生的民族好感或反感。老阴谋家克莱恩米赫尔恬不知耻的回忆录非常清楚地表明，要靠什么样的超民族特征来识别所有欧洲国家贵族的上层，它是用血缘、遗产、对所有低于自己等级的人的蔑视。"last but no least"（最后但并非最不重要的），就是用存在于古老

城堡、高级疗养地以及欧洲各国宫廷里的世界主义杂交物做纽带连接在一起的。真实得多的现象是宫廷仆役对法兰西共和国卑躬屈膝的律师本能的反感，对反动分子——无论他是条顿名字还是斯拉夫名字——以及对体现纯普鲁士精神的柏林制度的好感，这制度以其抹着油膏的胡须、粗鲁无礼的举动以及傲气十足的愚蠢，给人留下了十分长久的深刻印象。89

可是这并不能解决问题。危险还是从事态本身的逻辑中产生了，因为宫廷不得不通过单独媾和来寻求救星。而且形势显得越危险，这种举动就越固执。就像我们将在后面要看到的那样，自由主义出于自己将来走向政权的考虑，企图通过其领袖把单独媾和的成功希望保存起来。然而正是因为这个缘故，它疯狂地进行沙文主义宣传，以此欺骗人民和威吓宫廷。在这么尖锐的问题上，宫廷佞臣不敢过早地暴露出自己的真实面目，他们甚至被迫用通行的爱国主义语调伪装起来，同时又在试探单独媾和所必需的土壤。

依附拉斯普京奸党的前警察首脑库尔洛夫将军在自己的回忆录里面当然会否认同德国勾结一事，也否认对自己的靠山有好感，但是旋即就补充说："不能因为施秋梅尔表达过跟德国的战争对于俄国来说是最大的不幸，以及战争没有任何重要的政治理由的意见，便谴责他。"但是不要忘了，怀有这种令人感兴趣的"意见"的施秋梅尔是一个正在与德国打仗的国家的政府首脑。沙皇政府最后一任内务大臣普罗托波波夫在进入政府前夕，还在斯德哥尔摩与德国外交官进行谈判，并且把谈判的情况报告了沙皇。同样，据库尔洛夫的说法，拉斯普京本人也"认为跟德国打仗对俄国来说是巨大的灾难"。最后还有，1916 年 4 月 5 日皇后写信给沙皇说："……

他们不敢说他[①]与德国人有任何共同之处，但是他还是像基督一样，对任何人都是同样十分友善和宽宏大量的，无论对方属于何种宗教。真正的基督徒就应该这样做。”

90 当然，完全有可能与赌棍、高利贷者和贵族皮条客一起混进这个几乎从未脱离醉态的真正基督徒行列的还有赤裸裸的密探。这样的勾结是不能排除的。但是反对派的爱国主义者提出的问题涉及得更广泛也更直接：他们公然指控皇后背叛。邓尼金将军在自己很晚才写出来的回忆录中证实：“军队里面议论纷纷，他们不论在什么时间地点都不感到难为情，说皇后顽固地要求单独媾和，说她出卖了基奇纳元帅，说她好像把元帅来访一事通报给了德国人，等等诸如此类的话……这些对军队的情绪，以及军队对皇朝与革命的态度产生了极大的影响。”还是这个邓尼金说到一件已经是革命以后的事情，阿列克谢耶夫将军在回答关于皇后背叛的坦率提问时“不明确与不经意地”提到，人们整理皇后的文件时发现有一张绘有各战线部队详细标记的地图，这事给他阿列克谢耶夫留下了令人不安的印象。接着邓尼金做了意味深长的补充：“此事他再没多说一句话，便改变了话题。”皇后那里或许有或许没有什么秘密地图，然而不走运的将军们显然不反对把自己失败的部分责任推给她。无疑，军队里流行的宫廷背叛的说法主要是从无能的司令部自上而下传播开的。

但是，假如让沙皇言听计从的皇后真的亲自把军事秘密乃至盟国统帅部的首脑出卖给威廉的话，那么除了审判沙皇夫妇以外，

① 指拉斯普京。——译者

还有什么事可做呢？不过，由于尼古拉·尼古拉耶维奇显然被认为是军队和反德政党的首领，因此根据职责好像应该被推举出来充当宫廷政变最高庇护人的角色。这乃是沙皇遵照拉斯普京与皇后的坚决要求，撤销大公总司令职务并且由自己取而代之的原因所在。可是皇后甚至害怕移交时让侄儿跟叔叔打照面。她给身在大本营的沙皇写信说："美男子，尽量小心，不要让尼古拉什[①]说破 91
你的任何承诺或其他什么——记住，是格里戈里把你从他以及他那些居心不良的左右那里解救出来的……为了俄罗斯，你回想一下吧，他们想把你赶走（这不是谣传，奥尔洛夫那里已经把文件准备好了），并把我送进修道院……"

沙皇的兄弟米哈伊尔对罗将柯说过："全家族的人都意识到了，亚历山大德拉·费多罗芙娜对我的兄弟是多么有害。在我兄弟和她周围只剩下叛徒，所有正直的人都已经离他们而去。可是在这种场合如何是好呢？"一点没错，在这种场合如何是好呢？

玛丽亚·帕夫洛芙娜女大公当着自己儿子的面坚决要求罗将柯发起"清除"皇后的行动。罗将柯提出就当这次谈话没有发生过，否则依据誓词，他应当把女大公向杜马主席提议清除皇后一事呈报沙皇。如此一来，这位机灵的宫廷高级侍从把谋杀沙皇的问题转移开了，使之成为上流社会一个小小的玩笑。

有时，大臣会议自身也站在激烈反对沙皇的立场上。早在1915年即革命爆发前一年半的时候，大臣们在政府会议上发表的公开言论，现在看来简直是不可思议的。陆军大臣波利瓦诺夫说：

① 尼古拉·尼古拉耶维奇的昵称。——译者

“能够挽救局势的唯有社会和解政策。现在摇摇晃晃的屏障不足以防止灾祸临头。”海军大臣格里戈罗维奇说：“军队不信任我们并且在等待变化发生，这已经不是什么秘密了。”外交大臣萨佐诺夫说：“沙皇的声望和权威在民众心目中大大动摇了。”内务大臣谢尔巴托夫公爵说：“在现有状况下，我们大家在管理俄国方面都是无能为力的……需要的要么是独裁，要么是和解政策。”（1915 年 8 月 21 日会议记录）实际上无论独裁还是和解政策，都已经于事无补，也都已经不可能实现了。沙皇既没有下决心实行独裁，也拒绝
92 了和解政策，也没有接受自认为无能为力的大臣们辞职。负责记录的重要官员给大臣们的发言做了简要的注释：他们显然都得被吊死在灯柱上。

在这种感觉支配下，甚至官僚圈子里也谈论起宫廷政变的必要性来了。这一点也不奇怪，因为他们认为政变是防止日益临近的革命的唯一手段。一个政变计划的参与者回忆这类讨论时说道：“一旦闭上眼睛，我就会想起，自己原来处在一个到处都是染上了革命癖的人的团体中。”

一个专门负责监视南方军队的宪兵上校在自己的报告中描绘了一幅阴暗的图景：由于大肆的宣传，尤其是关于皇后和沙皇亲德立场的宣传，使得军队做好了宫廷政变的思想准备。“在军官聚会场合也公开出现了这类议论，而且从来没有遇到来自高级指挥官方面的必要制止。”普罗托波波夫自己也证实：“大多数高级指挥官同情政变，部分人还跟所谓进步联盟的主要活动家有联系并且处于后者的影响之下。”

后来，有名的海军上将高尔察克在红军击垮了他的部队以后

向苏维埃侦查委员会供认，他跟很多杜马反对派成员有联系，他赞成他们的意见，因为他“以否定的态度看待革命爆发前的现存政权”。然而没有人把有关宫廷政变的计划告诉高尔察克。

在拉斯普京遇刺身亡和与此事有干系的大公随之被放逐以后，上流社会谈起宫廷政变的必要性时声调特别响亮。尤苏波夫公爵讲过这样一个情节：有好几个团的军官走到已在宫中被捕的德米特里大公跟前，提出了采取各种坚决行动的计划，“他当然不 93
会赞成他们的主张”。

有人认为盟国外交官至少是通过英国大使卷入了阴谋。无疑是根据俄国自由主义者的主动倡议，1917 年 1 月间，英国大使在事先提请本国政府批准以后，企图对尼古拉施加影响。尼古拉非常认真和很有礼貌地听完了大使的意见，并且对他表示感谢，然后就把话题转到不相干的事情上去了。普罗托波波夫向尼古拉报告了布坎南与进步联盟最主要的活动家联络的情况，并且提议对英国大使馆进行监视。尼古拉似乎不太赞成这种做法，他觉得对大使实施监视“不符合国际惯例”。同时，库尔洛夫却毫不迟疑地报告说：“侦查机关每日都在注视立宪民主党领导人米留科夫跟英国大使馆的联系。”可见，国际惯例妨碍不了什么。但是破坏它们也帮不了多大的忙：即便如此，也没有破获什么宫廷阴谋。

宫廷阴谋实际上确有其事吗？无论什么都没能证明这一点。它涉及的面太宽了，这个“阴谋”牵扯到的各种各样的集团与人物实在太多了，以至难以成为阴谋。作为彼得格勒上流社会的一种情绪，作为纷乱不安的挽救主张或者作为绝望的口号，它一直悬在空中，不过始终没有浓缩到可以付诸实施的计划的程度。

在 18 世纪，高级贵族对皇位继承顺序不止一次地进行过符合实际需要的修正，他们监禁或勒死那些令人难堪的皇帝。最后一次这样的行动是 1801 年针对帕维尔的。所以不能说宫廷政变是违反俄国君主制度传统的。相反，它作为一种必不可少的成分进入了这些传统。但是，贵族阶级早已不再感到自己稳坐在马鞍上
94 了。于是它把勒死沙皇和皇后的荣誉让给自由资产阶级。不过后者的领袖们也只是显示出稍微大一点的决心而已。

革命以后，自由主义资本家古契柯夫、捷列申柯以及接近他们的克雷莫夫将军多次被说成是阴谋分子的核心。曾在反对英国的布尔人军队里当过志愿兵的决斗士古契柯夫是一个带马刺的自由主义者。在“社会舆论”普遍看来，最适合实施阴谋的人物是古契柯夫，而不是喋喋不休的米留科夫教授，的确是这样！毫无疑问，古契柯夫不止一次重温实行猛烈和短促突击的想法，在这种行动中，一个近卫团就可以代替革命和预防革命。维特早在自己的《回忆录》里面就告发过他所痛恨的古契柯夫，说此人是一个迫害不合时宜的苏丹的青年土耳其党人的崇拜者。但是，青年时代还没来得及表现出青年土耳其党人无畏精神的古契柯夫，现在却明显衰老了。更主要的是，这位斯托雷平的战友不会看不到俄国的条件跟昔日土耳其条件的差别，也不会不反躬自问：用来预防革命手段的宫廷政变不会变成引发雪崩的最后震动吗？这样一来，用来预防的药物不是变得比疾病本身更致命吗？

在一些专门论述二月革命的著作里，谈到了预谋发动宫廷政变的话题，而且把它当作确凿无疑的事实。米留科夫做了这样的表述：“2 月出现了实施政变的苗头。”邓尼金则把实施的时间推后

到了3月。两个人都提到了这样的“计划”:在路上截住沙皇乘坐的专列,要求他退位,如果遭到他的拒绝(预料这是不可避免的),那就对沙皇实行“肉体消灭”。米留科夫补充说,在预见可能发生革命的情况下,没有参与阴谋也没有被“明确”告知阴谋准备情况的进步联盟的首领们在小范围里讨论过,政变一旦成功,怎样才能更好地利用它。近年来,有些马克思主义研究著作同样采纳了相 95
信政变实际上在准备之中的说法。顺便说一句,在这个事例中,可以透彻地看出,奇谈轶闻是如何轻易而牢固地在历史科学中为自己赢得地位的。

罗将柯讲述的那个有声有色的故事被说成是阴谋存在的最重要的证据,可是故事恰恰证明了所谓阴谋纯系子虚乌有。1917年1月,克雷莫夫将军从前线来到首都,在杜马成员面前抱怨说不能继续拖延下去了,“如果你们决定采取这种极端措施(指换掉沙皇。——托洛茨基),那我们会支持你们”。如果你们决定!……十月党人希德洛夫斯基愤恨地高喊起来:“当他在毁灭俄罗斯的时候,无论什么理由也不能宽恕和怜悯他。”在一片争吵声中,布鲁西洛夫将军说出了真假难辨的话:“如果不得不在沙皇与俄罗斯之间做出选择的话,——我会跟着俄罗斯。”如果不得不!年轻的百万富翁捷列申柯像一个坚定的弑君者那样发了言。立宪民主党人申加廖夫说:“将军是对的,政变是必要的……然而由谁来做决定呢?”问题就在于由谁来做决定呢?表示反对政变的罗将柯本人提供的证词其实质就是这样的。在随后不多的几个星期里,计划看来一点进展都没有。关于拦截沙皇专列的谈论在继续,但是根本不清楚由谁来实施这样的行动。

俄国自由主义者在其较早时期曾经用金钱与同情支持过革命恐怖主义者，期望他们用炸弹把君主制度赶进自由主义者的怀抱。这些可敬的先生谁都不习惯拿自己的脑袋去冒险。不过起主要作用的毕竟不是个人的恐怖，而是阶级的恐怖。他们议论说，现在的情况是糟糕的，但是好像不会变得更加糟糕。不管怎样，假如古契柯夫—捷列申柯—克雷莫夫真的在走向政变，即实际上为它做了准备，动员了各种力量和手段，那么这事在革命成功后一定会非常
96 明显和准确地广为人知，因为参加者特别是年轻的执行者（还真需要不少这样的人）没有任何理由闭口不谈他们“差点”就要实现的功绩，因为这在二月革命后只会保证他们得到升迁。可是这样的披露从未有过。显而易见，在古契柯夫与克雷莫夫那里，事情后来并没有进行到用红酒和雪茄庆祝爱国主义举动的地步。轻佻浮躁的贵族阶级投石党人也好，臃肿蹒跚的金融寡头反对派分子也好，都没有心思用行动来矫正不垂青他们的天意历程。

1917 年 5 月，最能言善辩而又空话连篇的自由主义者马克拉科夫在杜马（此时革命正在把它连同君主制度一起踢开）私下举行的会议上大发感慨：“如果后人诅咒这场革命，那么他们也会诅咒我们，因为我们没有用政变从上面来防止它发生！”晚些时候，已经流亡国外的克伦斯基效仿马克拉科夫倾诉悲情：“确实，条件已经具备的俄国耽误了从上面——又是从上面（这个词组说了这么多，是不是也做了这么多准备？）——及时发动军事政变（*coup d'État*），耽误了防止国家的自发爆炸。”

这两声叹息结束了剧情，同时也表明，当革命释放了自己全部不可阻遏的力量以后，那些受过良好教育的庸人们仍然在想，“及

时"撤换专制王朝的首脑就能预防革命的爆发！

*　*　*

没有足够的决心发动"大的"宫廷政变，但是从中派生出了小的政变计划。自由主义阴谋家不敢撤换君主制的主角，大公们却决心搬开他的台词提示人。他们认为杀掉拉斯普京是挽救专制制度的最后手段。

罗曼诺夫家族的姻亲之一尤苏波夫公爵把大公德米特里·帕 97
夫洛维奇和君主派杜马代表普里什凯维奇吸引到这桩事情中来了。他们还试图把自由主义者马克拉科夫也拉进来，这显然是为了给谋杀赋予"全民族"的性质。但是，这位著名律师把毒药交给密谋者以后就小心地避开了。这真是非常别具一格的细节！密谋人士不无根据地认为，谋杀完事以后，罗曼诺夫家的汽车能很轻易地把尸体运走：大公的纹章总算找到了用武之地。以后的情况是按照迎合品位低俗的电影剧本上演的。12 月 16—17 日之间的夜晚，被诱骗前来参加酒宴的拉斯普京在尤苏波夫的独栋私邸被弄死了。

除了一小撮宫廷佞臣和神秘主义女崇拜者以外，当权阶级把处死拉斯普京作为拯救行动接受下来了。在彼得格勒的全体皇族成员都带着同情去看望了软禁在家的大公，按照沙皇的说法，他的双手结果被一个乡下人的鲜血弄脏了——要知道即便是基督，也是一个乡下人！皇后的同胞姐妹、谢尔盖大公的遗孀发来电报，她为行刺者进行祈祷，对他们的爱国举动表示感激。由于暂时还没有发布议论拉斯普京的禁令，报纸登载了很多拍手称快的文章。在剧场里，人们也纷纷对杀人犯表示敬意。大街上的行人互相道贺。尤苏波夫回忆当时的情景说："在私宅里面，在军官的聚会上，在酒楼里人们为我们的健康举杯祝福，工人在工厂里对我们欢呼乌拉。”完全可以想得到，工人在得知拉斯普京被杀的消息后当然不会感到悲伤，可是他们高呼“乌拉”与复兴王朝的希望毫无共同之处。

拉斯普京奸党在等待时机，他们暂时隐匿起来了。沙皇、皇后、沙皇的女儿们和维鲁博娃在避开所有人的情况下，为拉斯普京举行了葬礼。围绕在神圣的朋友、被大公杀害的前盗马贼尸体四周的沙皇全家必定觉得自己完全无人理睬。然而，就是已经入土
98 的拉斯普廷也得不到安宁。当尼古拉和亚历山德拉·罗曼诺娃被逮捕的时候，守卫皇村的士兵掘开了坟墓，撬开了棺材。发现在死者头颅旁边放着一尊圣像，上面有亚历山德拉、奥莉加、塔季扬娜、玛丽娅、安娜斯塔西娅和阿尼娅的签名。临时政府不知为什么派了一个特派员去皇村，要把尸体运到彼得格勒来。可是遭到老百姓的普遍反对，特派员于是只得就地焚烧了尸体。

那个朋友被杀以后，君主制还苟延残喘了10个星期，不过这段短暂的时光依旧是属于它的。拉斯普京没有了，但是他的阴影仍然继续笼罩着国家。与密谋者的全部愿望相反，谋杀事件之后，沙皇夫妇开始特别起劲地擢升拉斯普京党羽中最卑鄙的分子。为了报复对拉斯普京的谋杀，一个公认的恶棍被任命为司法大臣，有几个公爵则被驱逐出了首都。有报道说，普罗托波波夫在摆弄招魂术，以招回拉斯普京的亡灵。绞索无可挽回地一步步勒紧了。

处死拉斯普京确实起了很大的作用，但也完全不是事件的参加者和鼓动者所期望的那样。它并没有缓和危机，而是加剧了危机。宫廷、司令部、工厂和农村小木屋……到处都在谈论这次谋

杀。结论是不言而喻的:即使对于大公们来说,除了毒药和左轮手枪外,也没有别的手段来对付这个患麻风病的宫廷佞臣。诗人勃洛克曾经就拉斯普京之死写下了这样的诗句:“结果他的那颗子弹,命中了专制王朝的心脏。”

* * *

罗伯斯庇尔早就提醒立法会议注意,贵族反对派在削弱了君主制以后,便使资产阶级振作起来了,而跟在资产阶级后面的是人民群众。同时,罗伯斯庇尔预料,欧洲其他国家的革命不可能开展
得像法国那么疾速,因为其他国家的特权阶级吸取了法国贵族的 99
经验教训,不会主动发起革命。但是,罗伯斯庇尔在做出这一精彩分析的同时,自己进行推测时却犯了错误,他以为法国贵族用自己这次轻率的反对派行为给别国贵族留下了永久的教训。1905 年特别是 1917 年,俄国再次证明,针对专制制度与半农奴制度,因而也是针对贵族的革命在迈出自己最初几步时,就会得到不仅来自普通贵族方面,而且来自其最有特权的上层,这里面甚至包括王室成员方面不成系统的、互相矛盾的然而又是十分有效的协助。这种非凡的历史现象也许使得社会阶级理论显得自相矛盾,不过事实上它只是在对这种现象的庸俗理解中才是矛盾的。

当社会各种对抗性矛盾达到高度紧张的时候,革命就会发生。不过这种状况也使局势变得难以忍受,即便对旧社会的统治阶级亦即注定要灭亡的阶级也是如此。我并不想让生物学的比喻超出它们应有的意义,不过还是要适当地提醒,到某个时刻,分娩这个行为无论对于母亲的机体还是对于胎儿都同样不可避免。特权阶级的反对立场渐渐表现为其传统的社会地位与该社会继续存在下

去的需要之间的互不相容。在当权的官僚集团那里，所有人都开始显得无力应付。贵族阶级觉察到自己正处在普遍敌意的焦点，于是把一切过错都推给官僚集团，官僚集团则又把罪责推给贵族，然后它们或是一道或是单独把自己的不满指向君主的权力垄断。

原本在贵族等级机关里任职而暂时被调来任大臣的谢尔巴托
100 夫公爵说："无论萨马林还是我，原先都是省里的首席贵族。迄今为止，谁也不认为我们是左翼人士，我们自己也不这样认为。但是我们无论如何也不明白，国家怎么落到了这步田地，致使陛下及他的政府陷入了与安分明理的（革命的阴谋就不用提了）社会各界——贵族、商人、城市、地方自治局甚至军队——极其尖锐的意见对立之中。如果上头不愿意考虑我们的意见，那我们的职责就是离职。"

贵族看到了灾祸的原因就在于君主制变成了睁眼瞎子或者说丧失了理智。但特权等级还不相信，能使旧社会和新社会相安无事的政策已经根本不可能存在了；换句话说，不能容忍自己注定要灭亡命运的贵族要把自己临死前的痛苦化作反对旧制度最神圣的势力即君主制度的行为。贵族反对派这种紧张和不负责任的心态可以用历史对贵族上层的娇纵，以及令它难以忍受的对革命的本能恐惧来加以解释。贵族反抗的前后不一和自相矛盾的现象也可以用这是一个没有出路的阶级的反抗来加以解释。可是，就如油灯一样，在熄灭前的那一刻还会发出耀眼的火花，尽管它还带着烟炱——贵族也是一样，在消亡之前也能出现反对立场的火花闪耀，这会给它的殊死敌人以最大的帮助。这个过程的辩证法就是如此，它不仅能与社会阶级理论协调起来，而且只有它才能把这种理论解释清楚。

# 第六章　君主制度的最后挣扎 101

专制王朝早在革命还没有解决自己最迫切的任务之前就像熟烂的果实一样被震落下来了。如果我们不努力阐明君主制是怎样迎接自己的最后时光的，那么旧的当权阶级的形象还是不可能完全描画出来。

沙皇到了莫吉廖夫的大本营，他去那里并不是因为那里真的需要他，而是为了躲避彼得格勒的烦扰。随从沙皇来到大本营的宫廷实录编纂官杜宾斯基将军在自己的日志里做了这样的记录："平静的生活在这里开始了。一切都还是原样子，并没有因他的到来而发生任何事情。可能只有一些外部的偶然因素，使得情况有一点点变化……"2 月 24 日，皇后像往常一样用英文写信给沙皇说："我希望仅凭克德林斯基（指克伦斯基。——托洛茨基）在杜马演讲就该绞死他，——这是很有必要的（指战时法律？——托洛茨基），这也将是一个范例。大家都渴望并请求你表现出自己的强硬。"25 日，大本营收到了陆军大臣发来的电报，内称在首都爆发了罢工，工人中间开始出现骚动。不过已经采取了措施，因此不会有什么严重的事件发生。总而言之，这不是第一次，也不是最后一次！

总是训导沙皇不要退让的皇后现在就力图显示出强硬态度。

26 日，她打电报给尼古拉，其用意十分明显，就是要给她没多大指望的丈夫打气："城里非常平静。"可是当天晚上的电报就不得不承认："城里的情况的确很糟糕。"她还在信中写道："必须直截了当地告诉工人，让他们不要举行罢工。如果他们硬要那样做，我就要把
102 他们送到前线以示惩罚。完全不需要开枪，需要的只是秩序，不会让他们走过桥来的。"不错，需要的东西并不多，仅仅是秩序而已！主要的是不让工人走到市中心来，听凭他们憋死在根本无法动弹的郊区。

27 日清晨，带着独裁者全权的伊万诺夫将军率领一个乔治十字勋章营从前线向首都进发，不过必须要到占领皇村时才能宣布行使独裁权力。"很难想象有更不合适的人选了。"后来自己实行过军事独裁的邓尼金将军回忆说，"他是一个根本认不清政治形势的、既没有力量也没有才能、既没有意志也没有威严的年迈体衰的老者。"之所以选中伊万诺夫，是依据对第一次革命的记忆：11 年前正是他镇压了喀琅施塔得的水兵。然而这么多年不是了无痕迹消逝的，当年的镇压者已经衰老了，而被镇压者已经长大成人。北方战线和西方战线都接到了准备将部队开往彼得格勒的命令。显然，他们认为往后还有足够的时间。伊万诺夫本人就以为一切将会迅速而顺利地结束。他甚至没有忘记委托副官在莫吉廖夫为彼得格勒的熟人采购食品。

2 月 27 日早晨，罗将柯给沙皇发去了一封新的电报，电文的最后一句话是："决定祖国与王朝命运的最后时刻来临了。"沙皇对宫廷事务大臣弗列杰里克斯说："罗将柯这个胖子又给我讲了一堆废话，对此我简直不想答复。"可是不行，这不是废话，而且必须

答复！

大约2月27日中午时分，大本营收到了哈巴洛夫的报告，报告称巴甫洛夫团、沃伦斯基团、立陶宛团和普列奥布拉任斯基团暴动的消息，并且要求务必从前线抽调可靠的部队开赴首都。一小时以后，陆军大臣却发来了足以令人宽慰的电报："某些部队从早晨开始的骚乱正在遭到忠于职守的几个连和营强硬而有效的镇 103
压……我坚信平静很快就会来临……"可是晚上7点种以后，同是这个别利亚耶夫又报告说，"为数不多的几支仍然忠于光荣职责的部队没能成功地扑灭军队的叛乱"，而且"为了在城市各处同时开展行动"，他请求火速派来真正可靠而且数量充足的部队。

当天召开的大臣会议认为现在是依靠本身力量把全部灾难的假想祸根——像半个疯子一样的内务大臣普罗托波波夫从自己的成员之间排挤出去的大好时机。同时，哈巴洛夫将军发布了一道背着政府拟定的命令，声称根据皇上的谕旨在彼得格勒实行紧急戒严。于是，这里出现了试图以冷热两种形式配合开展行动，尽管它不一定就是蓄意预谋的，而且在任何情况下都是靠不住的。结果在全城连张贴紧急戒严的告示也做不到：原来市长巴尔克那里没有毛刷与浆糊。总之，事情在这些当权机关和人物那里很不顺利，因为它们已经属于一个阴影笼罩的帝国。

最后一届帝国大臣会议的主要阴影是七十高龄的戈利岑公爵，早先他替皇后管理一个慈善机构，战争与革命时期被她提拔到了政府首脑的岗位上。根据自由主义男爵诺尔德的评判，这是一个"软心肠的俄国贵族、智力有缺陷的老人"，当朋友们问他为什么接受如此麻烦的差事时，戈利岑回答说："为的是留下一个比较令人

惬意的回忆。”这个目标他无论如何都不曾达到过。下面由罗将柯讲述的这个情节证实了最后一届沙皇政府当时的自我感觉：当民众向大臣们正在开会的玛丽亚宫进发的第一道消息传来时，大厅里的灯火立即被全部熄灭了。这班掌权人考虑的只有一点：千万
104 别让革命者发觉他们在这里。可是消息结果是假的，并没有什么进攻的事。当灯火重新亮起来的时候，有一个沙皇政府的成员“令自己也感到惊讶”，原来他藏在桌子下面了。到底他在那里留下了怎样的记忆，已经无法查证了。

不过罗将柯本人的自我感觉也不怎么好。杜马主席拨了很长时间的政府电话都是白费工夫，后来再打，终于跟戈利岑公爵通上了话。可对方回答他说：“请您什么也不要对我说了，我已经辞职了。”据罗将柯忠实的秘书说，听到这话以后，他重重地跌坐在圈椅里，用双手捂住脸……“我的天哪，多么可怕啊！权威没有了……无政府状态……流血……”接着便低声抽泣起来。在沙皇政权衰竭的怪影已经消散的情况下，罗将柯觉得自己成了一个被遗弃的不幸孤儿。此刻，他离明天自己不得不去“领导”革命的想法还很远呢！



戈利岑的电话回答表明，到27日晚大臣会议终于承认自己没有能力收拾业已形成的局面，于是向沙皇提议由一个深孚众望的人来出任政府首脑。沙皇是这样答复戈利岑的：“在目前形势下对政府成员哪怕是进行局部更换，我认为也是不能容许的。尼古拉。”到底还要等待什么样的形势出现？同时，沙皇要求采取“最坚决的措施”镇压叛乱。这事说起来比做起来容易得多。

第二天，28日，桀骜不驯的皇后精神上终于开始崩溃了，她打

电报给尼古拉说:“让步是必需的。罢工在继续。许多部队转到革
命那边去了。阿利斯。”所有近卫团队和全体卫戍部队的起义是起
了作用的,它迫使从黑森来的专制制度狂热的女信徒承认:“让步
是必需的。”现在沙皇也开始醒悟,“罗将柯这个胖子”告诉他的并
不是什么废话。尼古拉决定回家,很可能是感觉极不痛快的大本 105
营将军们在轻轻地推他的后背。

沙皇的专用列车出发了,起初并没有出什么岔子,地方警察和省长们像往常一样出来迎接他。在远离革命旋涡的地方,在坐习惯了的车厢里,在熟悉的侍从中间,沙皇看来又失去了对即将到来的结局的知觉。28 日下午 3 点,也就是他的命运已经为事态的发展决定下来的时候,他从维亚特马给皇后发了一封电报:“天气好极了。希望您感觉良好,保持平静。许多部队从前线出发了。爱您的温柔的尼基。”温情脉脉的沙皇非但不让步(就连皇后也坚持要做让步),还要从前线抽调军队。然而尽管“天气好极了”,几个小时后沙皇还是不得不跟革命风暴迎头相撞。列车到达维舍尔车站时,铁路工人不让它继续行驶。听说理由是“桥坏了”,很可能是侍从们自己想出了这个借口来缓和气氛。尼古拉打算自己或者说人们打算领着他沿着尼古拉耶夫铁路通过博洛戈耶,可是铁路工人也不让列车往那里开。这要比彼得格勒打来的全部电报都要明晰得多。沙皇脱离了大本营,却找不到自己回首都的道路。革命用铁路上的普通“小卒”将了国王一军!

陪伴沙皇在列车上的宫廷历史编纂官杜宾斯基在日志中记述:“人人都承认,在维舍尔发生的这次夜间转折是一个历史性之夜……我十分清楚,关于立宪的问题已经结束。宪法无疑会制

定……大家都说，需要做的仅仅是同他们即临时政府的成员谈好条件。”面对被扳下来的铁路臂板信号机（致命的危险因它骤然加剧了），弗列杰里克斯伯爵、多尔戈鲁基公爵、莱赫滕贝尔格斯基公爵，所有人，所有高级贵族老爷们现在都在争取立宪。他们就是不
106 去多想想斗争的事情。需要做的仅仅是谈好条件，也就是企图像1905年那样再欺骗一次。

列车一直在寻找，却找不到出路。皇后一封接一封地给沙皇发来电报，催促他尽快赶回去。可是所有的电报都从电报局退回给她，上面用蓝色铅笔写着：“不知道收件人在何处。”电报局的官员竟然无法找到俄国的沙皇。

有几个团队奏着军乐高举旗帜向塔夫里达宫进发。这时，一支近卫部队在基里尔·弗拉基米洛维奇大公率领下出动了，但是正如克莱恩米赫尔伯爵夫人所证实的，大公身边很快就出现了革命场面，卫兵们纷纷离他而去，左右亲信也离开了塔夫里达宫。“凡能脱身的，都自寻生路去了。”维鲁博娃回忆说。小群的革命士兵在宫中四处走动，大家带着强烈的好奇心看来看去。在上层还没有决定该怎么办之前，下层民众就把沙皇的宫殿变成了博物馆。

人们不知道其身在何处的沙皇掉转方向到了普斯科夫，这是年老的鲁兹斯基将军指挥的北方战线司令部所在地。沙皇的随从不停地变换着提出新主意，而沙皇本人则犹疑不决。在革命的进展速度已经是在用分秒来计算的地方，他却仍然在用日和星期来计算。

诗人勃洛克描写沙皇在君主制最后几个月的状况时，用了这样一些特征鲜明的句子：“这是一个固执己见却又优柔寡断的人，

一个对一切都神经过敏却又反应迟钝的人，一个对他人充满疑心的人，一个精神异常苦恼和说话小心谨慎的人，他已经成了一个不能自己做主的人。他不再去了解形势，也没有采取哪怕是一个明确的步骤。他把自己托付给了那些被他安排在权力高位的人。”优柔寡断、精神苦恼、谨小慎微、疑虑重重——所有这些特征在 2 月的最后几天和 3 月的最初几天必定是增强到了如此程度！

尼古拉终于打定主意给可恨的罗将柯发一封电报，然而电报看来终究没发出去。电报称为了拯救祖国，他委托罗将柯组织新政府，但是自己保留了对外交大臣、陆军大臣和海军大臣的任命 107
权。沙皇还想跟“他们”谈条件，因为“许多部队”正在向彼得格勒推进。

伊万诺夫将军确实毫无阻碍地进驻了皇村。显然，铁路工人没有下决心跟乔治十字勋章营发生正面冲突。晚些时候将军承认，沿途他不得不三番五次地对那些顶撞他的下属进行“慈父般的劝导”，才让他们顺从。“独裁者”的列车刚驶进皇村，地方长官马上就对他说，乔治十字勋章营跟守卫部队假若发生冲突就会威胁沙皇家眷的安全。这些人确实替自己担忧，于是建议镇压者不等卸下行装，马上打道回去。

伊万诺夫将军给另一个“独裁者”哈巴洛夫将军提了十个问题，他也得到了明确回答。我把这些问题全部抄录下来，因为它们值得我这样做。

伊万诺夫的问题如下：

一、哪些部队秩序井然？哪些部队不成体统？

二、哪些车站有人守卫？

三、哪些城区的秩序还得以维持？

四、什么机构在这些城区行使权力？

五、所有政府部门都在正常上班吗？

六、目前哪些警察局在您的掌握之中？

七、目前哪些军事部门的技术和经济机关在您的掌握之中？

八、您拥有多少粮食储备？

九、落入哗变者之手的武器、大炮和军用储备多不多？

十、目前哪些军事权力和指挥机关在您的掌握之中？

哈巴洛夫的答复如下：

一、处在我掌握之中的有海军部大楼里的4个近卫连、5个骑
108 兵连和哥萨克骑兵连、两个炮兵连，其他部队都转到革命分子一方去了，或者同它们达成协议保持中立；有一些士兵和匪徒在城里到处游荡，解除军官的武装。

二、所有车站都处于革命分子控制之下，并且由他们严密把守。

三、全城也处于革命分子控制之下，这使得电话受到影响，与各个城区的联系中断了。

四、无法回答。

五、大臣都被革命分子逮捕了。

六、完全没有。

七、没有。

八、我没有掌握粮食。2月25日时全城有560万普特面粉储备。

九、全部炮兵机关都处在革命分子控制之下。

十、受我个人指挥的只有军区参谋长，与军区其他机关失去了联系。

得到对局势如此明确的说明以后，伊万诺夫将军“同意”把自己尚未卸载的军用列车开回德诺车站。大本营的主要成员之一卢科姆斯基将军下结论说：“就这样，拥有独裁全权的伊万诺夫将军这次差遣，除了丢失脸面以外，什么也没得到。”

其实，丢失脸面一事淹没在诸多事变的风波里以后就默默无闻了。当然，独裁者把食品送到了彼得格勒的熟人那里，并且跟皇后进行了长时间交谈。皇后反复强调自己在医院里忘我工作，同时指责军队和人民忘恩负义。

那时，通过莫吉廖夫传到普斯科夫的消息一个比一个令人沮丧。陛下的私人卫队留在了彼得格勒，那里面的每一个士兵他都叫得出名字，每个士兵都受到了沙皇一家的亲切对待。可是卫队来到国家杜马，请求准许他们逮捕那些拒绝参加革命的军官。海军中将库罗什报告说，采取措施镇压喀琅施塔得的起义是不可能 109
的，因为他连一支部队也不能保证靠得住。海军上将涅佩宁打来电报，告知波罗的海舰队承认了杜马临时委员会。莫斯科军区司令姆罗佐夫斯基报告：“大多数拥有大炮的部队都投向革命分子一边去了，因此整座城市都处在他们的控制之下。市长及其助手离开了他们的辖区。”“离开”——在这里就是逃跑的代名词。

所有这些情况在3月1日晚上报告了沙皇。成立责任内阁的讨论和劝说一直持续到深夜。沙皇在凌晨两点钟终于同意了，他周围的人长长地松了一口气。既然革命的问题这样得以解决被认为是理所当然的，所以为镇压起义而向彼得格勒进军的那些部队同时接到了返回前线的命令。拂晓时分，鲁兹斯基将军把这个好消息告诉了罗将柯。但是沙皇的时钟走得太慢了。已经在塔夫里达宫遭到民主派人士、社会主义者、士兵和工人代表猛烈抨击的罗将柯回答鲁兹斯基说：“您打算做的还不够，皇位问题也直截了当地提出来了……各地的军队站到了杜马与人民一边，要求皇上让位给皇太子，并且由米哈伊尔·亚历山大罗维奇大公摄政。”其实，军队真的既不想要他的儿子，也不想要米哈伊尔·亚历山大罗维奇。罗将柯随便就把这个主张说成是军队和人民的，而杜马到此刻还把阻止革命的希望寄托在这个主张上。然而无论哪种沙皇的让步都为时已晚。“无政府状态达到了这等地步，使得我（罗将柯。——托洛茨基）不得不于今晚任命了临时政府。很遗憾，上谕颁布得太迟了……”这些冠冕堂皇的话表明，杜马主席完全擦干了为戈利岑所流的眼泪。沙皇读了罗将柯与鲁兹斯基的交谈记录，
110 他犹豫不决，反复地读，耐心等待。可是军事长官们已经拉响了警报，因为事情多少与他们有关！

晚上，阿列克谢耶夫将军在各战线总司令中间举行了一次算是全体投票的活动。现代革命在电报局的参与下完成了，这倒是件好事，因为有产阶级政权最初的动机与反应都替历史凝固在电报纸条上了。3 月 1—2 日晚间，帝国统帅们之间的谈判文件乃是无与伦比的人类文献。到底是要沙皇退位呢，还是不让他退位？西方战线总司令埃维尔特将军回答只有在鲁兹斯基将军和布鲁西洛夫将军表达意见以后才做出自己的结论，罗马尼亚战线总司令萨哈罗夫将军则要求先把其他所有总司令的意见告诉他。经过长时间迟疑以后，这位豪迈的军人宣布，他对皇上热烈的爱戴不允许

他的心灵接受“卑鄙龌龊的建议”。然而，他又“号啕大哭着”劝沙皇退位，以摆脱“更加卑鄙得多的僭望”。步兵上将埃维尔特令人信服地解释了屈服的必要性：“我采取了一切措施不让有关首都事态现状的消息传到军队里去，以免让它受到确实存在的骚动影响。在首都任何制止革命的手段都没有。”从高加索战线赶回来的尼古拉·尼古拉耶维奇大公则下跪央求沙皇采取“超常行动”，让出皇位。提出同样恳求的还有阿列克谢耶夫将军、布鲁西洛夫将军和海军上将涅佩宁。鲁兹斯基口头上以自己的名义提出了同样的请求。将军们用七支革命的枪口恭恭敬敬地对准他们所爱戴的沙皇的太阳穴。这些习惯于放弃阵地的统帅们生怕错过与新政权言归于好的时机，以及不亚于此的害怕自己指挥的军队，于是全体一致向沙皇和最高总司令建议：不要格斗就退出舞台吧！这已经不是 111
在遥远的彼得格勒还可以派军队去对付它；这是前线，是必须从这里借调所需军队的前线。

听罢这么庄严郑重的报告，沙皇决定让出已经不属于他的皇位。一份适宜在这种场合发给罗将柯的电文拟好了：“为了俄罗斯的真正福祉，为了挽救俄罗斯母亲，没有何种牺牲是我不能做出的。因此我准备退位，把皇位传给我的儿子，成年之前他仍然留在我的身边，并且由我的兄弟米哈伊尔·亚历山大罗维奇大公摄政。尼古拉。”可是，这一次电报也没有发出去，因为有消息说杜马代表古契柯夫和舒尔根已经乘火车离开彼得格勒前往普斯科夫来了。这就给了延缓执行决定一个新的借口。沙皇命令把电报退还给他，显然他担心要价太低了，仍然在等待令人欣慰的消息，更确切地说是希望奇迹发生。3 月 2 日午夜 12 点钟，尼古拉接见了刚刚到达的杜马代表。奇迹没有发生，也不可能继续推诿。于是沙皇急不可耐地宣布，他不能离开自己的儿子(此刻他头脑里究竟有些什么乱糟糟的盘算呢?)，接着签署了把皇位让给兄弟的诏令。同时对枢密院签发命令，任命李沃夫公爵为大臣会议主席和任命尼古拉·尼古拉耶维奇为最高总司令。皇后世代相传的疑心似乎得到了验证，可恨的“尼古拉什”同阴谋分子一道夺回了权力。看来古契柯夫真的以为革命与这位至尊的军事长官握手言和了。后者也把对自己的任命当作真有那么一回事。几天之内他甚至试着发出了一些命令，要求军队履行爱国主义职责。但是，革命毫无困难地排斥了他。

112 为了维护自由做出决定的表象，退位诏令注明的时间是午后3点钟，其根据就是沙皇是在这个时候公布退位的最初决定的。不过要知道，这个把皇位交给儿子而不是交给兄弟的“白昼决定”事实上已经收回，本意是指望车轮更加顺利地转动。不过谁也没有大声强调这一点：沙皇最后一次试图在可恨的杜马代表面前挽回面子，而杜马代表这一方容许了伪造历史因而也是欺骗人民的行径。君主制是在遵循自己的行事风格退出历史舞台的。但是它的后继者也始终没有改变。也许他们把自己的纵容姑息当成了胜利者对失败者的宽宏大量。



跟自己往常写的毫无个性风格的日记有些不同，3月2日尼古拉是这样记述的：“鲁兹斯基一大早就来了，向我宣读了他跟罗将柯就机构问题进行的冗长交谈记录。据他说，彼得格勒的情况是这样的：由国家杜马成员组成的大臣会议工作起来将会有点力不从心，因为代表工人委员会的社会革命党会跟他们斗争。我的退位是必要的。鲁兹斯基把这次谈话转告给了在大本营的阿列克谢耶夫以及所有战线的总司令。12 点 30 分的时候送来了答复。为了挽救俄罗斯和让军队留在前线，我决定迈出这一步。我同意了，他们就从大本营发出诏令草案。晚上，古契柯夫和舒尔根从彼得格勒到了这里，我同他们交谈了一会，然后把修改后我签署的诏令交给他们。深夜 1 点钟带着沉重的心情离开普斯科夫，周围到处是背叛、怯懦和欺骗。”

应当承认，尼古拉的苦楚并非没有理由。也刚好是 2 月 28 日那天，阿列克谢耶夫将军曾经致电各位战线总司令说：“在作战部队中维持忠于职守和誓言这种对国君和祖国的神圣责任落到了我们大家身上。”然而仅仅过了两天，阿列克谢耶夫将军就要求同是那些总司令不必再履行对职守与誓言的忠诚。在指挥人员中间，谁也没有站出来为自己的皇上说话。大家都急忙转乘到革命的船上去，并且切实指望在那里找到舒适的舱位。陆海军将领们摘下由沙皇姓名头一个字母组成的字徽，换上红色的领结。后来只报道过一个品行端正的人，说是某个军长在举行新的宣誓时死于心力衰竭。不过没有证据表明心力衰竭是因君主制受到侮辱而不是别的什么原因引发的。文职高官按规定没有责任要显示出比军人更多的勇气。每个人都尽可能得到了救赎。

但是君主制的时钟绝不会与革命的时钟相符。3 月 3 日拂晓，鲁兹斯基再次接到首都打来的直通电话。罗将柯和李沃夫公爵要求他扣下本来就已经被再次推迟发布的沙皇诏令。新执政者含糊其词地告诉他，阿列克塞继承皇位还可能得到人们（谁？）勉强同意，可是米哈伊尔即位是绝对不能接受的。鲁兹斯基因为前一天赶来的杜马代表没有说清楚自己此行的目的与任务而不无恶意地表示遗憾。但是杜马代表很快就有了辩白的理由，“发生了我们大家都没有预料到的士兵哗变，我还从来没有见过类似的哗变场面。”宫中高级侍从[1]对鲁兹斯基这样解释说。好像他一生就只做了观察士兵哗变这一件事。“让米哈伊尔统治帝国无异火上加油，因而会开始无情地毁灭一切可以毁灭的东西。”这令他们全体感到多么头晕、压抑、战栗与痉挛啊！

将官们默默地忍受着革命的这种新的“卑鄙僭望”。只有阿列克谢耶夫在给各战线总司令的电报通知中稍微吐露了一些自己内心的想法：“左翼政党和工人代表对杜马主席施加了强大的压力，
114 因此罗将柯在通报中没有表现出坦率与真诚。”在这种时刻，只有真诚是将军们所缺乏的！

然而这时沙皇再一次改变了主意。从普斯科夫抵达莫吉廖夫以后，他把写有同意把皇位传给儿子字样的便条交给了自己原先的参谋长阿列克谢耶夫，让后者转发给彼得格勒。显然，他以为这种花招到头来还是比较有希望的。据邓尼金说，阿列克谢耶夫拿着电报稿走开了，而且……最终还是没有发出去。他认为有两个已经向军队和全国宣布了的诏令就够了。不仅沙皇及其左右那里出现了意见不一，而且杜马中自由主义者的反应也比革命的前进步伐要来得慢。

在最终离开莫吉廖夫之前的 3 月 8 日，形式上已遭到拘禁的沙皇写了一个告军队书，最后一句话是：“谁现在就想得到和平，谁祈愿它，——谁就是祖国的叛徒，谁就是卖国贼。”这里暗藏着某种不事声

① 指罗将柯。——译者

张的企图，那就是回击自由主义者对他提出的亲德主义指控。只不过这种企图没有取得任何结果：再也没有人敢把这个文告公布出来。

尼古拉二世的朝代就这样结束了，这是由一连串失败、不幸、灾祸与暴行组成的朝代。它从举行加冕礼的霍登惨案开始，中间经历了枪杀罢工工人和暴动农民、日俄战争、残酷镇压1905年革命、不计其数的处决、讨伐和民族虐杀，最后以俄国疯狂和无耻地参加疯狂和无耻的世界大战而告终。

沙皇到达皇村以后与他全家一起被软禁在宫中。根据维鲁博娃的回忆，沙皇低声说过这样的话："民众中间没有公正审判可言。"不过恰恰是这句话不容置辩地证明了，历史的公正审判还是有的，尽管来得晚了一些。

*　　*　　*

罗曼诺夫王朝最后一对沙皇夫妇与大革命时代的法国国王夫妇的相似之处相当引人注目。这种相似之处在不少文献中已经指出过，但是还嫌粗略，而且没有由此做出结论。其实它根本不像我们第一眼所看见的那样偶然，它为我们做出结论提供了宝贵资料。

前后相距125年的沙皇与国王在特定的时候却又是扮演同一角色的两位演员。消极的、有耐心的然而又是爱报复的险恶居心构成了他们二人容易识别的特征。不同的是，在路易那里它被令人怀疑的温存外表掩盖起来了，而在尼古拉那里则是被和蔼有礼的外表掩盖起来的。他们两个给那些人留下了深刻印象，这些人因自己的职业而感到拖累，同时又不同意让出哪怕是一点点自己的权利，而且也不善于利用这些权利做任何有用的事。两个人的日记即使在风格或者说在没有风格这一点上是相似的，这些日记同样显露出苦恼不堪的精神空虚。

那个奥地利女人和那个黑森的女子从各自方面组成了相称的一对。皇后与王后不仅在身体上而且在精神上也比自己的国君要高出一筹。玛丽亚·安托瓦内特信教不如亚历山德拉·费多罗芙娜那么虔诚，还有与后者不同的是，她热烈地享受着生活的快乐。不过两人同样地鄙视人民，都极其厌恶让步的主张。她们同样地不相信自己的丈夫有勇气，都是居高临下注视着他们。安托瓦内特带点蔑视的态度，而亚历山德拉则带着怜悯的神色。

当那时接近过彼得格勒宫廷的传记作者开始让我们相信，假如尼古拉二世作为一个普通人就会为自己留下良好的记忆的时候，他们都是在简单地转述那些老版书籍对路易十六充满友善的评语，从
116 而使我们无论在看待历史还是在看待人类天性方面均获益不多。

前面我们已经说过，在第一次革命的悲剧性事件最紧张的时刻，李沃夫公爵在自己面前看见的不是苦恼抑郁的沙皇，而是“一个身着深红衬衫，神色略显愉快，乃至有点散漫的男子”。当时他是多么地气愤。公爵仅仅是不自知地重复了莫里斯州长对路易1790年访问华盛顿时所做的评论：“这个人在他那种处境中还吃得好，喝得好，睡得好，并且开心，还能指望从这个愉快的小伙子，这个比谁都快活的人那里得到什么呢？”

亚历山德拉·费多罗芙娜在君主制垮台前三个月曾经预言：“一切都在朝好的方向转变，——我们朋友的梦意义非凡！”这时，她好像只是在重复玛丽亚·安托瓦内特的话。后者在国王的政权覆灭前一个月的时候写道：“我感到精神焕发，有某种迹象告诉我，我们很快就会交上好运并得到拯救。”正面临灭顶之灾的两个女人

都看到了彩虹一般的梦境。

当然，相似的某些成分带有偶然的性质，而且只有历史奇闻轶事的意义。比这重要得多的是那些由环境的威力所造成的或直接强加给的特征，以及能清楚地阐明人的个性与历史客观事实之间相互关系的特征。

“他不善于思考——这就是他性格的主要特点。”一位反动的法国历史学家这样评论路易。这句话很像是描写尼古拉的。他们两个人都不善于思考。但是两个人都善于不思考。不过注定要遭到失败的历史事业的最后代表人物其实还能“思考”什么呢。

“他习惯聆听，总是微笑，却很少做出决定。他的头一句话通常是‘不’。”这是在说谁呢？还是在说卡佩。[①] 不过在这种场合，尼古拉的行为方式却是十足的因袭。两人都是“戴着拉下来蒙住 117
双眼的王冠”走向深渊的。不过反正这是逃脱不了的，睁开双眼走向深渊难道就轻松一些吗？假如他们把王冠推到后脑勺上，结局真的会发生变化吗？

应该建议职业心理学家把尼古拉和路易、亚历山德拉和安托瓦内特，以及他们的左右亲信说过的相对应的话选编成一部文集。假如不缺少资料，结果就会得到有利于唯物主义心理学的极为有益的历史证明：相同类型的（当然远非完全相同的）刺激在相同类型的条件下会引起相同类型的反应。刺激剂越强烈，它就会越快速地抑制个人特性。人们对挠胳肢窝会做出各种各样的反应，但是对烧红铁块的反应是相同的。就像蒸汽锤把不管是球状体还是

① 路易是法国波旁王朝的君主，因波旁家族出自卡佩王室，故有此称呼。——译者

立方体同样变成薄片一样，在极其重大而又不可避免的事件重压之下，抗拒者也会被压扁，也会失去自身“特性”的界线。

路易和尼古拉都是在风暴中生存的专制王朝的末代君主。两个人在艰难时刻显露出来的人所共知的沉着、平静与“快活”实际上是受过良好教育的人缺乏内在力量、神经系统虚弱和精神资源贫乏的表现。两个精神上已经去势的人绝对失去了想象力与创造性，他们的智力刚好使得他们能感觉到自己的庸俗，并且对所有才华横溢与出类拔萃人士怀有忌妒性的敌意。又正是在出现国内深刻危机和人民革命觉醒的时候来让他们两人统治国家的。两个人都极力抵御新思想与敌对势力浪潮的侵袭。两人的优柔寡断、口是心非和虚伪欺骗与其说是个性弱点的表现，不如说是根本不可能维持继承下来的地位的反映。

118 与妻子们有关的情况又怎样呢？亚历山德拉比安托瓦内特在更大程度上被自己跟一个强大国家权力无限的统治者的婚姻抬到了梦想的顶峰，这是一个像黑森如此偏僻地方出来的公主所能达到的梦想顶峰。她们两人怀有的自己负有崇高使命的意识达到了极点。安托瓦内特显得更轻薄一些，亚历山德拉则处在已经转译成斯拉夫教会语言的新教伪善精神之中：王朝的失败和人民不满情绪的增长无情地破坏了那个虚幻的世界，而这个世界是由这两个痴迷的但归根结底是鸡头一样愚蠢的头脑为自己建造起来的。由此产生了日益滋长的冷酷无情，对不肯屈从自己的异邦人民怀有的难以释怀的敌意，对那些多少考虑了她们的敌对世界也就是考虑了国家的大臣的痛恨；甚至产生了对自己宫廷的疏远，对自己的丈夫持续不断的欺侮，因为丈夫没有证明作为新郎的他应该激起的希望。

偏重心理的历史学家与传记作者，往往在巨大的历史力量通过个人特性折射出来的地方，去寻找和发现某些纯系个人的和偶然出现的因素。这种错误看法在宫内官员那里同样存在，他们认为俄国末代沙皇生来就是“失败者”。他本人也相信自己是在不幸的命运星下面出生的。实际上他的失败是由先辈遗留给他的旧目标与他所处的新历史环境之间的矛盾造成的。古代人说过丘比特如果要毁灭某个人就让他丧失理性，那么此时他们是以迷信的形式反映出对深刻的历史考察所做的总结。歌德有一句谈论理智的名言：“Vernuft wird Unsinn”——理智变成无理智，这话里面有与关于没有个性的丘比特的含义相同的历史辩证法含义，正是丘比特让比自己还长寿的历史制度失去了理性，并且使其捍卫者遭受注定的失败。罗曼诺夫和卡佩扮演角色的台词已经由历史剧情的发展指定好了，只不过阐释的差别程度要符合演员的命运。尼古拉的失败与路易一样，根源不在于他们个人的星占表，而在于等级官僚君主制度的星占表。他们两人首先是绝对主义王朝的末代子孙，他们在道义上的灭亡是由他们因袭专制王朝的作风造成的，并且赋予后者特别不祥的性质。

有人可能提出这样的异议，亚历山大三世少喝些酒，他就能多活很长时间，革命就会碰上一个性格完全不一样的沙皇，他与路易十六毫无对应的地方。但是这样的异议一点也不能贬损前文已经提出的观点。我们完全无意否认个人在历史契机中的作用，哪怕是个人身上体现的偶然作用也一样。我们所需要的，乃是带有自己全部特性的历史人物不是作为单纯的心理学特征清单，而是作为从一定的社会条件中产生的并且对此做出反应的活生生的现实受到关注。仅仅因为博物学家指出了土壤和空气中哪些成分滋养它生长，玫瑰怎么会停止散发香气呢。同样的道理，把个人从社会根源中揭示出来，既不能祛除他个人的香气，也不能祛除他的臭气。

前面说到的有关亚历山大三世长寿的假设正好能够从另一个侧面说明同样的问题。可以假定，亚历山大三世 1904 年不会同日本作战，这就可以推迟第一次革命的爆发。推迟到什么时候？很有可能，“1905 年革命”也就是对各种力量的第一次检验、绝对主义专制的第一个缺口会导致径直走向革命的第二阶段即共和制阶段，乃至第三阶段即无产阶级革命阶段。关于这一点，只能提出一些多多少少令人感兴趣的猜想。但是，革命不是由于尼古拉二世

120 的性格引发的，亚历山大三世也不能消除革命的任务，这无论如何都是不容置辩的。无论什么地方和什么时候，从封建制度向资产阶级制度过渡不经过暴力震荡是不可能完成的，只要提醒这一点就够了。我们昨天刚在中国看到的这种现象，今天在印度也将看到。最多也只能说，君主制度这种或那种政策，君主这种或那种个性能够加速或推迟革命的爆发，给革命的外表打上一定的印记。



进行非常愤恨而徒劳的顽抗的沙皇制度在无可挽回地输掉赌局的最后几个月、几个星期乃至最后几天，还在企图让自己支撑下去。如果说沙皇本人没有足够的毅力，那么皇后就弥补了这一不足。拉斯普京就是疯狂地为自我保全而斗争的那个集团的有用工具。即使在这个狭小的圈子里，沙皇的个性也被代表过去时代的沉渣以及进行最后挣扎的集团泯灭了。直接面对革命的皇村上层

的“政策”是由一只被围困的虚弱猛兽的反应组成的。如果驾驶高速行驶的汽车在草原上追捕一只狼，那只野兽最后就会气喘吁吁筋疲力尽地躺倒在地上。可是您如果试图给它套上项圈，那它就力图把您撕碎或者至少把您咬伤。在这种情况下，它还有别的什么反应吗？

自由主义者以为总会得到点什么。尼古拉不是及时同有选举资格的资产阶级达成协议并以此来预防革命（这就是自由主义对末代沙皇提出的控诉书），而是固执地拒绝做出让步，甚至在最后几天身处厄运刀口之下的时候，即每一分钟都是极其宝贵的时刻，他仍然在拖延，仍然跟命运讨价还价，以致错过了最后的机会。所有这一切听起来是多么恳切啊。然而很可惜，那么熟悉挽救君主制度正确方法的自由主义者却没有替自己找到这样的方法！

如果断言沙皇制度似乎在任何时候与任何条件下都不曾做出过让步，那当然是站不住脚的。它也做过一些让步，那是在自我保全的必要性要求它这样做的时候。克里米亚战争失败以后，亚历山大二世部分地解放了农奴，并且在地方自治、司法、出版、兴办学校等方面实行了一系列自由主义的改革。沙皇本人当时道出了自己改革的主导动机：自上而下解放农奴是为了防止他们自下而上地得到解放。在第一次革命的冲击之下，尼古拉二世恩赐了半部宪法。斯托雷平允许破坏农民的村社，以便为资本主义势力拓展活动范围。但是，只有在局部让步能维护整体即维护等级社会和君主制度本身的基础的界限内，所有这些改革对沙皇制度才有意义。一旦改革的后果开始越出上述界限，君主专制便不可避免出现倒退。亚历山大二世在其在位的后半期把前半期的改革抛弃了很多。亚历山大三世则沿着反改革的道路走得更远。1905 年 10 月，尼古拉二世在革命面前退却了，后来他却解散了正是由他设立的杜马。革命刚刚出现衰退，他就发动了国家政变。如果从亚历山大二世的改革算起，75 年时间里各种历史力量的斗争时而在地下时而公开地进行。这些斗争远远高出个别沙皇的个人素质，并且以推翻君主专制而告终。只有在这一历史进程的范围内才能为各个沙皇及其性格与“传记”找到位置。

甚至最专制的暴君也很少能像类似“自由”个体那样任意给时局打上印记。他永远是那些按照自己的样式塑造社会的特权阶级的代理人。只要这些阶级还没有完成使命，君主专制就是牢固和
122 自信的。它也就掌握着可靠的政权机关与没有限制地选择执行者，因为最有才干的人还没有转到敌对阵营去。君主也就可以亲自或者通过宠臣成为重大和进步的历史任务的贯彻者。可是当旧社会的太阳最终落下山去的时候，情况就不同了，特权阶级就从民族生活组织者变成了寄生的赘瘤。他们失去了自己的领导职能以后，也会丧失自己的使命意识和对自身力量的信心。他们把对自己的不满化作对君主制度的不满，于是专制王朝陷入了孤立：由完全忠于它的人组成的圈子缩小了，他们的水平也降低了。同时危险却在不断增长。新兴的力量也挤了进来。君主制度丧失了无论何种形式的主动创造精神，于是它防卫，它抵抗，它撤退，它的行为是最简单的无意识反应。半亚洲型的罗曼诺夫专制王朝也没有逃脱这样的命运。

这样说吧，如果把濒临死亡的沙皇制度放进纵向剖面进行观察，就可以看出尼古拉是连根退入毫无希望和备受谴责的过去的

那个集团的核心人物。而在历史悠久的君主制度的横向剖面上进行观察，尼古拉就是专制王朝链条上的最后一环。他最近的先人在当时也进入了家族—等级—官僚集团，只不过这个集团的范围要广一些。为了让旧的社会制度避免业已降临到它身上的命运，他们试验过各种各样的措施与手段，结果却把一个腹中已经怀上了革命胎儿的混乱无序的帝国传给了尼古拉。如果说留给他还有选择余地的话，那也是在各种不同道路之间选择毁灭罢了。

自由主义梦想英国式的君主制。可是，议会制度难道是经由和平的进化途径在泰晤士河上发育成熟的吗？或者说是个别君主的"自由"天性结出的果实吗？不是，它是作为历时几百年的斗争 123
结果而出现的，而且在斗争中有一个国王把自己的脑袋留在了十字街头。

前面谈到过的罗曼诺夫一家与卡佩一家之间的历史—心理比较凑巧完全可以延伸到第一次革命时代的英国国王夫妇那里去。为传记作者和历史学家以或多或少的根据描绘出的路易十六和尼古拉二世的那些特点，在查理一世身上基本上体现出了它们的结合。蒙塔古写道："查理一世总是显得萎靡不振，在无力进行反抗的情况下，尽管不情愿，但是为了欺骗，他还是会做出让步，结果既没有赢得声望，也没有赢得信任。"另一位历史学家评论查理·斯图亚特时说道："他不是一个愚钝的人，但是缺乏坚强的性格……他的妻子，法国国王路易十三的妹妹亨利埃塔，一个身上浸透的绝对专制思想比查理还要多的女人，替他扮演了厄运的角色。"我们不打算对这第三对（按年代顺序是第一对）被国民革命碾碎的国王夫妇进行详细的评述。我们只想指出，在英国，人们的仇恨首先集中在身为法国女人和天主教徒的王后身上，指控她同罗马进行勾结，与爱尔兰叛乱分子有秘密联系，而且在法国宫廷时就曾玩弄阴谋诡计。

但是，英国至少有好几个世纪让自己支配。它是资产阶级文明的先驱。它没有处在外族的压迫之下，相反它把越来越多的其他民族置于自己的压迫之下，它剥削整个世界。这种境况缓和了国内矛盾，滋长了保守主义，促使大量脂肪以大地主寄生阶层、君主政体、上院与国家教会的形式稳定地沉积下来了。由于英国资产阶级发展与众不同的历史特权，因此与弹性结合起来的保守主义也就从制度发展成了风尚。这种现象即使到了今天也仍然为如同俄国教授米留科夫与奥地利马克思主义者奥托·鲍威尔那样一
124 些形形色色的大陆庸人所激赏。然而正好是在目前，即英国耗尽了自己昔日特权的最后资源，它在全世界感到憋闷发紧的时候，保守主义甚至是通过工党成员失去了自己的弹性，从而变成了寡廉鲜耻的反动派。面对印度革命，“社会主义者”麦克唐纳没有找到除了尼古拉二世反对俄国革命用过的手段之外的别的什么手段。只有瞎子才可能看不到，大不列颠正在迎面走向巨大的革命震荡。它残存的保守主义，它的世界统治，还有它现今的国家机器将在这场震荡中消失得无影无踪。麦克唐纳在准备革命震荡一事上所起的作用丝毫也不亚于当年的尼古拉二世，而且无论如何也不比后者更少一些盲目性。就如我们所看到的，这正是关于历史进程中“自由”个体作用问题的不错实例！

可是，在发展落后的俄国，在处于欧洲各民族尾端和立足于薄弱经济基础之上的俄国，制造出了明显是专门适应自由主义教授

及其左翼影子即改良的社会主义要求的社会形态的“弹性保守主义”吗？俄国落后得太久了，致使世界帝国主义把它放进夹钳之中时，它不得不按照大大缩短的方针走过自己的政治历史。如果尼古拉迎合自由主义并且用米留科夫来取代施秋梅尔，那么事态的发展会在形式上显示出某些区别，但是在实质上是没有什么不同。要知道路易正是通过让吉伦特派掌权这种途径经历革命的第二阶段的，这样做既没有让路易，后来也没有让吉伦特党人免却上断头台的命运。不断累积起来的社会矛盾必定会向外爆发，爆发以后就会把自己的清除工作进行到底。在终于把自己的苦难、贫困、屈辱、恐惧、希望、幻想与目标统统搬上露天舞台的人民群众的压力面前，君主政体与自由主义的上层结合仅仅具有插曲的意义。它也许可以影响到各个场次的顺序，也可能影响到幕数的多少，但是一点也不会影响剧情的总体演变，更不可能影响君主与自由主义可怕的结局。 125

# 第七章　1917 年 2 月 23—27 日的五天时光

126

2 月 23 日是国际妇女节，社会民主工党各团体计划按照惯例纪念这个节日：举行集会、发表演讲、散发传单。在此之前，谁都没有想到妇女节可能成为革命的第一个日子，也没有任何一个组织号召在这一天举行罢工。不但如此，就连布尔什维克组织、包括最富战斗精神的维堡区委员会（它全由工人组成）也劝阻不要举行罢工。正如该区一位工人领袖卡尤罗夫所证实的，群众的情绪非常紧张，每一次罢工都有演变成公开冲突的危险。既然委员会认为开展战斗行动的时刻还没有到来，党组织还不太巩固，工人同士兵也很少有联系，于是决定不号召举行罢工，而是要为不太确定的将来的革命发动做准备。2 月 23 日前一天，委员会采取的就是这种路线，而且好像大家都予以接受。可是到第二天早晨，有些工厂的纺织女工不顾任何指示举行了罢工，而且派代表去金属工人那里，呼吁他们支持自己的罢工行动。卡尤罗夫写道，布尔什维克“很勉强地”前去参加，跟在他们后面的是孟什维克和社会革命党工人。但是既然发生了群众性罢工，那就必须号召大家上街，而且自己（布尔什维克）要站到最前列，卡尤罗夫提议做这样的决定。对此，维堡区委员会只得赞成。“发动的想法在工人中间早已成熟了，只

是在那个时候谁也料想不到发动会带来什么结果。”我们要记住这 127
位当事人的这一记述，它对于了解事件内幕是很重要的。

在举行游行示威时，士兵将会走出兵营对付工人，这种情况事先就被认为是毫无疑问的。那将会导致什么后果呢？战争时期当局可不愿意跟你开玩笑。不过另一方面，战争时期的一个“后备军”士兵并不是正规军的老兵。他真的就那么可怕吗？关于这个问题，在各革命团体里面尽管讨论过多次，但是都十分抽象，因为根据全部资料可以绝对有把握地说，无论谁，肯定无论谁当时都不曾料到，2月23日这一天将会成为向专制制度发起决定性进攻的开端。人们是怀着不确定的却无论如何是有限的前景来谈论游行示威的。

可见事实就是这样的：二月革命是从下层开始的，无产阶级中间受压迫与受摧残最深的部分，即女工——纺织女工（其中想必不少人是士兵的妻子）排除了自己的革命组织的阻挠，自发采取了主动行动。日益加剧的排长队买面包现象成了最终的推动力。当天参加罢工的男女工人达到了9万人左右。战斗的情绪以游行、集会乃至跟警察搏斗的形式表现出来了。运动首先在维堡区以及那里的大型企业开展起来，并且从那里向彼得格勒城区蔓延。据暗探局证实，在城市其余部分没有发生罢工和游行示威。这一天看来已经有为数不多的值勤部队奉命出动协助警察，不过没有人同他们发生冲突。包括女工在内的大群的妇女为要求供应面包向市杜马进发。这就好像要公山羊挤出奶来一样难。城里各处打出了红旗，写在上面的标语表明，劳动者想要面包，而不想要专制制度，也不想要战争。群情激愤的妇女节就这样平安地过去了，没有造 128

成牺牲。不过这一天到底暗示着些什么，直到晚上也没有人猜想出来。

第二天，运动不仅没有平息下去，反而加倍高涨起来了。2月24日，约有半数的彼得格勒工人参加了罢工。工人们清早就来到工厂，不让任何人上班。他们纷纷举行集会，然后向市中心游行进发。其他一些城区和其他居民集团也紧跟着投入了运动。“要面包”的口号被“打倒专制制度”与“打倒战争”的口号取代或者淹没了。涅瓦大街的游行示威在接连不断地举行：起初是高唱革命歌曲的密集成群的工人，随后又涌来了各色各样的市民人群，其中有不少戴蓝帽子的大学生。“来往的行人对我们深表同情，而有些住院的士兵从窗口挥舞着手中的东西向我们致意。”伤兵们对示威者这种表示同情的挥手究竟意味着什么，有多少人明白呢？但是哥萨克接二连三地朝示威人群冲了过去，尽管不那么凶狠，他们的马都汗湿了。人们开始向两边闪开，然后又重新聚集起来。人群中并没有出现恐慌。“哥萨克答应不会开枪。”这样的说法一个接一个地传开了。显然，工人跟一部分哥萨克会谈过。不过后来有一批半醉的龙骑兵一边骂着脏话，一边冲进示威人群，开始用长矛击打人们的头部。示威者竭尽全力坚持下来了，始终没有逃散。“不会开枪的。”确实如此，没有开枪。

一位自由主义的元老院成员注视着街上开不动的电车，——或许这是发生在第二天的事，是他记错了吗？——有些被砸碎了车窗玻璃，有些倒卧在轨道旁边，于是他回想起大战前夕1914年7月的那些日子。“看来早先的图谋正在复活。”元老的眼睛没有骗他，继承性是很明显的：历史抓起了被战争割断了的革命这条线的两头，并且打个结把它们连接起来了。

在这一整天里，大批人群不断地从一个城区涌向另一个城区，129
他们遭到警察强行驱散，遭到骑兵和部分步兵的拦截和逼退。与“打倒警察”的喊声同时响起的，是更多地对哥萨克高呼“乌拉”。这种现象意义重大。示威人群对警察表现出难以遏止的愤怒。他们打着唿哨，用石头和冰块追打城市骑警。工人对士兵则完全是另外一种态度。营房周围以及哨兵、巡逻兵乃至散兵跟前总有小群的男女工人，他们不时友好地交谈着。这是一个新的阶段，一个从罢工高潮和工人与军队面对面交流之中诞生的新阶段。这样的阶段在每一次革命中都必定要出现，不过它永远都是新鲜的，每次的确都是以新的形式出现的，无论阅读过还是描述过这种阶段的人在重新面对它的时候都无法确认它。

当天，国家杜马一直在讨论局势，而整个旗帜广场，整条涅瓦大街及其毗邻街道都被滚滚而来的庞大人流塞满了。杜马也在注视一种前所未有的现象：革命的而不是爱国主义的人群用高呼“乌拉”来欢送哥萨克和奏着军乐的其他团队。至于这一切意味着什么，杜马代表从街上遇见的第一个人那里得到回答：“警察用皮鞭抽打妇女，哥萨克出动以后赶走了警察。”事情到底是不是这样发生的，这是谁也无法验证的。也可能真的就是这样，示威人群深信事情就是这样的。这种信念不是从天上掉下来的，它是从以往的经验中得出来的，因此必定会成为胜利的保证。

埃里克松厂是维堡区技术先进的工厂之一，全厂有 2500 名工人，他们举行早间集会以后游行前往萨姆普索尼耶夫大街，在一处狭窄的地方同一支哥萨克部队迎面相遇。军官们骑着战马率先冲进示威人群，打开了一条通道，跟在他们后面疾驰而来的是堵满了整条大街的哥萨克士兵。决定性时刻到来了！骑士们排成长长的纵队小心翼翼地从刚刚由军官开辟的通道跑过去了。卡尤罗夫回
130 忆说：“他们当中有些人还面带笑容……有一个人甚至友善地对工人使眼色。”哥萨克使眼色并不是无意的举动。工人们用友好的而不是敌对的勇气更加大胆地面对哥萨克，并且用它轻易地使后者受到了感染。一个使眼色的人找到了众多的仿效者。尽管军官们另有打算，哥萨克士兵还是做到了既没有公开破坏纪律，但也没有坚决驱散示威人群，而是单纯从他们中间通过。如此反复来回了三四次，这使得双方进一步靠近了。哥萨克还开始独自回答工人的问题，甚至进行很短暂的交谈。纪律只剩下一具最薄最透明的外壳，它很快就有遭到撕破的可能。军官赶紧把骑兵队与示威人群分开，放弃了驱散工人的念头，并且把哥萨克排成横列挡住街道，目的是不让示威者向市中心进发。这样做也于事无补了，哥萨克规规矩矩地勒马站在原处，但是他们没有阻止工人从马肚子下面“钻过去”。革命不是任意选择自己的道路的，它是在哥萨克的马肚子下面迈出走向胜利的最初步伐的。故事情节真是妙不可言！讲故事的人果然有非凡的目光，他把事件发展的全部曲折情景淋漓尽致地刻画出来了。这一点也不奇怪，因为讲故事的人就是示威的领导者，跟在他身后的有两千多工人。由于担心敌人的皮鞭和子弹，这位指挥员的双眼始终在敏锐地注视着一切。

军队的转变似乎首先在历来的镇压者与讨伐者——哥萨克中间出现了。但是，这并不意味着哥萨克比其他部队更革命。相反，这些骑在属于自己的马上的坚定私有者很看重自己的哥萨克特

性。他们轻视普通农民，也不相信工人，他们身上带有许多保守主义成分。不过正因为如此，战争在他们身上引起的变化也就特别明显。此外要知道，也正是这些变化在各方面搅扰着他们：给他们派遣差事，把他们推向与人民迎面相撞的境地，令他们焦躁不安，并且最先让他们经受考验。这一切使他们厌烦极了。他们只想回家，于是使着眼色说：假如你们能做的话，那就做你们的事好了，我 131
们不会妨碍你们的。可是，所有这些仅仅是意义重大的征兆。军队毕竟是军队，它为纪律所约束，控制手段还掌握在专制王朝手里。工人群众还没有武装起来。领导人也还没有想到那有决定意义的结局。

在大臣会议当天举行的会议上，首都秩序混乱的问题只是诸多议题中的一个。罢工？示威游行？这又不是第一次。一切都在预料之中，命令也已经发出。于是会议径直转向目前急需办理的事情上去了。



究竟发出了哪些命令？尽管 23 日和 24 日有 28 名警察遭到殴打（博取同情的精确统计），差不多是独裁者的军区司令官哈巴洛夫将军还是没有下令开枪。这不是出于心肠软，因为任何情况他都已经预料到了，连什么时候开枪都事先标记好了。

单就时机来说，革命是突然爆发的。不过总体看来，两个极端——革命一端与政府一端都为革命做了精心准备，准备了多年，而且一直在准备。至于说到布尔什维克，1905 年以来他们的全部活动不是为了别的，就是为了准备第二次革命。而政府的活动也有很大一部分是为镇压新的革命做准备。1916 年秋，政府在这方面的工作显得特别周密、系统。以哈巴洛夫为主席的一个委员会到 1917 年 1 月中旬完成了为粉碎新的起义而制定的一份非常严密的计划:城市划分为 6 个警察局辖区,它们又分为若干小区;近卫军后备部队司令官切比金将军出任所有武装力量的首脑;各团部队分别部署在各个城区;6 个警察局辖区的每一个辖区内的警察、宪兵与军队由特别任命的校官统一指挥。为了应付更大规模
132 的行动,哥萨克骑兵单独留给切比金将军亲自统率。预先拟定的镇压程序是这样的:起初只是由某个警察局开始行动,然后让携带皮鞭的哥萨克出动,只有在确有必要的场合才动用荷枪实弹的部队。二月期间实施的正是这个由 1905 年的经验发展而成的计划。灾难的发生不是因为缺乏预见性,也不是计划本身的漏洞,而是人的素质,这里存在着枪炮不响的严重失算。

计划形式上依靠号称有 15 万士兵的全体卫戍部队,然而真正靠得住的总共不过万把人:除开 3500 名城市警士以外,寄予厚望的就是军校兵员。导致这种局面的原因就在于当时彼得格勒卫戍部队的性质,它几乎完全是由后备部队,首先是已经开赴前线的几个近卫团所辖的 14 个后备营组成的。此外卫戍部队还有一个后备步兵营,一个后备自行车营,一个后备装甲营,还有几支不大的工兵和炮兵部队,以及两个顿河哥萨克团。这已经够多了,可以说太多了。臃肿的后备部队人数众多,但这些人要么几乎没有经过训练,要么成功地免除了训练。不过要知道,整个军队的情况实际上也是如此。

哈巴洛夫确实是严格地按照他所制订的计划行事的。第一天,也就是 23 日,只有警察出来采取行动。24 日,走上街头的多半是骑兵,不过他们只配备了皮鞭和长矛。是否出动步兵或开火

还得取决于事态的发展。不过这种事态必定会出现。

25 日，罢工在继续扩展。根据政府的资料，当天参加罢工的工人达到了 24 万人。比较落后的阶层也在努力追赶先进分子，大量的小企业也罢工了，电车停开，商店也关了门。就在这天，高等 133
学校的学生也加入了罢课行列。正午时分，成千上万的人向喀山大教堂及其附近街道涌去。人群试图举行大型街道集会，因而跟警察发生了好几次武装冲突。演讲者在亚历山大三世纪念雕像旁边发表演说。骑警向人群开了枪，一个演讲者负伤倒下了。集会者开枪还击，一个警察所长被打死，另有一个警察局长以及几个警察负了伤。燃烧瓶、爆炸物、手榴弹纷纷朝宪兵飞了过去，战争教会了人们这类技能。士兵们的表现消极被动，有时还对警察流露出敌意。大伙激动地相互转告，说是当警察向亚历山大三世雕像附近的人群开枪时，哥萨克朝这些骑马的法老（这是对警察的蔑称。——托洛茨基）开火排射，后者不得不仓皇逃跑了。看来这并不是为了振奋自己的精神而传播开的消息，因为尽管其情节各不相同，然而从各方面可以得到证实。

工人布尔什维克卡尤罗夫在这些日子里是真正的领袖之一，他讲述了有个地方的示威者在骑警的皮鞭抽打下如何四散逃走的情形。同时说到，在一支哥萨克骑兵注视下，他卡尤罗夫以及与他在一起的几个工人没有跟着大家逃走，而是摘下帽子朝哥萨克走过去，边走边对他们说：“哥萨克兄弟，在工人要求和平的这场斗争中帮帮他们吧！你们也看见了，法老是如何对待我们这些饿着肚子的工人的。帮帮我们吧！”这种有意压低的语调，这些拿在手里的帽子——那是多么准确的心理揣测啊，简直是无与伦比的姿态！

街头战斗和革命胜利的全部过程充满了这类即兴表演。但是它们往往会淹没在重大事件的汪洋之中而消失得无影无踪，留给历史学家的只有那些老生常谈的皮毛。卡尤罗夫继续讲述下去："哥萨克互相使着有点特别的眼色，我们还没来得及离开，他们就冲进冲突现场中去了。"几分钟后，车站大门口有一群人抬起一个哥萨克往上抛，因为刚才他当着大家的面用马刀劈死了一个警察所长。

134 警察很快就不知去向，也就是说它们又要开始偷偷地采取行动了。但这时有一队手里端着枪的士兵出现了。工人忐忑不安地责备他们："同志们，难道你们真的要帮助警察吗？"回答是一句粗鲁的"走开"。再问一次，结果还是一样。士兵们郁闷不乐，烦心事在折磨着他们，当问题命中他们忧虑的焦点时，就会叫他们难以忍受。

解除法老的武装成了当时普遍的口号。警察是残暴的、不可调和的、遭人痛恨又仇恨他人的敌人。要把他们争取到自己这边来，那是根本谈不上的。所以才痛打警察，甚至打死他们。军队则完全是另外一种情况：各界示威民众都避免同士兵发生敌对冲突；相反，示威者在寻找使士兵对自己产生好感的途径，寻找说服他们、打动他们、亲近他们，以及使他们同自己打成一片的办法。尽管有关哥萨克行为良好的传闻也许有点夸张，示威人群还是小心翼翼地面对这些骑兵。骑兵坐在马背上，比示威者高出一截，他的心与示威者的心被四条马腿分隔开了。只能仰望的形象看上去总是显得更加高大和威严。同样在这里，旁边并排站立在马路上的步兵就显得更亲切和容易接近一些。群众尽量设法走过去靠近他们，注视他们的目光，让他们感受到自己热烈的呼吸。以女工为主的妇女在工人与士兵的相互关系中起着重大的作用。她们在冲击散兵线时比男人更勇敢，她们用双手抓住士兵的步枪，恳求他们，几乎又是命令他们："放下你们的刺刀，加入到我们的队伍里来吧！"士兵们感到不安与惭愧，他们焦躁地互相交换眼色，显得非常犹豫不决。有人下定了决心，把刺刀愧疚地高高举过冲击者肩膀的上方。警戒线被冲开了，兴奋和感激的"乌拉"声在空中荡漾。士兵被围住了，到处是争论、责备与请求——革命又向前迈进了一步。

尼古拉从大本营发给哈巴洛夫的电报诏令称"明天就要"制止
无秩序状态。沙皇的意愿与"哈巴洛夫计划"的后续环节是一致 135
的，所以电报只是一种辅助推动力。明天就该轮到军队说话了。这是不是太晚了？暂时还说不定。问题提出来了，但是远远没有解决。哥萨克方面的姑息默许，某些步兵警戒线的动摇——只不过是经过反应敏锐的街头民众千百遍重复的、别有深意的插曲罢了。对于激励革命民众这已经足够了，可是对于获取胜利还是远远不够的。何况还有性质相反的插曲。当天下午，好像是作为对由示威人群射出的左轮手枪子弹的回击，一个龙骑兵排第一次向综合商场外面的示威者开了枪。根据哈巴洛夫呈送给大本营的报告，有3人被打死，另有10人受伤。这是严重的警告！同时哈巴洛夫威胁说，清点出来的所有工人如果28日之前还不回去上工的话，那么就将当作应征者送到前线去。哈巴洛夫发出了为期3天的最后通牒，这等于给了革命比推翻哈巴洛夫以及顺势推翻专制王朝所需要的还多的时间。不过这种情况只是到了革命以后才变得清楚的。而在25日晚间谁也不知道明天究竟是否还属于自己。

让我们尽情想象一下运动的内在逻辑吧。2 月 23 日，酝酿和忍耐已久的彼得格勒工人群众在“妇女节”的旗帜下开始了起义。起义的第一步是罢工。3 天时间里它不断扩展并且事实上演变成了全面总罢工。这给了群众充分的信心，推动他们继续前进。越来越具有进攻性质的罢工与导致革命群众跟军队发生冲突的游行示威结合起来了。这种现象从整体上把任务提升到了更高的层面，即采用武力来解决问题的层面。最初几天取得了一连串局部的胜利，不过还是征兆性质多于实际性质的胜利。

136 持续了数天的革命只有一步一步地向上攀爬和取得一个又一个新的成功才能胜利地向前发展。胜利的发展过程如果出现中断，那是很危险的，长时间原地踏步也将招致失败。可是，甚至光有胜利本身也是不够的，务必让群众及时认识它们与及时评价它们。即使在胜利在握的时刻，它也有可能失掉。这种事例在历史上屡见不鲜。



开头 3 天是斗争不断高涨和不断激化的日子。然而正是由于这个缘故，运动达到了这样一个水平，即征兆性质的胜利已经变得不能令人满意了。所有积极的群众都走上了街头。他们没有遇到多大困难就顺利地战胜了警察。最后两天军队也卷进了事件：第二天只出动了骑兵，第三天步兵也同样出动了。他们逼退和阻拦示威群众，有时则听之任之，不过几乎没有使用过枪炮。上层统治者之所以不急于中止原先的计划，部分是因为他们没有充分估计到将要发生的情况（反动派的错觉弥补了革命领导人的错误）；部分是因为不再相信军队。然而恰好是在第三天，由于斗争发展的压力，以及沙皇命令的压力，迫使政府不得不根据业已出现的实际情况让军队出动了。工人特别是其先进阶层认清了这一点，何况前一天龙骑兵已经开了枪。现在问题毫无悬念地摆在了双方的面前。

2 月 25 日深夜，城市各处有分属不同革命组织的大约 100 人遭到逮捕，其中包括布尔什维克党彼得格勒委员会的五名成员。这也算是表明政府要转入进攻了。今天的情况又将如何？昨天发生枪击以后工人将会采取怎样的行动？而主要的问题是军队将如何行动？2 月 26 日的朝霞在一片捉摸不定与强烈担忧的晨雾中冉冉升起。

由于彼得格勒委员会的成员被捕了，全部工作的领导就转到了维堡区委员会身上。这样或许更好一些。党的高层领导无法挽回地耽误了时机。直到 25 日清晨，布尔什维克中央国内局才最终做出印发号召举行全俄总罢工的传单的决定。可是在传单散发出去（如果说它不管怎样都要散发出去的话）之际，彼得格勒的总罢工已经在全面走向武装起义了。领导层坐在上面观察事态，还在犹豫不决，结果落在后面了，因而也就不能进行领导了。它只是勉强跟在运动后面蹒跚而行。

离工厂越近，起义者就越有决心。可是在今天，也就是 26 日，各区都弥漫着惶恐不安的气氛。饥肠辘辘、疲惫不堪、冻得浑身哆嗦的、可又肩负着重大历史责任的维堡区领导人在城外一处围墙里面聚会，就当天事态的发展交换想法，并且一起确定一个行动计划。什么计划？继续举行示威游行吗？可是，既然政府决心要走到底，没有武装的示威游行那会导致什么结果呢？这个问题搅得大家心神不宁。“结果看来只有一个：起义正在结束。”在这里，听到了我们已经熟悉的卡尤罗夫的声音，不过第一时间我们觉得这话不像是他说的。在暴风雨来临前夕，气压表就是降得这么低。

正当即使最接近群众的革命者笼罩在犹豫动摇情绪之中的时候，运动自身实际上比其参加者所想象的要走得远得多。早在前一天即 2 月 25 日晚间，维堡地区就已经完全控制在起义者手中了。那里的各个警察所都被摧毁了，有的警官被杀，大多数已经逃跑、躲藏起来。市行政当局完全失去了跟城市大多数地方的联系。26 日早晨，人们发觉不仅维堡方面，而且直到利捷伊内伊大街为止的佩斯卡方面也被起义者控制起来了。至少警察的报告是这样认定局势的。这在一定程度上是可信的，尽管参加起义的人自己
138 未必完全看清楚这一点。在许多场合，警察无疑还在他们受到来自工人方面的威胁之前就逃离了自己的巢穴。不过撇开这点姑且不论，在工人心目中，把警察从工厂区清除出去的做法不可能具有决定性意义，因为军队还没有最终表明态度。起义"正在结束"，起义队伍中的勇敢者都这么想。其实起义只不过是在改变方向。

2 月 26 日适逢星期天，各家工厂都关门休息。因此早晨不可能用罢工的规模来衡量群众的压力。况且工人也不可能像前些日子那样在工厂里汇聚，这给游行示威带来了困难。清晨，涅瓦大街显得相当平静。此时皇后给沙皇发了一封电报，内称："城市里是平静的。"然而平静没有持续多久。工人逐渐聚集起来并且从四郊向市中心进发。当局不让他们过桥，他们就涌向结冰的河面，要知道现在还是二月份，整条涅瓦河就是一座冰桥。即便朝冰面上的人群开枪扫射，也不足以拦住他们。城市的模样顿时改变了。到处都是巡逻队、检查哨卡与骑兵分队。通往涅瓦大街的各条道路

特别加强了警戒。从隐蔽的埋伏地点不时传出阵阵枪声。伤亡人数在不断增加。救护马车在各条道路上不停地来回奔驰。到底是什么人从什么地方开的枪，可能永远也弄不清楚。无须怀疑的是，吸取了沉痛教训的警察决心不再让自己受到攻击。他们从窗口、从阳台的门缝、从廊柱后面、从阁楼里头向外开枪。各种假想都冒出来了，它们极易演变成传奇故事。有人说，为了恫吓示威者，许多士兵换上了警察外套。也有人说，普罗托波波夫在屋子里的阁楼上布置了大量机枪火力点。虽然革命胜利后成立的委员会并没有查出这样的火力点，但是不等于说它们从来没有存在过。不过那天警察退到幕后去了。军队最终卷入了事件。军队接到了开枪镇压的严厉命令，于是士兵，主要是教导队，也就是各团军士学校的学员开了枪。根据官方的统计数字，当天有40人被打死，并且有同样多的人被打伤。这还没有把被示威者扶走和抬走的伤亡者计算在内。斗争进入了决定性阶段。在子弹面前，群众会退回到自己出发的远郊去吗？不，他们没有退走。他们要努力达到自己的目标。

官僚的、资产阶级的、自由主义的彼得格勒陷入一片恐慌之中。国家杜马主席罗将柯当日要求从前线抽调可靠部队回来；然后又“改变了想法”，建议陆军大臣别利亚耶夫不要采用开枪，而是让消防队用水龙带喷射冷水驱散示威人群。别利亚耶夫跟哈巴洛夫商量后答复说，喷射冷水结果会适得其反，“因为这只会激怒他们”。自由主义者、高级官僚、警察的上层就这样讨论着该用冷水还是热水淋浴来对付人民起义。警察局当天的报告则证明仅用消防水龙带是不够的：“秩序混乱的时候出现了一种普遍现象，就是那些成群的肆无忌惮的暴徒对值勤部队进行严重挑衅，他们用石头和从街上砸来的冰块向部队扔去，以此来回敬要他们解散的命令。起初部队朝天开枪时，示威人群非但没有逃散，相反面对这种排射大笑起来。只有对密集的人群实行实弹射击，才能把这些成群结队的家伙驱散。不过这些参加示威的人大多会逃进附近房屋院子里躲藏起来。一旦枪声停止，他们又跑到街上来。”这份由警察写出的概述证明群众的情绪异常炽烈。说示威人群自己开始用石头与冰块袭击部队、哪怕是教导队实在是不可信的，因为这使起义者的心理与他们对待军队的明智策略显得太矛盾了。由于要为
140 大量伤亡进行辩解而寻找补充理由，结果连报告的语气也不完全是那样，而且不完全符合实际情况。但是主要的内容非常真实而鲜明地转述出来了：群众不愿意继续退让，他们带着明显乐观的情绪进行反抗，甚至在发生了造成伤亡的枪杀之后，仍然坚持留在大街上。他们不是抓紧生命不放，而是抓紧马路、抓紧石头、抓紧冰块不放。示威人群不是在单纯发泄仇恨，而是表现出了十足的勇气。这是因为尽管发生了开枪事件，示威者依然没有丧失对军队的信心。他们期待胜利，而且渴望无论如何都要取得胜利。

面对当局对军队的压力，工人对军队的压力加强了。彼得格勒卫戍部队最终成了时局演变的焦点。持续了将近三天的观望等待期到达了尽头，这期间卫戍部队的主体部分有机会对起义者保持友好的中立态度。“向敌人开火！”专制王朝这样命令。“不要对兄弟姐妹开火！”工人们这样呼吁。他们不仅仅限于这样，还要求：“和我们一道前进！”一场持续不断的、富于戏剧性的、时而高潮迭起的、时而难以觉察的、不过一直是冒险地争取士兵心灵的斗争就

这样在大街、在广场、在桥头以及在营房门口展开了。政权、战争与国家的命运就在这场斗争中，也就是在男女工人和士兵的紧张接触中，在步枪与机枪连续不断的呼啸声中确定下来了。

向示威者开枪的现实强化了领导层的犹疑动摇态度。运动自身的规模似乎显现出危险的迹象。甚至到26日晚上，也就是离胜利只有12个小时的时候，在维堡区委员会的会议上，大家开始围绕是不是该号召暂停罢工的问题展开了讨论。这种做法使人觉得莫名其妙。然而问题就在于，第二天认清胜利要比头一天容易得多。话又说回来，在时局和消息的推动下，人们的情绪难免会时常发生改变。心情沮丧可以迅即变成精神奋发。卡尤罗夫和丘古林这些人有足够的个人勇气，可是对群众负责的想法时时刻刻都压在他们的心头。在普通工人中，犹豫动摇的情绪是比较少见的。141
一个在布尔什维克组织里起过重要作用的暗探局密探舒尔卡诺夫消息非常灵通，他在给上司的报告中谈到了工人的情绪。这个奸细这样写道："因为军队没有制止示威人群，而在某些场合甚至采取了使警察无法行动的措施，民众于是深信自己能逍遥法外，所以在大街上肆意游走的两天过去以后，现在革命分子喊出了'打倒战争'和'打倒专制制度'的口号。人民从内心里相信：革命已经开始了，胜利将属于民众；由于军队袖手旁观，当局没有实力镇压运动；决定性胜利即将到来，因为军队必将公开地站在革命力量一边，尽管今天还没有，明天就会这样做。业已开始的运动不会平息下来，而会不断高涨，直至走向彻底的胜利和一场政变。"就其紧凑与鲜明而言，这是一份非常出色的评述！报告也是一份最有价值的历史文献。当然，这并不妨碍取得胜利的工人处死它的作者。

奸细(他们人数很多,在彼得格勒尤其如此)比其他任何人都害怕革命。他们玩弄手腕:在布尔什维克多次会议上,舒尔卡诺夫坚持采取最极端的行动,而在给暗探局的报告中他怂恿必须坚决采取武力措施。也许舒尔卡诺夫是带着这个目的去尽量夸大工人进攻的信心。不过他基本上是对的:事态很快就证实了他的估计。

双方阵营的上层都在迟疑与揣测,因为任何一方都不可能凭主观计算出力量对比。外部标志最终变成了标准,革命危机的主要特点之一就是在意识和社会关系的陈旧形式之间产生了尖锐矛盾。新的力量对比隐秘地潜伏在工人和士兵的意识里。正是因为
142 政府转而采取攻势(它是由革命群众的前述攻势引起的),从而把新的力量对比从潜在状态转变为能起作用的状态。工人热切而坚定地注视着士兵的双眼,后者则不安又疑虑地把自己的目光移开,这仿佛表明士兵已经不能保证自己了。工人愈加勇敢地朝士兵走过去。士兵阴沉却不是敌对地,甚至相当愧疚地沉默不语,而有时——这情形越来越常见——是带着假装出的严厉态度来答话,借此来掩饰其惶惑的心脏在胸腔里是多么剧烈地跳动。转折就这样完成了。士兵也就摆脱了自己的士兵角色,只是他们自己还没有马上意识到这一点。上司说,是革命灌醉了士兵;在士兵看来刚好相反,是他们从兵营的鸦片中清醒过来了。决定性的那一天——2 月 27 日就这样准备妥当了。

可是,前一天发生的一件事尽管带有偶然性,却还是按照新的方式给 2 月 26 日的整个局势染上了自己的色彩。入夜时分,巴甫洛夫团第四近卫连举行了暴动。警察总监的书面报告十分确定地指出了事件的原因:“该团教导队在涅瓦大街值勤时向示威人群开

了枪，于是众怒全都指向了它。”是谁把这事告知第四连的呢？有关资料偶然保留下来了。大约下午两点的时候，一伙工人跑到巴甫洛夫团营房前，他们竞相抢着说话，讲述了发生在涅瓦大街的开火事件。“请告诉同志们，巴甫洛夫团的战士朝我们开枪了，我们在涅瓦大街看见的士兵都穿着你们的制服。”这既是严厉的责备，也是激昂的呼吁。“大家都显得非常难过，脸色惨白。”种子并不是落在了石头上。将近 6 点钟时，第四连在一名军士带领下擅自离开了营房。这名军士是谁？他的名字了无踪迹地淹没在成千成百同样的无名英雄中去了。连队旋即向涅瓦大街进发去清除本团的教导队。这不是因为吃了长蛆的咸肉而引起的士兵哗变，这是具有高度革命主动精神的举动。连队在途中跟一支骑警小分队发生了冲突，士兵开枪打死了一名警士和一匹马，打伤了另一名警士和另一匹马。在暴动士兵随后飓风般的街道行程中没有人去跟踪，因此详情无从知晓。连队回到了营房，一下子惊动了全团。但是武器被藏起来了，根据有些资料，士兵仍然握有 30 支步枪。很快他们就被普列奥布拉任斯基团的人包围了。有 19 名巴甫洛夫团的士兵被捕并且关进了要塞。其余人则表示屈服。另有资料说，上司当晚发现有 21 名士兵带枪逃跑了。真是一个危险的漏洞！这 21 名士兵一整夜都会去寻找同盟者和庇护人。唯有革命取得胜利才可以解救他们。工人无疑已经从他们那里知道究竟发生了什么事。对于明天的战斗来说，这确实是个不错的兆头。

纳博科夫是自由主义著名领袖之一，他真实可信的回忆录有些地方像是他那个政党和阶级留下的日志。那天深夜 1 点钟，他从客人那里沿着漆黑一团和戒备森严的街道步行回家，当时他“带

着惊恐的心情，并且有一种不祥的预感”。或许他是在某个十字路口碰见了一个逃亡的巴甫洛夫团士兵。两人都急于各自赶路，他们相互本来就没有什么可说。在工人街区和士兵营房里，有人在值班，或是在商量什么；另有一些人则半睡半醒地露宿在街头，连说梦话都像是在激昂地议论明天这个日子。逃亡士兵在那里找到了栖身之所。

* * *

关于二月那些日子里发生的大量战斗的记载是十分缺乏的，甚至跟十月不太充分的记载相比也显得更为贫乏。十月，党日复一日领导着起义者，在党的各种文章、文告与记录里面记载了斗争的连续性，尽管这种连续性只是表面上的。二月则不是这样，几乎没有人从上面来领导群众。报纸也没有说出什么，因为报社到处
144 也在罢工。群众没有左顾右盼，他们自己创造了历史。要还原大街上所发生事件的生动场景几乎是不可能的。如果能够重建这些事件的总体连续性和内在规律性，情况或许要好一些。

总的来说，还没有失掉权力部门的政府在观察评价事态方面甚至比——正如我们所知晓的——不那么称职的左翼政党还要糟糕。在 26 日“顺利”开枪以后，大臣们顿时精神振作起来了。27 日拂晓，普罗托波波夫令人快慰地报告说，根据收到的情报，“有部分工人打算复工上班”。可是工人并不想现在回到机床旁边去。昨天的枪杀与失利并没有使群众失去勇气和信心。这怎么解释呢？显然是负面因素被某些正面因素克服了。起义群众塞满了各条街道，同敌人展开搏斗，摇晃士兵的肩膀，从马腹下面钻过去；他们有时进攻，有时逃散，把尸体留在十字路口，偶尔也夺取武器；

他们传递着各种各样的消息，也传播各种各样的流言；他们逐渐变成了具有无数双眼睛、无数对耳朵、无数根触须的生命集体。晚上，群众从斗争舞台回到了自己的工厂宿舍，他们仔细回味白天的印象，去掉那些宵小与偶然的成分，进行自己颇有分量的总结。26 日深夜做出的这份总结与奸细舒尔卡诺夫向当局报告的情况大体是一致的。

一大早工人便向工厂涌过去，他们在全体大会上做出继续斗争的决定。像往日一样，维堡人的情绪特别坚定。不过在其他地区，早间集会也是在情绪激昂的气氛中举行的。继续斗争！但是在今天这将会意味着什么呢？总罢工得到了大规模群众革命示威的结果，而游行示威引发了跟军队的冲突。继续斗争就意味着今天要号召举行武装起义。可是，没有任何一个人发出过这样的号召，它将不可避免地从事态发展过程中孕育出来，而革命政党根本没有把它提上议事日程。

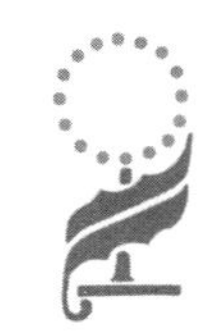



在最紧急的关头，革命的领导艺术十之八九就是要善于暗中 145
听取群众的意见，这有点像卡尤罗夫暗中观察哥萨克的行踪一样，只不过要在最广泛的范围内这样做。暗中听取群众意见的非凡本领乃是列宁的伟大力量所在。但是当时的彼得格勒没有列宁。合法的与半合法的“社会主义”司令部，克伦斯基们、齐赫泽们、斯科别列夫们以及围在他们身边打转的所有人都郑重地发出了警告，对运动表示反对。不过，由施里亚普尼柯夫、扎卢茨基、莫洛托夫组成的布尔什维克中央指挥部同样被软弱无力和消极被动压垮。事实上各区与各兵营都是自行做主的。直到 26 日，才由倾向布尔什维克的一个社会民主工党组织发表了第一份告军队书。从

27 日清晨起开始在各区散发的这个文告够犹豫软弱的，它甚至没有号召军队转到人民一边来的内容。该组织的领导人尤列涅夫做了这样的说明：“可是，革命事件发展的速度是如此之快，致使我们的口号已经落在它的后面了。在传单发到士兵的核心部分之前，他们就已经完成了自己的行动。”至于说到布尔什维克中心，施里亚普尼柯夫也是直到 27 日早晨才根据二月期间最优秀的工人领头人之一丘古林的要求起草了一份告士兵书。它是否付印了呢？充其量，它也只能在事情快要收场的时候出现。不管怎样，它都不能对 27 日发生的事情产生什么影响。必须指明的是，一般说来，在那几天里，领导人所处的位置越高，他就越发落后。

然而，没有任何人给它起名的起义自己走进了议事日程。工人的全部主意都是针对军队的。难道我们真的不能推动它吗？零敲碎打的宣传鼓动今天已经远远不够了。维堡人在莫斯科团的营
146 房旁边举行了集会。事情的结果是不成功的：军官或者司务长要转动机关枪的把手还有什么困难吗？工人被猛烈的火力驱散了。在后备团营房旁边工人也做了同样的尝试。那里也出现了同样的情景：几个军官手提机枪出现在工人与士兵中间。工人的领头人要发狂了，他们到处寻找武器，并且要求党予以提供。可他们得到的回答是：武器在士兵手中，你们去他们那里拿吧。这个他们自己当然也知道，可是怎么去拿呢？今天会不会马上出事呢？斗争的临界点于是一步步逼近了。要么是机枪消灭起义，要么是起义夺取机枪。

施里亚普尼柯夫是当时布尔什维克彼得格勒中心的主要人物，他在自己的回忆录当中讲述了他是如何拒绝工人提出的武

器——哪怕是左轮手枪——要求的，同时他又派人到兵营去弄武器。他认为这样可以避免工人与士兵之间发生流血冲突，他把全部赌注押在宣传亦即押在用言语和榜样来争取士兵上面。我们不知道还有没有其他证据，它们能证明或驳倒这位著名领导人关于那些日子的记述，而这一记述与其说证实了他的先见之明，不如说暴露了他在敷衍塞责。老实承认领导人那里没有武器不是更好吗？每一场革命在一定阶段的命运取决于军队情绪的转变，这一点不用怀疑。面对人数众多、纪律严明、装备精良、指挥有方的武装力量，手无寸铁或者说几乎没有武器的人民群众是不可能取得胜利的。然而每一次深刻的全国性危机不可能不在这种或那种程度上影响到军队；如此一来，与真正人民革命的条件一起预备好的就是胜利的可能性——当然还不是胜利的保证。但是，军队转向起义者一边不是自然而然发生的，也不是仅凭宣传的结果。军队是由各种成分组成的，其中相互对抗的分子是靠纪律的恐怖手段维系在一起的。革命士兵在决定性时刻到来之前还不知道他们究 147
竟有多大的力量，以及他们可能有些什么影响。当然，工人群众也有各种不同成分。不过他们在准备决定性冲突过程中有多得多的机会来检验自己的队伍。罢工、集会、游行示威，既是斗争的行为，同时也是斗争的测试仪。不是所有的群众都参加了罢工，也不是所有的罢工者都准备去战斗。在最紧张的时刻，那些坚持上街的是最坚定的分子。动摇不定的、萎靡不振的和消极保守的人都待在家里了。在这里，革命中的淘汰是自然而然发生的，人们是经过时局的筛子筛选出来的。军队的处境则是另一种状况。革命的、同情革命的、犹豫不决的和敌视革命的士兵统统始终受到强制性

纪律的约束，而维持纪律的手段直到最后时刻到来之前都集中控制在军官手里。士兵的队列每日照样按“第一列”、“第二列”……进行清点。可是怎样才能把他们按照叛乱和顺从来进行列队清点呢？

长期的微观过程为士兵转向革命一方准备好了心理因素，这个过程像所有的自然过程一样，也有它自己的临界点。可是怎样来确定这个临界点呢？部队完全有可能准备好了加入人民一方，但是还没有得到来自外部的必要推动。革命的领导层还不相信存在着军队站到自己一边来的可能性，因而与胜利失之交臂。在这次已经成熟但没有完成的起义过后，军队就可能会出现反动：士兵会丧失自内心深处激发出来的希望，重新伸长自己的脖子套上纪律的重轭。下次再跟工人相遇时就会反对起义者，特别是在射程之外的时候。在这一过程中会出现许多无须重视的或者难以估量的因素、互相交错的潮流以及集体的和自我的暗示。但是，从所有这一切物质力量与心理力量的复杂交织中会得出一个无法驳倒的
148 明确结论：士兵的主体部分越是确认起义者真的起义了，就越能把刺刀丢在一边，或者带着它们去投奔人民。这起义不是那种完事以后不得已重新回到兵营并且要做出解释的游行示威，这是一场你死我活的斗争。如果士兵加入人民一方，人民就能取得胜利。这样不仅能保证士兵不受惩罚，而且能使他们的整个命运变得轻松起来。换句话说，只有在起义者自己确实准备不惜以任何代价直至流血的代价来争取胜利的情况下，他们才能唤起士兵的情绪发生转折。而这种高度坚强的决心从来都不可能也不愿意在赤手空拳的情况下获得。

坚持斗争的群众和堵住道路的士兵发生遭遇的紧急的一小时中有其万分紧急的一分钟：这就是阴森的警戒线还没有撤除，士兵们还在并排站着却又开始动摇，而军官在用尽最后一点气力下决心发出“开火”命令的那一刻。示威人群的叫喊、可怕的呼号与威胁盖住了命令的声音，不过只盖住了一半。枪口在摆动，人群在坚持。这时一个军官用左轮手枪的枪口对准一个最可疑的士兵。决定性的一分钟之中出现了其决定性的一秒，其他人都不由自主地回头看着这位最勇敢的士兵。他牺牲了，一名军士从死者身上取下步枪朝示威人群开火。警戒线于是连接起来了，还在不停地放枪，示威者被赶进了胡同和院落。可是从1905年以来也出现过若干次例外：在最紧急的那一瞬间，当军官准备扣动扳机的时候，人群中有人开枪警告他，原来那里面也有自己的卡尤罗夫和丘古林。这不仅决定了街头冲突的命运，而且决定了那一整天甚至整个起义的命运。

施里亚普尼柯夫给自己提出了这样的任务：保护工人以免他们跟军队发生敌对冲突，因此不把枪支交到起义者手里，这个任务
总的来说没有得到执行。在事情发展到跟军队发生冲突之前，跟 149
警察已经发生过很多次较小的冲突。街头斗争是从解除令人痛恨的“法老”的武装开始的，他们的左轮手枪落到了起义者手中。相对敌人的步枪、机枪与大炮而言，它本身是火力很弱的而且几乎是玩具一样的武器。可是那些火力强大的武器真的就掌握在敌人手中吗？为了检验这一点，工人们提出了要获得武器的要求。问题在心理学的范围内正在得到解决。然而起义期间心理过程与物质过程是不可分割的。通过夺取法老的左轮手枪，获取士兵步枪的

途径便开辟出来了。

在那个时刻，士兵的心情不如工人活跃，但是与工人同样深刻。在这里我们再次提醒，卫戍部队是由预定要开去补充前线各团的数千名官兵的后备营为主组成的。这些人大多数是自己家庭的父亲，他们在战争已经失败而国家也已经破产的时候还要开到战壕里去。他们不愿打仗，他们只想回家，回到土地上去。他们十分清楚地知道宫廷里面出了些什么事，对君主制度没有丝毫的挂念。他们不愿跟德国人作战，更不愿跟彼得格勒的工人作战。他们痛恨战争时期在首都尽情享乐的统治阶级。他们中间也有过去参加过革命的工人，后者能把所有这些情绪综合表现出来。

把士兵从强烈的却还没有向外爆发的革命不满引向公开的哗变行动，或者在初期哪怕是引向哗变性的抗命行动——任务就是如此。在斗争的第三天，士兵们终于失去了对起义保持友善中立的可能。在工人和士兵相互遭遇时发生的事情，只有一些偶然的零碎细节为我们所知晓。前面我们已经听说过，工人是如何激动地向巴甫洛夫团的士兵诉说他们团的教导队的行为的。这样的情
150 景、这样的交谈、责难和呼吁在城市的各个角落都变得紧张激烈起来了。没有给士兵留下更多的时间让他们犹豫了。昨天晚上就强迫他们开了枪，今天还会强迫他们这样做。工人没有屈服，也没有退让，他们决心在铅弹下面实现自己的目的。同他们在一起的还有女工、妇女、母亲、姐妹和情人。不错，也正是这个时候，人们经常在各个角落这样低声谈论：“但愿大家在一起……”就在白昼来临之前那充满无以复加的痛苦和难以忍受的恐惧的时刻，就在对强行要士兵充当刽子手的那些人怀着令人窒息的仇恨的时刻，兵

营里第一次响起了公开造反的声音，在这些一直都不知其姓名的人留下的声音中，整个兵营轻松又兴奋地认清了自己。摧毁罗曼诺夫王朝的那个白昼就这样升出了地平线。

在不知疲倦的卡尤罗夫家里举行的早间聚会共有近四十名来自各工厂的代表参加，与会者大多数表示赞成继续采取行动。注意是大多数，不是全部。遗憾的是，无法弄清楚这是一个怎样的大多数。不过那一刻谁也顾不上做记录。其实决定马上就过时了，因为聚会被发生了士兵起义和打开了监狱这类令人陶醉的消息中断了。“舒尔卡诺夫跟所有与会者一一贴面亲吻。”亲吻犹大吧，不过所幸这不是在耶稣受难的十字架前。

继前一天巴甫洛夫团第四连开始起义以后，各后备近卫营当天早晨在走出营房之前就一个接一个举行起义了。在各种文件、记录与回忆录当中，人类历史上的这一宏伟事件只留下了一些平淡无奇和晦暗不明的痕迹。被压迫群众即使在他们上升到创造历史的最高层级的时候，也很少谈论他们自己，记录下来的就更少了。而后来吸引了全部注意力的胜利庆典又冲掉了回忆工作。我们只能拿现有的资料来叙述。

沃伦斯基团的士兵第一个行动起来了。还是早晨 7 点钟的时候，一位营长就打电话惊动了哈巴洛夫，向他报告了一个严重的消息：团里的教导队，也就是专门指定担负镇压任务的部队拒绝出 151
动，它的队长被打死了，也可能是在全队面前自杀的。不过第二种说法很快就被推翻了。破釜沉舟之后，沃伦斯基团的士兵赶紧去扩展起义的根据地，现在他们的唯一生路就在这里。他们急忙跑到附近的立陶宛团和普列奥布拉任斯基团营地“召唤出”士兵，就像罢工者从一个工厂走到另一个工厂召唤出工人一样。过了一段时间之后，哈巴洛夫又收到一份报告，内称沃伦斯基团的士兵不仅没有照将军的命令交出武器，反而同普列奥布拉任斯基团和立陶宛团的士兵联合起来了，还有更可怕的是他们“跟工人联合起来了”，并且捣毁了宪兵营的营房。这就证明，巴甫洛夫团昨天的经验没有失效，起义者找到了领路人，同时找到了行动计划。

在 27 日清早数小时内，工人们设想自己要解决的起义任务远远超过实际解决的任务。更确切地说，他们看见的任务差不多全在前面，而实际上它十之八九已经落在后面了。工人对兵营发起的革命冲击正好与士兵在街上准备就绪的革命行动同时发生了。一天之内，这两股强大的激流汇合起来了，结果不留痕迹地冲毁了旧建筑，从房顶开始，然后是墙体，最后是地基。

丘古林是首批手持步枪和肩披子弹带走进布尔什维克营地的人之一，“他全身脏兮兮的，但是容光焕发，充满胜利的喜悦”。能不容光焕发吗！士兵携带武器转向我们这一边来了！有些地方的工人已经与士兵成功地联合起来了，他们深入兵营之中，并且得到了步枪和子弹。维堡和最坚定的那部分士兵一道拟订了行动计划：攻占那些为武装警士所盘踞的警察所，解除所有警官的武装，解救关在各警察所里面的工人，释放监狱里的政治犯，击垮城里听命于政府的部队，跟那些尚未采取行动的部队以及其他各区的工
152 人联合起来。

莫斯科团加入到起义方面并非没有经过内部斗争。令人惊异的是，这种斗争在各团一般说来竟然如此之少。保皇派上层分子感到束手无策，他们从士兵群众的身边走开了，要么乘机躲藏起

来，要么急忙乔装打扮。“军械”工厂的工人科罗廖夫回忆说：“下午两点钟莫斯科团出发的时候，我们也武装起来了……我们拿着左轮手枪和步枪，挑选了一群合适的士兵，他们当中有几个人请求我们指挥他们，告诉他们该做些什么，然后我们一起去了齐赫文斯基街，向那里的警察开火。”就这样，工人没有片刻为难就告诉士兵“该做些什么”。

令人高兴的胜利消息一个接一个传来了：自己的装甲车出现了！它们插上红旗在各区行驶，威慑那些仍然没有降伏的人。现在再也不需要在哥萨克的马腹下爬行了。革命完全挺直了腰板！

临近中午 12 点的时候，彼得格勒重新变成了开展军事行动的场所：到处响起了步枪与机枪射击的声音。到底是什么人在什么地方开枪，恐怕永远也弄不清楚。可有一点是清楚的：这是过去跟未来的交火。其中有不少是在放空枪，有些少年拿意外得来的左轮手枪不停地连发射击。军火库被砸开了：“据说单是勃朗宁手枪一种武器就被抢走了好几万支。”由焚烧区法院与警察所建筑而产生的烟柱一直升上了天空。某些地方冲突和交火的紧张激烈程度不亚于一场真正的战役。一队自行车兵占据着萨姆普索尼耶夫大街上一排简易木房子，他们当中有些人聚集在门口，工人朝那里走过去。“同志们，干嘛就这样站着？”一个当事人证明，士兵们笑了，“很不自然的笑。”他们默不作声，军官粗鲁地命令工人走远一点。
自行车兵像骑兵一样是二月革命与十月革命期间军队最保守的部 153
分。工人和革命士兵迅速集结在板墙前面，必须消灭这支叫人放心不下的队伍。有人通报说，已经派人叫装甲车去了，大概没有什

么别的办法制伏这些自行车兵，他们已经架好了机关枪，阵地也因此得到了加强。可是群众很难再有耐心等下去，他们焦躁不安，极不耐烦，他们当时不耐烦是对的。双方都响起了第一拨枪声。然而竖立在士兵与革命之间高高的板墙妨碍了交火。进攻一方决心要推倒板墙，结果推倒了一段，其余的也用火点着了。大约 20 所木房子暴露出来了。自行车兵集中在两三所房子里。空房子立即又被点燃了。6 年以后，卡尤罗夫回忆起了当时的情景："熊熊燃烧的木屋及其四周被推倒的板墙，机枪以及步枪的激烈交火，围攻者异常激动的面孔，满载着全副武装的革命者飞驰而来的卡车，最后还有带着锃亮炮口的装甲车，这真是一幅极为壮丽与永远难忘的景象。"这是沙皇的、农奴制的、牧师—警察的旧俄国的木屋和板墙在熊熊燃烧，它因被包围在烈火与浓烟中而全身衰竭，最终在机枪扫射的呃逆中断气。这怎能不使卡尤罗夫本人以及成千上万的卡尤罗夫们感到兴高采烈呢！开过来的装甲车对准躲藏着自行车官兵的木屋开了几炮。指挥防守的长官被打死了，其余的军官摘下肩章和奖章，穿过紧挨着的木屋逃跑了，剩下的人举手投降。大概这就是充满冲突的一天中最大的一次冲突吧。

就在这时，武装起义带有了流行病的性质。那天没有起义的只有那些来不及举行起义的部队。入夜时分，以野蛮镇压 1905 年莫斯科起义而闻名的谢苗诺夫团的士兵也加入了起义的行列，
154 11 年的时光不是全无痕迹流逝过去的！谢苗诺夫团的士兵与猎骑兵一起当夜就已经完全解放了被上司关在营房里的伊兹梅洛夫团士兵。这个在 1905 年 12 月 3 日包围第一届彼得格勒苏维埃并逮捕其成员的团队现在仍旧被认为是最落后的团队之一。沙皇号

称有 15 万人的首都卫戍部队就这样崩溃、解体与消失了。到当天深夜，它已经不复存在了。

早晨听到各团起义的消息以后，哈巴洛夫企图继续进行顽抗，他派出一支约一千人的混合部队去对付起义者，并且给它下达了最严厉的训令，然而这支队伍的命运却变得玄乎其玄了。独一无二的哈巴洛夫在革命以后讲到："那一天发生了一件看似不可能的事情。部队在推进，跟随一位勇敢坚定的军官——我说的是团长库捷波夫——向前推进。可是……没有结果。"紧随这支部队之后派出的几个连队同样不见了踪影。将军又开始在冬宫广场组建后备部队，可是"没有子弹而且没有地方能弄到它"。这些情节都是从哈巴洛夫后来对临时政府调查委员会所做的真实供词摘录出来的。执行镇压的部队到底藏到哪里去了呢？其实不难猜测，出发以后，它们很快就隐没在起义之中了。工人、妇女、青少年、起义士兵把哈巴洛夫从各处派来的部队团团围住，这些人要么把他们当作自己人，要么坚决做到使他们除非同一眼望不到边的示威人群站在一起之外，再也不能有其他作为了。跟这些密密麻麻的、现在什么都不怕的、源源而至的以及无处不在的群众拼杀就如同站在泥浆里比剑一样，是根本不可能的。

同时，随着一个又一个团队起义的报告送来，当局亟需可靠的部队来镇压起义者，守卫电话局、立陶宛古堡、玛丽亚宫以及其他更加神圣的地方。哈巴洛夫打电话要求喀琅施塔得派可靠的部队
来。可是那里的指挥官回答说，他自己还在为要塞担忧呢。哈巴 155
洛夫还不知道起义已经蔓延到了邻近的卫戍部队。将军试图或者说让人觉得他打算把冬宫变成最后的堡垒。但是计划因为无法实

现旋即就放弃了，而最终少得可怜的“忠实可靠的”部队也转移到了海军大厦。在那里，这位独裁者终于筹划完成了最为重要的和刻不容缓的大事，印发了最后两项政府法令：一是普罗托波波夫“因病”去职，二是在彼得格勒实施特别戒严。后一项法令他不得不赶紧发布，因为几小时后哈巴洛夫的军队就已经替彼得格勒解除了“戒严”，官兵们从海军大厦跑出来便四散回家了。只是由于不知道该怎么做，到 27 日晚革命从还没有逮捕这位由可怕权力支撑的却又根本不怎么可怕的将军。不过这事在第二天没有遇到什么麻烦就完成了。

难道这就是威严可怕的俄罗斯帝国在面临致命危险时所做出的全部抵抗吗？是的，差不多是全部抵抗，尽管它有镇压人民的丰富经验，并且制订了周密的计划。后来，清醒过来的保皇分子用彼得格勒卫戍部队的特殊性质来解释人民轻易取得二月胜利的原因。但是革命发展的全部后续过程推翻了这样的解释。诚然，在这不祥的一年开始之际，宫廷佞臣向沙皇提出过必须更换首都卫戍部队的建议。沙皇并不难让自己相信，被认为特别忠诚的近卫骑兵“在火线待得够久了”，理应在彼得格勒自己的兵营里得到休息。不过，在收到前线恭敬的建议以后，沙皇同意用 3 个海军陆战队顶替 4 个近卫骑兵团。按照普罗托波波夫的说法，轮换似乎是在没有得到沙皇同意的情况下，由指挥部门居心叵测地蓄谋促成的，“水兵是从工人当中征募来的，他们代表军队里面最革命的成
156 分”。然而这是一派胡言。近卫部队特别是近卫骑兵的高级军官在前线很容易得以高升，因此不急于回到后方去。此外，军官们不无恐惧地考虑过指定给他们的镇压职能，因为他们指挥的团队曾

经在与首都练兵场情况根本不同的前线驻扎过。就如前线发生的事情很快证明的那样，到此刻近卫骑兵跟其他骑兵已经没有什么区别了，而被调到首都的近卫水兵在二月革命中绝对没有起什么积极作用。全部问题就在于，制度的机体已经彻底腐烂了，连一丝活的成分也没有留下来……

2 月 27 日一日之内，民众未经流血就把一批政治犯从首都多所监狱里释放出来了，其中有 1 月 26 日被捕的军事—工业委员会的几名爱国主义成员，以及 40 个小时前被哈巴洛夫抓走的布尔什维克彼得格勒委员会的成员。在监狱的大门外，政治界线立刻划分得一清二楚：孟什维克爱国主义者旋即去了杜马，那里正在为他们分配角色与岗位；布尔什维克党员则来到了区里，来到了工人和士兵中间，以便同他们一起最终控制首都。不能给敌人以喘息之机，革命比其他任何事情都更加需要进行到底。

究竟是谁出的主意把起义各团带进塔夫里达宫的呢？这个问题无法回答。这样一种政治路线是从整个形势之中产生形成的。所有跟群众没有联系的激进主义分子都自然而然地向往作为反对派情报中心的塔夫里达宫。很有可能正是这些突然感受到 27 日涌现出来的有生力量的激进分子充当了起义近卫部队的领路人。充当这一角色是光荣的，而且已经没有任何危险了。依照自身的整体布局，波将金宫作为革命的中心是再适合不过的。把塔夫里达宫花园跟分布着许多兵营以及排列着一连串军事机关的整个军事城区分开的只有一条街道。157 多年以来这个城区的确一直既被政府也被革命者视为专制王朝的军事堡垒。以前的情况就是这样，但是如今一切都翻转过来了。近卫部队地盘里发生了士兵起义。

起义部队只要横越街道，就能直抵与涅瓦河只相隔一个街区的塔夫里达宫花园。而涅瓦河对岸就是满布着革命蒸汽锅炉的维堡区。工人可以通过亚历山德罗夫桥，如果桥面被吊起，他们还可以越过结冰的涅瓦河面，然后就能到达近卫部队的营房或者塔夫里达宫。这就是彼得格勒东北部从建城起形成的如此丰富多样与相互矛盾的三角地带：近卫部队营地、波将金宫、巨大的工厂，它们坚固紧密地结合成革命的前进基地。

在塔夫里达宫的大厅里，各式各样的中心已经建立起来了，或者说形成了雏形，其中包括起义的战地司令部。要说它们起到了很重要的作用，这话未必正确。“革命的”军官，也就是过去不论什么原因，哪怕是因误会而与革命有了联系的，却又平安无恙地错过了起义那些军官，起义胜利以后赶忙提醒人家注意自己或者听从他人的直接召唤出来“为革命服务”。他们冷静深思地观察局势，并且总是悲观地摇着头。须知，这些一群一群惊慌不安的士兵通常没有什么武器，也根本没有什么战斗力。他们既没有大炮，也没有机枪；既缺乏通信手段，也缺乏指挥人员。敌人只需一支厉害的部队就够了！现在大街上的革命人群的确会妨碍采取任何有计划的行动，但是到深夜，工人们离开大街回去了，居民们也安静下来了，城市变得空荡荡的。如果此刻哈巴洛夫调动一支坚强有力的部队攻打兵营，那他就有可能成为局势的主宰者。顺便指出，这种想法以各种不同的版本贯穿了后来革命的所有阶段。“给我一个
158 坚强有力的团，我会立刻扫除所有这些垃圾。”一些胆大的团长在自己圈子里多次这样说过。正如我们将会看到的，有人确实试图这样做。不过在这里完全有必要重复哈巴洛夫的话：“部队在推

进，跟随一位勇敢坚定的军官向前推进。可是……没有结果。”

可是结果从哪儿得来呢？全部可以充数的部队中最坚定的部分是由警察和宪兵及某些团队的教导队组成的。可是他们在群众真正的进逼面前显得那么可怜巴巴，就像 8 个月以后的 10 月时乔治十字勋章营和士官学校显得无能为力一样。专制王朝从哪里去凑齐这么一支训练有素、有能力同一座有两百万人口的城市进行旷日持久而又毫无希望的单独决斗的救命军队呢？在那些口头上很有办法的团长看来，革命仿佛失去了自卫能力，因为它仍旧处在非常可怕的混乱之中：到处是漫无目的的行动，迎头相撞的各股激流，令人惊骇的人流旋涡，仿佛是突然间凋谢的神情惊异的大人物，被鞭子抽烂的军大衣，指手画脚的大学生，没有枪支的士兵以及没有士兵的枪支，朝天放枪的少年，成千上万张嗓子合成的喧闹，失去控制的流言旋风，假装出来的恐惧情绪，虚伪难辨的兴奋神情——仿佛只要把军刀高高地举在这一切混乱之上，那它们就将消失得无影无踪。然而这是视觉上的大错误。混乱只是表面上看起来如此，在混乱的表象下是群众按照新的准则不可阻遏的定型过程。这些多得数不清的人群还没有十分明确地确定自己想要的东西，不过他们对自己不想要的东西充满着刻骨仇恨。他们背后已经发生了无可挽回的历史性雪崩。回到从前去是不可能的，即便有人能够把他们驱散，可是过不了多久他们又会重新集结起来，而且第二排激浪那将是更加猛烈与更加血腥的。从二月那些日子开始，彼得格勒的空气是如此的灼热，以致陷进这个巨大的火炉或者仅仅是走近它就被热气烤焦了的敌方部队变了形。它们对自己失去了自信心，感到自己浑身麻木，最后是因没有进行战斗才

159 得到了胜利者的宽恕。奉沙皇之命率领乔治十字勋章骑兵营从前线回来的伊万诺夫将军明天就将亲自证实这一点。5 个月以后，同样的命运落到了科尔尼洛夫将军头上。8 个月以后则轮到了克伦斯基。

以往几天里，哥萨克在街上表现得最为随和，这是因为他们最多也只是受到了打搅之故。但是当事情发展到直接的起义时，这些骑兵再次证明了自己的保守名声，他们落在了步兵的后面。27 日，骑兵仍然保持观望式中立的外表。如果说哈巴洛夫已经不能指望他们的话，那么革命对他们还是有所顾忌。

彼得保罗要塞位于涅瓦河心面对冬宫与大公们的宫殿的一座小岛上，此刻它暂时还是一个谜团。在自己的堡墙之内，要塞的守卫部队是或者说好像是最能排除外界影响的小天地。如果不算每日正午向彼得格勒人报时的老式平射炮的话，要塞可以说没有常驻炮兵。可是今天搬出几门大炮安放在堡墙上瞄准大桥。这是什么意思？在塔夫里达宫的指挥部，人们深夜还在为怎样对付彼得保罗要塞绞尽脑汁，要塞里的人则因革命将会怎样对待他们的问题而备受折磨。到清晨谜团终于解开了："在不侵犯全体军官的条件下"，要塞可以向塔夫里达宫投降。要塞的军官在权衡了不那么难以看清的形势以后，匆忙赶在了事件的必然发展过程的前面。

27 日入夜之前，士兵、工人、大学生和其他居民一批接一批地来到塔夫里达宫。他们希望在这里能找到洞察一切的人，以便得到情报和指示。他们从四面八方把一捆捆的武器搬进宫来，堆放在变成了军火库的一间屋子里。同时，塔夫里达宫里的司令部于深夜开始办公。司令部派出许多小分队去守卫车站，或去各个地

方侦察，看哪些地方预计有可能出现危险。尽管显得乱糟糟的，士 160
兵们还是在十分乐意和毫无异议地执行新政权的决定。他们唯一的要求就是每一次行动都要有书面命令：这种要求大概是由各团剩下的指挥人员，或者是部队的文书提出来的。然而士兵这样做是对的，必须尽快地把秩序带进混乱状态中来。革命司令部就像刚刚诞生的苏维埃一样还没有任何印鉴，现时革命面临的只不过是筹办官僚制度的设施。可惜的是，久而久之它在这方面走过了头。

革命开始搜捕敌人了。全城都在抓人，自由主义者又会说这是“自发的”逮捕。然而所有的革命都是自然发生的。人们把被拘捕的人一批接一批带进了塔夫里达宫，国务会议主席、部分大臣、警士、暗探局的密探、“亲德的”伯爵夫人、宪兵军官通通被抓来了。有些高官如普罗托波波夫是到塔夫里达宫自首的，其实这样还安全一些。“从前回响着绝对皇权颂歌的大厅的墙壁如今只能听到叹息与痛哭”，不久获释的一位伯爵夫人后来这样叙说，“一位被捕的将军浑身无力地瘫坐在我旁边的椅子上。几位杜马成员客气地问我要不要一杯茶。内心深处受到震撼的将军激动地对我说：‘伯爵夫人，我们是在出席我们伟大国家的葬礼。’”

就在此刻，不打算被灭亡的伟大国家从那些失势的人身边走过，在靴子的踢打声中，在枪托的撞击声中，在激荡空气的高喊声中，一直朝前走去。革命总是带有无礼的特征，这大概是因为统治阶级自身的缘故，因为他们从来没有创造条件让人民适时养成良好举止。

塔夫里达宫正在变成临时大本营、政府中心、军火库，以及还

没把脸上的血迹与汗珠擦干净的革命者关押囚犯的场所。有些精
161 明的敌人潜入这个旋涡。有人偶然发现一个乔装起来的宪兵上校藏在一个角落里写自己的笔记，他不是为历史做记录，而是为军事法庭搜集证据。士兵和工人打算就地结果他。但是“司令部”的人出面了，结果没费多大气力，就把这位宪兵军官从人群中带出来了。这个时候革命还是宽容的、轻信的和心软的。只是经历了长期的一系列背叛、欺骗与流血的教训以后，它才变得无情了。

革命取得胜利的第一夜充满了惊恐不安的气氛。车站和其他地方临时安排的委员大多来自凭借个人关系而走红的知识分子，他们是跟革命只有点头之交的投机钻营者，而军士，特别是工人出身的军士要比他们有用得多！这些委员开始神情不安，他们看到到处都有危险。他们也令士兵们感到神经紧张，并且没完没了地往塔夫里达宫打电话，要求给予增援。塔夫里达宫里的人同样焦躁不安，他们不停地接打电话，派出的援兵经常没有到达目的地。一个参与过塔夫里达宫夜间司令部工作的人说：“收到了命令，却没有执行命令；采取了行动，而行动是在没有命令的情况下采取的……”

在没有接到命令的情况下，工人街区行动起来了。革命领头人把本厂工人带出来，占领了警察所，接着又使多个团的队伍撤走了，捣毁了反革命的避难所。嗣后他们并不急于去塔夫里达宫，去司令部，去那些领导中心，相反，他们只是带着讥讽与怀疑的神色朝那个方向点点头，说那班家伙蜂拥而至，争着要瓜分不是他们打死的或还没有打死的熊的熊皮。布尔什维克的工人以及其他左翼政党的优秀工人整个白天都在街道上，夜晚则回到各区

指挥部,继续同兵营保持联系,并且为明天白天做好准备。在第一个胜利之夜,他们继续从事与拓展那些工作。他们成为新的革命骨干,不过也像第一阶段的所有革命一样,还是太脆弱了一点。

已经为我们所熟知的立宪民主党中央成员纳博科夫那时以合法逃避兵役者在总司令部工作。27日他像往常一样去上班,并且 162
一直待在办公室里。直到下午3点之前,他对时局变化还一无所知。黄昏时分,海军大街响起了枪声。纳博科夫听见,这枪声是从自己住所那个方向传过来的。紧接着装甲车疾驰而至,有些士兵和水兵跑过来了,紧贴着墙壁——这位令人尊敬的自由主义者是从门厅侧面的窗口注视他们的。“电话继续在通话,记得好像是我的朋友把白天所发生事情的有关消息告诉了我。而平常这个时候我们已经躺下睡觉了。”此人很快就将成为革命的(!)临时政府的主使者之一,当上了它的办公厅主任。次日在街上就有一个陌生的老者,也许是任意一个办事员或者一个教员走到他跟前,而且对他说:“谢谢您为人民所做的一切。”纳博科夫本人带着谦恭的自豪感谈到了这一情节。

163 # 第八章　谁领导了二月起义？

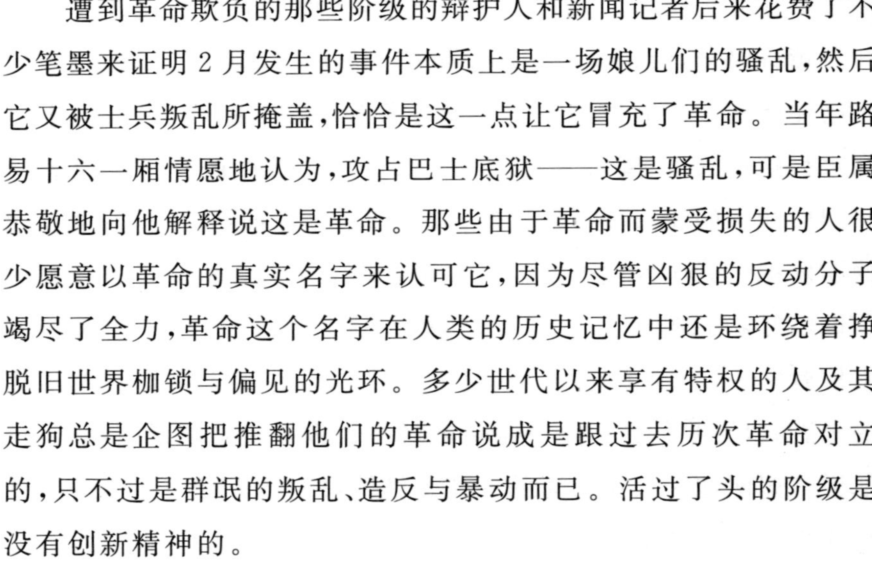

遭到革命欺负的那些阶级的辩护人和新闻记者后来花费了不少笔墨来证明 2 月发生的事件本质上是一场娘儿们的骚乱，然后它又被士兵叛乱所掩盖，恰恰是这一点让它冒充了革命。当年路易十六一厢情愿地认为，攻占巴士底狱——这是骚乱，可是臣属恭敬地向他解释说这是革命。那些由于革命而蒙受损失的人很少愿意以革命的真实名字来认可它，因为尽管凶狠的反动分子竭尽了全力，革命这个名字在人类的历史记忆中还是环绕着挣脱旧世界枷锁与偏见的光环。多少世代以来享有特权的人及其走狗总是企图把推翻他们的革命说成是跟过去历次革命对立的，只不过是群氓的叛乱、造反与暴动而已。活过了头的阶级是没有创新精神的。

2 月 27 日过后很快就出现了把二月革命与土耳其青年党人军事政变相提并论的尝试。正如我们所知道的那样，俄国资产阶级上层没少幻想过发生这样的政变。但是，这种类比带有如此不可救药的性质，以致遭到一份资产阶级报纸的有力驳斥。青年时代接受过马克思主义教育的经济学家杜冈-巴拉诺夫斯基如今是桑巴特的俄国变种，他在 3 月 10 日的《交易所新闻》上撰文写道：

“土耳其革命是以军队暴动取得胜利而告终的，暴动是由这支军队的领导人筹划和完成的。士兵仅仅是自己长官意图的顺从执行者。而2月27日推翻俄罗斯帝制的那些近卫团队是撇开自己 164
的长官举事的……不是军队,而是工人开始起义行动的;不是将军,而是士兵前往国家杜马的。而士兵之所以援助工人,不是因为他们顺从地执行自己长官的命令,而是因为……他们感受到了自己与工人这个像他们自己一样的劳动者阶级的血肉联系。农民和工人——这就是从事俄国革命的两个社会阶层。”

这段话既不需要修正,也不需要补充,革命的后续发展过程完全证明与增强了它的意义。

2月的最后一天对彼得格勒而言也是胜利的第一天,这是一个欢欣喜悦的日子,一个饱含热泪相互拥抱的日子,一个尽情吐露心声的日子,但与此同时也是给敌人最后一击的日子。街上依旧响着密集的枪声。有人说还没有得知人民胜利的普罗托波波夫属下的“法老”还在继续从高处朝下放枪,起义者则从下面朝那些被怀疑藏有沙皇制度武装幽灵的阁楼、天窗和钟楼不停地扫射。大约四点钟的时候,躲藏着前国家政权最后残余的海军大厦被攻打下来了。革命组织与一些临时形成的团体在城里开展逮捕行动。施吕瑟尔堡苦役监狱没有经过战斗就拿下了。在彼得格勒及其附近地区,一个又一个新的团队加入了革命行列。

莫斯科的革命仅仅是彼得格勒起义的回声。那里的工人和士兵当中同样蕴涵着革命情绪,只不过没有得到鲜明的反映。资产阶级内部的左翼情绪也比较强烈一些。革命组织则比彼得格勒薄弱一些。当涅瓦河畔开始出事之际,莫斯科的激进知识分子还在开会商讨怎么办才好,可是最后什么结果也没有。只是到了2月

27 日，莫斯科的工厂才开始罢工，接着举行示威游行。军官对兵
165 营里的士兵说，街上有些匪徒在发动暴乱：必须要制伏他们。有个名叫什什林的士兵讲述说：“不过士兵现在已经是从反面来理解匪徒这个词的含义。”到两点钟的时候，来自各团的大群士兵出现在城市杜马大厦前面，寻求投身革命的途径。第二天，罢工在继续扩展。示威人群高举旗帜朝杜马涌过去。汽车连的士兵穆拉洛夫是个老布尔什维克，以前他是一个农艺师，这个英勇豪迈身材高大的男子汉率领第一支军容严整与纪律严明的队伍来到杜马，广播电台与其他一些地方此前已被这支队伍占领了。8 个月以后，穆拉洛夫将指挥莫斯科军区的部队。

监狱打开了。还是那个穆拉洛夫驾驶一辆满载着刚获自由的政治犯的卡车。一个警察所长把手举至帽檐敬礼，询问这位革命者是不是也该释放犹太人。刚刚从苦役监狱获释连囚衣都没换的捷尔任斯基便来到了杜马大厦发表演讲，那里已经建立了苏维埃组织。炮兵多罗费耶夫讲述了西乌糖果厂的工人 3 月 1 日怎样举着旗帜来到炮兵旅营房，与士兵握手言欢的情形，很多人控制不住自己的高兴心情而流下了眼泪。城里有的角落传来零星的枪声，但是整体来看，既没有发生过冲突，也没有造成人员伤亡，是彼得格勒替莫斯科承受了代价。

直至革命在莫斯科取得胜利的 3 月 1 日，外省城市的运动才开始发动起来。在特维尔，工人放下手头的工作游行前往兵营，然后同士兵们混杂在一起沿着市内各条大街行进，那时他们唱的还是马赛曲而不是国际歌。在下诺夫哥罗德的城市杜马大厦（大多数城市的杜马大厦起着塔夫里达宫的作用）旁边汇集了成千上万

的人。在市长发表演讲以后，工人们高举红旗向监狱挺进，去释放那里的政治犯。傍晚，卫戍区21支部队中有18支自愿站到革命 166
一方来了。在萨马拉和萨拉托夫，发生了由工人代表苏维埃组织的游行集会。哈尔科夫的警察局长在车站及时打听到了革命的消息以后，便站在马车上来到情绪激昂的示威人群面前，举起自己的警帽，用尽全身力气高喊："革命万岁！乌拉！"消息从哈尔科夫传到了叶卡捷琳诺斯拉夫，警察局副局长走在示威队伍的最前列，他手持长长的马刀，真像是举行假日游行那样。当君主专制制度再也站不起来的事实变得完全清楚时，政府机关的人小心翼翼地取下沙皇的画像，把它们藏进阁楼。不少这类真实和虚构的奇闻趣事在自由主义者圈子内流传着，看来他们还没有丧失拿革命来开玩笑的嗜好。工人还有卫戍部队的士兵则是以根本不同的心态经历了时局的演变过程。

在3月2日来临之际，有一系列城市（如普斯科夫、奥廖尔、雷宾斯克、奔萨、喀山、察里津等等）的新闻简讯指出："发生革命已是尽人皆知的事情，居民们也在追随革命。"这样的报道尽管带有笼统的性质，但还是基本上正确地转述了所发生的事件真相。

革命的消息从距离最近的城市传到了农村，部分是从当局那里传出来的，不过主要是通过集市、通过工人和休假的士兵传过来的。农村领会革命要比城市慢一些，也没有那么热情，但是并不比城市肤浅：它把革命跟战争和土地问题联系起来了。

如果说是彼得格勒完成了二月革命，那并非夸大其词。国家的其他部分都是在追随它行动的。除彼得格勒外，任何地方都没有发生过战斗。在全国都找不到能坚决站出来保卫旧制度的居

民、政党、机关和部队。这就证明，反动分子关于下面这个题目的
167 事后论断是根本站不住脚的，他们说如果彼得格勒卫戍部队是由近卫骑兵组成的，或者由伊万诺夫从前线带回一个可靠的旅，那么君主制度的命运就会是另外一种结局了。可是无论在前线还是在后方都既找不出一个旅也找不出一个团准备为尼古拉二世而战斗。

革命是因一个人口只占全国大约七十五分之一的城市的主动与努力而发生的。如果愿意的话，您可以这样说，最伟大的民主举动是经由最不民主的方式实现的。整个国家都面临着这样一个既成事实。即使确定召开立宪会议的情势也改变不了它的实质，因为召集全民代表的日期与方式要由从胜利的彼得格勒起义中产生的机关来决定。一般来说，这是把强光聚焦到民主形式作用的问题上，在革命时代尤其是这样。革命总是给予从法律上把人民意志偶像化的行为以沉重打击，革命愈深刻，愈勇敢，愈民主，打击也就愈无情。

有一种相当流行的说法认为，君主专制的高度集中化使得革命的首都有可能替全国进行思考和开展行动，对伟大的法国革命而言尤其如此。这样的解释是肤浅的，如果说革命显现了中央集权的倾向，那也不是对被推翻的君主制度的模仿，而是不能跟割据分立相安无事的新社会无法抗拒的要求的结果。如果首都在革命中起着过分的支配作用，比如在某个时候把全国意志集中到自己这里，那么这正是因为首都最鲜明地反映了新社会的基本趋势，而且把它引到了无以复加的地步。外省把首都采取的步骤当作自己的意愿，只不过是已经变成了行动的意愿来接受。在中心都市起

主动作用的情况下，不会导致对民主制的破坏，而会导致民主制在活跃好动的形式下实现。可是在历次伟大的革命进程中，这种活跃好动的节奏并非无论何时都同形式上的和代表制的民主制的节 168
奏合拍。外省附和中心都市开展行动，但是晚了一些。在由时局飞速发展来评定革命的背景下，上述现象就会导致革命代议制产生尖锐危机，就会造成不论用哪种方式都解决不了民主问题的局面。在一切真正的革命中，全民代表制时常会被主要源自首都的革命活跃好动性撞得头破血流。在 17 世纪的英国、18 世纪的法国和 20 世纪的俄国都是如此。首都的作用不是取决于官僚中央集权制的传统，而是取决于领导革命的阶级的状况，因为该阶级的先锋队当然集中在主要城市，这无论对资产阶级还是对无产阶级都是同样没有疑问的。

在二月革命胜利完全定局之际，统计伤亡的工作便开始了。结果彼得格勒共有 1443 人死亡与受伤，其中包括 869 名军人，他们当中有 60 名军官。同任何一次大屠杀性质的战役造成的牺牲相比，这些可观的数字又是微不足道的。自由派的报纸宣称二月革命是不流血的革命。在爱国主义政党实行普遍的互利融合和互相赦免的日子里，谁也不去着手还原真相。一切胜利事业的甚至是胜利的起义的朋友阿尔伯特·托玛当时写下了这样的评语："最阳光灿烂的、最值得庆贺的、最没有流血的俄国革命。"他固然希望革命处在法国交易所的支配下，但是说到底托玛不是这惊人之语的发明人。1789 年 6 月 27 日，米拉波曾发出这样的感慨："多么幸运啊，这次伟大的革命没有付出暴行和眼泪的代价！……历史专门叙述凶残的兽行延续得太久了……我们可以指望，我们正在

开辟人道的历史。”当全部三个等级都联合在国民议会里的时候，阿尔伯特·托玛的先辈们写道：“革命结束了，它连一滴血的代价
169 都没有付出。”不过必须得承认，当时确实还没有流什么血。在二月的那几天里可不是这样。然而关于不流血革命的奇谈顽固地保持下来了，它适应了自由派资产阶级这样一种需要，那就是把事情描绘成政权似乎是自动落到他们手中的。

如果说二月革命绝对不是不流血的革命，那么也不得不对无论是革命时期，还是革命以后特别是革命过后的最初时期为数不多的牺牲感到惊奇。要知道这就是对数百年来俄国人民大众所遭受的压迫、迫害、欺凌与卑鄙侮辱的报复！不错，水兵和士兵在某些地方镇压了一些徒有军官外表的最下流残忍的刑讯者。但是最初这种镇压的人数跟旧时血腥惩罚的人数相比是微不足道的。只是到了相当迟的时候，直到统治阶级要把一切拉回到从前的状态，并且要把不是由他们实现的革命据为己有——就像他们把不是由他们创造的财富据为己有一样——的时候，群众才把自己身上的软心肠抖落下来。

*　　*　　*

当杜冈-巴拉诺夫斯基说二月革命是由工人和士兵为代表的农民完成的时候，他是对的。但是留下了一个更大的疑问：是谁领导了革命？是谁鼓动工人起来的？又是谁把士兵领到街上的？胜利之后这些问题成了党派斗争的主题。谁也没有领导革命，它是自发的——用这个万能公式来解答上述问题是再简单不过的。有些人昨天还在安宁地从事管理、审判、起诉、辩护、经商和指挥军队，而今天就赶忙同革命攀亲戚。对于所有这些老爷先生来说，

“自发性”论调是再适合他们的心愿不过的了。不仅如此，“自发性”论调对于众多职业政治家和前革命家也是再适合不过的了。因为他们错过了革命时机，所以愿意这样想：他们在这方面与其他 170
所有人并没有什么区别。

在自己那本古怪的《俄国内乱史》一书中，前白卫军队总司令邓尼金将军谈到2月27日时这样写道：“在这个决定性的日子里，没有领头人，只有一种自发的力量，因此在它的滚滚激流中，无论目的还是计划或者口号，一概都不见了。”学识渊博的历史学家米留科夫也不比嗜好文字为生的将军深刻到哪里去，直到发生重大革命变动前夕，这位自由派领袖还把主张革命的全部想法宣布为德国参谋部的授意。但是导致自由主义掌握政权的革命发生以后，局势变得复杂起来了。现在，米留科夫的任务已经不再是把霍亨索伦王朝肇起事端的耻辱加在革命的头上，而是相反，不再把这种首创的荣誉奉送给革命者。自由主义完全把革命的自发性和无个人面貌的理论当作义子来收养。米留科夫赞许地引用了曾任政府驻最高统帅部特派委员、半自由主义者半社会主义者斯坦凯维奇这位编外副教授的话。“民众听从自己内心某种本能的召唤前进，”斯坦凯维奇谈到二月革命时这样写道：“士兵们出动时喊的是什么口号？当他们控制彼得格勒、火烧区法院的时候是谁引导他们的？不是政治理念，不是革命口号，不是阴谋，也不是暴动，而是立刻把整个旧政权一点不剩地彻底焚毁的自发运动。”在这里，自发性差不多带有了莫名其妙的神秘性质。

也正是这位斯坦凯维奇提供了一份极有价值的证人供词：“1月月底，我在一个很隐秘的圈子里同克伦斯基见过面……大家

对人民采取行动的可能性持否定态度，害怕被唤起的民众运动会
171 走上左翼的轨道，因为在战争时期这将会造成极大的困难。”克伦斯基那个圈子里的观点实质上跟立宪民主党没有任何区别。可见，首创不会从这个圈子里产生。

社会革命党的代表晋季诺夫说：“革命好似雷霆从天而降，我们也坦承不讳：它对我们这些长期为之努力奋斗和对它期待已久的革命者来说，也是一个伟大而又出乎意料的事件。”

孟什维克那里的情况也好不了多少，一个资产阶级侨民记者介绍了 2 月 24 日自己在电车里见到革命政府未来的部长斯科别列夫的情形，他说：“这位社会主义者、运动的领导人之一对我说，局势的混乱具有劫盗的性质，必须把它镇压下去。可是这话并没有妨碍一个月以后斯科别列夫断言自己与朋友们完成了革命。”这里的语调也许显得有些凝重。不过合法的社会民主工党—孟什维克的立场基本上是转述得够接近真实的。

最后，一位迟到的左翼社会主义革命者领导人、后来转为布尔什维克的姆斯季斯拉夫斯基谈到二月革命时是这样说的：“正当革命碰见我们这些当时的党员时，我们就像福音派无知的小姑娘一样，昏昏欲睡。”究竟在多大程度上与小姑娘相像，这不是最重要的。不过大家都处在昏睡之中那倒是真的。

在布尔什维克那里，情况又是怎样的呢？这我们已经知道一部分了。当时，彼得格勒布尔什维克地下组织的主要领导人是下面三位：从前的工人施里亚普尼柯夫和扎卢茨基，以及从前的大学生莫洛托夫。在组成中央局的这三个人当中，曾经在国外居住过很长时间并且同列宁关系密切的施里亚普尼柯夫在政治见解方面

是比较成熟也比较积极的。可是施里亚普尼柯夫本人的回忆录最好不过地证明了：如此重大的事件是三人团无法胜任的。直到最后时刻，这几位领导人还认为事件只不过是一次革命的游行示威，一连串这种示威中的一次，却无论如何都不是武装起义。维堡区 172
领导人之一卡尤罗夫已经为我们所熟知，他无可辩驳地证明："根本感觉不到党的各个中心的领导创意……彼得格勒委员会已经被逮捕，而中央委员会的代表施里亚普尼柯夫同志没有能力为明天的事态发展做出指示。"

地下组织的软弱涣散是警察破坏的直接后果。在战争初期爱国主义情绪高涨的环境中，这是呈献给政府的完美成果。所有组织其中也包括革命组织都出现了游离自己社会基础的倾向。1917年年初，布尔什维克地下组织仍然没有从受压制与孤独状态中恢复过来。与此同时，群众中的爱国主义的流行疫病已经被革命的愤慨迅速取代了。

为了更清晰地叙述革命领导方面的状况，必须记住，最有威信的革命家、左翼政党的领袖大多亡命在国外，一部分还在监狱里和流放地。哪个党对旧制度的威胁越大，那么在革命即将到来之际，它的群龙无首的情况就越严重。民粹派分子有无党派激进人士克伦斯基领导下的杜马党团，社会革命党的正式领导人切尔诺夫还侨居在国外。孟什维克拥有以齐赫泽和斯科别列夫为首的杜马党团，马尔托夫在国外侨居，达恩与策烈铁里则还在流放地。在民粹派和孟什维克这些左翼党团的周围聚集了一大批有过革命经历的社会主义知识分子。这就形成了类似政治指挥中心的团体，不过它只有到革命胜利以后才能够显示出来。当时杜马没有布尔什维

克党团，早在战争初期，它的五名工人代表就被沙皇政府视为革命
173 的组织中心逮捕了。列宁流亡在国外，季诺维也夫同他在一起，加米涅夫以及当时还鲜为人知的做实际工作的领导人如斯维尔德洛夫、李可夫、斯大林都在流放地。那时还不属于布尔什维克的波兰社会民主工党成员捷尔任斯基正在服苦役。由于偶然因素而留下来的领导人正因为他们习惯在不容争辩的权威领导下开展工作，所以他们不认为自己也不被其他有才干的人认为能在革命事件中起领导作用。

然而，如果说布尔什维克党不能为起义者提供有威望的领导，那么其他政治组织就更无从谈起。这种观点强化了相信二月革命自发性质的流行说法。但是这个说法是大错特错的，或者至少说是空洞无物的。

首都的斗争不是延续了一两个小时，而是整整五天。领导人试图阻止它，群众则用进逼的压力来回答，并且继续向前迈进。反对他们的有在传统表面后面可能存在着强大实力的旧国家，以及拥有国家杜马、地方自治和市政联盟、军事—工业组织、科学院、大学与众多报刊的自由派资产阶级，最后还有两个用爱国主义阻力来对抗来自下层冲击的强有力的社会主义政党。起义通过布尔什维克找到了最亲近的却是失去了领导的组织，因为它只有一些零散的干部和一些力量薄弱的不合法支部。可是谁也不曾指望的革命却在这个时候开展起来了，而且表面上看当运动似乎已经平息下去时，革命却陡然高涨了起来，它用强大有力的震颤保证了自己的胜利。

这种自制与突击的空前力量到底来自何处呢？用坚强不屈还

不足以解释它，单凭坚强不屈是不够的。战争年代，不管彼得格勒
的工人队伍因生手涌入而遭到多大削弱，他们还是保留了丰富的 174
革命经验。在缺乏领导和上层阻挠的情况下，在他们的自制与突击当中，存在着并非总是表现出来的然而又切合实际理由的力量估计和战略打算。

战争前夕，工人中的革命阶层紧跟着布尔什维克，而他们自己身后又有群众紧跟着。战争一开始，形势就发生了急剧变化：保守主义阶层抬起了头，它把本阶级大部分群众吸引过来跟自己走。革命分子显得相当孤立，并且逐渐沉寂下去了。可是在战争过程中，形势又开始发生变化。起初是缓慢的变化，遭受失败后变化越来越急速，也越来越彻底。进攻性的不满情绪笼罩着整个工人阶级。诚然，在大多数工人团体那里，这种不满染上了爱国主义色彩。但是它跟有产阶级那种谨小慎微和胆怯畏缩的爱国主义毫无共同之处，因为后者直至胜利之前都把所有国内问题搁在一边置之不理。正是由于战争以及战争带来的伤亡、耻辱、灾难，因此不仅老的而且新的工人阶层都与沙皇制度发生了冲突，冲突的程度也更加激烈，并且得出这样的结论：再也不能继续忍受下去了！结论是普遍性的，它把群众联合在一起，并且赋予他们巨大的突击力量。

军队在吸纳了成百万工人和农民以后大大膨胀起来了。每一个人都有自己的亲人——儿子、丈夫、兄弟、连襟在军队服役。军队也不像战前那样与人民隔绝。现在，人们跟士兵见面的机会多多了，送他们上前线，他们回来休假时一起生活，跟他们在大街上或电车里谈论前线的事情，到医院去探望他们。工人街区、兵营、

前线，在一定程度上也包括农村都成了互相联络的场所。工人了解士兵的感受与想法，关于战争，关于战争中大发横财的人，关于将军、政府、沙皇和皇后，这一切他们不知议论了多少。士兵一提到战争就说它该受诅咒！工人回应时便谈起政府，说政府该受诅
175 咒！士兵说：你们身处国家中心地区，还沉默什么？工人回答说：我们赤手空拳，不可能取得胜利。早在1905年我们曾经这样面对过军队，结果被击溃了……士兵在思索：要是大家都能立刻行动起来那该多好啊！工人也在想，正是要大家立刻行动！这类对话在战争爆发前还是在个人之间进行的，而且带有秘密的性质。现在这类谈论随处都能听到，什么都敢说，而且几乎全是公开的，至少在工人街区是如此。

有时沙皇暗探局很适时地放自己的密探出来。在革命爆发前两个星期的时候，彼得格勒的一个密探提交了一份用化名克列斯季亚尼诺夫签字的报告，其中谈到了他在一辆行经郊外工人区的电车上听到的对话。一个士兵讲到，去年秋天他们团有8个人拒绝向诺贝尔工厂的工人开枪，反而向警察开了枪而被判处服苦役。说这话完全是公开的，因为在工人区警察和密探还是宁愿不被人认出来。“我们要惩治他们。”这个士兵最后说。报告接着写道：“一个工厂的工人对他说：‘这样就得组织起来，让大家像一个人一样组织起来。’士兵回答说：‘请不要为这事担心，我们那里很早以前就已经组织起来了……他们喝够了血，人家在阵地吃苦，而他们在这里连黑麦面包都吃厌了……’没有发生特别意外的事。1917年2月10日，克列斯季亚尼诺夫。”真是无与伦比的密探史诗！“没有发生特别意外的事。”它们会发生的，而且很快就会发生。电

车上的交谈就标志着它们必将临近的征兆。

姆斯季斯拉夫斯基举了个有趣的例子来说明起义的自发性,
革命爆发后立即出现的“2 月 27 日军官联盟”企图通过问卷调查
查明到底是谁第一个把沃伦斯基团带出兵营的,结果收到了牵涉
到这次果敢行动的 7 个发起者的 7 份回复。托洛茨基补充说明,
极有可能很小一部分首倡权确实属于这几个士兵,不过也不排除
为首的那个发动者已经在街头战斗中阵亡了,他的名字也就湮没
无闻了。但是这也不能贬低这位无名发起人的分量。事情的另一 176
面也就是把我们带出兵营之外的那一面要更为重要一些。对于自
由主义者和合法社会主义者圈子里的人来说,近卫营发动起义完
全是没有料想到的事情。而对于工人来说,起义根本不是什么意
料之外的事。没有工人的起义举动,沃伦斯基团也不会跑到街上
来。一位律师通过电话向杜马代表转述他从窗口看到的情况:工
人跟哥萨克的街头冲突被认为是无个人面貌过程中双方出演的插
曲:一群工厂里的蝗虫同一群兵营里的蝗虫发生了冲突。但是无
论敢向工人使眼色的哥萨克,还是马上断定哥萨克使的是“善意眼
色”的工人,都不认为事情是这样的:军队与人民之间微观层次的
相互渗透不间断地实现了。工人密切注视军队的热度并且立刻感
觉到临界点正在迫近。这就给相信胜利的群众发起进攻赋予了坚
不可摧的力量。

在这里我们有必要引用一位试图给自己对二月革命的观察做出总结的自由主义高官的中肯评论:“人们常说运动是自发开始的,是士兵自己上的街,对此我无论如何也不敢苟同。同时,‘自发’这个词的含义是什么?……‘自然发生’用于社会学还不如用

于博物学来得恰当。因为无论哪个有名有姓的革命领袖都不能把自己的头衔与运动挂上钩，所以运动并不是没有个人面貌的，而仅仅是没有姓名的。”如此提出问题要比米留科夫关于运动是德国代理人的阴谋，并具有俄国自发性的说法郑重得多。说这话的是一位前任检察长，当革命发生时他正在沙皇枢密官的职位上。可能正是司法工作的阅历使得扎瓦茨基清楚地认识到，革命起义既不能遵照外国代理人的指令发生，也不会以适应自然界无个人面貌过程的方式发生。

177 还是这同一个作者援引了两件小事，它们让他像通过锁孔一样朝革命进程的实验室看了一眼。2 月 24 日星期五那天，也就是高层谁都还没有料到革命即将爆发之际，枢密官乘坐的那辆电车突然只听到咔嚓一声，随即玻璃也发出了尖细的声响，而且有一块还破裂了，电车从铸造厂拐进一条横街就停下了。售票员要大家下车：“车子不能继续行驶了。”乘客发出一片反对声，骂骂咧咧的，然后还是不得不走出车厢。“直到今天我还能想起故意不做回答的售票员那张神色凶狠而果敢的脸，以及他有点儿类似豺狼的相貌。”此刻目光所及之处，电车全都停开了。让自由主义高官已经看出“豺狼相貌”的这个坚定果断的售票员，应该说具有高度的责任意识，以致能在战争时期敢于独自把载有官员的电车停在帝都彼得格勒的街道上。恰恰是这样一些售票员把君主专制制度的电车停下来，同时还说出大概相同的话：“车子不能继续行驶了！”由于事情紧急，不分宪兵将军还是自由主义高官，叫这些官员统统下车走开。这个从铸造厂跟车出来的售票员就是历史的自觉因素。他应该是事先受过教育的。

区法院起火的时候，跟枢密官属于同道的一位自由主义法学家正站在街上，对司法鉴定实验室和公证文书被焚毁深表惋惜。对此，一个脸色阴沉，看外表是个已过中年的工人气愤地表示反对:“没有你的那些档案，我们自己也能分配房屋和土地!”也许这件小事经过了文学修饰，但是能够做出必要反驳的这些中年以上的工人在人群当中不是少数。他们本身跟放火烧毁法院没有关系，那么跟什么有关呢？不过无论在什么场合，这类“破坏行为”实在是吓不倒他们了。他们已经用这样的思想把群众武装起来了，它不仅对反对沙皇警察是必不可少的，而且对反对自由主义法学家（他们比谁都更害怕那些财产公证文书会在革命的烈火中化为 178
灰烬）也是必不可少的。这些来自工厂与街道的冷酷无情的无名政治家不是从天上掉下来的，必定有人对他们进行过教育。

在 2 月最后几天，暗探局记录下了时局的演变情况。它同样注意到运动是“自发的”，也就是说它没有来自上层有计划的领导。然而就在此处它又补充说:“运动是在无产阶级成功宣传之下发生的。”这个评语可谓一语中的:这些以同革命做斗争为职业的人在他们住进被革命者空出来的囚室之前，比自由派领袖切近得多地揭穿了正在发生的过程的外表。

神秘莫测的自发性什么都解释不了。为了正确地估计局势和确定打击敌人的时机，需要群众及其领导阶层有自己对历史事件的要求，以及自己评价这些历史事件的标准。换句话说，需要的不是一般意义上的群众，而是彼得格勒和全俄国的工人群众。他们经历了 1905 年革命，经历了遭遇谢苗诺夫近卫团而失败的 1905 年 12 月莫斯科起义。需要的是分布在这部分群众中间的仔细思考过 1905 年经验的、批评过自由主义者和孟什维克立宪幻想的、认清了革命前途的、对军队问题思考过几十遍的、集中精力观察过军队里发生了什么事情的，以及有能力从自己的观察中得出革命结论并且能把这些结论传授给他人的工人。最后，还需要在卫戍部队里面有一批过去曾为革命宣传所吸引或者哪怕是接触过革命宣传的先进士兵。

在每一座工厂、每一个车间、每一个连队、每一个茶馆、每一所军队医院、每一个兵站，甚至在人烟变得稀少的乡村，都在进行着遍及各处的革命思想传播工作。到处都有时局讲解人，他们主要是从工人中来的。人们询问他们听到了什么消息，还期待从他们
179 那里得到所需要的建议。这些领路人通常能自己做主，靠通过各种途径弄到手的零散片段的革命消息开展工作，他们自己从自由主义报纸的字里行间读取自己所需要的内容。他们的阶级本能因政治准则而变得异常敏锐，即使他们没有把自己的全部想法贯彻到底，那他们的想法也会在同一个方向恒久和顽强地起作用。经验、批判、主动和自我牺牲等因素深入到了群众之中，结果形成了内在的、肤浅的、难以理解的看法，却同时又是作为自觉过程的革命运动的决定性机制。

对于自由主义和驯服的社会主义的傲慢政治家来说，群众中发生的一切通常都被视为本能的过程，不管事情是牵涉蚁巢还是蜂房，反正都一样。实际上，进入工人内心深处的思想比那些使有教养的阶级借以生存的狭隘思想要勇敢得多，有远见得多，也自觉得多。何况这种思想还是更加科学的：不仅因为它在很大程度上是由马克思主义方法所丰富的，而且首先因为它不断地吸收即

将登上革命舞台的群众的新鲜经验。这种思想的科学性就在于它与客观进程是相适应的,就在于它能够影响这一进程,能够对其进行指导。从启示录获取灵感和相信拉斯普京梦呓的政府人士的思想难道具有哪怕是些微的这类属性吗?或者奢望只要落后的俄国加入资本主义打斗行列,就能够同时赢得胜利与议会制度的自由主义思想,能有科学依据吗?此外,知识界盲目顺从自童年起就不断衰朽的,同时用早已失去活力的言辞把自己想象的独立隔离保 180
护起来的自由主义,它的精神生活有可能是科学的吗?这里面才真正存在着一个精神呆滞、幻影、迷信和虚假事物的王国,如果您愿意的话,也可以说是"自发性的"王国。在这样一种情况下,难道我们还没有权利把关于二月革命的自由主义哲学完全翻转过来吗?何况我们完全有理由说,官方社会——这个统治阶级、阶层、派系、政党与集团的多层建筑全部——满足于破旧思想的残余,漠视历史发展不可抗拒的要求,沉溺于为幻影所迷惑的状态,什么也不能预见到,他们这是在靠惰性和无意识混日子。而与此同时,在工人群众内部出现了一个独立而深刻的进程,它不仅是对统治者的仇恨日益增长的过程,而且是对统治者的无能进行批判,经验的积累和革命起义及其胜利所实现的创造性意识日益增强的过程。

因此,对于前面提出的问题:是谁领导了二月革命?我们可以完全明确无误地回答:是有觉悟的、经过很好锻炼的,而主要是受过列宁的党的教育的工人。不过在这里我还必须补充说一句:这种领导对于保证起义取得胜利是足够的,但是对于同时保证无产阶级先锋队在革命中起领导作用还是不够的。

181 # 第九章　二月革命的离奇现象

起义胜利了。可是它要把从专制王朝那里夺得的政权交给谁呢？在这里我们要转向二月革命的中心问题：政权是怎样以及为什么落入自由派资产阶级手里的呢？

杜马和资产阶级"社会"里面的人没有给 2 月 23 日开始的骚乱赋予多大的意义。自由派代表和爱国主义记者像往常一样在沙龙聚会，他们讨论有关的里雅斯特和阜姆的问题，重新论证达达尼尔海峡对于俄国的重要性。就在解散杜马的命令已经签署之际，一个杜马委员会仍然在急于讨论把粮食供应事务交给城市自治机关的问题。在距近卫营起义还不到十二小时的时候，斯拉夫互助协会平静地听完了关于全年工作安排的报告。一个代表回忆说："只是当我从会场急急忙忙往家里赶的时候，平常热闹非凡的街道上那种十分可怕的寂静和空荡才令我大吃一惊。"十分可怕的空旷在旧的统治阶级周围出现了。它们明天的后继者已经感到心脏发紧了。

到 26 日，事态的严重性不论对政府还是对自由主义者而言都变得相当清楚了。当天，大臣跟杜马代表之间进行了有关妥协的谈判，后来自由主义者始终没有掀开蒙在谈判上面的遮盖物。普罗托波波夫在自己的证词里说道，杜马联盟的领袖像以往一样要求从享有社会信任的人士当中任命新的大臣:“这个举措也许能使人民平静下来。”可是正如我们所知道的,26 日在革命进展过程中 182
出现了某些意外的障碍,政府顿时觉得自己是比较稳固的。当罗将柯面见戈利岑并劝他辞职时,作为回答,政府首脑指着桌子上一个文件夹,里边有一份拟好了的解散杜马的命令,尼古拉在上面已经签了名,只是没有日期。戈利岑当即填上日期。在革命冲击不断加强的时刻,政府怎么会决定采取这种步骤呢?关于这一点,官僚当权者其实早已形成了一种固定的观念:“我们有没有这个联盟对工人运动来说都是无关紧要的。可以通过其他方式战胜这个运动,而且迄今为止内务部是胜任其职责的。”早在 1915 年 8 月,戈列梅金就这样说过。另一方面,官僚们认为杜马在即将解散的情况下不可能下决心采取任何大胆的步骤。早在 1915 年 8 月讨论带有不满情绪的杜马这个问题的场合,内务大臣谢尔巴托夫公爵就说过:“杜马那伙人未必决心真的不服从,毕竟他们当中绝大多数是胆小鬼,他们唯恐性命不保。”公爵说这话尽管不太文雅,然而归根结底还是说对了。在同自由主义反对派的斗争中,官僚们觉得自己的根基还是够稳固的。

27 日早晨,被迅速发展的事态吓坏了的杜马代表举行例会。他们当中大多数只是到会后才知道杜马已经被解散。看来这事尤其出人意料,因为昨天还在进行心平气和的谈判。对此,罗将柯自豪地写道:“虽然杜马服从了法律,但是依然希望找到摆脱错综复杂局面的出路,因此没有做出拒绝解散与强行开会的任何决定。”部分代表自行举行临时聚会,倾吐无能为力的心情。温和的自由主义者希德洛夫斯基后来不无幸灾乐祸地回想起极左的立宪民主

183 党人、克伦斯基未来的战友涅克拉索夫提出的建议："建立军人独裁，把全部权力交给一个有声望的将军。"那个时刻，没有出席部分杜马代表临时聚会的进步联盟的首领们也在采取实际行动试图挽回局面。他们把米哈伊尔大公请回彼得格勒以后，建议他实行独裁，"强迫"个别政府成员辞职，并且通过电报直通专线要求沙皇"恩赐"一个责任政府。就在第一批近卫团队发动起义的时候，资产阶级自由派的领袖们为借助皇族独裁把起义镇压下去进行了最后的尝试，同时企图通过牺牲革命来同君主制度达成妥协。罗将柯抱怨说："大公的迟疑致使错失了有利时机。"

无党派社会主义者苏哈诺夫此时开始在塔夫里达宫发挥一定的政治影响，他证实激进知识分子是多么轻易相信他们想要的东西。他在自己那部内容丰富的回忆录里面是这样讲述的："他们把那个永远难以忘怀的日子早间的主要政治新闻通报给我，解散国家杜马的命令已经公布了，而杜马以拒绝休会作为回应，并且选出了一个临时委员会。"写这段话的人几乎没有走出过塔夫里达宫，只是在那里抓住他熟悉的代表的纽扣不放。米留科夫在自己的革命历史著作中跟随罗将柯以不容置辩的口吻宣称："在发表一通情绪激昂的演讲以后，会上做出了不离开彼得格勒的决定，而不是如传闻所说的那样做出了身为机关的国家杜马'不休会'的决定。""不休会"的含义是要担负起哪怕是为时已晚的主动，而"不离开"的含义是推卸责任和等候事态发展转到哪个方向。不过苏哈诺夫的轻信是有趋于缓和的形势为依托的。杜马的记者在自己的情况通报（这是当时由于总罢工而唯一能出版的刊物）上尽情散布谣
184 言，说杜马做出了不服从沙皇命令的决定。既然起义在当天就取

得了胜利，那么代表们绝对不会急于反驳这类错误报道，好让自己的左翼朋友保持一种错觉：他们直到后来流亡国外之时才着手还原真相。这个看起来无关紧要的插曲其实具有非常重要的意义。所谓杜马在 2 月 27 日所起的革命作用根本就是从激进知识分子政治上的轻信中产生的无稽之谈。这些为革命感到高兴或被革命吓坏了的知识分子一概不相信群众有能力将运动进行到底，他们力图尽可能快地靠在有选举资格的资产阶级身上。

幸运的是，在属于杜马多数的那些代表的回忆录当中保留着杜马怎样应付革命的故事。按照右翼立宪民主党人曼瑟列夫公爵的说法，出席 2 月 27 日上午临时聚会的众多代表中没有一个主席团成员，没有一个党派领导人，也没有一个进步联盟的首领：这些人已经得知了解散杜马的命令，也知道发生了起义，他们认为还是尽可能久地不抛头露面为好。何况就在这个时候，他们大概正在与米哈伊尔进行有关建立独裁的谈判。曼瑟列夫说：“杜马弥漫着普遍的惘然若失和惊慌失措的气氛。甚至兴奋热闹的交谈也停下来了，代之以叹息与简短的答话，如‘等一等吧’之类，或者听到公开为自己的身家性命担忧的声音。”这位比其他人的叹息更为深长沉重的最温和的代表就是这么说的。就在当天下午两点钟各方领袖被迫来到杜马的时候，主席团秘书带来了一个令人高兴却又毫无根据的消息：“秩序混乱的状态将很快被消除，因为采取了措施。”很可能关于建立独裁的谈判被认为是这样的措施。但是杜马苦恼不堪，并且在等待进步联盟的领袖们说出能解决问题的话。“现在我们已经不能做出任何决定，”米留科夫宣称，“因为我们不 185
知道秩序混乱的范围有多大，就如我们不知道本地驻军、工人与社

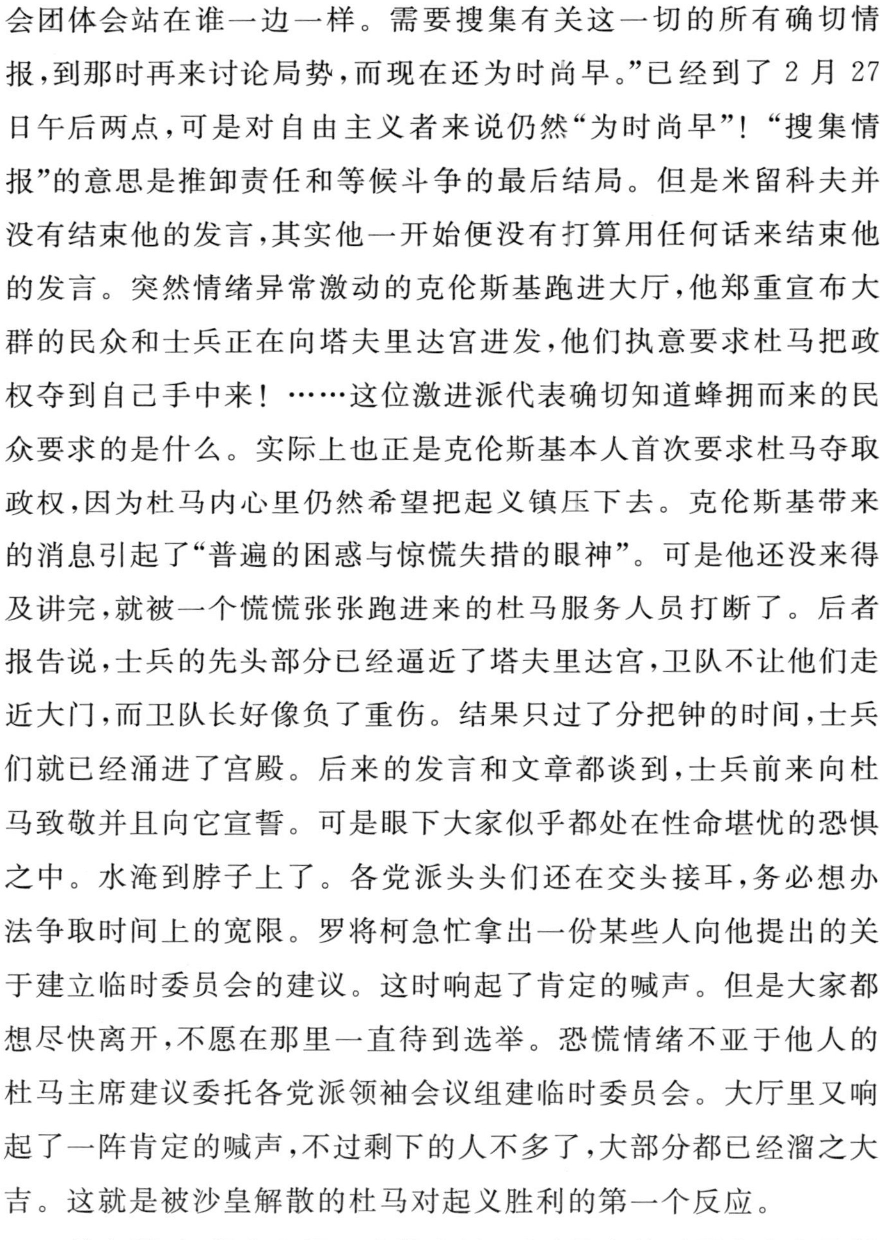

会团体会站在谁一边一样。需要搜集有关这一切的所有确切情报，到那时再来讨论局势，而现在还为时尚早。”已经到了2月27日午后两点，可是对自由主义者来说仍然“为时尚早”！“搜集情报”的意思是推卸责任和等候斗争的最后结局。但是米留科夫并没有结束他的发言，其实他一开始便没有打算用任何话来结束他的发言。突然情绪异常激动的克伦斯基跑进大厅，他郑重宣布大群的民众和士兵正在向塔夫里达宫进发，他们执意要求杜马把政权夺到自己手中来！……这位激进派代表确切知道蜂拥而来的民众要求的是什么。实际上也正是克伦斯基本人首次要求杜马夺取政权，因为杜马内心里仍然希望把起义镇压下去。克伦斯基带来的消息引起了“普遍的困惑与惊慌失措的眼神”。可是他还没来得及讲完，就被一个慌慌张张跑进来的杜马服务人员打断了。后者报告说，士兵的先头部分已经逼近了塔夫里达宫，卫队不让他们走近大门，而卫队长好像负了重伤。结果只过了分把钟的时间，士兵们就已经涌进了宫殿。后来的发言和文章都谈到，士兵前来向杜马致敬并且向它宣誓。可是眼下大家似乎都处在性命堪忧的恐惧之中。水淹到脖子上了。各党派头头们还在交头接耳，务必想办法争取时间上的宽限。罗将柯急忙拿出一份某些人向他提出的关于建立临时委员会的建议。这时响起了肯定的喊声。但是大家都想尽快离开，不愿在那里一直待到选举。恐慌情绪不亚于他人的杜马主席建议委托各党派领袖会议组建临时委员会。大厅里又响起了一阵肯定的喊声，不过剩下的人不多了，大部分都已经溜之大吉。这就是被沙皇解散的杜马对起义胜利的第一个反应。

186　就在那时，革命在同一座楼房里（不过是在其不那么堂皇的部分）创建了另一个机关，革命领导人无须去发明它，因为1905年创建苏维埃的经验已经永远铭记在工人心中了。在每一次运动高涨之际，甚至在战争时期，苏维埃的思想几乎都会自动复活。尽管布尔什维克和孟什维克在理解苏维埃的作用方面存在着深刻分歧（社会革命党对它本来就没有固定的看法），不过他们对苏维埃这种组织形式本身似乎没有什么争议。从狱中获释的孟什维克、军事工业委员会成员在塔夫里达宫见到了同样是右翼的工会与合作社运动的活动家，以及孟什维克在杜马的代表齐赫泽和斯科别列夫。他们马上就当场成立了工人代表苏维埃临时执行委员会，委员会白天充数的成员主要是与群众失去了联系却仍然保留着“名望”的前革命家。成员中也有布尔什维克的执行委员会号召工人马上选出自己的代表。第一次会议定于当天晚上在塔夫里达宫开始。会议实际上是晚上9点开始的，它批准了执行委员会的组成，并且给后者增补了各个社会主义政党的正式代表。但是，已经获胜的首都无产阶级代表的第一次会议的意义根本不在这里。各起义团队的代表带着良好的祝愿出席了会议。代表中有一些完全没有文化的士兵，他们好像被起义震伤了，还很难用语言表达出来，然而恰恰是他们找到了任何讲台上都找不到的字眼。这是感觉到了自己力量的最令人动情的革命场景之一：无数已被唤醒的群众，无比宏伟的任务，对自己成就的无比自豪，以及在理应比今天更美好的明天到来之前高兴得心脏怦怦直跳。革命还没有自己的宗教礼仪，街道上还在冒烟，群众还没有学会按新的方式唱赞美诗。会 187
议开起来毫无秩序，漫无边际，就像春汛期的河流一样，苏维埃被自己的热忱憋得喘不过气来。革命已经强壮有力了，但是还处在

童年的幼稚阶段。

在这第一次会议上做出了把卫戍部队和工人联合成共同的工人和士兵代表苏维埃的决定。谁是第一个提议做出这一决定的人呢？提议应该是来自各方面的，更正确地说是来自所有方面，它是当天决定革命命运的工人和士兵代表结盟行动的反应。但是不能不指出，按照施里亚普尼柯夫的说法，社会爱国主义分子起初反对军队卷入政治。从自己诞生的那一刻起，苏维埃就通过执行委员会作为政治机关运转起来了。它选出了一个粮食供应临时委员会，委托该委员会关心起义者和卫戍部队。苏维埃在自己的身边组建了一个临时司令部（这些天所有的机构都冠以“临时”二字）。关于这个司令部我们已经在前面谈到过它。为了破除旧政权官吏对财政设施的控制，苏维埃决定马上就派革命卫队去占领国家银行、地方金库、造币厂和国家证券储备处。在群众的压力下，苏维埃的任务与职权不断在扩展。革命有了一个自己的毋庸置疑的中心。从此以后，工人、士兵，很快还将有农民只会去找苏维埃：在他们心目中，唯有苏维埃才是全部希望和全部权力的源泉，才是革命本身的化身。不过，尽管很不情愿，有产阶级的代表也会向苏维埃寻求保护和指示，请它解决冲突。

然而就在胜利之初，亦即革命的新政权以神话般的速度和不可战胜的力量走向巩固的时候，那些当上了苏维埃领导人的社会主义者却惶惶不安地朝自己周围左顾右盼，寻找真正的“主人”。
188 他们认为自己有自知之明，政权应当转交给资产阶级。新制度主要的政治之结就打在这里：其中一条绳索通向工人和士兵苏维埃执行委员会所在的房间，另一条则通向资产阶级中心所在的房间。

午后3点，即胜利已经完全明确下来的时候，各政党领袖会议选出了一个“杜马代表临时委员会”，其成员由进步联盟各党人士还有齐赫泽和克伦斯基组成。齐赫泽拒绝参加，克伦斯基的态度模棱两可。这个名称预先就规定了它不是国家杜马的官方正式机构，而是杜马成员会议的一个分支机构。进步联盟的领袖殚精竭虑思考的问题只有一个：怎样推卸自己的责任，不让它捆住自己的手脚。委员会的任务用一种精心的含糊其词的表述确定下来了：“恢复秩序，恢复跟有关机关及人员的联系。”这里一个字也没有提到这班先生们要恢复的是什么秩序，一个字也没有提到他们要着手跟哪些机关进行联系。他们还没有公开把双手伸向熊皮，假如熊还没有被打死，而仅仅是负了重伤那怎么办呢？据米留科夫承认，只是到了2月27日晚上11点钟的时候，“革命运动的整体规模已经变得明朗清晰了，临时委员会于是决定采取进一步的措施，把从政府手中掉落的政权拿到自己手里来”。这样一来，新的机构由杜马成员的委员会悄悄地变成了杜马本身的委员会。对于保持国家法统的连续性来说没有比伪造更好的方式了。可是米留科夫对最主要之点避而不谈，即当天成立的苏维埃执行委员会的领袖们及时来到了临时委员会，并且坚持要求后者把政权拿到自己手中来。这种友善的推动起到了自己的作用。后来米留科夫是这样解释杜马委员会的决定的，政府好像已经准备好派忠诚可靠的部队镇压起义者，“在首都的大街上，事态就可能演变成为真正的决战”。而实际上政府手里已经没有任何部队可派了，政变整体上说已经过去了。罗将柯后来写道，在拒绝接受政权的情况下，“杜马成员如果被暴乱的部队逮捕或杀害了，那么政权很快就会不知不 189

觉地落到布尔什维克手中”。当然，这种古怪的夸张说法当时完全符合这位令人尊敬的宫廷高级侍从的本性，不过它还是准确无误地反映了将把政权交给它一事当作政治强奸接受下来的杜马的自我感觉。

在这种情绪支配下，决定是不那么容易做出来的。特别是罗将柯严重动摇起来了，他求教于别人：“这将会是什么？是造反，或者不是造反？”据他自己说，保皇派杜马代表舒尔根这样回答他：“这无论如何都不能算是造反，像一个对皇上忠心耿耿的臣民那样承担起来吧。……如果大臣们都跑了，那么就应当有人来接替他们。……可能有两条出路：一切都能应付过去，皇上任命新的政府，我们再把政权交给它。或者不顺利，这样的话如果我们不能挑选权力当局，那就只能由别人已经从工厂里选出来的恶棍来挑选……”没有必要去责备反动绅士们对工人的粗野谩骂，革命已经死死踩住了这些先生的尾巴。寓意是一清二楚的：君主制度取得胜利——我们便和它在一起，革命取得胜利——我们就千方百计偷走它。

会议开了很长时间。民主派领袖在忐忑不安中等到了决定。最后米留科夫离开了罗将柯的办公室，他带着一脸严肃而庄重的表情。米留科夫走到苏维埃代表团那里，向后者宣布：“决定做出来了，我们将执掌政权。……”“我没有问，‘我们’指的是谁，”苏哈诺夫异常兴奋地回忆说，“我什么也没有多问。就像常说的那样，我用全部身心感受到了新的局势。我觉得这几个小时内被自发力量肆意抛掷的革命航船张开了风帆，在可怕的风浪和颠簸中平稳
190 而有节律地航行着。”相对小资产阶级民主派对资本主义自由派奴

隶般的依附的毫无诗意的自白而言，这是多么奇巧华丽的形式啊！而有关政治前景的估计又是多么致命的错误：把政权交给自由主义者不仅不能给国家这艘航船带来稳定，相反从那一天开始，它成了革命的无政府状态、无以复加的混乱、群众的残酷无情以及前线全面崩溃的根源，后来更成了国内战争极度惨烈的根源。

*　　*　　*

如果仅仅向后看过去的几个世纪，那么政权转到资产阶级手中的事实就显得完全合乎规律：在以往所有的革命中，工人、帮工和部分大学生在街垒作战，也有一些士兵转到他们这边来，而通过窗口密切注视街垒战的殷实资产阶级却攫取了政权。但是 1917 年二月革命与以往发生的革命不同之处就在于：其社会性质之显明和革命阶级政治水平之高是无法比拟的，起义者对自由主义资产阶级怀着充满敌意的不信任，以及由此造成的在胜利到来之际新型革命政权机关——依靠群众武装的苏维埃的诞生。因此，需要对政权在这样的条件下转入陷于孤立并且没有武装的资产阶级之手做出解释。

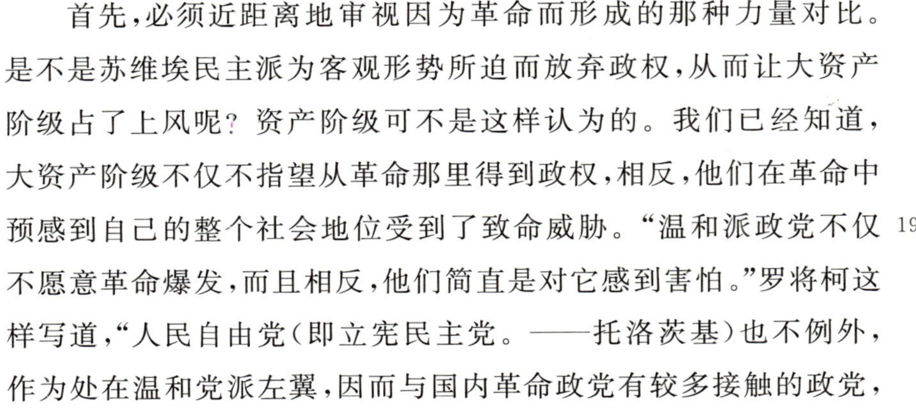

首先，必须近距离地审视因为革命而形成的那种力量对比。是不是苏维埃民主派为客观形势所迫而放弃政权，从而让大资产阶级占了上风呢？资产阶级可不是这样认为的。我们已经知道，大资产阶级不仅不指望从革命那里得到政权，相反，他们在革命中预感到自己的整个社会地位受到了致命威胁。“温和派政党不仅 191
不愿意革命爆发，而且相反，他们简直是对它感到害怕。”罗将柯这样写道，“人民自由党(即立宪民主党。——托洛茨基)也不例外，作为处在温和党派左翼，因而与国内革命政党有较多接触的政党，

它也就比谁都更加担忧即将降临的灾难。”1905 年的经验对自由主义者来说印象太深刻了，以致可能导致工人和农民的胜利对资产阶级的威胁并不亚于对君主制度的威胁。看起来，二月革命的过程似乎只不过证明了这一预见而已。在那些日子里，不管人民群众的政治思想在很多方面是多么地还没有定型，劳动人民跟资产阶级的界限无论如何都已经不可调和地划定了。

接近自由主义集团的编外副教授斯坦凯维奇是进步联盟的朋友而不是它的敌人，他用下面这段话描述了自由主义集团没能成功预防的革命发生后第二天的情绪：“人们冠冕堂皇地庆贺革命胜利，颂扬革命，向自由战士高呼‘乌拉’，用红色领结打扮自己，在红旗指引下前进……但是在内心里，在私下交谈时他们胆战心惊，浑身发抖，觉得自己成了某些在陌生道路上行进的敌对自发势力的俘虏。任何时候也忘不了罗将柯这位肥胖贵族老爷和显要人物那种姿势，当他沿着塔夫里达宫的走廊穿过衣衫散乱的士兵人群时，虽然保持庄重的尊严，但是苍白脸庞上凝固着极度痛苦和绝望的神情。表面上说的是：‘士兵前来支援杜马同政府做斗争。’而事实上是从第一天起杜马就不复存在了。因此在杜马临时委员会全体成员和他们周围的人的脸上出现了同样的表情。有人说，进步联盟的代表陷于了无奈绝望的歇斯底里之中，他们在家里哭泣。”在
192 考虑力量对比时，这种生动供述比任何社会学调查都更有价值。根据罗将柯本人叙述的情节，一群谁也不认识的士兵“也不知奉了谁的命令”，逮捕了旧政权一些高官，并且把他们押送到杜马，面对这种场景，无能为力的罗将柯气得浑身哆嗦。这位宫廷高级侍从有点像监狱长那样来对待这些当然与他有区别，不过仍然属于自

己同一类型的人。对“肆意妄为”感到震惊的罗将柯要把被捕的谢格洛维托夫请到自己的办公室来，但是士兵们断然拒绝把这个令人痛恨的高官交给他。罗将柯说：“当我试图显示自己的权威时，士兵们团团围住他们的俘虏，而且面带极端挑衅和无礼的神色把他们手里的步枪指给我看，随后也没有任何说明，就把谢格洛维托夫带到不知什么地方去了。”难道还能比这更明显地证明斯坦凯维奇下面说的这句话吗？他说起义各团似乎是前来支援杜马，而实际上是来废除它。

考虑到苏维埃一开始就把政权握在自己手里，杜马里的人要比其他人少一些错觉。进步联盟领导人之一、十月党人杜马代表希德洛夫斯基回忆说：“彼得格勒所有的邮政与电报设施，所有的火车车站以及所有的印刷厂都被苏维埃控制起来了，因此没有它的决定，一封电报也发不出去，一辆火车也开不出去，一份呼吁书也印不出来。”只是有必要在这段有关力量对比并不含糊的评述中增加一句说明：苏维埃“控制”电报局、铁路、印刷厂等行动的含义只能是这些企业的工人和职员不愿服从除苏维埃之外的任何人。

作为希德洛夫斯基的抱怨再好不过的一个例证，就是在苏维埃和杜马之间就政权进行的谈判最紧张的时刻发生的一个插曲。
苏维埃与杜马的联席会议被一条发自普斯科夫的紧急通讯打断 193
了。当时沙皇结束了流浪辗转抵达了普斯科夫，有人请罗将柯去接直通电话。这位全能的杜马主席声称，他一个人不去电报局。“让工人和士兵代表先生把我交给卫队或者和我一同前去，不然我会在电报局被人逮捕——可不是吗！你们才有权有势。”接着他继续激动地说，“当然，你们可以逮捕我……也许，你们会逮捕我们所有的人，我们哪里知道！”这是3月1日发生的事，离以罗将柯为首的杜马临时委员会“拿到”政权以后还不到两昼夜。

在这样的形势下，自由主义者怎么还仍然能得到政权呢？是谁又是怎样授权他们组建由于革命的结果而产生的政府呢？而这是他们曾经畏惧的、反对的和企图镇压的革命，这是由敌视他们的群众坚决而勇敢完成的革命，至于工人和士兵代表苏维埃，那是从起义中自然而然诞生的，而且被视为根本不容争辩的时局主人。

现在我们听一听交出政权的一方是怎么说的。苏哈诺夫谈及2月那些天时写道：“人民并不向往国家杜马，对它不感兴趣，也不打算把它作为运动的中心，不管政治上还是技术上都是如此。”这段供述真是妙不可言，因为说这话的人不久就将竭尽全力把政权交给国家杜马委员会。关于3月1日的谈判，苏哈诺夫继续写道：“米留科夫理解得非常透彻，那就是执行委员会完全有权决定是不是把政权交给够格的政府。”还能有更绝对的表述吗？还能有比这更清晰的政治形势吗？虽然苏哈诺夫处在跟形势完全对立和自相矛盾的境地，但他在这里还是声明：“接替沙皇制度的政权应该只
194 能是资产阶级的政权……必须采取如此解决问题的方针。否则变革不会成功，革命就将失败。”革命就将失败——如果没有罗将柯的话！

在这里，各种社会力量活生生的对比被先验的公式和假定的术语偷换了：知识分子的教条主义最本质的东西就是如此。不过我们要进一步看到，这种教条主义绝对不是柏拉图式的玄论，尽管被蒙住了双眼，它还是完全履行了现实的政治职能。

我们引用苏哈诺夫的话不是偶然的。在这第一个阶段，充当

执行委员会的灵魂的不是其主席齐赫泽这个诚实正直而眼界狭小的外省人，而恰恰是那位本来就最不适合充任革命领导的苏哈诺夫。苏哈诺夫是一个半民粹主义半马克思主义者，一个相比做政治家更适宜做有良心的观察家，相比做革命者更适宜做新闻记者，相比做新闻记者更适宜做说教者的人。只是在还不需要把革命观念付诸实施之前，他才有能力保持它。作为战争时期一个消极的国际主义者，从革命的第一天起他就认定必须尽可能快地把政权跟战争一起扔给资产阶级。从理论上说，也就是至少按照把事情理出端倪的需要（如果不是按照其能力的话）来说，他还是比执行委员会当时已有的成员要高出一筹。但是构成他的主要力量的成分还是在于他把这批形形色色却又仍然同属一类的人的本质特征（不相信自己的力量，在群众面前感到恐惧，对待资产阶级的态度既傲慢又谦恭）翻译成了学理主义的语言。列宁把苏哈诺夫称为小资产阶级最出色的代表之一，这可能是对他最高的评价了。

只是不要忘记了，在这种场合所谈的首先是新型资本主义的小资产阶级，是工业、商业和银行业的职员，一方面是资本家的官吏，另一方面是工人官僚，总之就是新兴的中等阶层。为了他们， 195
颇有名气的德国社会民主党人爱德华·伯恩施坦在19世纪末修正了马克思的革命概念。为了回答工人和农民的革命怎么把政权交给了资产阶级的问题，必须把中间环节引入政治链条。中间环节包括苏哈诺夫型的小资产阶级民主主义者和社会主义者、新闻记者和新兴中等阶层的政治家。他们教导群众说资产阶级是敌人，然而他们自己更加害怕群众从这个敌人的控制下摆脱出来。革命的性质和从革命中产生的政权的性质之间之所以互相矛盾，

原因就在于身处革命群众和资产阶级之间的新兴小资产阶级中等阶层自身的矛盾性质。在革命形势进一步发展的过程中，新型小资产阶级民主派的政治作用在我们面前暴露无遗了。我们暂时就说这么几句。

直接参加起义的是革命阶级中的少数，不过来自多数方面的支持至少是同情构成了这少数的力量所在。在敌人的炮火下，这积极主动和富有战斗精神的少数必定会把自己队伍中最革命的和最勇敢的分子推到前面。在2月战斗中，如果说布尔什维克工人站在最前列，情况当然是这样。可是，从胜利的那一刻，具体地说是胜利在政治上开始得到巩固的那一刻起，形势却变得不同了。获胜以后，响应召唤纷纷前来参加革命组织和机关选举的群众，要比手拿武器作战的人广泛得多。这种情况不仅出现在选举全民民主机关如城市杜马和自治局以及后来的立宪会议的时候，而且在选举阶级的机关如工人代表苏维埃时也是如此。在同沙皇制度展开决战的时刻，绝大多数工人、孟什维克、社会革命党人和无党派
196 人士是支持布尔什维克的。但是只有极少一部分工人才了解布尔什维克跟其他社会主义政党的区别在哪里。与此同时，全体工人跟资产阶级划清了严格的界线。这种现象决定着胜利之后的政治形势。工人选举支持的是社会主义者，即那些不仅反对君主制度而且反对资产阶级的人。在这种情况下，他们几乎没有对三个社会主义政党加以区分。不过，因为孟什维克和社会革命党拥有多得多的知识分子干部，这些人从四面八方来投奔它们，于是它们很快就有了大批宣传鼓动人员，所以选举即便是工厂的选举也让孟什维克和社会革命党占据了很大的优势。

觉醒了的军队朝同一方向施加压力，不过力量要强大得多。在起义的第五天，彼得格勒卫戍部队出来支持工人了，胜利之后卫戍部队也被召集参加苏维埃选举。士兵轻率地选出了支持革命、反对保皇派军官的人，以及善于把这高声说出来的人：他们是受过一定教育的志愿兵、文书、助理医生、战时从知识分子中选拔的军官、军用部门的小官员，也就是那个“新兴中等阶层”的下层人员。从3月起，他们几乎是全体报名参加社会革命党，因为该党以其不定型的思想再好也不过地适应了他们的中层社会地位与他们的政治局限性。如此一来，卫戍部队的代表比士兵群众显得无可比拟的温和，也更加显示出资产阶级气。但是士兵们没有认识到这种差别，它直到随后几个月的经历中才呈现出来。至于说工人，他们自己努力与士兵尽可能紧密地团结起来，以巩固用鲜血争得的联盟和更可靠地把革命武装起来。可是既然多半是由初出茅庐的社会革命党代表军队说话，那么这不能不提高这个党以及同它并肩
的盟友孟什维克在工人心目中的威望。两个妥协主义政党在苏维 197
埃的优势地位就是这样形成的。即使在维堡区苏维埃，初期起领导作用的也是孟什维克的工人，这就足以说明问题了。布尔什维主义当时还仅仅是在革命深处暗中沸腾。就是官方的甚至进入彼得格勒苏维埃的布尔什维克所代表的也是微不足道的少数，况且这个少数还没有十分清晰地确定自己的任务。

二月革命的离奇现象就是这样造成的。政权本来已经掌握在民主派社会主义者手里了。他们掌握政权绝不是偶然的，也绝不是通过布朗基主义的突击夺得的，情况并非如此，政权是由取得胜利的人民群众公开交给他们的。这些群众不仅拒不信任和支持资

产阶级，而且没有把它跟贵族及官僚区分开来。他们只允许苏维埃支配自己的武器。然而，过于轻易获得苏维埃领导权的社会主义者唯一关心的问题是：政治上陷于孤立的、为人民群众所痛恨的以及从头到尾都敌视革命的资产阶级肯答应从自己手中接过政权吗？无论如何也要设法让资产阶级同意掌握政权，因为既然资产阶级不能放弃资产阶级的纲领是很明显的事，那么我们“社会主义者”就应当放弃我们的纲领，至于君主制度、战争问题、土地问题，我们一概默不作声，只要资产阶级接受政权这份礼物就行。在做出这个举动时，“社会主义者”仿佛是在跟自己开玩笑，他们提议，除了称为阶级敌人之外，不要给资产阶级另外起名。挑衅性的亵渎行为就这样在祈祷仪式的形式下完成了。进行到底的阶级斗争就是夺取国家政权的斗争。革命的根本特性就在于它要把阶级斗争进行到底，革命也就是为取得政权而进行的直接斗争。可是，我们的“社会主义者”所操心的不是把政权从所谓的阶级敌人（他们
198 本来就没有政权也不可能有力量夺取它）那里夺过来，而是相反，想方设法也要把政权塞给他们。难道这还不是离奇现象吗？由于那时还没有 1918 年德国革命的经验，人类也没有见证到由领导德国社会民主党的“新兴中等阶层”所完成的规模宏大的也要顺利得多的同类行动，因此俄国的这种离奇现象也就显得更加异常突出了。



妥协派分子怎样解释自己的行动呢？他们找了一个具有学理主义性质的理由：既然这是资产阶级革命，那么社会主义者就不应该为了政权而让自己的名誉受损，让资产阶级自己替自己负责吧。这话听起来像是在坚持毫不妥协的态度。实际上这是小资产阶级

在用虚假的不妥协态度来掩饰自己在财富、教育和法定资格面前奴颜婢膝的丑态。小资产阶级承认大资产阶级执政的权利是其不以力量对比为转移的初始权利。这里依据的几乎是像小商人或是教员在车站或剧院恭敬地退在一旁，以便让罗斯柴尔德家的人走过去一样的本能动作。学理主义的理由不过是意识到自身渺小的补偿而已。过了两个月以后，当资产阶级单凭自己的力量无法维持转让给它的政权的状况变得明显时，妥协派分子毫不为难地抛弃了自己的“社会主义”偏见，加入了联合政府。这不是为了把资产阶级从那里排挤出去，相反是为了挽救它；不是违抗它的意志，相反是遵从它的听起来像是命令一样的决定：资产阶级威胁民主派人士说，否则就要把政权扔到他们头上。

有利于拒绝政权的第二个理由具有更为实用的外表，而实质上并不更为重要。我们已经熟悉了的苏哈诺夫把民主俄国的“分散性”提到了头等重要的位置：“那时民主派手中没有掌握任何牢 199
靠的和有影响的组织，无论是政党、工会还是市政机构。”这话听起来真是像在开玩笑！这位以苏维埃的名义开展活动的社会主义者此处一个字也没有提到工人和士兵代表苏维埃。其实，由于有1905年的传统，苏维埃像是从地下冒出来的一样出现了，而且很快就变得比其他所有后来企图同它进行竞争的组织（如市政厅、合作社以及一部分工会）都强大得多。至于出于自己的天性表现为分散性阶级的农民，恰好是由于战争和革命，他们也组织起来了，这是从来没有过的现象。战争让农民汇聚到军队里来了，而革命又给军队赋予了政治性质！不少于800万的农民被统一编在各个步兵或骑兵连里面，现在这些连队建立了自己的代表机构，通过它

们这些农民无论何时都能依照电话铃声自主行动起来。这难道还像是分散性吗？

固然可以这样说，在解决政权问题的时候，民主派还不知道前线的军队是否支持自己。我们也不会提出这样的问题，即人们是不是有哪怕一点点理由来担忧或希望被战争弄得精疲力竭的前线士兵还愿意支持帝国主义资产阶级。因为指出下面这一点就够了：整个问题在最近两三天，也正是妥协派分子去幕后为资产阶级准备政府的时候得到了彻底解决。苏哈诺夫承认："革命到3月3日就顺利完成了。"尽管全部军队归附了苏维埃，苏维埃的领袖还是竭尽全力推开了政权，权力愈是完整地集中在他们手里，他们就愈加害怕它。

但是这究竟是为什么？直接倚靠历史上任何民主派都不曾自
200 己拥有过的群众，同时也是倚靠有着丰富经验的、遵守纪律的，以及由苏维埃武装和组织起来的群众的民主主义者，"社会主义者"到底怎么啦？这个看上去势力强大、坚不可摧的民主派怎么会害怕政权呢？这种看似难解之谜一样的现象其原因就在于，民主派不信任自己原有的支柱，害怕自己的群众，不相信群众信赖自己的可靠性，比谁都更加畏惧"无政府状态"，也就是畏惧自己拿到政权以后，会连同政权一起沦为所谓肆无忌惮的自发势力的玩物。换句话说，民主派觉得在人民的革命高涨时刻自己并不负有充当人民领导者的使命，而是作为资产阶级秩序的左翼，作为它伸向群众的触须。这个名为社会主义的民主派甚至认为自己不仅要在群众面前伪装起来，而且要对自己掩盖自己的真实作用，似乎不这样把自己灌醉，它就不能发挥这种作用。这样才能解释二月革命主要的离奇现象。

苏维埃执行委员会的代表齐赫泽、斯捷克洛夫、苏哈诺夫出席了3月1日晚举行的杜马委员会会议，讨论苏维埃支持新政府的条件。民主派人士的纲领完全取消了战争、共和国、土地、八小时工作制等问题，整个纲领只归结为一点唯一的要求：给左翼政党进行宣传鼓动的自由。这真是为人民与时代树立了毫无私心的榜样。本来手里握有全部政权的社会主义者，给不给他人宣传鼓动自由也完全取决于他们自己，社会主义者却把政权有条件地交给了“阶级敌人”，目的就是为了让后者允许他们有……宣传鼓动的自由。罗将柯害怕前往电报局，于是对齐赫泽和苏哈诺夫说：“政权在你们手里，你们可以逮捕我们所有的人。”齐赫泽和苏哈诺夫则回答他说：“政权你们拿去吧，不过，不要因为进行宣传鼓动而逮捕我们。”当你研究妥协主义者与自由主义者进行的谈判以及那天塔夫里达宫里面左翼与右翼相互关系的全部插曲时，在正在上演人民的历史大剧的巨大舞台上好像是出现了一群土里土气的演员，他们利用空闲的 201
剧场一角和中场休息的间隙来演出鄙俗的化装轻喜剧。

必须替资产阶级的领袖们说句公道话，他们没有料到会出现任何类似这样的情形。假如资产阶级领袖能料到革命领袖一方会采取这种政策的话，那他们大概不会怎么害怕革命了。不错，他们也许在这点上失算了，但那时已经跟革命领袖连在一起了。苏哈诺夫仍然担心资产阶级不会答应按提出的条件接受政权，于是下了一个严厉的最后通牒：“除非我们，否则没有什么人能制止自发力量……出路只有一条：同意我们的条件。”换句话说就是，采纳我们的纲领吧，那也是你们的纲领。为此我们答应你们，驯服把政权交给我们的群众。我们是一群多么可怜的自发力量的驯服者！

米留科夫感到很诧异。苏哈诺夫回忆此事时说："他并不想掩饰自己的满足之情和自己惊喜之意。"就在苏维埃的代表为了显得姿态更高而补充说他们的条件"到此为止"的时候，连米留科夫也大为感动，并且说了赞扬他们的漂亮话："是的，听了你们的话，使我想到，从 1905 年以来我国的工人运动已经前进得那么多了……"在布列斯特—里托夫斯克，霍亨索伦的外交部门也曾用这种温情的鳄鱼语气跟乌克兰拉达的代表进行谈判，在吞食后者之前，鳄鱼对他们在国务方面的成熟性给了应有的评价。如果说苏维埃民主派没有被资产阶级所吞食的话，那么这儿既不是苏哈诺夫的功劳，也不是米留科夫的罪过。

资产阶级是在人民的背后获得政权的。它在劳动阶级中没有任何支持者。但是连同政权一道，它间接地得到了类似于支持的东西：被群众推上高层的孟什维克和社会革命党把信任委托书从自己手中转给了资产阶级。如果从形式民主的剖面图来观察这种
202 行为，那么就会得到一幅两级选举的图景，孟什维克和社会革命党在其中充当着中间环节，亦即立宪民主党的复选人这样一个技术性角色。如果从政治上看问题，那么就得强调说明，妥协主义者辜负了群众的信任，他们邀请来执政的那些人，恰恰是群众寄希望于妥协者获选后要予以反对的人。最后，用更加深刻的社会观点来看，问题于是这样呈现出来了：平常表现出极其自负和自满的小资产阶级政党，当它们被革命刚刚推上当权高位时，便害怕自己没有能力胜任，于是赶忙把权柄交给资本家的代表。新兴中等阶层极其可怕的动摇和对大资产阶级有失尊严的依附，在这意志消沉的

行动中立刻显现出来了。民主派人士认识到或者说仅仅感觉到政权在他们手中反正维持不了多久，很快就得把它交给右翼或左翼势力，因此他们决定今天就把它交给稳健持重的自由主义者，这比明天把它交给无产阶级极端派代表要好得多。即使做了上述解释，尽管受到自己的社会条件制约，妥协主义者角色在对待群众的态度上仍然是背信弃义。

把自己的信任赋予社会主义者以后，工人和士兵结果在政治上遭到了剥夺，这是出乎他们意料的。他们感到大惑不解，心里忐忑不安，可又没有马上找到出路。他们自己选出的人从上面用种种理由给他们当头一棒，但他们还没有现成的答案来回应这些理由，而且这些理由跟他们的感情及意愿是根本对立的。群众的革命倾向跟小资产阶级政党的妥协主义倾向在二月革命期间就已经显得完全格格不入了。无产阶级和农民之所以投票支持孟什维克和社会革命党人，不是把他们当作妥协主义者，而是把他们当作沙皇、地主与资本家的反对者。然而，由于把票投给了妥协主义者，结果在自己跟自己的目标之间树起了一道隔离墙。在他们既没有冲撞更没有推倒他们亲手筑成的那道墙之前，无产阶级和农民现在已经不能继续前进了。正如二月革命揭示 203
的，这正是塞在阶级关系中令人震惊的隔阂（*qui pro quo*）。

*　*　*

一个附加的奇谈怪论很快就随着主要的奇谈怪论之后来到。自由主义者同意从社会主义者手中接过政权，只不过有一个条件，那就是君主政体同意从他们手中把政权接过去。

此刻，古契柯夫与我们已经认识的保皇党人舒尔根为了挽救沙皇制度前往普斯科夫去了，而君主立宪制问题成了塔夫里达宫两个委员会之间谈判的中心议题。米留科夫开导把政权奉送到他掌中的民主派人士说，罗曼诺夫家族如今已经不可能有什么威胁了，当然尼古拉应该退位，但是由米哈伊尔摄政的皇太子阿列克塞完全可以保障国家的安宁："一个是多病的孩子，另一个完全是一个笨蛋。"这里我们还要补充介绍自由主义保皇派人士希德洛夫斯基给沙皇候选人所做的评价："米哈伊尔·亚历山大罗维奇完全沉湎于马术运动，不再干预无论什么样的国家事务。"这是多么令人惊诧的介绍啊，特别是在民众面前一再重复这种评价的话。路易十六外逃到瓦伦以后，丹东在雅各宾俱乐部宣布："既然这个人智力低下，那他就不能当国王。"与此相反，俄国自由主义者则认为君主愚钝痴呆是立宪制度最好的点缀。其实这是一个信口开河的理由，一个故意针对那些头脑简单的左翼人士的心理，不过即使对他们而言，也还是显得过于粗鲁的理由。众多自由主义庸人得到的暗示是：米哈伊尔作为"英国崇拜者"，他关注的问题是赛马呢，还
204 是议会制，这还说不定。而问题的主要之点是必须有个"熟悉的政权象征"，否则人民会以为无政府状态来临了。

民主派人士听着这些话，客气地表示惊讶，并试图劝说……宣布了共和国吗？没有，只是不要预先设定问题。苏维埃执行委员会第三项条件宣称："临时政府不应当采取任何预先设定未来统治形式的步骤。"米留科夫就君主制问题发出了最后通牒，民主派人士处于悲观绝望之中。但是刚好这个时候，群众前来援助他们了。

在塔夫里达宫举行的集会上，无论是谁，工人还是士兵，都表示坚决不要沙皇，何况也不存在任何把沙皇强加给他们的手段。可是米留科夫企图逆潮流而动，跨过左派盟友的头顶来挽救皇位与王朝。在自己那部关于革命历史的著作中，他本人谨慎地指出，3 月 2 日快结束的时候，他宣布由米哈伊尔摄政一事引起的骚动“明显加剧了”。罗将柯则用鲜明得多的语调描绘了自由主义者的君主制策略在民众中造成的影响。古契柯夫手持尼古拉让位给米哈伊尔的诏书刚刚离开普斯科夫，他便遵从工人的要求从火车站去了铁路库场，并且讲解了已经发生的事情。宣读完诏书，他最后高呼：“米哈伊尔皇帝万岁！”可是结局却让人意外。根据罗将柯叙述，演说家当即被工人逮捕了，好像甚至还被威胁要处死。“在驻扎在最近的那个团一个值勤连队的协助下，费了好大的劲才把他解救出来。”罗将柯像往常那样不免有些夸大其词，不过他讲述的基本情况还是符合实际的。国家已经如此彻底地把君主制度吐出来了，无论如何也不可能让人民重新吞回去。革命群众绝不容许拥立新沙皇！

面对这种形势，杜马临时委员会的成员一个接一个地离开了米哈伊尔，当然不是彻底，而是“在立宪会议召开之前”暂时躲开他，事情以后会清楚的。只有米留科夫和古契柯夫还在为君主制
坚持到底，而且像以往那样以此来决定自己是否进入内阁。怎么 205
办呢？民主派人士认为没有米留科夫就不能组成资产阶级政府，没有资产阶级政府就不能拯救革命。争论与劝说没完没了。在 3 月 3 日早间会议上，必须“劝说大公退位”（据此来看，他已经被视为沙皇了！）的意见在临时委员会似乎占了上风。左翼立宪民主

党人涅克拉索夫连退位方案都草拟好了。但是由于米留科夫倔强地不肯让步，因此经过又一轮激烈争吵之后最终做出如下决定："双方在大公面前说明各自的理由，不再展开进一步的争论，让大公自行做出决定。"于是，被自己那位已经被起义推翻的兄长不惜违反王朝规矩试图推上皇位的那个"十分愚钝的人"，意外地成为了解决国家体制问题的最后仲裁者。不管这事多么难以置信，但是总还是出现过一个事关国家命运的竞赛过程。为了说服大公为皇位而放弃马厩，米留科夫竭力要他相信，在彼得格勒之外完全有可能集结足够的武装力量来保卫他的权利。换句话说，就是刚刚从社会主义者那里得到政权以后，米留科夫便着手实施他的君主制军事政变（*coup d'Éetat*）计划。听罢赞成和反对的发言（反对的还不少）以后，大公请求给他一点时间来考虑。米哈伊尔把罗将柯请到另一个房间跟自己私会，一开始便直截了当地问他：新当政者仅仅只保证他的皇冠呢，还是同时也保证他的头颅？无人能比的宫廷高级侍从回答说，自己只能答应君主需要时同他一起去死。这样的回答根本不可能使皇位候选人感到满意。同罗将柯拥抱以后，米哈伊尔·罗曼诺夫出来朝等候他的代表们走过去，他"非常坚定地"声明，拒绝接受提议给他的崇高却又充满危险的职位。此
206 刻，在这些谈判中，作为民主派良知化身的克伦斯基突然从坐椅上欠起身来，情绪激昂地说道："我的殿下，您是一个高尚的人！"并且发誓从今以后要到处宣传这件事。对此，米留科夫冷冷地评论说："克伦斯基的激昂情绪跟通过的枯燥决定很不协调。"我们不得不同意这种说法。这出幕间喜剧的文本实在是没有给激情留下位置。比照前述在古典舞台一角上演的轻喜剧，有必要用下面的情

形加以补充说明：舞台原来用屏风隔成了两半，一边是革命者一再请求自由主义者挽救革命，另一边是自由主义者在恳求君主制来挽救自由主义。

苏维埃执行委员会的代表根本无法理解，为什么像米留科夫这样学问渊博和目光远大的人为了真不怎么样的君主制度而如此固执，如果不把罗曼诺夫连同政权一起交付给他们的话，甚至准备放弃政权呢。然而，米留科夫的保皇主义既不是学理主义的，也不是浪漫主义的；相反，它是对被吓破了胆的私有者赤裸裸的利益盘算的产物。他那绝望的软弱就表现在赤裸裸的盘算之中。诚然，历史学家米留科夫可以援引米拉波的先例，因为这位法国资产阶级革命领袖当时也是极力使革命跟国王达成和解。那里的私有者根本上同样为私有财产感到担忧：他们更为小心谨慎地用君主制把私有制掩盖起来，就像君主制用教会把自己掩盖起来一样。但是在1789年的时候，国王执掌政权的传统在法国还在得到全民的承认，更不用说它周围的欧洲各国都是君主制国家了。法国资产阶级在保留国王的同时，它与人民还是站在共同的立场之上，至少就利用人民的成见来反对国王这一点上是这样。1917年俄国的情况则完全是另外一回事。除了世界好些的君主制度已经遭到推翻和破坏之外，俄国的君主制自身在1905年也已受到了无法补救的损伤。1月9日过后，加邦牧师诅咒了沙皇及其“邪恶的劣根”。207
1905年的工人代表苏维埃公开站在共和国的立场上。不客气地说，专制王朝自身长期寄予希望的，资产阶级借以掩饰自己保皇主义的农民对君主制的感情本来就是不存在的。后来始自科尔尼洛夫的气势汹汹的军事反革命尽管是伪善地，但也还是引人注目地

否认了沙皇政权。在人民中间，君主制的根基就是如此之浅。但是曾经给君主制度造成致命伤的1905年那次革命也永远动摇了“进步”资产阶级本来就不太牢固的共和倾向。这两种过程既是互相矛盾的，也是互为补充的。从二月革命的第一刻起，资产阶级就觉得自己是落水者，于是紧紧抓住救命稻草不放。它之所以需要君主制不是因为它与人民有共同的宗教信仰，而是相反，除了那个戴着皇冠的幽灵以外，资产阶级已经无法用任何别的东西来跟人民的宗教信仰相对抗。俄国“有教养的”阶级不是作为合理化国家的代言人，而是作为中世纪制度捍卫者登上革命舞台的。不管在人民当中还是在自己内部，他们都没有什么可靠的支柱，于是他们只得在头顶上方去寻找支柱。如果给他一个支点，阿基米德就能翻转地球。相反，米留科夫寻找支点是为了维护地主的土地[①]以免遭到革命的剥夺。同时他觉得自己在这方面与最狠毒的沙皇将军以及东正教主教之间的距离要比与那些恭顺的民主派人士之间的距离近得多，而后者除了在意自由主义者的赏识之外，其他什么都一概不关心。由于没能用强力挫败革命，米留科夫于是果断下决心用机巧来战胜它。他愿意忍受很多不愉快的东西，如士兵的公民自由、民主制的市政厅与立宪会议，但是有一个条件：给他一个表现为君主制形式的阿基米德支点。他盘算一步一步地逐渐把
208 君主制变成将军团、翻新的官僚、教会显贵、有产者以及所有对革命不满的集团的中心。随着群众对革命感到厌倦，他从“象征”开始逐步建立起约束他们的君主制现实力量。只是要争取到时间才



① 俄文中土地与地球是同一个词。——译者

好！立宪民主党另一个领导人纳博科夫后来解释说，一旦米哈伊尔同意即位，资本的优势特权将会达到多么大的程度："战时召集立宪会议这个致命的问题定将被排除。"应该记住这句话，围绕立宪会议召开日期的斗争在2—10月之间占据了非常重要的地位，而且立宪民主党人根本否认自己有拖延召集全民代表的意图，而实际上他们在非常坚决和顽固地实行拖延政策。只可惜这样一来他们不得不只能靠自己了，他们到头来也没有得到君主制度这个遮蔽物。在米哈伊尔临阵脱逃后，米留科夫已经无法抓到救命稻草了。

209

# 第十章　新政权

脱离人民、同外国金融资本的联系比同本国劳动人民的联系要紧密得多、敌视业已获胜的革命，后起的俄国资产阶级无法以自己的名义找到任何一个要求得到政权的理由。而理由实在是必不可少的，因为革命不仅使继承权利，而且使新的僭望受到了严厉的审查。杜马临时委员会主席罗将柯绝无可能拿出令群众信服的理由，尽管他在革命发生后最初的日子里就成了革命国家的首脑人物。

亚历山大二世在位时的宫廷少年侍卫、近卫军重骑兵团的军官、省里的首席贵族、尼古拉二世的宫廷高级侍从、彻头彻尾的保皇主义者、家道富足的地主和地方自治会的活动家、十月党的成员、国家杜马代表罗将柯后来当选为杜马主席。这事发生在古契柯夫辞去自己的职权以后，作为“青年土耳其党人”，古契柯夫是宫廷中人人痛恨的对象。杜马希望通过宫廷高级侍从这么一个中介找到通向国君内心的入口。罗将柯做了他所能做的事情：真心使沙皇深信他对专制王朝的忠诚，努力得到了如此宠信，以至被推荐给了沙皇的继承人，并且向后者自我介绍说自己“是俄国最高大和最肥胖的人”。尽管做出了所有拜占庭宫廷优伶行径，宫廷高级侍从还是没有争取到沙皇同意立宪，而皇后在信中则干脆把罗将柯称为恶棍。战争期间，杜马主席无疑让沙皇享用了不少不愉快的时光，在一系列亲自呈送的报告中，他用大肆渲染的劝诫、爱国主 210
义的批评以及阴沉悲观的预言把沙皇弄得万般无奈。拉斯普京认为罗将柯是他个人私敌。靠近宫廷贼党的库尔洛夫谈到了罗将柯固有的“带有显而易见的目光短浅的厚颜无耻”。维特对杜马主席的评论要显得宽容一些，不过也好不了多少：“他不是一个愚笨的人，而是一个相当精明的人，不过罗将柯的基本素质终归不在于他的头脑，而在于他的嗓音——他有一副与众不同的男低音。”罗将柯企图一开始就借助消防水龙带战胜革命，当他得知戈利岑公爵的政府逃离了岗位时流下了眼泪，他心怀恐惧地拒绝社会主义者要交给他的政权；然后他又接受了政权，不过是作为一个忠臣接受的，以便一有机会就把已经失去了的东西归还给国君。如果没有出现这种机会的话，那罗将柯也没有什么罪过。但是，正是在那班社会主义者协助下，革命给宫廷高级侍从提供了在起义团队面前展示男低音的广泛机会。早在 2 月 27 日，退役的近卫军重骑兵大尉罗将柯对来到塔夫里达宫的近卫军重骑兵团说过：“信奉正教的战士们，请你们听听我的劝告吧。我是一个老人，不会欺骗你们。听军官的话吧，他们不会教你们干坏事，他们完全遵照国家杜马的命令。神圣的罗斯万岁！”全体近卫军官愿意接受这样的革命。但是到底为什么需要进行革命呢？士兵们对此感到大惑不解。罗将柯害怕士兵，害怕工人，认为齐赫泽和其他左翼人士是德国代理人，于是在领导革命的同时，他时刻都在四面张望，看苏维埃会不会逮捕他。

罗将柯的形象确实有点儿滑稽可笑，但也不出人意料。有着

与众不同男低音的宫廷高级侍从使自己成了俄国两个权势阶级——地主和资产阶级与依附它们的进步宗教界的联盟的化身。罗将柯本人对宗教非常虔诚,而且是唱教会赞美诗的高手。不管
211 自己对东正教持何种态度,自由派资产阶级都认为,与教会结盟如同与专制王朝结盟一样,对维持秩序实在是太有必要了。

那些天,从阴谋家、叛乱者和弑君者那里得到政权的这位可敬的保皇主义者面如土色。杜马临时委员会其他成员觉得自己也好不了多少。他们中间有些人认为形势还不太确定,因此从来就没有来过塔夫里达宫。最明智的人在踮起脚围着革命的篝火转圈,被烟熏得咳嗽不止,他们自言自语地说,让它烧成灰烬吧,到时候让我们试着来随便烤点什么。同意接受政权以后,委员会没有立即决定组建内阁。正如米留科夫所说的,“等待组建政府的时刻来临”。委员会限定从杜马成员中任命人员进入政府高级机关:这仍然是留出退却的机会。

被派往内务部去任职的是无足轻重的,可与其他人相比又不那么胆小怕事的杜马代表卡拉乌洛夫。3 月 1 日他下令逮捕外勤警察和秘密警察部门以及宪兵团的全部官员,这个胆大得惊人的革命姿态具有纯粹空幻的性质,因为在所有命令发布之前,警察们已经被捕了,因而监狱成了他们唯一可以逃避惩罚的避难所。过了相当一段时间以后,反动派把卡拉乌洛夫的示威举动看作以后一切灾难的开端。

被任命为彼得格勒警备司令的是近卫团的军官、拥有大批良种马厩的所有者和大地主恩格尔哈特上校。恩格尔哈特没有逮捕为了平息首都骚乱从前线领兵回来的“独裁者”伊万诺夫,而是派

了一个反动军官作为参谋长去听他指挥，说到底都是自己人。

派往司法部上任的是莫斯科自由主义律师界的明星、能言善辩但又废话连篇的马克拉科夫，他一开始就让反动官僚们明白了，
他不愿当蒙革命恩典的部长，因为“回头一看进来的副手——是个 212
信差”，又用法语说了一句：“le danger est a gauche”（危险来自左边）。

工人和士兵无须懂得法语，就能感觉到所有这些先生都是自己凶恶的敌人。

可是罗将柯在杜马委员会首脑位置上没有喧嚣多久。他的革命政府主席候选人资格自动丧失了：这位有产者与君主制之间的中间人实在是太不适合做有产者与革命之间的中间人。不过他并没有从舞台上走下来，而是顽固地试图使杜马复活成为抗衡苏维埃的机构，始终滞留在为团结资产阶级—地主反革命分子而进行的各种尝试的中心位置。后面我们还将听到他的消息。

3 月 1 日，杜马临时委员会着手组建内阁，它提出的内阁人选就是杜马从 1915 年起多次向沙皇推荐过的所谓享有全国信任的那些人：他们是大地主和工业家、杜马的反对派代表、进步联盟的领导人。工人和士兵发动的革命在革命政府的组成人员上面根本没有得到反映，事实就是如此。只有一个人例外，这个例外就是克伦斯基。罗将柯—克伦斯基摆动的幅度就是二月革命官方摆动的幅度。

克伦斯基似乎是作为革命的全权大使进入政府的。其实他对待革命的态度就是一个曾为政治案件出庭辩护的外省律师的态度。克伦斯基不是革命者，他仅仅是偎依在革命身旁。首次进入

第四届杜马以后，由于自己的合法身份，克伦斯基成了平淡乏味和毫无个性的劳动派党团主席，该党团是一个自由主义跟民粹主义
213 进行政治杂交而生出来的羸弱胎儿。不论理论训练，还是政治阅历，也不论综合思维能力，还是政治意志，克伦斯基统统都不具备。取代上述这些品质的是快速的敏感、易动肝火的性格，以及不是激发思维与意志而是刺激神经的如簧巧舌。在杜马满怀从不接受证据贫乏检验的挂在嘴上的激进主义情绪发表的演说即使不能给克伦斯基带来多少声望，也为他创造了知名度。战争时期，身为爱国主义者的克伦斯基同自由主义者一起把革命思想视为十分有害的东西。不过当能给他带来声望从而能轻易把他推上高位的革命到来时，克伦斯基还是承认它的。在他看来，革命本身与新的政权自然而然地融为一体了。但是苏维埃执行委员会断定，在资产阶级革命中政权应该属于资产阶级。这个公式把他面前的内阁大门给关上了，因此克伦斯基认为它是错误的。克伦斯基有充分的理由坚信，他的社会主义并不妨碍资产阶级革命，就如资产阶级革命也不会给他的社会主义造成损害一样。杜马临时委员会决心尽量尝试让这位激进代表离开苏维埃，结果在决定由他出任司法部长一职（马克拉科夫已经拒绝担任此职）以后，没费多大力就做到了这一点。克伦斯基在走廊里拉住朋友，问他们是不是该接受这个职位？可朋友们毫不怀疑克伦斯基已经决定接受。据苏哈诺夫后来回忆说，那时对克伦斯基完全抱有好感的苏哈诺夫从他身上确实看出了“对自己负有某种使命的信念……以及面对所有还没有领悟到这一使命的人表现出来的异常激动”。最终朋友们也包括苏哈诺夫在内都建议克伦斯基接受部长职务。这样毕竟能够通过自

已的人更可靠地了解那些狡猾的自由主义者到底在做些什么。但是执行委员会的领导人在私下低声怂恿克伦斯基做出这种不道德的行为时(其实他自己在竭尽全力地这样做),又不正式表态同意他当部长。苏哈诺夫提醒克伦斯基说,鉴于执行委员会已经发了 214
话,故而要在苏维埃重新提出这个问题"不无风险",因为苏维埃可能毫不客气地回答:"政权应当属于苏维埃民主派。"苏哈诺夫本人逐字逐句讲述的故事就是这样的——幼稚天真跟恬不知耻难以置信的结合。政权的整个秘密入会仪式的怂恿者公开承认,到 3 月 2 日,彼得格勒苏维埃也赞成形式上取得从 2 月 27 日晚上起事实上就属于它的政权,也承认只有在背着工人和士兵,在他们不知情和违背他们真实意愿的情况下,社会主义的领袖们才能为资产阶级而夺取政权。在苏哈诺夫的故事里面,民主派人士与自由主义者的勾结具备了反对革命的罪行的全部法律特征,也完全是反对人民及其权利的密谋的全部法律特征。

由于克伦斯基急不可耐,执行委员会的领导人交头接耳,他们议论,对一个社会主义者而言,从杜马成员那里正式拿走他们刚从社会主义者手里得到的整个政权中的一小块感到不太方便。最好是让克伦斯基个人为此承担责任。果真如此,这些先生凭借某种好像不会出错的本能从整个形势中找到了尽可能混乱与虚伪的出路。但是,克伦斯基不愿穿着激进代表的上衣进入政府,他需要的是一件已经胜利的革命特派代表的外套。为了避免遇到阻力,他既不向那个他郑重宣布自己是其成员的政党,也不向苏维埃执行委员会(在那里他也算被认为是主席的同志)提出批准的要求。在苏维埃全体会议(最初几天它还是一种混乱的集会)上,他在没有预先告知领导人的情况下，要求就议程以外的声明发言，在有些人称为杂乱无章，而另一些人称为歇斯底里的发言（其实两者并不矛盾）中，他要求大家信任自己，说自己已经准备好为革命献身，还更
215 加直率地说愿意接受司法部长职务。只要说到必须全面大赦政治犯和审判沙皇高官，就足以赢得缺乏经验和无人领导的会议发出暴风雨般的掌声。施里亚普尼柯夫回忆说："这种无耻的把戏引起许多人对克伦斯基的极大愤慨与厌恶。"但是谁也没有反驳他，正如我们知道的那样，已经把政权交给了资产阶级的社会主义者，避免在群众面前提起这个问题，也没有为此举行投票。克伦斯基决定把掌声解释为信任委托书。他自有他的道理。苏维埃无疑是赞成社会主义者进入内阁的，因为它把这样的行为看作是废除它一刻也不想与之和解的资产阶级政府的一个步骤。不管怎样，在颠覆了有关政权的官方理论以后，克伦斯基于 3 月 2 日表示同意出任司法部长职务。十月党人希德洛夫斯基讲述说："他很满意对自己的任命。我非常清楚地记得，在杜马临时委员会办公场所，斜卧在安乐椅上的他是怎样眉飞色舞地高谈要在俄国把司法置于怎样高不可攀的地位。"说得不错，在几个月以后对布尔什维克提起的诉讼程序中，他展示出了这一点。

在困难时刻，自由主义者基于过分简单的推测和按照国际主义的传统打算把劳动部长一职硬塞给孟什维克齐赫泽，结果被他坚决拒绝了。齐赫泽还是留在苏维埃主席岗位上。不如克伦斯基那样光彩照人的齐赫泽毕竟是用庄重材料做成的。

立宪民主党无可争议的领导人米留科夫尽管形式上不是临时政府的首脑，实际上他是临时政府的中心人物。立宪民主党人纳

博科夫在跟米留科夫断绝关系以后写道："总的说来，作为一种理性力量，作为一个拥有大量几乎是取之不尽的知识和才智的人，米留科夫是内阁中其他同事无法与之相比的。"把俄国自由主义覆灭归咎于米留科夫的苏哈诺夫同时又写道："米留科夫是当时整个资 216
产阶级政治圈子里的中心人物，是它的灵魂与大脑……在革命的第一阶段，没有他也就没有任何资产阶级政策。"所有这些评论本身言过其实，但它们还是指出了米留科夫相对俄国其他资产阶级政治家拥有无可争辩的优势。他的力量之所在也正是他的弱点之所在：他比其他人更完整和更系统地用政治语言表述出了俄国资产阶级的命运，也就是表述出了它在历史上毫无出路的处境。如果说孟什维克抱怨米留科夫危害了自由主义，那么我们可以更有理由说是自由主义毁灭了米留科夫。

撇开被他出于帝国主义目的煽动起来的新斯拉夫主义，米留科夫其实始终都是一个资产阶级西欧主义者。他把在俄国成功实现欧式文明化作为自己这个政党的目的。然而朝这个方向走得越远，他就越害怕西欧人民曾经走过的革命道路。因此，他的西欧主义最终归结为对西欧无能为力的羡慕了。



英国与法国的资产阶级依照自己的模式建立了一个新的社会。德国的资产阶级来得迟一些，因此它在漫长时期内也只得熬煮哲学的燕麦汤。德国人想出了无论是英国人或是法国人都没有的"世界观"这么一个词汇，虽然西方的民族创造出了一个新世界，而德国人只是在观察它。可是在政治行动中显得衰弱不堪的德国资产阶级创立了古典哲学——这是一个不小的贡献。俄国资产阶级来得更迟一些。它固然把德语词汇"世界观"翻译成了俄语，并且有好几种译法，可是这只不过让它更为明显地暴露出跟政治上的阳痿相伴的哲学方面的极端贫乏。俄国资产阶级输入了思想，也输入了技术，不过是在给技术设置了很高的关税，给思想设置了恐惧防疫站以后。米留科夫负有从政治上阐明本阶级这些特征的使命。

217 莫斯科大学前历史学教授、多种大部头学术著作的作者、后来自由派地主联盟和左翼知识分子联盟合流而成的立宪民主党奠基人米留科夫，根本没有大多数俄国自由派政治家所固有的那种令人讨厌的、政治上一知半解的半贵族半知识分子特点。米留科夫对待自己的职业十分严肃，这一点使他特别引人注目。

1905年以前，俄国的自由主义者通常因为自己是自由主义者而感到难为情。长期以来，民粹主义的，嗣后则是马克思主义的色调成了它必不可少的保护色。在包括一大批年轻工业家在内的相当广泛的资产阶级队伍中，这种羞怯的，实质上很浅薄的向社会主义投降的行为里面，这个阶级信心不足的状况暴露出来了。这个阶级把亿万财富集中到自己手中是适逢其时的，然而要成为民族领头人就为时已晚了。那些大胡子父辈，即发了财的庄稼汉和小店主想的就是如何积蓄财富，从不去考虑自己的社会作用。在革命前思想纷扰时期大学毕业的那些子辈，既然力图在社会上找到自己的位置，那么就不会急于站到已经被先进国家用破了的，连补丁都完全褪了色的自由主义旗帜下。在一段时间内，他们把自己的部分心灵甚至很少一部分收入奉献给了革命者。这在更大程度上与其自由职业所代表的身份有关。他们当中相当多的一部分人凭着对社会主义的好感度过了自己的青春年华。不过米留科夫教授从来没有出过社会主义麻疹。他生来就是资产阶级，也不为此感到羞愧。

确实，早在第一次革命时期，米留科夫就根本没有放弃通过顺从的社会主义政党来利用革命群众的希望。维特说到，1905 年
10 月他在组建自己的立宪内阁时向立宪民主党提出了如下要求： 218
“割掉革命的尾巴。”那班人回答他说，他们不能放弃革命的武装力量，就像他维特不能放弃军队一样。为了提高自己的身价，立宪民主党人拿他们自己也害怕的民众来吓唬维特，依据事情的实质来看，这在当时已经算得上是勒索行为了。正是依据 1905 年的经验，米留科夫深信，无论知识分子的社会主义团体对自由主义者的好感有多么强烈，革命的真正力量——群众任何时候都不会把自己的武器交给资产阶级。结果是他们武装得越好，对资产阶级也就越危险。米留科夫公开宣称红旗就是红抹布以后，十分轻松地结束了这段实际上他从未认真开始过的罗曼史。

所谓的“知识分子”与人民的隔绝状态成了俄国新闻界传统话题之一，而且跟社会主义者的看法相反，自由主义者把知识分子理解为全部“有教养的”，即有产的阶级。第一次革命时期，这种隔绝状态在自由主义者面前极其可怕地扩展开以后，“有教养的”阶级的思想家仿佛一直生活在对末日审判的等待之中。有一位与政治家陈规旧俗不沾边的自由主义作家和哲学家，表达了面对那种狂暴力量的民众时的恐惧，这种极端的恐惧让人想起陀思妥耶夫斯基的癫痫性反应。“无论如何，我们不仅不能幻想同人民合流；相反，我们害怕人民应当甚于害怕当局给判的各种极刑。我们必须感谢当局，是它独自用自己的刺刀和监狱使我们免受人民的狂暴

之害。”既然政治上有这样的自我感觉，自由主义者能奢望得到革命国家的领导权吗？米留科夫的全部政策都打上了绝望的印记。在国家危机的关头，他领导的政党所考虑的是如何避开打击，而不是主动出击。

219 身为一个作家，米留科夫的作品是晦涩难懂、冗长累赘和令人厌倦的。作为演说家的他也是如此。辞藻修饰不是他所擅长的。假如米留科夫的吝啬政策不是如此明显地需要贴上标签，或者假如他至少有以伟大传统为形式的客观幌子来遮掩，那么这也能算是他的一大长处，可是他没有或者说很少有。法国的官方政策，即资产阶级利己主义和背信弃义的精华有两股强大的辅助力量：传统与雄辩术。它们互相加倍地起作用，同时用保护性外层把每一个资产阶级政治家，甚至像普恩加莱这样的大私有者庸庸碌碌的业务员包裹起来。如果米留科夫原来就没有热情迸发的先辈，如果他是迫于无奈才在欧洲和亚洲接壤的地方推行资产阶级利己主义政策，那也不能怪罪于他。

我们在社会革命党人索科洛夫关于二月革命的回忆录中读到了这样的话：“从最初开始，对米留科夫毫不掩饰的和本身就是离奇古怪的强烈反感，就跟对克伦斯基的好感一并存在。我以前不明白，到现在还是不明白，这位很有声望的社会活动家为什么如此地不受欢迎。”如果庸人们明白了自己喜欢克伦斯基和不喜欢米留科夫的原因，那他们就不成其为庸人了。资产阶级的凡夫俗子之所以不喜欢米留科夫，是因为他过于平实和冷静地、不加夸张地道出了俄国资产阶级的政治本质。资产阶级在米留科夫这面镜子中注视自己时，看见了他们自己的阴沉、贪婪和怯懦的形象。这就像常出现的情形那样——迁怒起镜子来了。

米留科夫从自己的角度看出了自由派资产阶级不满意的怪相,他相当平静而颇有信心地说道:“凡夫俗子何谈高明。”他说这话时并没有半点怒气,而且差不多是带着一些抚慰。他内心想说的是,如果凡夫俗子们今天还不能理解他,这也不要紧,以后他们会理解的。在米留科夫心里,藏着一个基本的信心,那就是资产阶级不会出卖他,而且将顺从形势的逻辑,追随他米留科夫,因为除此之外它别无出路。事实的确如此,二月革命以后所有资产阶级 220
政党,就连其右翼也紧跟在这位立宪民主党领袖后面,尽管不时骂他甚至诅咒他几句。

在染上了社会主义色彩的民主派政治家,比如随便一个苏哈诺夫那里,事情就是另外一个样子了。这不是一些简单的凡夫俗子;相反,在自己无关紧要的这一行里,他们是足够敏锐精明的职业政治家。这样的政治家不能算是“聪明的”政治家,因为在他们想要的东西与他们能达到的目的之间的永久性矛盾显得太突出了。但是他们自作聪明,纠缠不休,令人生厌。为了引领他们跟随自己就必须蒙骗他们,不仅要承认他们有完全的独立性,而且甚至要责备他们过于喜好发号施令,独断专行。这将使他们感到满足,并且使他们安于充当仆役的角色。正是在同这些社会主义聪明人进行讨论的过程中,米留科夫抛出了自己那句话:“凡夫俗子何谈高明。”这是一种精明机巧的奉承:“只有和你们在一起,我们才显得是聪明的。”实际上米留科夫也正是在此时给民主派朋友们的鼻子穿孔装了一个环。后来,他们就带着这个环被人家丢弃了。

个人声望不佳使米留科夫没有当上政府首脑,他主管的是外交事务，在杜马里面这正是他的专长。

革命政府的陆海军部长是我们已经熟悉的莫斯科大工业家古契柯夫，他在青年时代就是一个具有冒险气质的自由主义者。后来当第一次革命失败之际，在斯托雷平手下的他成了大资产阶级所信赖的人物。解散被立宪民主党人控制的头两届杜马导致了1907年6月3日的国家政变，政变的目的是修改选举法使之有利于古契柯夫的党，后来这个党主导了最后两届杜马直至革命爆发。1911年在基辅出席为被恐怖分子刺死的斯托雷平的纪念雕像揭幕仪式上，古契柯夫敬献花圈时默默地俯身弯腰，头快要触到了地面，这是代表自己那个阶级做出的姿态。在杜马，古契柯夫主要致
221 力于解决“军事实力”问题，他和米留科夫联手为战争做准备。作为中央军事—工业委员会的主席，古契柯夫把一批工业家团结在爱国主义反对派的旗帜之下，那时他根本没有阻止包括罗将柯在内的进步联盟的头目们利用军用物资供应大发不义之财。关于预谋发动宫廷政变的准神话是用古契柯夫身上具有的为革命可取的品质和他的名字编织而成的。此外，一个前警察局的长官证实，古契柯夫“在私下谈论国君时，胆敢给他取一个极具侮辱性的外号”。这看来完全是可信的。不过古契柯夫在这一方面也不是例外。笃信宗教的皇后痛恨古契柯夫，她在信中用粗话大肆咒骂他，并且表露出要把他吊死在“高高的树上”的愿望。其实在皇后看来，有很多理由吊死他。可是不管怎样，那个向第一次革命的刽子手鞠躬到地面的人结果当上了第二次革命的陆海军部长。

外省医生出身，后来当选为杜马代表的申加廖夫被任命为农业部长。党内最亲近的同事认为他是一个诚实却没有多大才干的

人，或者如纳博科夫所说的，他是一个“考虑问题时不会想到全国，而局限在一省或一县范围内的外省知识分子”。青年时代不确定的激进主义早就消失殆尽了，因此申加廖夫关心的主要是开始向有产阶级展示自己在国务活动方面的成熟性。尽管立宪民主党原先的纲领提到了“按照公道的价格把地主的土地强制收归国有”，可是没有一个私有者把这个纲领当回事，在眼下战争导致通货膨胀的时候尤其是这样。于是申加廖夫在让农民对立宪民主党本来不愿召开的立宪会议的海市蜃楼抱有希望的同时，把阻挠土地问
题的解决视为自己的主要任务。在土地问题与战争问题上，二月 222
革命面临着把自己的脖子拧断的窘境。在这一点上，申加廖夫倒是尽其所能帮了二月革命的忙。

一个姓捷列申柯的年轻人得到了财政部长的职务。他是从哪里找出来的呢？塔夫里达宫里面的人好奇地相互打听。消息灵通人士说清楚了：这是一个拥有多座制糖工厂、大片森林和实在是数不清的财产，价值 8000 万金卢布的富翁。他是基辅军事—工业委员会的主席，能操一口流利的标准法语，此外他还是一个芭蕾舞鉴赏家。他们还补充了一个非常重要的情况，作为古契柯夫的亲信，捷列申柯差点儿卷入了那场本拟推翻尼古拉二世的大阴谋，而革命的实现阻止了阴谋，也帮了捷列申柯的大忙。

在 2 月首都寒冷街道上革命战斗紧张激烈的 5 天时间里，出身于显贵家庭的自由主义者和前沙皇政府大臣的儿子纳博科夫的身影好几次在我们眼前闪过。他差不多是自鸣得意的言行得体和利己主义的冷酷无情的象征。纳博科夫是在办公室和家中四堵墙壁内以及“在无奈与焦虑的等待中”度过起义的决定性时光的。现

在他成了临时政府办公厅主任，没有部长头衔的事实上的部长。后来流亡柏林期间，他被白卫军的流弹击中身亡。在柏林他留下了关于临时政府的并非毫无意义的回忆录。我们要把这一点归功于他。

可是到现在我们还忘了说出政府首脑的名字，实际上在他担任政府首脑短暂期间最重要的时刻，大家也都忘记了他。3月2日，米留科夫在向塔夫里达宫里举行的会议介绍新政府时，他把李沃夫公爵称为“受沙皇制度压制的俄国社会舆论的化身”。后来，米留科夫在自己的革命史著作当中小心地指出，“杜马临时委员会多数成员个人并不怎么了解的”李沃夫被安排在政府首脑的位置上。
223 在此处，历史学家米留科夫企图替政治家米留科夫撇清挑选李沃夫的责任。事实上，公爵早就是立宪民主党的一员了，属于该党右翼。第一届杜马解散以后，李沃夫公爵出席了在维堡举行的那次著名代表会议，会议呼吁民众响应遭受冤屈的自由主义发出的颇讲礼节的号召：拒绝纳税。不过公爵没有在呼吁书上签名。据纳博科夫回忆，刚到维堡公爵就病倒了，而且他的病“被认为是由搅扰他的焦虑心情引起的”。看来公爵并不是为革命的震荡而创造出来的。由于政治上抱着类似目光远大的冷淡态度，李沃夫公爵成了一个非常温和的人。在他领导的所有组织机构当中容忍了大批左翼知识分子、过去的革命者、逃避上前线的社会主义爱国主义者。他们工作起来不比官吏们差，而且手脚干净，因此在当时也给公爵树立了相应的声望。公爵身为富翁和自由主义者——这令中等资产阶级十分景仰。因此，在沙皇统治时期，就有人把李沃夫公爵预定为政府首脑的人选。如果把上面所说的归结为一点，那么

必须承认二月革命的政府首脑尽管是由一位爵爷占据的，然而分明又是一个空闲的位子。因此在任何场合，罗将柯都要更惹人注目一些。

俄罗斯国家传说的历史是从编年史中下面这个故事开始的：当初各斯拉夫部落的代表前往斯堪的纳维亚的公爵们那里，并且提出请求："你们来统治我们，做我们的大公吧。"倒霉的社会主义民主派把历史传说变成了真实事件，这不是在9世纪，而是在20世纪，不同之处就在于我们不是向外国公爵，而是向本国公爵提出这种请求。于是工人和士兵实现的胜利起义结果却让一批最富有的地主和工业家掌握了政权，以不喜欢波动的公爵为首的这些人是毫无出众之处的、没有纲领的半桶水政治人物。

临时政府的全体成员在盟国使馆、资产阶级和官僚的沙龙以及更广泛的中等资产阶级和部分小资产阶级各阶层当中受到了令人满意的欢迎。李沃夫公爵、十月党人古契柯夫、立宪民主党人米 224
留科夫——这些名字听起来叫人放心。克伦斯基的名字可能令盟友皱紧眉头，却不叫人感到害怕。眼光更为远大的人士懂得，国家仍然在进行革命，有像米留科夫这么可靠的辕马，一匹疾奔的边套马应该只会是有利无弊的。喜好俄国隐喻的法国大使巴列奥洛格一定是这样谈论此事的。

临时政府的全体成员在工人和士兵中间马上引起了敌对情绪，或者说在最好的情况下也是不说出来的疑虑。米留科夫或者古契柯夫的名字不仅在工厂而且在兵营都不能引起丝毫欢迎的声音。在这个方面，为数不少的证据保留下来了。军官姆斯季斯拉夫斯基转述了政权由沙皇转给公爵在士兵中间引起的抑郁的担忧:流血就为了这个值得吗? 属于克伦斯基最亲密圈子的斯坦凯维奇 3 月 3 日巡视了工兵营,逐一向每个连队介绍了新政府,说他本人认为这个政府是所有可能产生的政府中最好的,并且非常兴奋地大讲新政府的情况。“但是在听众中间可以感觉到反应冷淡。”只是在说到克伦斯基的名字时,士兵们才“迸发出真正满意的表情”。到这个时候,首都市侩社会的舆论已经把克伦斯基塑造成了革命的中心英雄人物。士兵比工人更强烈得多地宁愿把克伦斯基看作与资产阶级政府对抗的人物,他们只是迷惑不解,为什么只有他一个人待在那里面。然而克伦斯基不是政府的对抗物,而是它的补充物、遮羞布和点缀品。他捍卫的是米留科夫同样捍卫的利益,只不过是在镁光灯之下罢了。

*　*　*

225 国家建立了新的政权,它的真实结构又是怎样的呢?



保皇派反动分子钻进缝隙里去了。第一轮大洪水刚刚退去,各种类型和派别的私有者就在立宪民主党的旗帜下聚集起来了,该党马上成了唯一的非社会主义政党,而且是当时公开舞台上的极右政党。

群众普遍向社会主义者靠拢,在他们的意识里,后者和苏维埃是合为一体的。不仅工人和后方庞大的卫戍部队的士兵,而且全部各色人等的小市民包括手工业者、街头商贩、小吏员、马车夫、院子管事、各种仆人都在回避临时政府以及它的办公厅,他们在就近寻找比较易于接近的政权。越来越多的农民步行来到塔夫里达宫。群众是把苏维埃当作革命的凯旋门涌进去的。所有处于苏维埃范围之外的事物仿佛就是脱离了革命,看上去属于另外一个世界。情况就是这样的：私有者的世界处于苏维埃范围之外，在那个世界里，一切色调现在都掺和在一种带浅灰的粉红保护色中去了。

并不是所有的劳动群众都选择了苏维埃，也不是所有的劳动群众都在同一时刻觉醒过来了，也不是所有的被压迫者都敢立刻相信革命与他们息息相关。在许多人的思想意识中，只有模糊不清的希望在艰难地辗转反侧。群众中间的所有积极分子都集中到苏维埃里面了。在革命时期，积极性比其他任何时候都更能取得胜利。正因为群众的积极性与日俱增，所以苏维埃的基础也在连续不断地壮大。这也是革命唯一实在的基础。

塔夫里达宫里面被分成两半：杜马和苏维埃。苏维埃执行委
员会起初挤在几间狭小的办公室里，那里经常有川流不息的人通
过。杜马代表力图觉得自己是那些阔绰房间的主人。但是隔墙很 226
快被革命的春汛冲破了。苏维埃不顾领导人的动摇，不可抗拒地
扩展着地盘，而杜马逐渐被挤到了后院。新的力量对比到处都在
替自己开辟道路。

塔夫里达宫里的代表、团里的军官、司令部里的指挥人员，工厂、铁路、电报局的经理和管理人员、庄园里的地主和管家，所有这些人在革命的最初日子里就开始感觉到自己处于民众不怀好意与不知疲倦的监视之下。在这些民众心目中，苏维埃是他们对所有压迫他们的人的不信任在组织上的表现。排字工人尽心尽责地检查所排印文章的字句，铁路工人紧张而警觉地监视着军队的调动，电报员用新的眼光仔细阅读电文，士兵密切注视着军官每一个可疑的举动，工人把黑帮分子工长从工厂开除出去，把自由主义经理

置于自己的监督之下。杜马从最初几个小时，临时政府从最初几天起就开始成了蓄水池，流进来的是社会上层人士的抱怨和委屈，是他们对“破坏秩序行为”的抗议，以及他们观察到的伤心景况跟悲观预感。

“没有资产阶级我们就不能掌握国家机构。”社会主义的小资产阶级如是说。他们胆战心惊地打量着官方的大楼，而陈旧国家的骷髅则用空眼眶从那里朝外看。出路找到了，那就是把自由主义的头颅勉强安装在被革命斩首了的机构上。新的部长进入了沙皇政府的各部，掌管了打字机、电话机、信差、速记员和小吏员的部门以后，他们日渐深信不疑的是国家机器一直在空转。

227 克伦斯基后来回忆说，临时政府“在全俄国陷于混乱的第三天把政权拿到了手中，那时在整个俄罗斯大地上不仅不存在任何政权，而且实在连一个警士都没有”。领导着数百万民众的工人和士兵代表苏维埃却没有算在其中：要知道它仅仅是个破坏因素。国家无人照管状况的表征是警士不见了。在这位左翼部长的这种信仰里面藏有理解政府全部政策的钥匙。

遵照李沃夫公爵的命令，各省地方自治局主席占据了省长的位置，这些人跟他们的前任并没有多大区别。他们往往是农奴主—地主，他们原先甚至认为省长就是雅各宾党人。县自治局主席则当上了县里的行政长官。透过特派委员这个新名称，居民们认出了他们旧日的敌人。“同样是旧时代的牧师，只不过有了堂皇好听的名字。”弥尔顿昔日曾经对长老会胆怯畏缩的改革说过这样的话。省里和县里的特派委员接管了打字机、誊写员以及省长与警察局长的属吏，却确信前任长官没有把任何权力遗留给他们。

省里和县里的社会生活集中环绕在苏维埃周围。于是，两个政权并存的状况从上面一直延伸到了下面。不过在地方上，同是社会革命党人和孟什维克的苏维埃领导人虽然比较宽宏，却又远非一定把由整个形势塞给他们的政权予以抛弃。结果，抱怨根本无法实现自己的全部权力成了各省委员们的主要活动。

自由主义内阁成立后的第二天，资产阶级觉得自己并没有掌握政权，而是相反失去了政权。革命前，尽管拉斯普京集团的专横跋扈达到了极其荒谬的地步，不过其真实的权力是有限的。资产阶级对国家事务的影响是巨大的。俄国参战本身在很大程度上与其说是君主制度的事，不如说是资产阶级的事。不过主要还是沙 228
皇政权给有产者的工厂、土地、银行、房产、报纸提供了保障，因此从最切身的问题来看，沙皇政权就是他们的政权。二月革命在两个对立的方面改变了情况：它把政权的外部表征郑重地交给了资产阶级，但是同时又从他们手里剥夺了直到革命前他们一直拥有的那部分实际统治权。以李沃夫公爵为首的地方自治联合会和以古契柯夫为首的军事—工业委员会昨日的职员今天以社会革命党人和孟什维克的名义作为左右国家、前线、城市和乡村局势的主人，他们任命李沃夫和古契柯夫为部长，同时向他们提出了条件，准确地说是雇用他们做听差。

另一方面，在创建了资产阶级政府以后，类似于圣经中上帝的苏维埃执行委员会绝对没有决心宣布自己的创造物是如何的好。相反，执行委员会现在就赶紧扩大自己与其亲手做出的东西之间的距离，宣称只有在新政权确实为民主派服务的限度内才会支持它。临时政府十分清楚地意识到了，没有官方民主派的支持，它一个小时也维持不下去。而且,只有作为对它的良好行为,亦即作为对它完成了本不属于它的、也是民主派自己刚刚回避解决的任务的奖赏,这种支持才会答应给予它。临时政府无论何时都不知道到底在多大范围里它可以显示自己半走私性质的权力。执行委员会的头头们并非总是能够事先对临时政府说明这一点,因为他们很难预料到,作为群众不满反映的他们自己人中间的不满究竟会在哪一点上爆发出来。资产阶级装出一副他们受到社会主义者欺骗的样子。同样地,社会主义者也害怕自由主义者提出自己过早的要求,因为这只能惊动群众和恶化其实本来就不轻松的局势。
229 "在……限度内"——这个模棱两可的双关语成为塞进二月革命混血制度内部的虚伪法理公式以后,便在整个十月革命之前的阶段打上了自己的印记。

为了影响临时政府,苏维埃执行委员会选出了一个特别委员会,谦恭客气却又叫人发笑地给它取名为"联络委员会"。革命政权的组织机构就是这样在相互约定的基础上正式建立起来了。颇有点名气的神秘主义作家梅列日科夫斯基只能在旧约里面找到这种制度的先例:先知在以色列国王下面任职。但是圣经里的先知就像最后一位罗曼诺夫的先知一样,至少直接从上天得到了训诫,因此国王们不敢违拗,就靠这保证了政权的统一。苏维埃的先知则完全是另外一码事:他们仅仅是依据私有者目光短浅的训诫做出武断的预言。自由主义的部长们于是认为,不论什么良好的东西一概不可能来自苏维埃。齐赫泽、斯科别列夫、苏哈诺夫等人多次去政府那里,不厌其烦地劝说政府退让。部长们则予以反驳,随后代表们便返回到执行委员会。他们用政府的威信向后者施加压力，然后再次跟部长们进行联络——于是一切又从头开始。这种复杂的研磨过程就是不让人把东西磨成粉。

特别委员会里人人都在诉苦。尤其是古契柯夫在民主派人士面前为因苏维埃纵容而引起的军队纪律荡然无存哭了起来。有时这位革命政府的陆海军部长“在直接和真正意义上……流泪，至少是用手帕不停地擦着双眼”。他认为替涂过油的君主们擦干眼泪乃是先知的直接职能，这倒不是没有理由的。

3 月 9 日，位居大本营首脑之职的阿列克谢耶夫将军致电陆海军部长说：“德国的重轭快要压过来了，如果我们一味姑息苏维埃的话。”古契柯夫复电给他哀诉说，可惜政府并不拥有真实的权力，军队、铁路、邮政局、电报局都掌握在苏维埃手里。“可 230
以坦白地说，临时政府之所以存在，仅仅是因为它暂时为苏维埃所容忍。”

一个星期接一个星期过去了，而形势一点也没有改观。当 4 月初临时政府派杜马代表去前线时，它很不情愿地提示他们无论如何也不要显露出跟苏维埃的分歧。自由主义者代表在整个行程中都觉得自己像是处于卫队押送状态，不过他们也明白，没有卫队，尽管他们拥有高层权力，还是不仅到不了士兵面前，而且在车厢里连座位也找不到。这个平淡无奇的细节是曼瑟列夫公爵的回忆录提到的，它是对古契柯夫与大本营之间关于二月政权结构实质的通讯的极好补充。一个爱说俏皮话的反动分子给当时的局势不无根据地做了如下评价：“旧政权被关进了彼得保罗要塞，而新政权处于在家的软禁状态。”

然而，除了苏维埃上层人士模棱两可的支持以外，临时政府就没有另外的支持力量吗？有产阶级都到哪里去了？这是一个根本问题。往昔与君主制度连接在一起的有产阶级在革命过后围绕新的中心重新聚集起来了。3 月 2 日，全国联合起来的资本家代表团体工业和贸易会议就已经表示“敬佩国家杜马的功绩”，并且把自己交由杜马临时委员会“全权统辖”。各地方自治局和城市杜马也走上了同样的道路。3 月 10 日，连王位的支柱贵族联合会也用动人的怯懦口吻号召全体俄国人“团结在作为现今俄国唯一合法政权的临时政府周围”。几乎与此同时，有产阶级的机构和组织都开始指责两个政权并存的状况，并且提出苏维埃要为无政府状态承担责任。起初这样做还十分小心，后来就越发大胆了。跟在主
231 子后面的有高级职员、自由主义职业团体、国家机关的官吏。有一些由指挥机关捏造出来的同类性质的电报、贺词和决议从军队发出来了。自由主义的报刊发动了一场“实现一个政权”的运动，在随后几个月，运动具有对苏维埃领导人猛烈扫射的性质。这一切汇合起来显得威力巨大。为数众多的机关、知名人物、决议、文章加入其中，口气都十分坚决。所有这些都给苏维埃执行委员会敏感的头头们造成了准确无误的影响。然而，没有真实的重要力量来支持有产阶级这种危险的大检阅，财产的力量到哪里去了呢？小资产阶级社会主义者这样反问布尔什维克。财产是人与人之间的一种关系。它代表一种巨大的力量，在它享有名为法权和国家的强力系统所维持的全面承认时一直都是如此。但是要知道，局势的实质就在于旧国家很快崩溃了，于是全部旧的法权也被民众打上了问号。在工厂里，工人进一步认识到自己是主人，原先的主人——倒成了不速之客。在农村，直接面对阴沉抑郁和充满仇恨

的农夫的地主感到底气不足，觉得自己远离政权。正因为相距遥远，地主最初才相信政权是确实存在的。可是丧失了支配财产可能性的私有者以及即使还保有这种可能性的私有者都不再是真正意义上的私有者了，而渐渐变成了被吓破了胆的凡夫俗子。他们不能向自己的政府提供任何支持，因为他们自己最需要得到支持。于是他们很快便开始咒骂起政府的软弱来了。然而，他们咒骂政府不过是在咒骂自己的命运而已。

那时，苏维埃执行委员会和内阁的共同活动，好像是把证明革命时期的管理艺术乃是在喋喋不休的废话中虚掷光阴当作自己的任务。在自由主义者那里，这是一桩有意盘算好了的事情。依据 232
他们坚定的信念，一切问题都需要拖延下去，只有一个例外，那就是宣誓效忠于协约国不能拖延。

米留科夫把秘密协定告诉了自己的同事。克伦斯基则把它当作耳边风。大概只有一个人，即东正教最高会议的总检察官、经常做出惊人之举的李沃夫（与政府首脑同姓，但不是公爵）感到怒不可遏，他甚至把协定称之为“强盗与骗子的”协定。此举无疑引起了米留科夫宽宏一笑：“凡夫俗子何谈高明。”并且建议径直转向例行议题。政府的正式声明允诺在最短的期限内召开立宪会议，却又故意不确定这个期限。至于国家形式问题，声明也没有提及。政府希望把已经失去的天堂归还给君主制度。不过这个声明的真正实质就在于俄国承担把战争进行到底的义务，以及“坚定不移地履行与盟国签订的协定”。在事关人民生死存亡最重大的问题上，革命仿佛只是做到了宣布一切照旧。因为民主派给协约国方面承认新政权一事赋予了神秘的意义，就如小商人在银行不承认其借款资格时，他便一无所有一样，执行委员会默不作声地忍受了3月6日的帝国主义声明。一年以后，苏哈诺夫难过地说："对于临时政府就在我们的革命降生之际当着民主欧洲的面做出凌辱它的行为，没有一个民主派机关……做出反应。"

3月8日，大赦令终于从司法部长的实验室发出来了。在此之前，全国监狱的大门已经被人民打开了，政治流放犯在由集会、热情、军乐、演讲与鲜花组成的奔腾不息的激流之中回来了。大赦令听起来就像是办公室传出的为时已晚的回声。12日，又宣布取
233 消死刑。可是四个月后恢复了对士兵的死刑。克伦斯基承诺把司法职能提高到前所未有的高度。凭一时的激动，他确实执行了苏维埃执行委员会做出的一项决定，使工人和士兵代表取得了调解法庭成员的资格。这是在其中能感觉到革命的心律悸动，以及因此引起法律界全体阉人惊骇万分的唯一措施。不过事情就到此为止了。在克伦斯基手下身居司法部要职的律师、同为"社会主义者"的杰米扬诺夫做出一个决定，用他自己的话来说就是坚持全部旧职员一律留任原职的原则："革命政府的政策不应该也不必要让任何人受到委屈。"这基本上也是整个临时政府的准则，它更多的是害怕统治阶级中的任何一个人甚至包括沙皇的官僚受到委屈。不仅沙皇政府的法官，而且检察官也都留在原来的职位上。当然，群众是可以受委屈的，不过这已经牵涉了苏维埃。群众还没有进入政府的视野。

只有前面提到的那位颇有血性的总检察官李沃夫提供了引起某些新风波的东西，他正式报告了出席东正教最高会议的"白痴和恶棍"的有关情况。部长们不无恐慌地硬听着这些言辞犀利的批

评，但是东正教最高会议还是继续保留作为国家机关，东正教也继续作为国家宗教。甚至东正教最高会议的全体成员也一概保留不动：革命不应当跟任何人反目为仇。

侍候过两三个皇帝的忠实仆人、国务会议的成员也在继续开会或者至少在领取薪水。这一举动带有十分明显的象征意义。工厂和兵营出现了一片抗议之声，苏维埃执行委员会也焦躁激动起来了。临时政府开了两次会议来讨论国务会议成员的命运与薪水问题，可是没有做出任何决定。是的，怎么能让这些可敬的人忐忑 234
不安呢？何况他们当中有不少友善的熟悉面孔呢。

拉斯普京的部长们还关在要塞里，但是临时政府已经急于给以前的部长们发养老金了。这听起来真像是一种挖苦侮辱，或者是发自彼岸世界的声音。可是临时政府就是不愿意跟自己的前任闹翻，尽管后者已经被关进了监狱。

枢密官继续穿着绣花制服打瞌睡，因此当重新受到克伦斯基赏识的左翼枢密官索科洛夫胆敢身着黑色礼服出现时，有人很不客气地把他赶出了会场：当沙皇的枢密官确信政府已经被敲掉了牙齿，他们并不害怕跟二月革命反目。

从前，马克思曾经发现德国三月革命遭到失败的原因就在于它。“只是改组了政治上层，而没有触动它的全部基础：旧官僚制度、旧军队、旧检察机关和那些从生到死终身为专制制度服务的旧法官”。（《马克思恩格斯全集》第 6 卷，第 278 页）克伦斯基这种类型的社会主义者在马克思视为毁灭原因的东西中寻求拯救。孟什维克当中的马克思主义者与克伦斯基而不是与马克思站在一起。

临时政府在其中显示了主动精神与革命速度的唯一事项就是关于持有股票的立法：3 月 17 日，这样一个改革性的法令出台了。而取消民族和宗教限制的法令还要过三天才颁布。在政府全体成员当中，有不少人在旧制度下也许只是为股票亏损而痛苦吧。

工人急不可耐地要求实行八小时工作制，临时政府则装聋作哑。现在是战争时期，每个人都必须为祖国的利益牺牲自己，何况这是苏维埃的事：让它去安抚工人吧。

土地问题显得更加严重。在这个方面必须要采取行动，哪怕
235 是随便做点什么都行。受到先知催促的农业部长申加廖夫签署了建立地方土地委员会的法令，但是又审慎地不确定它们的职能和任务。农民以为委员会必定把土地交给他们，地主则认为委员会应该保护他们的土地所有权。于是，农民打的活结一开始就比其他所有东西都更紧地勒在了二月革命的脖子上。



按照官方的说法，引发革命的全部问题都要拖延到立宪会议召开。难道无可挑剔的立宪民主党人能够比别人更早预料到全民意志吗？呜呼，他们可是没能成功地使米哈伊尔·罗曼诺夫跨坐在这全民意志之上。同时，未来全民代表制的准备工作是以极其明显的官僚主义和周密盘算的慢速进行的，目的是让立宪会议成为泡影。只是到 3 月 25 日差不多革命过后一个月——这是革命的一个月！——临时政府才决定为制定选举法而设立一个庞大的特别会议。但是 3 月没有开会。在自己那部十足虚伪的《革命历史》中，米留科夫遮遮掩掩地说道，由于各方面的延宕，“第一届政府任期内特别会议的工作一直没有开始”。延宕适应特别会议的

结构，也适应它的职责。其任务就是要把立宪会议拖延到最有利的时刻——拖延到胜利，到缔结和约那一天或者拖延到科尔尼洛夫的良辰吉日再召开。

来到世间过晚的俄国资产阶级对革命怀有不共戴天的仇恨，可是它的仇恨缺乏力量。因此只好等候观望和伺机而动。资产阶级不可能击败和扼杀革命，于是它企图采用纠缠不休的手段来对付革命。

236

# 第十一章　两个政权并存

两个政权并存的实质是什么？不能不详细谈论这个问题，因为在历史文献中我们没有见到谁阐明过这个问题。其实，两个政权并存是社会危机的特殊现象，而且远非只是1917年俄国革命一家所特有的现象，尽管正是在这次革命中能最清楚地看出这一点。

社会总是存在着对抗的阶级，失去了政权的阶级不可避免地力图在这种或那种程度上使国家方针偏向自己一方。不过，这还是绝不意味着社会就会充斥着两个或多个政权。政治制度的性质取决于被压迫阶级与统治阶级的直接关系。单独一个政权是每一个社会制度稳定的必备条件，在统治阶级能够有效地把自己的经济和政治形式作为唯一可能的形式强加给整个社会的时候，它都可以维持下去。

容克地主和资产阶级同时掌握政权——无论以霍亨索伦王朝的形式还是以共和国的形式——都不是两个政权并存，两个共同参与执政的集团之间的冲突无论有时多么激烈，而它们的社会基础还是相同的，它们的纷争不会有引起国家分裂的危险。两个政权并存的制度只能从无法调和的阶级冲突中产生，因此只有在革命时期才有可能出现，而它自身也构成了革命的基本要素之一。

革命的政治奥秘就在于政权从一个阶级转给另一个阶级。强

有力的革命变革本身通常能在短期内完成。但是，历史上还没有 237
任何一个阶级能在一夜之间从从属地位突然跃升到统治地位，哪怕这是一个革命之夜也罢。它在此之前必须已经取得了相当独立于官方统治阶级的地位；而且，它必须把那些不满现状而又没有能力起独立作用的中间阶级和阶层的希望集中到自己身上。革命变革的历史准备在革命之前的时期就会导致出现这样一种现象，即负有实现新的社会制度使命的阶级还没有成为国家主人，而事实上又已经把相当大一部分国家实力集中到自己手里，可是那时国家的官方机构仍然还保留在旧统治者的手中。这便是一切革命初始的两个政权并存状况。

然而，这不是它的唯一形式。如果某个新阶级不愿从事的革命使其掌握了政权，而这个新阶级从历史上看是来得太晚的、实质上是已经过时的旧阶级，如果它在自己没来得及举行正式加冕就已经破败了，如果它在走向政权时正赶上自己的对手已经足够成熟并且把手伸向了国家权柄，那么两个政权并存这么一种不稳定的政治平衡就会被政治变动为另一种平衡，有时是被更不稳定的平衡取代。革命或者反革命在每个新阶段的任务都在于克服两个政权并存的“无政府状态”。

两个政权并存不仅不以把政权平分为两半为前提，而且总的来说排除了这种可能，一般也排除了任何形式的政权平衡。这不是立宪的事实，而是革命的事实。这事实证明社会平衡的破坏已经使国家上层建筑产生了分裂。两个政权并存发生在下面这样的场合，即互相敌对的阶级依靠实质上互不相容的国家组织（残存的
和正在形成中的），它们在领导国家方面每走一步都会互相排挤。238

在这种情况下落到每一个卷入斗争的阶级手中的政权份额便由力量对比和斗争进程来决定。

就其本身的性质来说，这样的状况不可能是稳定的。社会需要通过统治阶级或者像这次一样通过两个所谓半统治阶级把政权集中起来，它将毫不妥协地竭力达到这个目的。政权分裂所预示的不是别的，而是国内战争。但是在力量不相上下的阶级与政党下决心打仗之前，特别是在他们如果害怕第三种势力干涉的情况下，它们能够相当长久地容忍甚至好像还认为两个政权并存的体制是合法的。然而这个体制将不可避免地被摧毁。国内战争给两个政权并存的局面带来了最明显的也就是领土方面的反映：每一个政权在建立了巩固的据点以后，就会为获得剩下的地盘而展开斗争。这部分地盘在两个交战政权中的一个还没有完全巩固的时候，往往要在它们轮番入侵的形式中忍受两个政权并存的局面。

17 世纪的英国革命正因为是一次导致整个民族彻底分裂的大革命，所以成为两个政权的不同制度明显的互相交替，它以国内战争的形式从一个制度急剧地转变为另一个制度。

资产阶级以及接近它的地方贵族首先起来反对依靠特权阶级或者说这些阶级的上层即显贵和主教的国王政权。依靠伦敦城区的长老派国会则是资产阶级的政府。这两种制度之间的持久斗争是通过公开的国内战争解决的。两个政府的中心——伦敦城和牛津都建立了自己的军队，两个政权也分别拥有各自的领土范围，尽
239 管如同国内战争通常出现的情况那样，这种领土的分界是极不稳定的。国会最后取得了胜利，国王被俘虏了，并且等候对自己命运的判决。

看来，建立长老会资产阶级统一政权的条件形成了。可是还是在国王政权覆灭以前，国会军队就已经变成了独立的政治力量。它把独立派、笃信宗教和意志坚定的小资产阶级、手工业者以及农夫集中到自己的队伍中来了。军队不是单纯作为武装力量，也不是作为禁卫军，而是作为反对殷实富裕的资产阶级的新阶级政治代表来威风凛凛地干预社会生活的。与此相适应，军队建立了位居部队司令部之上的新的国家机构：士兵和军官代表（“鼓动员”）委员会。两个政权的新阶段来临了：长老派的国会与独立派的军队。两个政权之间爆发了公开的冲突。资产阶级自己的军队同克伦威尔的“模范军”即武装起来的下等人对抗时显得软弱无力。冲突是以在独立派军刀协助下对长老派国会进行清洗而告终的。国会还剩下一些残余，克伦威尔的独裁建立起来了。以革命的极左派平等派为首的军队下层企图用自己原先真正的平民制度与军人上层即军队贵族的统治进行对抗。不过新的两个政权没有得到进一步发展，平等派即小资产阶级下层还没有也不可能有自己的历史道路。克伦威尔迅速镇压了反对者。在好几年时间内，确立起来的是一种新的，然而又远非稳定的政治平衡。

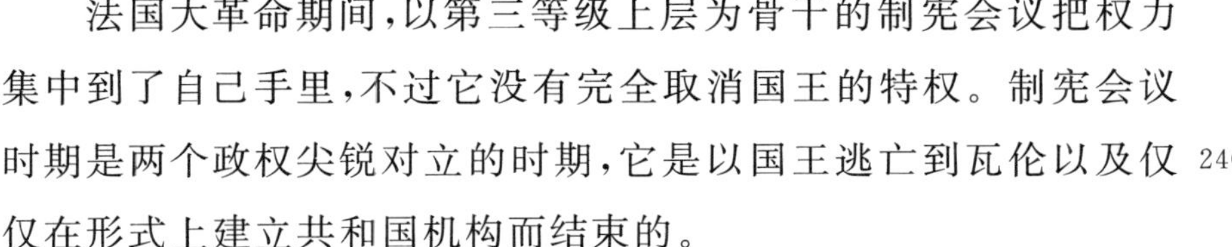

法国大革命期间，以第三等级上层为骨干的制宪会议把权力集中到了自己手里，不过它没有完全取消国王的特权。制宪会议时期是两个政权尖锐对立的时期，它是以国王逃亡到瓦伦以及仅 240
仅在形式上建立共和国机构而结束的。

1791 年的第一部法国宪法建立在立法权跟执行权相互完全独立这样一种虚构的基础之上，它事实上对人民掩盖了或者说力图掩盖现实中的两个政权：攻占巴士底狱以后最终藏身于国民会议的资产阶级和仍旧依靠上层的贵族、教士、官僚与军人的旧君主制，后者希望外国干涉就不用说了。这个矛盾的制度为它自身无法逃脱的毁灭打下了基础。既可以通过依靠欧洲反动派的力量消灭资产阶级代表制，也可以通过把国王与君主制送上断头台找到出路。巴黎跟科布林茨势必要进行势力的较量。

然而，在事态发展到战争和断头台之前，依靠第三等级城市下层居民的和更加大胆地从资产阶级民族官方代表那里争权的巴黎公社登上了舞台。形成了新的两个政权并存的局面，我们已经注意到它的第一次出现是在1790年，当时大资产阶级和中等资产阶级还稳固地坐在国家行政机关和市政厅里。这是一幅多么令人惊讶的，同时又是受过多少卑鄙诽谤的场景啊！它是平民阶级的力量从底下跃升上来的场景：他们从社会的地窖与地穴走出来，踏进原先由戴假发和穿套裤的人决定民族命运的禁区。看起来，遭到文明的资产阶级双脚践踏的地基复苏并且活动起来了，人们从数不清的人群中扬起头来，向上伸出长满老茧的双手，发出嘶哑却又坚毅的喊声！巴黎各区作为革命的私生子，开始过上了自己的生活。它们得到了承认（不承认它们是不可能的！），并且改组成一个

241 个分部。可是它们无时不在拆毁一切壁障，从下面获得新鲜血液，不顾法律规定，敞开大门让无权阶层、穷苦人民和无套裤汉涌进自己的队伍。与此同时，农村的行政机构也演变成了反对保护封建财产的资产阶级法律制度的农民暴动的掩蔽所。第三等国民就这样从第二等国民下面崛起了。

起初，巴黎各分部反对尚在可敬的资产阶级掌控之中的公社。1792年8月10日，分部以勇敢的突击行动控制了公社。从此以

后，革命的公社与立法议会，后来又与国民公会处于对立状态。后面两个机构落后于革命的进程与任务，它们记录了各个事件，却没有做什么事情，因为它们不具备从巴黎各区底层成功站起来的，以及在最落后的农村找到了支持的那个新阶级所拥有的巨大能量、无畏精神和同心同德。就如巴黎各分部控制公社一样，公社通过新的起义控制了国民公会。这其中的每一个阶段都具有清晰轮替的两个政权的特征，两个政权的每一方都企图建立统一和有力的政权：右翼——通过防御的方式，左翼——通过进攻的方式。无论对于革命还是反革命来说，建立独裁的非常特殊的需要从不堪忍受的矛盾中产生了。从它的一种形式向另一种形式的转变是通过国内战争完成的。革命的伟大阶段，也就是政权转到新阶级或新阶层手里的阶段，在这里与代表机关的轮替周期根本不是同步的，这些机关总是跟在革命进程的后面亦步亦趋，就像是跟在革命后面的影子。无套裤汉的革命独裁到头来还是与国民公会的独裁合流了。可这是怎样的国民公会呢？这是用恐怖手腕肃清了昨天还在其中占优势地位的吉伦特派的国民公会，是残缺不全的、却又适应新的社会力量统治的国民公会。在四年时间内，法国革命就这样沿着两个政权并存的台阶不断走向自己的顶点。从热月9日 242
起，它又重新沿着两个政权并存的台阶开始往下走。而且每次下行之前都重新爆发内战，就像以前它伴随着每次上升一样。新社会就是这样不断寻找新的力量平衡。

既同拉斯普京的官僚斗争，又同他们共事的俄国资产阶级在战争时期极大地巩固了自己的政治地位。利用沙皇制度的失败，它通过地方自治联合会、市政联盟和军事—工业委员会把强大的

势力集中到了自己的手里，它独立地支配着庞大的国家资源，实质上它已经成了一个平行的政府。战争时期令沙皇的大臣们担忧的是李沃夫公爵为军队提供补给，让士兵吃饱，给他们治病，甚至为他们设立理发馆。“必须结束这种现象，要么就把全部权力交到他手里。”早在 1915 年，大臣克里沃舍因就这样说过。他没有想到，一年半以后李沃夫得到了“全部权力”，只不过不是从沙皇手中，而是从克伦斯基、齐赫泽和苏哈诺夫手中得到的。可是在此事完结后的第二天，新的两个政权并存的局面就出现了：与昨天自由主义的准政府、今天形式上合法的政府并列，一个非正式的、然而更加有效的、以苏维埃为代表的劳动群众的政府诞生了。从这个时候起，俄国革命开始成长为具有全世界历史意义的重大事件。

然而，二月革命的特殊性体现在哪里呢？在 17 世纪和 18 世纪的事件中，两个政权并存每一次都是斗争的自然阶段，这些阶段都是暂时的力量对比强加给斗争参加者的。其实这当中的每一方都力求用自己的统一政权取代两个政权并存的局面。在 1917 年革命过程中我们看到，民主派官方是怎样自觉和故意造成两个政权并存的，以及怎样竭力拒绝政权转到他们自己手中的。乍看起
243 来，两个政权并存的局面不是由于各阶级争夺政权的斗争而造成的，而是由于一个阶级友善地把政权“让给”另一个阶级的结果。既然俄国“民主派”力图要摆脱两个政权，那么他们认为这就等于自己要推开政权。我们恰恰是把这种情况称作二月革命的离奇现象。

也许只有在 1848 年德国资产阶级对君主制做出的行为中可以找到一些类似情况。不过两者也并非完全相似。德国资产阶级

固然无论如何也要在妥协的基础上同君主制分享政权，可是，尽管资产阶级掌握在手中的政权是不完整的，却绝不会把政权整个儿地让给君主制。“普鲁士资产阶级徒有其名地掌握了政权，它丝毫也不怀疑，旧国家的各种力量都已毫无二心地情愿受它支配了，所有这些力量统统都死心塌地地迷信资产阶级本身的万能了。”（马克思和恩格斯）（《马克思恩格斯全集》第 6 卷，第 129 页）1917 年的俄国民主派从革命一开始便拥有了全部政权，他们追求的不是单纯与资产阶级分享政权，而是把国家整个地交给它。这大概意味着在 20 世纪前期，俄国官方民主派政治上达到了比 19 世纪中叶德国自由主义资产阶级还要腐朽的程度。这完全是合乎规律的，因为数十年来占据着手工业者克伦威尔和无套裤汉罗伯斯庇尔地位的无产阶级掀起了高潮，而民主派代表着这个高潮的反面。

如果更深入地观察问题，那么便可以看出临时政府与苏维埃执行委员会这两个政权都具有纯粹被动反映的性质。有资格希望得到新政权的只能是无产阶级。妥协分子觉得依靠工人和士兵没有把握，于是被迫对沙皇和先知保持骑墙态度。自由主义者和民主主义者的两个政权并存仅仅是反映了暂时还是潜在的资产阶级
和无产阶级的两个政权。当布尔什维克排挤了身居苏维埃上层的 244
妥协分子的时候（这是几个月以后的事），潜在的两个政权于是浮出了水面，而这将是十月革命的前夜。迄至此刻，革命一直生活在政治被动反映的世界里。通过社会主义知识分子长篇说教的折射，两个政权并存从阶级斗争的一个阶段演变成了一种起调节作用的思想。正是这个缘故，它把自己摆在了理论激辩的中心位置。什么都不会白白流逝消失。二月两个政权的被动反映性质让我们

更进一步认清了那些历史阶段，那时两个政权是作为两种制度斗争过程中的热闹插曲而出现的。于是，反射出来的微弱月光有可能得出有关太阳光的重要结论。

同以往革命中的城市民众相比，俄国无产阶级要成熟得多，俄国革命的根本特性就包含在这高度成熟性当中。它一开始便催生了半虚幻的两个政权的离奇现象，后来又阻止了现实的两个政权得到有利于资产阶级的解决，因为问题是明摆着的：要么由资产阶级掌握旧的国家机器，对它稍加翻新使之为自己的目的服务，而且苏维埃必须得消失；要么苏维埃不仅要摧毁旧的国家机器，而且要消灭为该机器服务的那些阶级的统治，这样它将成为新型国家的基础。孟什维克和社会革命党坚持第一种解决问题的方针，布尔什维克则坚持第二种方针。用马拉的话来说就是过去被压迫阶级既没有足够的知识与足够的技能，也缺乏充分的领导，而这些都是把他们开始的事业进行到底所必需的。而在 20 世纪的俄国革命中，被压迫阶级已经用三个条件全面武装起来了，因此布尔什维克取得了胜利。

布尔什维克胜利一年以后，在德国，同样的问题在不同的力量对比情况下再次提出来了。社会民主党实行的是建立资产阶级民主政权和取消苏维埃的方针。卢森堡和李卜克内西则坚持走苏维
245 埃专政的道路。结果社会民主党人取得了胜利。德国的希法亭和考茨基、奥地利的马克斯·阿德勒提议把工人苏维埃纳入宪法，从而将民主跟苏维埃“结合起来”，这就意味着把潜在的或公开的国内战争变为国家制度的一个组成部分。我们实在想不出还有比这更可笑的乌托邦了。也许在德国人的土地上其唯一的辩解理由就

是旧的传统：早在 1848 年，符腾堡的民主主义者就曾打算建立以公爵为首的共和国。

迄今为止，还没有得到充分评价的两个政权并存的现象与把政府视为统治阶级的执行委员会的马克思国家理论是矛盾的吗？这跟说由于受供求关系的影响而出现的价格波动与劳动价值论相矛盾不是一回事吗？母兽为保护幼仔而做出的自我牺牲行为是对生存竞争理论的驳斥吗？显然不是的。在这些现象中我们发现的只是同类规律更为复杂的组合。如果说国家是阶级统治的组织，而革命是统治阶级的更替，那么政权从一个阶级手里转到另一个阶级的手里势必会造成国家——首先是在两个政权形式中——的矛盾处境。阶级力量的对比不是可以先验计算的数学上的量。当旧制度的平衡遭到破坏时，新的力量对比只有作为它们在斗争中相互较量的结果才能确立。这就是革命。

您可以说这种理论方面的深究诱使我们游离了 1917 年的事件，可是它实际上把我们带进了事件最核心的部分。正好是围绕两个政权并存的问题，各政党和各阶级之间展开了戏剧性的斗争。只有从理论的高度才能充分评价和正确理解这种斗争。

# 246 第十二章　苏维埃执行委员会

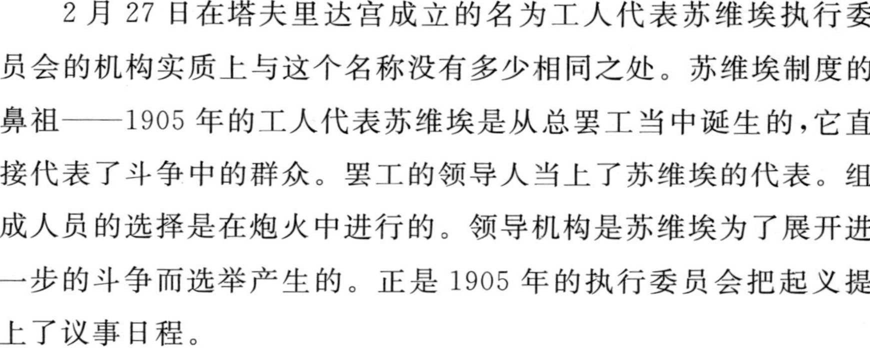

2月27日在塔夫里达宫成立的名为工人代表苏维埃执行委员会的机构实质上与这个名称没有多少相同之处。苏维埃制度的鼻祖——1905年的工人代表苏维埃是从总罢工当中诞生的，它直接代表了斗争中的群众。罢工的领导人当上了苏维埃的代表。组成人员的选择是在炮火中进行的。领导机构是苏维埃为了展开进一步的斗争而选举产生的。正是1905年的执行委员会把起义提上了议事日程。

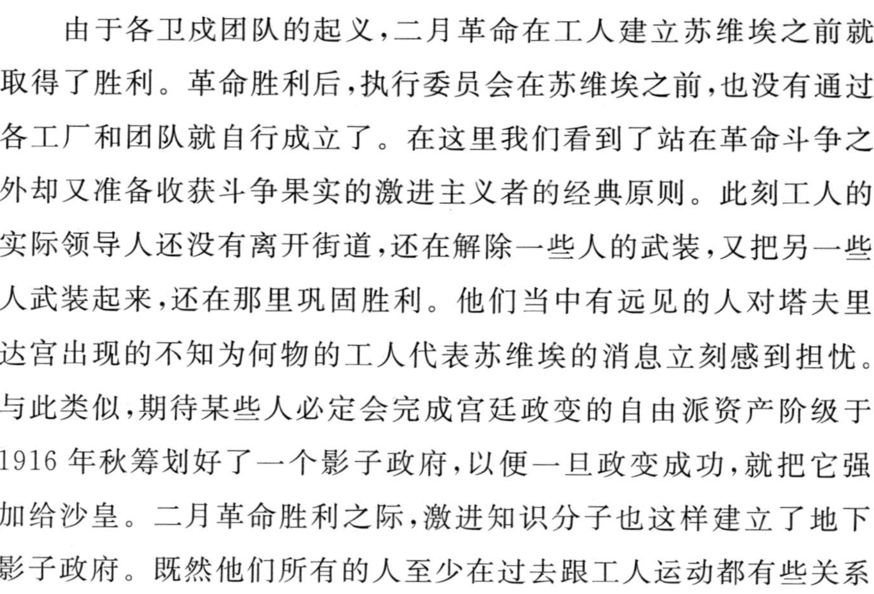

由于各卫戍团队的起义，二月革命在工人建立苏维埃之前就取得了胜利。革命胜利后，执行委员会在苏维埃之前，也没有通过各工厂和团队就自行成立了。在这里我们看到了站在革命斗争之外却又准备收获斗争果实的激进主义者的经典原则。此刻工人的实际领导人还没有离开街道，还在解除一些人的武装，又把另一些人武装起来，还在那里巩固胜利。他们当中有远见的人对塔夫里达宫出现的不知为何物的工人代表苏维埃的消息立刻感到担忧。与此类似，期待某些人必定会完成宫廷政变的自由派资产阶级于1916年秋筹划好了一个影子政府，以便一旦政变成功，就把它强加给沙皇。二月革命胜利之际，激进知识分子也这样建立了地下影子政府。既然他们所有的人至少在过去跟工人运动都有些关系

并且有意利用它的传统来进行掩饰，于是他们便把自己的孩子起 247
名为苏维埃执行委员会。这属于那些多少是蓄意制造的赝品之一，它们充斥在历史，其中也包括人民起义的历史之中。在时局发生转折和继承中断的情况下，那些行将进入政权的“有教养的”阶层乐意抓住与群众的英雄主义回忆相关的名称和标志不放。概念名称往往掩盖着事物的本质，特别是这种情况在有影响的阶层的利益需要时更是如此。执行委员会的巨大威信在它出现的那一天就已经要依赖臆造出来的它对 1905 年苏维埃的继承性。由混乱不堪的苏维埃第一次会议确定下来的执行委员会后来既对苏维埃的全体成员，也对它的政策发挥着决定性影响。这种影响是越来越保守的，以致再也不进行由紧张的斗争气氛所保障的革命的代表人物的自然淘汰了。起义已经成为过去，大家都陶醉在胜利的喜悦之中，都准备按新的方式去安顿好自己，他们的心肠变软了，部分人连头脑也软化了。要使苏维埃从事后颂扬胜利的机关变成真正开展斗争和准备新的起义的机关，还需要几个月时间在新条件下开展新的冲突和斗争，以及由此随之出现的人员重新安排。我们尤其坚持有关事态发展的这种观点，因为迄今为止它还是完全处在阴影之中。

然而，不单是执行委员会和苏维埃产生的条件决定了它们的温和与妥协性质，实际上在同一个方向上还存在着更深刻也更持久地起作用的原因。

驻扎在彼得格勒的士兵有 15 万多人。各类男女工人的人数至少比士兵多 3 倍。可是在苏维埃的工人代表与士兵代表之比为
2∶5。代表团的大小极具伸缩性，并且总是百般迎合士兵。当时 248

工人每 1000 人才选出 1 名代表，而那些小的部队为自己派出两名代表的事也不少见。士兵穿的灰色呢绒外套成了苏维埃的基本色调。

不过，平民当中远非所有代表都是由工人选举产生的。不少人是通过个别邀请，通过请托或者简直就是由于自己的投机钻营进入苏维埃的，这些人包括代表各色各样有问题的集团的、而多半是代表自己傲慢自负的激进律师、医生、大学生和记者。这种对苏维埃性质的明显歪曲是领导人情愿认可的，他们不反对用有教养的市侩温水来稀释工厂与兵营过于浓烈的酸精。长时间内，这些众多偶然的外来人、冒险家、冒名顶替者和习惯在讲台上喋喋不休的人用自己权威的双肘把沉默寡言的工人与不太坚定的士兵挤到一边去了。

如果说在彼得格勒局面是这个样子，那么不难想象它在外省是怎样一种情形，那里根本没有经过斗争就取得了胜利。全国到处都是士兵。基辅、赫尔森福斯、梯弗里斯的卫戍部队人数并不比彼得格勒少；在萨拉托夫、萨马拉、坦波夫、鄂木斯克，各驻扎着七八万士兵；雅罗斯拉夫尔、叶卡捷琳诺斯拉夫、叶卡捷琳堡分别驻有六万人。在所有其他一系列重要城市都驻有三万、四万、五万不等的士兵。各地的苏维埃代表团是按不同的方式组织起来的，但是到处都把部队推上了享有特权的地位。这在政治上是工人自己力图尽可能好地对待士兵造成的。领导人同样甘愿迁就军官。除开大量最初由士兵选出的准尉与中尉，通常也容许由指挥部成员组成特殊代表团，在外省尤其如此。结果，在许多苏维埃组织中，
249 军队完全拥有压倒的优势。还没来得及获得政治面貌的士兵群众通过自己的代表决定着苏维埃的面貌。

每一个代表团都充斥着互相抵触的成分，他们在革命后第二天就特别明显地膨胀起来了。政治上无助的士兵代表最初通常是由根本不属于士兵和革命的人担任，他们是隐藏在后方卫戍部队里面并且表现为极端爱国主义者的各种知识分子与半知识分子。于是在兵营的情绪跟苏维埃的情绪之间出现了差异。革命过后，军官斯坦凯维奇自己那个营的士兵脸色阴沉和不太信任地接纳了他。他在苏维埃士兵部大谈纪律这个尖锐的话题获得了成功。他自己问自己："苏维埃的情绪为什么比兵营的情绪要软化与温和一些呢？"这种幼稚的困惑再一次证实了下层的真实情绪要为自己开辟通向上层的道路是多么困难啊。

然而，士兵与工人从 3 月 3 日起就已经开始举行集会，他们要求苏维埃立即撤销自由派资产阶级的临时政府，并且把政权夺到自己手里来。这一举动的首倡权属于维堡区。难道还能有比这更了解和更接近群众的要求吗？但是这种首倡很快便猝然中止了：这不仅因为护国派分子对它进行了激烈的抵制，更为糟糕的是，3 月上半月布尔什维克领导人事实上已经在两个政权并存制度面前弯下了腰。而除布尔什维克以外，谁也不会直截了当地提出政权问题。维堡的领头人也被迫后退了。但是彼得格勒的工人一刻也不信任新政府，不认同它是自己的政府。不过他们还是关切地倾听士兵的意见，并且力求不过于尖锐地把自己跟他们进行对比。刚刚才逐个音节弄清最初级的政治词汇的士兵出于农夫的本性尽
管不信任所有的老爷，可是，他们还是勉强在细听自己代表所讲的 250
话，而后者同样在恭敬地聆听执行委员会领导人的话。至于这些领导人，他们所做的也只是仔细谛听自由派资产阶级的脉搏。在

这种自下而上的倾听中，一切都维持着原状——还没有到该改变的时候呢。

但是，下层的情绪总在往外爆发，而且被人为取消的政权问题每一次都重新凸显出来，尽管是在改头换面的形式下。“士兵们不知道该听谁的”，各区与各省抱怨说，并且通过这样的方式把对两个政权并存的不满传递到了执行委员会。3 月 16 日，波罗的海舰队和黑海舰队代表团发表声明宣布，它们准备依据临时政府是否同执行委员会一致行动来考虑它。换句话说，他们根本就不打算考虑它。这种腔调随着时间的推移变得越来越坚定了。第一百七十二后备团通过的决议说：“军队与居民应该只服从苏维埃的命令。”紧接着又说出了一个相反的定理：“临时政府发出的指令凡是违反苏维埃决定的都不必服从。”执行委员会带着由满意和不安混杂起来的心情认可了这种状况。临时政府则极不情愿地忍受着这种状况。此外它们双方再没有剩下别的什么办法了。

早在 3 月月初，苏维埃就已经在各重要城市和工业中心建立起来了。随后几个星期，苏维埃从这些地方蔓延到了全国。只是到四五月间，它们才扩展到农村。而在初期，主要是由军队作为农民的代言人。

彼得格勒苏维埃执行委员会很自然地便具有了全国性组织的功用。其余各地的苏维埃纷纷向首都苏维埃看齐，一个接一个做出了有条件支持临时政府的决定。虽然在头几个月彼得格勒苏维
251 埃和外省苏维埃之间的关系平稳确定下来了，没有发生冲突与严重分歧，但是根据整个形势的需要有必要建立全国性的组织。推翻专制制度一个月以后，各地苏维埃共同召开了第一次会议，可这

是一个不完整的和成员片面的会议。尽管地方苏维埃在出席会议的185个代表组织中占了三分之二，然而在会上占据优势的还是士兵苏维埃。主要由军官充任的卫戍部队代表和前线组织代表合起来占有压倒性优势，会上可以听到把战争进行到彻底胜利的言论以及对布尔什维克的厉声呵斥，尽管后者的行为更甚于温和行为。会议给彼得格勒苏维埃执行委员会增补了16名保守的外省代表，从而使其全国性质合法化了。

右翼进一步得到了巩固。从此，有人越来越多地用外省来吓唬那些不满的人。3月14日就已做出的关于调整彼得格勒苏维埃组成人员的决议几乎没有得到执行。要知道做决定的反正不是地方苏维埃，而是全俄执行委员会。官方的首领几乎占据着无人可及的地位。最重要的决定是由执行委员会，更确切地说是由其掌权的核心根据同临时政府核心事先达成的协议做出的。苏维埃退到旁边去了。人们把它作为一种集会形式加以蔑视：“政策不是在全体大会上制定的，而所有这些‘全体会议’根本没有实际意义。”（苏哈诺夫语）踌躇满志的命运主宰者认为，苏维埃把领导权托付给他们以后，实质上便完成了自己的作用。可是不久就将证明，事情原来不是这样的。群众的确是很有耐性的，然而他们绝不是可以随意用来揉捏的黏土。在革命的时代，他们在快速地进行学习。这乃是革命的主要力量之所在。

为了更好地理解事态的后续发展，有必要对两个政党做一番 252
评论。这两个政党从革命之初便结成了紧密的联盟，它们无论在苏维埃还是在民主的市政厅或者在所谓革命民主派的历次代表大

会上都占据着支配地位，它们甚至还把自己日渐减弱的优势一直维持到立宪会议召开之际。立宪会议是它们不久前还拥有的强大势力的回光返照，就如同山巅上的落日余晖一样。

如果说俄国资产阶级要成为民主主义者，那它出现得太迟了。那么基于同样的原因，俄国的民主派愿意把自己视作社会主义者。民主派知识分子的思想观念早在 19 世纪就无可救药地消耗殆尽了。进入 20 世纪以后，俄国激进的知识分子要想找到接近群众的通道，就必须给自己染上社会主义的色彩。导致两个中间派政党——孟什维克和社会革命党创立的共同历史原因就是这些。不过也要看到，它们各自又有不同的进化谱系和思想体系。

孟什维克的观点是建立在马克思主义基础之上的。同样由于俄国历史发展滞后的缘故，马克思主义在俄国首先与其说是对资本主义社会的批判，不如说成了国内资本主义发展必然趋势的论据。历史在其需要的时候巧妙地利用了已被阉割的无产阶级革命理论，以便借助它使毫无生气的民粹主义知识分子的庞大队伍按照资产阶级特性完成欧化。在这一过程中，孟什维克获得了更加重要的地位。作为资产阶级知识分子的左翼，他们把自己同工人中最温和的集团，即热衷于围绕国家杜马以及在工会里面开展合法工作的集团联系在一起了。

253 与此相反，社会革命党人在部分接受马克思主义的同时，理论上却与之进行斗争。他们自认为是实现知识分子、工人和农民联合的政党，当然这是在所谓批判理性指导下进行的。在经济领域，他们的主张简直就是一堆夹杂着各种历史沉积物的晦涩难懂的大杂烩。它反映了在一个迅速走向资本主义的国家中农民生存的矛盾环境。未来的革命被社会革命党人想象为既不是资产阶级的，也不是社会主义的，而是“民主主义的”。他们把革命的社会内容偷换成政治公式。这样一来，他们打算为自己选择一条介乎资产阶级和无产阶级之间的道路，因而扮演二者的仲裁法官的角色。二月革命以后能够看出，社会革命党朝这一地位已经走得很近了。

还是从第一次俄国革命的时候起，他们就在农民中间扎下了根基。1917 年的头几个月，所有乡村知识分子都让自己接受了传统的民粹主义公式——“土地和自由”。与一直作为纯粹城市政党的孟什维克不同，社会革命党似乎在农村找到了非常强大有力的支持。而且，他们在城市也取得了支配权：通过士兵部控制着苏维埃，在首批民主的市政厅里，他们获得了绝大多数的选票。这个党的势力看起来好像是无限的，而实际上这只是一种政治偏差。除了知道该把选票投给谁的少数人之外，大家都投票支持的政党其实并不是一个政党，就像任何一个国家的婴儿发出的语音还不是本民族的语言一样。二月革命期间社会革命党是带着一个庄严的名称出现的，其实它不过是一切很不成熟的、尚未定型的和混乱不堪的成分的代名词。自从革命前以来所有还没有找到充足理由投票支持立宪民主党和布尔什维克的人都把选票投给了社会革命党。不过，立宪民主党一直禁锢在有产者封闭的小圈子里，而布尔什维克还是一个人数甚少、令人费解甚至叫人害怕的党派。大体 254
上说，投票支持社会革命党就意味着支持革命，何况根本不要为此承担任何责任。在城市里，这表示士兵力图跟捍卫农民利益的政党密切关系，工人中的落后分子也力图跟士兵保持亲近，小市民则力图不跟士兵和农民脱离联系。这段时间内，社会革命党的党证

就是进入革命机关的临时通行证，它使自己的效力一直保持到被别的更加重要的证件取代为止。怪不得这么一个掌控一切的大党被人说成仅仅是一个巨大零蛋。

从第一次俄国革命开始，孟什维克依据革命的资产阶级性质得出了必须同自由派建立联盟的结论，并且把这个联盟置于同农民的合作（这种合作被当作跟不可靠的盟友的合作）之上。相反，布尔什维克把全部革命前途建立在无产阶级同农民反对自由派资产阶级的联盟之上。既然社会革命党认定自己是农民的政党，那么它似乎应当期待布尔什维克跟民粹主义者在革命中结成联盟，来对抗孟什维克和资产阶级自由派的联盟。实际上我们在二月革命中却看到了相反的结盟现象。孟什维克和社会革命党建立了最为紧密的联盟，该联盟还得到了它们同资产阶级自由派的联合的补充。布尔什维克在官方的政治战场上完全处于孤立境地。

这个初看起来不可理喻的事实实际上完全是合乎规律的。社会革命党绝对不是农民的政党，尽管他们的口号在农村赢得了普遍的好感。确定自己的实际政策并且从自己人当中推选出部长和
255 官员的该党基本核心与城市自由主义和激进主义圈子的联系，要比它与暴动的农民群众的联系密切得多。这个由于三月投机钻营者大量涌入社会革命党而极度膨胀起来的领导核心一直到死都对在社会革命党口号下发动起来的农民运动的规模害怕不已。初出茅庐的民粹主义者当然希望农民的处境能更好一些，但是他们不愿意出现红公鸡[1]。社会革命党人面对暴动的农村流露出来的恐

[1] 意指放火。——译者

惧与孟什维克面对无产阶级的进攻而产生的恐惧如出一辙。民主派自己的恐惧完全是现实危险的充分反映，这危险是被压迫阶级的运动给有产阶级带来的，结果使有产阶级团结在资产阶级—地主反动派阵营里了。社会革命党人跟地主李沃夫的政府实现联合标志着他们跟土地革命决裂了，这就像孟什维克跟诸如古契柯夫、捷列申柯和科诺瓦洛夫这样的工业家和银行家的联合等于他们跟无产阶级的运动决裂一样。在这种背景下，孟什维克和社会革命党的联盟并不等于无产阶级和农民的合作，而是由于跟有产阶级结盟而与无产阶级和农民决裂了的两个政党的联盟。

由上所述可以清楚地看到，两个民主派政党的社会主义是多么虚伪，然而这一点也不意味着它们的民主主义就是真实的。恰恰相反，正是民主主义的先天不足需要社会主义的伪装。俄国无产阶级是在与自由派资产阶级处于无法调和的对抗之中开展争取民主的斗争的。与自由派资产阶级结盟的民主派政党必定不可避免地会与无产阶级发生冲突。后来妥协派分子与布尔什维克之间展开残酷斗争的社会根源就在这里。

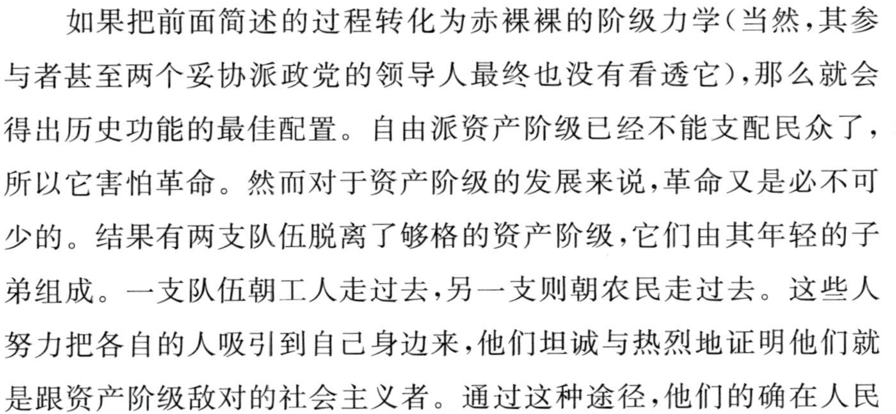

如果把前面简述的过程转化为赤裸裸的阶级力学（当然，其参与者甚至两个妥协派政党的领导人最终也没有看透它），那么就会得出历史功能的最佳配置。自由派资产阶级已经不能支配民众了， 256
所以它害怕革命。然而对于资产阶级的发展来说，革命又是必不可少的。结果有两支队伍脱离了够格的资产阶级，它们由其年轻的子弟组成。一支队伍朝工人走过去，另一支则朝农民走过去。这些人努力把各自的人吸引到自己身边来，他们坦诚与热烈地证明他们就是跟资产阶级敌对的社会主义者。通过这种途径，他们的确在人民

中间拥有了相当大的影响。可是他们思想的效力很快就超过了他们的智力。资产阶级感觉到了致命的危险并且发出了警报。两支先前脱离资产阶级的队伍——孟什维克和社会革命党人友善地回应了家中长辈发出的召唤。它们超越了过去的意见分歧以后，开始肩并肩地转过身去，背对着群众，急忙跑过去帮助资产阶级社会。

即使同孟什维克相比，社会革命党人也因更加松散和软弱而令人吃惊。在布尔什维克看来，他们在所有重要时刻简直就像是三流的立宪民主党人；在立宪民主党人看来，他们又像是三流的布尔什维克。孟什维克在上述两种场合都是居二流地位。由于支柱动摇不定和思想体系尚未定型，结果导致了相应的人员选择：全体社会革命党领导人身上都有做事虎头蛇尾、注重表面工夫和温情却不可靠的痕迹。可以毫不夸张地说，普通布尔什维克对政治亦即对阶级关系的看法比最著名的社会革命党领袖也显得更加透彻。

由于没有固定的标准，社会革命党人显得特别喜好道德方面的至高命令。以道德家自居一点也不妨碍在重大政治问题上显示出小小的欺骗行为，这是没有可靠支持力量、明确理论主张和真正道德核心的中间派政党共同的特征，这一点是用不着多加解释的。

257 在孟什维克和社会革命党的联盟中，领导地位属于孟什维克，尽管社会革命党方面在人数上拥有无可争议的优势。在这种角色分配中，城市对农村的领导权和城市小资产阶级对农村小资产阶级的优势以独特的方式表现出来了。最后，还有“马克思主义”知识分子对维护地道的俄国社会学的那些知识分子思想上的优越感，他们对以俄国过往历史的孤陋寡闻而自我炫耀。

就如我们已经了解的那样，在革命过后最初几个星期内，没有任何一个左翼政党在首都有自己真正的指挥部。社会主义政党公认的领袖都流亡在国外。二流的领袖正在从远东返回国家中心的途中。这使得临时的领导人产生了谨小慎微与等待观望的情绪，这种情绪推动他们互相接近。没有一个领导团体在这几个星期能把自己的信念坚持到底。苏维埃里面各政党间的斗争具有极其平和的性质：问题仿佛只牵涉同一个“革命民主派”内部的细微差别。随着策烈铁里从流放地回到首都（3 月 19 日），苏维埃领导层实在是非常急剧地向右转了，转向了直接为政权和战争承担责任的方面去了。可是到 3 月中旬一直处于从流放地回来的加米涅夫和斯大林影响之下的布尔什维克也急速地向右转了，以至 4 月初苏维埃多数派跟左翼反对派之间的距离比 3 月初缩小了。真正的区别是过些时候才开始显现出来的。甚至可以说出它的确切日期：4 月 4 日，也就是列宁回到彼得格勒以后的第二天。

孟什维克党各派别的首领中都有一批杰出人物，然而就是没
有哪怕一个革命领袖。早在专制统治时期，以俄国社会民主工党
老导师普列汉诺夫、查苏利奇、捷依奇为首的极右翼就站在了爱国
主义立场上。刚好在二月革命前夕，本身过着凄惨日子的普列汉 258
诺夫在一家美国报纸上撰文指出，在眼下的俄国，工人罢工和其他
形式的斗争是犯罪行为。更多的老孟什维克，其中包括诸如马尔
托夫、达恩、策烈铁里这样的人物把自己列入齐美尔瓦尔得阵营，
他们拒绝让自己为战争负责。但是左翼孟什维克就像左翼社会革
命党人一样，他们的国际主义在多数场合掩盖了他们的民主主义
反对派立场。二月革命使得这些“齐美尔瓦尔得分子”中的大多数

同战争实现了和解，从此以后，他们在战争中发现了保卫革命的方法。策烈铁里最坚定地走上了这条道路，跟在他后面的有达恩和其他一些人。开战时正在法国，5 月 9 日才从国外归来的马尔托夫不会看不出他昔日的志同道合者在二月革命以后走向的目标就是盖得、桑巴以及其他人 1914 年开始追求的目标，当时他们担负着反对德国专制制度和保卫资产阶级共和国的任务。成为孟什维克左翼（这个派别在革命中没有起到多大作用）首领以后，马尔托夫站到了反对策烈铁里—达恩政策的立场上，同时也反对孟什维克左翼跟布尔什维克密切关系。身后跟着无疑是多数的策烈铁里以官方孟什维克的名义采取行动，从而使革命前的爱国主义者毫无困难就跟二月革命的爱国主义者实现了合流。不过，普列汉诺夫有自己的小集团，这是一个置身于党外的甚至置身于革命之外的彻底的沙文主义集团。没有脱离本党的马尔托夫派没有自己的报纸，就如同没有自己的政策一样。像以往每逢重大事件时那样，马尔托夫显出无望的怅然若失，好似悬在空中。1917 年也如 1905 年那样，革命几乎没有注意到这位杰出人物。

259　孟什维克杜马党团主席齐赫泽几乎是自动当上彼得格勒苏维埃主席的，而后来又当上了中央执行委员会主席。他力图把自己的全部良心都投入到自己的职责上来，他总是用极为普通的玩笑掩饰经常缺乏的自信。他身上总是带着那不可磨灭的外省印记。多山的格鲁吉亚是阳光灿烂和满是葡萄园的国度，也是一个工人比例不大的农民和小贵族的国家，它送出了一大批灵活机敏和激情四溢的，可是在绝大多数场合并没有超越小资产阶级视野的左翼知识分子。在全部四届杜马当中，格鲁吉亚均派出了孟什维克充当代表，在全部四届各党团中，格鲁吉亚的代表均起到了领导者的作用。格鲁吉亚是俄国革命的吉伦特。如果说 18 世纪的吉伦特党人被人们指责为联邦主义，那么格鲁吉亚的吉伦特党人是以捍卫统一的和不可分割的俄罗斯为开端，却以分离主义而告终的。

出自格鲁吉亚吉伦特党的最杰出的人物无疑是前第二届国家杜马的代表策烈铁里，他从流放地一回来，随即不仅领导着孟什维克，而且也是当时苏维埃多数派的领导人。策烈铁里不是理论家，甚至也不是时评家，但他是一个优秀的演说家，他曾经是而且一直是南方法国式的激进主义者。假若在墨守成规的议会制环境中，他会觉得自己如鱼得水。然而他出生在革命时代，在青年时期就中了马克思主义的毒。无论如何，革命事变中的他在全体孟什维克里面显得最有胆略，并且总是企求始终如一。正因为如此，他才在破坏二月制度方面起到了比别人更大的作用。齐赫泽完全听从策烈铁里，尽管有时也害怕他那学理主义的直率，这直率使昨日的革命者流刑犯跟资产阶级的保守派代表渐渐接近了。

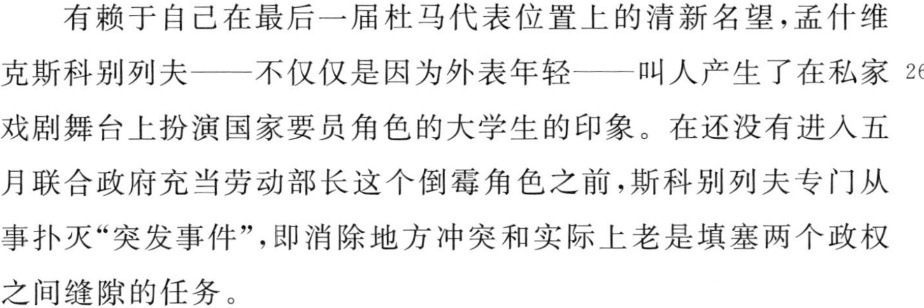

有赖于自己在最后一届杜马代表位置上的清新名望，孟什维克斯科别列夫——不仅仅是因为外表年轻——叫人产生了在私家 260
戏剧舞台上扮演国家要员角色的大学生的印象。在还没有进入五月联合政府充当劳动部长这个倒霉角色之前，斯科别列夫专门从事扑灭“突发事件”，即消除地方冲突和实际上老是填塞两个政权之间缝隙的任务。

党的老资格工作者达恩是孟什维克中间最有影响的人物，他向来被认为是仅次于马尔托夫的二号角色。如果说孟什维主义大体上把衰落时代的德国社会民主党的精神与性情吸进了自己的血肉之躯，那么达恩实实在在就是德国党的理事会成员，一个小号的艾伯特。一年以后，德国的达恩把俄国的艾伯特未能在俄国取得成功的政策成功地引进了德国。不过其原因不在于哪个人，而在于环境。

如果说策烈铁里是苏维埃多数派乐队里的第一小提琴手，那么用尽双肺全部气力、圆睁充满血丝的双眼来吹奏声音刺耳的黑管的就是李伯尔。这是一个来自犹太工人联合会（崩得）的孟什维克。很久以前，他有过一段革命经历，他是一个直率坦诚、热情洋溢、口若悬河而目光短浅的人，而且总是强烈地试图证明自己是一个百折不挠的爱国主义者和坚定果断的国务活动家。李伯尔因仇视布尔什维克而被弄得实在是心力交瘁。

可以使孟什维克领导人的方阵连接成形的人是以前的极左的布尔什维克沃伊廷斯基。他是第一次革命的著名参加者，后来服过苦役，3 月份基于爱国主义立场跟党分了手。归附孟什维克以后，沃伊廷斯基正如人们认为的那样，成了吞食布尔什维克的老饕。在中伤自己的同志方面与李伯尔相比，他只不过显得激情不够而已。

民粹主义者司令部里的类似之处实在是太少了，不过这个司令部也更加远远谈不上出色与鲜明。作为极右翼旗帜的所谓人民
261 社会主义者的领导人是流亡国外的老侨民柴可夫斯基，他那好斗的沙文主义可以同普列汉诺夫比肩，可是他既没有后者的才华，也没有后者的阅历。与他并立的是老年妇女布列什柯-布列什柯夫斯卡娅，社会革命党人把她称之为俄国革命的祖母，可是她竭尽全力硬要去充当俄国反革命的教母。年迈的无政府主义者克鲁泡特

金从青年时代起就倾心于民粹主义者。他差点没利用战争来否认自己五十年来教导大家的一切，这位国家的否定者却支持协约国。如果说他否定俄国的两个政权并存，那么他不是以无需政权的理由，而是以统一的资产阶级政权的理由。不过，这些老人更多地是起着装点门面的作用，尽管柴可夫斯基后来即内战期间反对布尔什维克，并且领导着一个由丘吉尔供养的白卫军政府。

远远超过其他社会革命党人而身居首位的是克伦斯基，但他不是身在党内而是凌驾于该党之上的，无论怎么说他都是一个与该党历史无关的人。在后面的章节里，我们还将多次遇到这位天命选定的人物。他的力量就在于在两个政权并存期间集自由主义者的弱点与民主派的弱点于一身。形式上加入社会革命党并没有妨碍他从整体上对该党采取蔑视态度，他认为自己是由全民族直接挑选出来的佼佼者。不过要知道到这个时候社会革命党已经不再是一个政党，它成了全国硕大无比却又实在是微不足道的角色。它在寻找自己合适的领袖时看中了克伦斯基。

未来的农业部长，后来又担任过立宪会议主席的切尔诺夫无疑是老社会革命党最有代表性的人物，而且他被认为是该党的鼓舞者、理论家和领导人绝非偶然。切尔诺夫具有相当丰富却缺乏系统的知识，与其说他是一个学识渊博的人，不如说是一个博览群书却不求甚解的人。他总是自己蛮有把握地信手拈来适用不同场合的引文，不过这些引文并没有给俄国青年多少教益，相反长期损害了他们的想象能力。只是有一个问题这位好讲的领导人没有回 262
答：他要引导谁？把他们带到哪里去？切尔诺夫的夹杂着寓意与诗句的折中主义公式暂时把各行其是的形形色色的听众集结在一

起，可是在一切紧急关头，这些听众就会四散而去。假如切尔诺夫拿自己的建党方式跟列宁的“宗派主义”进行对比时感到洋洋得意的话，那是毫不奇怪的。

在列宁回国5天后，切尔诺夫也从国外回来了，英国最后还是放他走了。在苏维埃向众多欢迎词致答词时，最大政党的这个领袖发表了一篇最长的演讲。对此，半社会革命党人苏哈诺夫做出了这样的评论：“不是我一个人，而是其他众多的社会革命党爱国主义者都双眉紧皱，轻轻摇头，这使得他的表演是如此令人不快，如此古怪地装腔作势，眼珠翻转，说起来没完没了，却牛头不对马嘴。”后来切尔诺夫在革命中的全部活动都是按照他的第一次演说的基调展开的。经过几次自己从左边跟克伦斯基和策烈铁里进行较量的尝试以后，各方面都被束住手脚的切尔诺夫没有经过抗争就屈服了，他清洗了自己的侨民齐美尔瓦尔得主义，参加了联络委员会，后来又参加了联合政府。他所做的一切都是不合时宜的，因此他决定躲开。对他来说，放弃表决权就是政治生存的方式。4—10月，他的威望比党内许多人消失得更快。与互相敌视的切尔诺夫和克伦斯基之间所有分歧相伴的是他们两人都完全植根在革命的过去，植根在旧俄国松软的社会里，植根在恶病体质和自命不凡的知识分子中间。这些知识分子虽然热切希望对人民群众进行教诲，照顾他们，做他们的恩人，但是根本不能做到倾听他们的声音，理解他们，更不会向他们学习。而做不到这些，也就没有革命的政策。

被自己的党推上革命最高职位的阿夫克先季耶夫先后担任过
263 农民代表苏维埃执委员会主席、内务部长、预备国会主席，他实在

是一幅描绘政治家的十足的讽刺漫画：奥廖尔女子中学一位很有魅力的语文老师，这就是关于他所能说的一切。他的政治活动要比他的个性显得居心不良得多，情况的确是这样的。

在社会革命党党团和苏维埃权力核心里面起重大而又更加隐蔽作用的是郭茨。郭茨是出身于一个著名革命家庭的恐怖主义者，跟他自己最亲近的朋友相比，他显得不那么自负却实际上更加干练。但是作为所谓的“实干家”，他的活动局限于干些幕后勾当，重大问题则让其他人出面。此外，还需要补充说明一句，他既不是演说家，也不是著作家，以至多年苦役劳动赢得的个人威信成了他的主要财富。

我们实质上已经说出了民粹主义者领导人圈子里能够说出名字的所有人。继续说下去就只有如菲利波夫斯基这样的确实纯系偶然的人物，至于这个人，谁也说不清楚他为什么能登上二月奥林匹亚山的最顶峰：大概是因为他的海军军官制服起了决定性作用吧。

在苏维埃执行委员会里面，与上述两个居支配地位政党的官方领袖们一道的还有不少“野人”，他们是些单干户、过去各个阶段运动的参加者、革命前老早就已脱离斗争而如今赶紧回到已经胜利的革命旗帜下又不急于给自己套上党派重轭的人。在一切基本问题上，野人们遵循的是苏维埃多数派的路线。在最初阶段，领导角色甚至他们也有份。但是随着官方领袖从流放地和侨居国回来，无党派人士退居到了次要地位。政治定型下来了，党派属性开始掌握自己的权利。

反动阵营里反对苏维埃执行委员会的人后来不止一次指出过 264

委员会被外族人——犹太人、格鲁吉亚人、拉脱维亚人、波兰人等把持了。尽管相对执行委员会成员总数来说，外族人所占的比例根本不算大，然而无须怀疑的是，他们在主席团和各专门委员会里面，在报告人等方面占据了显要地位。因为多半集中在城市里的被压迫民族知识分子极大地充实了革命队伍，所以如果说在老一辈革命者中间外族人的数量特别多，那也是不足为怪的。他们的经验尽管不总是高质量的，还是使他们在建设新的社会形态时成为不可或缺的人物。然而企图把苏维埃的政策和整个革命的进程从臆造的外族人把持下摆脱出来的说法完全是无稽之谈。在这种场合，民族主义对真实的民族，也就是对其人民显示出蔑视态度，把处于伟大民族觉醒时期的人民说成是由外人或偶然因素控制的头脑简单的傻瓜。可是外族人为什么以及是如何获得支配数百万本地人如此神奇的力量的呢？其实，正是在历史发生深刻转折的时刻，一个民族的主体往往能使那些昨天还在遭受压迫因而为体现新任务做好了最充分准备的分子为自己服务。不是外族人发动了革命，而是本地民族的革命享用了外族人。即使在上层进行重大改革的情况下也是如此。彼得一世的政策当其离开旧有的轨道，引进外族人和外国人为自己服务时，它并非不再是民族的政策。当时德国城郊的工匠与荷兰的船长比那些在很久以前被希腊人训练出来的俄国牧师或者抱怨外国人把持一切的莫斯科波雅尔（尽管他们自己也是出身于建立俄罗斯国家的外国人）更好地反映了俄罗斯民族发展的需要。不管怎么说，外族知识分子 1917 年分别进入了与真正俄罗斯人相同的各个政党，也与真正俄罗斯人有
265 着同样的恶习和犯过同样的错误。而且，孟什维克和社会革命党

当中的外族人正巧因为特别热衷于俄国的防卫与统一事业而出尽了风头。

民主派的最高机关苏维埃执行委员会看上去就是这样的。渐渐失去了幻想，但是仍然保持着偏见的两个政党同其没有能力把语言变成现实的领导集团一起站在了革命的前列，而这个革命的使命是砸碎数百年的枷锁和为新社会奠定基础。妥协派分子的全部活动都是把人民群众折腾得筋疲力尽和为国内战争的痉挛做准备的一个令人痛苦的矛盾链条。

工人、士兵和农民感受到了事态的严重性。他们认为，他们创建的苏维埃必须立即采取行动消除催生革命的那些灾难。大家涌进苏维埃去了。无论谁带来的都是长久痛苦的诉说。谁没有痛苦呢？他们要求做出决定，希望得到帮助，期待公平正义，坚持进行报复。来说情的、申诉的、请愿的、告发的都认为终于以自己的政权代替了敌人的政权。人民相信苏维埃，人民已经武装起来了，也就意味着苏维埃是一个政权。他们是这样去理解时局的，难道他们不对吗？汇成持续不断人流的士兵、工人、士兵的妻子、小商人、职员、母亲、父亲推开大门又关上大门，他们寻找，询问，哭泣，要求采取强制措施，有时还明确指出该采取哪些措施——从而实际上使苏维埃变成了革命的政权。“无论如何这是根本不需要的，也没有列入苏维埃自身的计划。”我们已经熟悉的苏哈诺夫如此抱怨说。不用说，他在同这一进程展开了强有力的斗争。成效又怎样呢？呜呼，他不得不旋即承认：“苏维埃机关开始本能和自动地违背苏维埃的意志，开始排斥陷于越来越严重的空转状态的国家正式机构。”投降屈服的信徒和空转机器的机械师究竟做了些什么呢？

266 “只得容忍，承担某些管理职能，”苏哈诺夫忧郁地坦承，“同时维持假象，仿佛这是由玛丽亚宫在管理。”这些人用装模作样的措施来捍卫人民本能排斥的政府的权威，这就是他们在一个被战争与革命的烈火所包围的濒临破产的国家所做的一切。但愿革命毁灭，却愿伪装万岁！……与此同时，被这些人赶出大门的政权又从窗户里偷偷朝他们爬回来，而且每一次都出人意料地袭扰他们，让他们陷入一种荒谬可笑与很不体面的境地。

还是在 2 月 28 日夜晚，苏维埃执行委员会就封闭了保皇派的报纸，并且设立了报刊许可制度。结果响起了一片抗议声。那些习惯不让大家说话的人喊得特别响亮。几天后，执行委员会再次遭遇了出版自由问题：到底是允许，还是禁止反动派的报纸发行呢？分歧出现了。苏哈诺夫式的空谈家主张出版绝对自由。齐赫泽最初并不同意：怎么能把武器给予不共戴天的敌人而不受监控呢？这里顺便指出，没有一个人头脑里会想到让政府来解决这个问题。而其实这是一个毫无意义的问题，因为印刷工人只承认苏维埃的命令。3 月 5 日，执行委员会重申：取缔右翼出版物，发行新报纸必须得到苏维埃的允许。但是在资产阶级社会各界的压力下，上述决定到 3 月 10 日便取消了。“三天时间就足以使人清醒过来。”苏哈诺夫洋洋得意地说。这是无比轻率的幸灾乐祸！报界不能凌驾于社会之上。在革命时期，它的存在条件反映了革命本身的进展。当它具有或者可能具有国内战争的性质时，没有一个参加战斗的阵营会允许敌方的报刊在自己的势力范围内存在，就
267 像不会自愿让出自己手里的军火库、铁路或印刷厂的控制权一样。在革命斗争中，报刊只是诸种武器中的一种。无论在什么场合，言

论的权利都不能高于生活的权利。而革命就是要把后面这个权利据为己有。可以作为法则确定的是：革命政府的纲领越肤浅，它与过去的联系越紧密，它的作用越保守，它对反动派就越纵容，越温和，也越“宽宏大量”。相反，革命政权越集中，它的独裁越明显，它的任务就越重大，这些任务侵犯的既得权利和既得利益也就越多。这是好是坏姑且不论，不过迄今为止人类恰恰是通过这样的途径向前发展的。

当苏维埃打算把报刊的控制权掌握在自己手中时，它是对的。为什么它如此轻易放弃了这种权力呢？因为总的说来它已经放弃了一切重大斗争。它对和平，对土地甚至对共和国都不吱一声。把政权交给保守的资产阶级以后，苏维埃没有任何理由担心右翼报刊，也没有了任何开展反对后者斗争的可能。可是过了不多几个月之后，得到苏维埃支持的临时政府开始无情地镇压左翼报刊。布尔什维克的报纸一家接一家被封闭了。

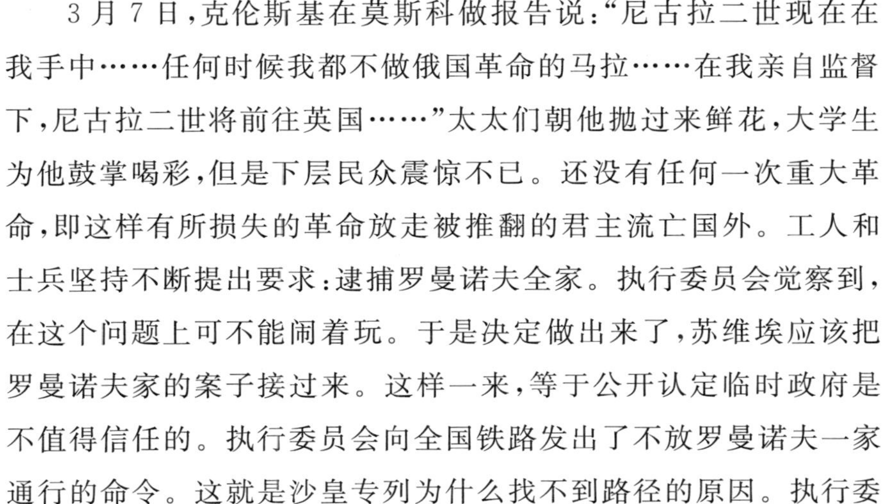

3 月 7 日，克伦斯基在莫斯科做报告说：“尼古拉二世现在在我手中……任何时候我都不做俄国革命的马拉……在我亲自监督下，尼古拉二世将前往英国……”太太们朝他抛过来鲜花，大学生为他鼓掌喝彩，但是下层民众震惊不已。还没有任何一次重大革命，即这样有所损失的革命放走被推翻的君主流亡国外。工人和士兵坚持不断提出要求：逮捕罗曼诺夫全家。执行委员会觉察到，在这个问题上可不能闹着玩。于是决定做出来了，苏维埃应该把罗曼诺夫家的案子接过来。这样一来，等于公开认定临时政府是不值得信任的。执行委员会向全国铁路发出了不放罗曼诺夫一家 268
通行的命令。这就是沙皇专列为什么找不到路径的原因。执行委

员会成员之一、右翼孟什维克工人格沃兹杰夫奉命逮捕尼古拉。克伦斯基被否认了，连同一起被否认的还有临时政府。不过后者没有辞职，还是默默地服从了。到 3 月 9 日，齐赫泽果然向执行委员会报告说，政府“放弃了”让尼古拉流亡英国的主意。沙皇一家人在冬宫遭到逮捕。于是执行委员会把自己原有的政权从坐垫下面偷偷拿出来了。而前线送来了更加强硬的要求：把前沙皇转移到彼得保罗要塞里去。

革命总是意味着财产的重新分配，它不仅遵照法律，而且也通过群众的剥夺来进行。土地革命总体而言不外是这样发生的：历史上任何时候的土地改革通常要落后于放火打劫行为。城市里的剥夺行为的作用要小一些：资产阶级革命没有撼动资产阶级所有制的任务。但是，好像还没有出现过这样的革命，即那时民众出于社会目的而不去夺占原先属于人民的敌人的房产。现在二月革命过去之后，不少政党走出了地下状态，工会也建立起来了，集会也在接二连三地举行，各个地区都有了自己的苏维埃——这一切都需要房屋。有些组织占据了沙皇政府大臣无人居住的别墅或者皇室芭蕾舞演员无人居住的宫室。受害人纷纷诉苦，或许当局会根据所有制原则出面干预。可是剥夺者既然实际上掌握了政权，而正式政权只是一个幻象，那么检察官到头来也只得向同一个苏维埃执行委员会提出恢复芭蕾舞演员遭到侵犯的权利的申请。后者原本并不复杂的职能得到了高额报酬，这是专制王朝从国民财富中抽取出来的。联络委员会就像该做的那样行动起来，部长们开
269 会讨论，执行委员会常务局进行商议，代表团也被派去面见侵占者——而案子一拖就是几个月。

苏哈诺夫说，身为“左翼”的他没有任何理由反对侵犯私有权的极端激进的立法，不过他又是“任何侵占行为的激烈反对者”。不幸的左翼人士往往用类似理由来掩盖自己缺乏理由的言行。真正的革命政府无疑能够及时通过征用房产的特别法令把混乱的侵占行为缩小到最低限度。可是，左翼妥协分子把政权交给私有制狂热分子，为的就是事后……在光天化日之下向群众精心鼓吹要尊重革命的法纪。可是，彼得格勒的气候对柏拉图主义来说是不适宜的。

排长队买面包给了革命最后一股推动力。这个现象也是对新制度的头等威胁。早在苏维埃成立会议上就已经成立了粮食供应委员会。临时政府很少为怎样喂饱首都而操心。它并不反对用饥饿来制伏首都。后来这个任务便由苏维埃来承担。一批有一定实践经验的经济学家和统计学家处在其领导之下，这些人以前曾经在资产阶级的经济和行政机构任过职。他们大多数是如格罗曼和切利瓦宁那样的右翼孟什维克，或者是向右走得很远的前布尔什维克，如巴扎罗夫和阿维洛夫等。但是，他们刚一开始面临供养首都的重任，便为整个形势所迫提议采取非常激进的措施来制止投机买卖和组织市场。在苏维埃举行的一系列会议上，确定了“军事社会主义”的一整套措施，其中包括宣布全部粮食储备均为国家所有，规定面包的固定价格，以此为依据制定工业品的相应价格，国家控制生产，同农村开展符合规定的商品交换。执行委员会的领 270
袖们在惊恐中面面相觑，他们不知道该提出什么建议，于是附和了这些激进的决议。联络委员会成员则羞答答地把决议交给了临时政府。政府答应进行研究。可是无论李沃夫公爵还是古契柯夫或

科诺瓦洛夫都不愿意对自己和自己的朋友实行控制、征收与全面削减。苏维埃经济方面的全部决定遭到国家机关的消极抵制结果失败了，因为它们又不能由地方苏维埃越权贯彻。彼得格勒苏维埃在粮食供应领域唯一付诸实行的措施就是用定额口粮配给限制需求：每个体力劳动者每天一俄磅半，其他人每天一俄磅。这个配额实在是几乎没有使首都居民粮食供应的现状发生改变：一俄磅半和一俄磅——可以维持生存。经常吃不饱的灾难还在后头。革命不得不在数年时间内（不是几个月，而是几年）越来越勒紧腰带，直至深深地扣进肚皮。它将要经受这种考验。此刻折磨它的还不是饥饿，而是不知道和不明确方向，对明天失去了信心。长达32个月的战争加剧的经济困难已经在敲新制度的门窗。交通运输的瘫痪、各种原料的匮乏、大部分设备的损坏、通货膨胀的恶化、商品贸易的混乱，所有这一切都要求采取大胆的和紧急的措施。妥协主义者在经济领域采取了一些这类措施，但要在政治领域做到这些是不可能的。他们遇到的每一个经济问题都变成了对两个政权并存的指责，他们不得不签署的每一个决定都让人难受地灼痛着他们的手指。

八小时工作制问题是对各派力量和态度相互关系的巨大考
271 验。起义胜利了，然而总罢工还在继续。工人当真以为，制度的改变应当引起他们命运的变化。这马上引起了新当权者——不论他们是自由主义者还是社会主义者的惊恐不安，爱国主义派政党及其报纸抛出了一个口号：“士兵——待在兵营里，工人——回到车床旁边去！”就是说一切都要照旧行事吗？工人这样问道。暂时是这样，孟什维克窘迫地回答。可是工人懂得，如果现在不做改变，

那么以后就更谈不上了。资产阶级让社会主义者去处理与工人相关的事务。业已获得的胜利“足以保证工人阶级在其革命斗争中的阵地”,苏维埃执行委员会用这些托词加以推诿。果真如此吗?难道不是自由派地主掌握政权吗?3月5日,执行委员会做出了在彼得格勒地区恢复上工的决定。工人回到车床旁边去!这就是有教养的阶级、自由主义者以及同他们站在一起的社会主义者用装甲加固的妄自尊大的力量。这些人确信,被由于不满和希望而产生的无法摧毁的坚强决心所激发起来举行起义的千百万工人和士兵在胜利之后还会顺从地容忍旧的生活条件。这班领袖从历史教科书中搬出了这样的证据:它在过去的革命中就曾这样出现过。可是不是那么一回事,即使在过去,任何时候都没有出现过。如果说劳动人民又钻进了以前的马厩,那不外乎是走了一段弯路,经历了一系列挫折失败和上当受骗。马拉敏锐地觉察到了政治大变革的残酷社会背景,因此他遭到官方历史学家多么厉害的恶意诽谤。“革命只能靠社会下层阶级所有这些穷困的人开展与坚持下去,”他在1792年8月10日革命前一个月时写道,“厚颜无耻的富人把他们当作流氓而加以蔑视,带有其固有的犬儒主义的古罗马人曾经给穷汉起了个外号叫普罗列塔里(意为无产者。——译者)。”革命到底给穷汉带来了什么呢?“一开始取得了一些成就以后,运动最后还是被制伏了。它总是没有足够的知识、技能、手段、武器、领
袖,以及确定的行动计划,它在面对很有经验、工于心计和狡猾精 272
明的阴谋家时是没有自卫能力的。”克伦斯基不想做俄国革命的马拉,这令人奇怪吗?

俄国工业界的前巨头之一B.奥尔巴赫愤愤不平地叙说:“革

命被下等人当作谢肉节一类的节日。例如，女仆整天不见踪影，打着红领结去闲逛，乘坐汽车四处游玩，直到清晨才回来，以便洗漱完毕再去闲逛。”太精彩了，这个告发者企图指出革命是导致道德败坏的行动，他用来描写女仆行为的那些素材，也许除了红领结以外，其他的再好不过地再现了资产阶级贵妇们的日常生活。被压迫者的确是把革命当作节日或者当作节日前夜来接受的，因此被革命唤醒的家庭女仆第一个行动就是减轻自己日复一日、有辱人格、令人愁苦和永无止境的奴隶地位的重负。工人阶级整体上来说不能也不愿意仅仅以作为对他人胜利标志的红领结而感到快慰，彼得格勒的工厂出现了骚动。不少企业的工人公开表示不服从苏维埃的决定。当然，工人准备回到机床旁边去，因为不得不这样，可是在什么样的条件下回去呢？工人们要求实行八小时工作制。孟什维克引证 1905 年工人企图用剥夺方式确立八小时工作日遭到失败的经验说：“无产阶级没有力量在两条战线同时跟反动派和资本家展开斗争。”这是他们的中心思想。一般说来，孟什维克承认未来与资产阶级决裂的必要性，但是纯粹理论上的承认并不让他们承担任何责任。他们认为，现在没有必要加快决裂。由
273 于资产阶级不是被演说家与记者言辞激烈的废话，而是被劳动阶级独立开展的运动抛进反动阵营的，因此孟什维克竭尽全力来反对工人和农民在经济领域的斗争。他们进行这样的说教：“对于工人阶级而言，社会问题现在还不是首要问题。现在它要为自己争得政治自由。”然而工人不可能知道这种抽象的自由到底在哪里，他们首先想要的是为自己的肌肉和神经争得为数不多的自由。于是他们逼迫雇主，这下便出现了极具讽刺意味的情形。刚好也是

3 月 10 日，当孟什维克的报纸声称八小时工作制还没有列入议事日程的时候，前一天就已经同苏维埃进行过正式交涉的工厂主协会宣布，自己同意实行八小时工作制，并且同意组建工厂委员会。结果工业家比苏维埃民主派的战略家显得还要更有远见。这一点也不奇怪，因为在工厂里，雇主与工人直接面对面。有不少于半数的彼得格勒企业，其中包括大多数巨型企业的工人干完八小时活以后便全体一致离开工厂。他们自己争取到了临时政府和苏维埃不承认他们的那些权利。在自由主义报刊动情地把 1917 年 3 月 10 日俄国工业家的姿态跟 1789 年 8 月 4 日法国贵族的姿态进行对比的时候，这些报刊比它们自己所想到的还要接近历史真相得多。与 18 世纪末的封建主类似，俄国资本家是受形势所迫才做出这一举动的，他们希望通过暂时的让步来保证将来恢复所失去的东西。一位立宪民主党的时事评论员揭穿了官方的谎言，他直接承认："孟什维克陷入了倒霉境地，布尔什维克已经用恐怖手段迫使工厂主协会同意立即实行八小时工作制。"恐怖手段到底是什么，我们已经知道了。布尔什维克工人无疑在运动中占据了首要地位。如同在 2 月那些决定性日子里那样，绝大多数工人再一次跟着他们前进了。

孟什维克领导的苏维埃怀着十分复杂的心情记录下了实质上 274
是反对它的一次宏伟胜利。不过蒙羞的领导人还得往前迈出一步，向临时政府提议在立宪会议召开前颁布在全俄国实行八小时工作制的法令。可是政府依据跟企业主达成的协议不肯让步，并且在等待时机，拒绝执行向它提出的不带一点强硬口气的要求。

同样的斗争在莫斯科省开展起来了，只不过带有更加持久的性质。那里的苏维埃不顾工人的反抗，仍然要求复工。在一座巨型工厂里，反对中止罢工的决议以 7000 票对 6 票获得通过。其他企业的反应也同样差不多。3 月 10 日，苏维埃再次强调必须遵守马上回到车床旁边去的决定。随后，尽管多数工厂开了工，但是几乎各个工厂都开展了缩短工时的斗争。工人用行动纠正了自己领导人的错误。长时间遇到阻碍的莫斯科苏维埃终于不得不在 3 月 21 日通过了实行八小时工作制的决定。工业家也马上服从。在外省，这一斗争一直延续到了 4 月。几乎各地所有的苏维埃起初都是采取制止和阻挠态度，后来在工人的压力下纷纷与企业主举行谈判。在企业主不同意的地方，苏维埃只得独自颁布实行八小时工作制的法令。体制里面有多么大的裂口啊！

临时政府故意袖手旁观。正是那个时刻，在自由主义领导人指挥下开展了一场疯狂的反对工人的运动，为了打垮工人，决定鼓动士兵来反对他们。因为缩短工时就意味着要削弱前线。难道在
275 战争时期可以只考虑自己吗？难道在战壕里还会计算钟点数量吗？有产阶级一旦踏上蛊惑煽动的道路，它们在任何东西面前也不会停下脚步。这类鼓动具有发狂的性质，而且很快就传到战壕里了。士兵彼雷科在自己的前线回忆录当中承认，主要是由某些刚成为社会主义者的军官进行的鼓动并非毫无效果。“可是对于唆使士兵去反对工人的军官阶层而言，所有的不幸就在于他们是军官。军官过去是怎样对待自己的，在每一个士兵的记忆里实在是太清晰了。”但是在首都，中伤工人的行为带有最尖锐的性质。工业家和立宪民主党领导集团为了在卫戍部队中进行鼓动，搬出了无所不用其极的手段，花费了无数精力。苏哈诺夫讲述说：“（3

月）下旬，在所有的十字路口、在电车里以及在任何公共场所都可以见到工人和士兵用非常激烈的话语进行对骂。”偶尔还会发生肢体冲突。工人明白事情的危险性，也善于化解危险。为此，他们只需讲明事情的真相，讲出军用工业利润的数目就够了。工人还向士兵介绍了机器震耳欲聋和炉子烈火炙人的工厂与车间的情况。这是工人永久不变的前线——给他们带来数不清的牺牲的前线。由于工人采取了主动，部分卫戍部队开始正式参观工厂，特别是国防工厂。士兵一边察看一边倾听，工人进行说明与解释。参观活动结果产生了庄严的兄弟情谊。社会主义者的报纸刊载了许多部队做出的关于它们同工人建立牢不可破的团结的决议。到 4 月上半月，有关工人与士兵冲突的标题从报纸的栏目里消失了。资产阶级的报刊默不作声了。就这样，继取得经济方面的胜利之后，工人又取得了政治和道德方面的胜利。

与争取八小时工作制的斗争相关的事件对革命进一步深入发展具有很大的意义。工人每个星期争取到了一定的空闲时间去读书、集会，以及进行军事操练，这类操练从建立工人民警那一刻起 276
就具备了正规性质。在经历了如此明显的教训以后，工人们开始更严密地监视苏维埃领导人了。孟什维克的威信受到了严重损害。布尔什维克的影响在工厂，部分地在兵营加强了。士兵变得更加细心周到，更加深思熟虑和更加小心谨慎了。他们知道有人还在暗中窥伺他们。蛊惑煽动的险恶用心回过头来反对其始作俑者了。代替疏远与敌意的是工人同士兵之间更为紧密的团结。

尽管双方的接触联络充满田园诗意，临时政府还是仇视苏维埃及其领袖，以及他们的监督。一旦出现机会它便流露出这种情绪。因为苏维埃履行的纯粹是政府的职能（并且是在需要平息群众情绪的时候根据政府自己的要求履行的），所以执行委员会请求给它一笔微薄的补助金以供开支。尽管苏维埃一再提出，政府还是拒绝了，并且坚持自己的主张：它不能把国家经费交给“民间组织”。苏维埃保持沉默。苏维埃的预算落在了那些对缴纳革命所需要的捐税还没有失去耐心的工人身上。

与此同时，自由主义者和社会主义者双方维持着互相之间十分友好的表面。在全俄苏维埃会议上，两个政权并存被说成是恶意的谰言。克伦斯基竭力使军队代表相信，政府和苏维埃在任务与目标方面是完全一致的。策烈铁里、达恩以及其他苏维埃中坚分子为否认存在着两个政权也没有少费心力。他们企图借助谎言来巩固在谎言基础上建立起来的体制。

可是，这种体制从最初几个星期就动摇起来了。在组织配合一事上领导人是精力无穷的：他们力图依靠得势的代表来反对群众，依靠士兵来反对工人，依靠新产生的各级杜马、自治局、合作社
277 来反对苏维埃，依靠外省来反对首都，而最后还有依靠军官来反对人民。

苏维埃形式里面没有任何神秘的力量。当政府还是必不可少的时候，它绝对摆脱不了任何政府都无法避免的毛病。然而它的力量就在于把所有这些毛病缩小到最低限度。可以肯定地说，经验也将很快证明这一点——在反映革命时期群众的真正意愿一事上，其他把群众分裂为单独个体的任何机构都要差得不知多少，也缓慢得不知多少。苏维埃是所有革命机构中最灵活、最直接和最透明的。但是这毕竟只是一种形式。它不能提供比群众在每一特定时刻加之于它的更多的东西。可是它能让群众容易看清其所犯的错误并且容易纠正它们。革命发展最重要的保证之一就在这里。

苏维埃执行委员会的政治前景到底怎样呢？对此无论哪个领袖也不一定有经过深思熟虑的设想。苏哈诺夫后来断言，据他预想，政权交给资产阶级只会是很短一段时间，目的是让民主派得到巩固，使它以后更有把握地把这个政权重新夺回来。可是，这种本身就很可笑的说法带有事后追溯的性质。不论在什么场合，没有一个人当时产生过这种想法。策烈铁里领导下的执行委员会的动摇不定如果说没有终止的话，那它至少也纳入了体制。策烈铁里公开宣布，没有巩固的资产阶级政权，革命必定会遭到毁灭。民主派就应当以对自由派资产阶级施加压力为限度，谨防让考虑不周的措施把资产阶级推向反动阵营。相反，既然它能巩固革命成果，民主派就应该支持它。这种说不清类别的体制的结局到头来必定 278
是资产阶级共和国，而社会主义者作为议会反对派存在。

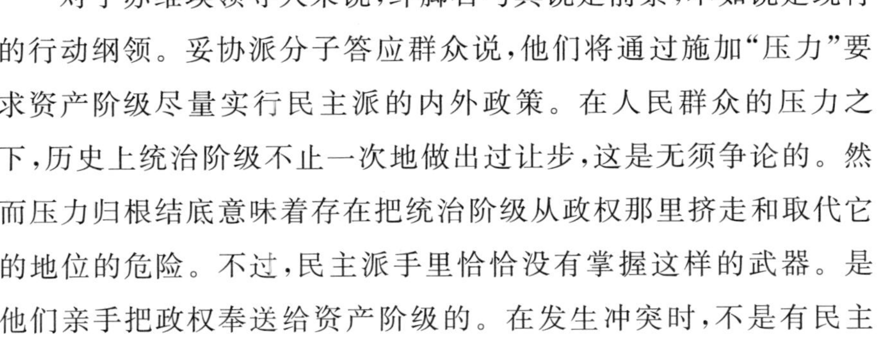

对于苏维埃领导人来说，绊脚石与其说是前景，不如说是现行的行动纲领。妥协派分子答应群众说，他们将通过施加“压力”要求资产阶级尽量实行民主派的内外政策。在人民群众的压力之下，历史上统治阶级不止一次地做出过让步，这是无须争论的。然而压力归根结底意味着存在把统治阶级从政权那里挤走和取代它的地位的危险。不过，民主派手里恰恰没有掌握这样的武器。是他们亲手把政权奉送给资产阶级的。在发生冲突时，不是有民主派占据政权的危险，而是相反，是资产阶级用放弃政权进行威胁。如此一来，在压力这个装置中，主要的杠杆操在了资产阶级手里。

这就能解释清楚，为什么在自己完全无能为力的情况下，政府还能有效地抗拒来自苏维埃上层有点儿厉害的一切勒索。

到 4 月中旬，即使对于彻底把脸转向自由主义者的苏维埃领导核心保守政治秘密而言，执行委员会也显得是一个过于庞大的机构了。于是分出了一个常务局，它完全由右翼护国主义分子组成。从此以后，重大政策都是在这个私下的圈子里制定的。所有事情似乎都安排就绪并且得到了加强。策烈铁里在苏维埃拥有无限的支配权力。克伦斯基的地位也越来越高。但就是在这个时刻，第一批警报的征兆在下层群众中明显地显示出来了。接近克伦斯基的斯坦凯维奇写道："令人惊讶的是，刚好就在委员会组建之际，就在仅从护国派政党选出来的常务局担负起工作职责的时候，刚好就在这个时候，它失去了对群众的领导权，群众已经离它而去了。"这令人惊讶吗？不，这不过是合乎规律的结果而已。

# 第十三章　军队与战争



早在革命爆发之前几个月，军队的纪律就已经严重动摇了。我们可以从当时不少军官所发的牢骚中挑选一些来加以证明：士兵不尊敬长官，以极为恶劣的态度对待战马、军中财产甚至武器，军用列车中秩序一片混乱。虽然事情并非到处都同样糟糕，但是都在向同一个方向——瓦解发展。

现在又加上革命的震荡。彼得格勒卫戍部队发动的起义不仅没有军官参加，而且是反对他们的。在紧急关头，指挥官也不顾体面地把头缩了起来。2 月 27 日，十月党人杜马代表希德洛夫斯基同普列奥布拉任斯基团的军官进行了交谈，目的显然是试探他们对杜马的态度，可是他发现那些贵族近卫军官根本不理解所发生的一切。不过话又说回来，这也许一半是假装出来的，因为所有这些人都是吓破了胆的保皇派分子。希德洛夫斯基讲述道："次日早晨我在街上看见整个普列奥布拉任斯基团军容严整地列队行进，军乐队在前面引路，却没有一个军官。当时我是多么地惊诧……"固然有些部队与本部队的军官一起来到塔夫里达宫，假如要说得准确一些，是把他们带在自己身边去的。军官们觉得自己像俘虏一样身处盛大的游行队伍之中。身为在押者的克莱恩米赫尔夫人目睹了这场戏剧，她表达得更加明确：军官们像一群被带向祭坛的公羊那样行走着。

不是二月革命在士兵与军官之间制造了不和，革命只是使它
280 们暴露出来了。在士兵的意识里，反对君主制的起义首先就是反对全体指挥官的起义。那些天还穿着军官制服的立宪民主党人纳博科夫回忆说："从 2 月 28 日早晨起，出门是危险的，因为有人开始撕下军官的肩章。"新制度的第一天，卫戍部队里的情况看来就是这样。

苏维埃执行委员会关心的头一件事就是让士兵跟军官实现和解。这除了表明要部队服从以前的指挥官以外，再没有别的意思。用苏哈诺夫的话来说，军官回到团里就必定能预先防止"普遍的混乱或者那些居心不良和纪律败坏的士兵长官的专制"。这些革命者也像自由主义者一样害怕士兵，而不是军官。其实工人和"居心不良的"士兵担心的所有灾难正是来自那些派头十足的军官一方。因此和解是不牢靠的。

斯坦凯维奇在描述士兵对革命后回到他们身边的军官的态度时这样说道："纪律遭到破坏以后，士兵不仅是在没有军官同行而且……在很多场合是在反对他们的情况下走出兵营的。他们甚至无情折磨正在履行自己职责的军官，原来他们是在完成解放的伟大功绩。如果这也算是功绩，如果军官自己现在也肯定这一点，那么他们为什么不带士兵上街——要知道这样做对他们来说是相当容易的，也是没什么危险的。现在胜利成为既成事实以后，军官们也参加到伟大事业中来了。然而这会是真诚与长久的吗？"这些话教益更大，因为说这话的人自己就属于那些并不想带领自己的士兵上街的"左翼"军官。

28 日清晨，在萨姆普索尼耶夫大街上，一个工兵部队的军官
对自己所部士兵解释说，“为大家所痛恨的政府已经被推翻了”，建
立了以李沃夫公爵为首的新政府，这就意味着必须像以往那样服
从军官。“而现在我要求你们待在兵营原地不动。”有几个士兵高
声回应：“甘愿效力！”而大多数人不知所措地望着：总共就只这些
吗？卡尤罗夫偶然看到了这一幕。他感到浑身发紧，“请您让我说 281
一句话，指挥官先生……”还没等应允，卡尤罗夫就提出了疑问：“3
天来工人在彼得格勒大街上流血难道是让一个地主接替另一个地
主吗？”在这里，卡尤罗夫抓住了问题的要害，他提出的问题涵盖了
最近几个月斗争的内容。士兵跟军官之间的对抗就是农民和地主
之间敌对关系的折射。

在外省的指挥官显然都已经收到了指令，他们按照一致的口径讲解事件：皇上因为为国操心而积劳成疾，所以只得把治理国家的重担转给自己的兄弟。士兵的反应在脸上就可以看得出来。一个在克里木半岛偏僻角落服役的军官发牢骚说：不管是尼古拉还是米哈伊尔反正都是一样的。可是，当次日清晨这位军官被迫向全营通报革命胜利的消息时，据他所说，士兵完全改变了态度。他们的疑问、姿势和眼神清楚地证明了：“某些人坚持对这些愚昧的、平庸的以及不习惯思考的头脑所做的长期而顽强的工作见了成效。”那军官的头脑不加多想就适应了彼得格勒的最后一封来电，而这些士兵用自己粗糙的手掌对事变进行独立的掂量，因此他们尽管很艰难然而还是诚心诚意地确立了自己对事变的态度，双方之间存在着多么大的鸿沟啊！

高级指挥官表面上承认了革命，总之还是决心不让革命蔓延

到前线去。大本营总参谋长命令各战线的总司令，在革命分子的代表团（为省略起见，阿列克谢耶夫将军给这类代表团起名为那帮家伙）出现在他们的辖区时，要立即把他们逮捕并就地移送战地法庭。第二天，还是这位将军以“他的殿下”尼古拉·尼古拉耶维奇大公的名义要求政府“制止目前在军队后方发生的一切”，换句话说就是要制止革命。

282　指挥部尽量拖延把革命的消息通知正在作战的部队，这与其说是出于对君主制度的忠诚，不如说是出于对革命的恐惧。有些战线真的建立了隔离防疫制度：从彼得格勒寄来的信件统统不让递送，扣押外来人员，如此一来旧制度从永恒那里窃得了几天额外的时间。革命的消息传到前线阵地的时间不会早于3月5—6日。到底是通过什么途径传来的呢？我们大概已经听说过了，大公被任命为最高总司令，沙皇为了祖国退位了，其余一切照旧。在很多或许甚至是在大多数战壕里，从德国人那里传来的革命消息比从彼得格勒传来的还要早。对于士兵来说，能不怀疑所有的长官都在阴谋掩盖真相吗？士兵们能对这些两三天后佩戴了红色领结的军官还有哪怕是一点点廉价的信任吗？

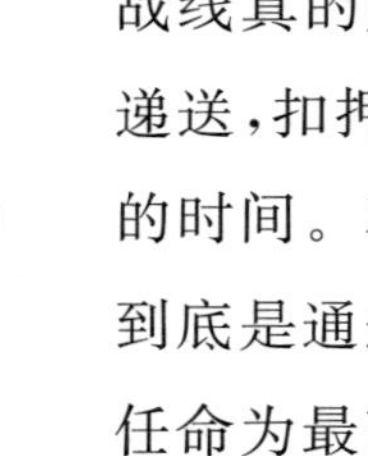



黑海舰队参谋长说过，有关在彼得格勒所发生事件的报道起初似乎没有对水兵产生明显影响。但是随着第一批社会主义报纸刚从首都送来，“一眨眼工夫，各分队的情绪就变了。有人开始集会，形同罪犯的鼓动员从缝隙中钻出来了”。这位海军将领确实不理解在他眼前发生的事情。不是报纸引起了情绪的改变。它们只是消除了士兵对变革深度的疑虑，并且让他们公开表露自己的感情，而且不担心来自长官方面的惩罚。还是上面那位作者用一句话便说明了黑海舰队军官其中包括他自己的政治面貌的性质："舰队大部分军官都认为没有沙皇，祖国将会毁灭。"民主派则认为，不把这样的灯塔返还给黑暗中的水兵，祖国就会毁灭。

陆军与舰队的指挥官本身很快就分成了两派：一部分人力图
维持自己已有的地位，于是去适应革命，报名加入社会革命党，有 283
人后来甚至企图钻进布尔什维克。另一部分人则相反，他们怒不
可遏，力图去反对新制度，但是很快就在某一场尖锐冲突中失败
了，最后被士兵的洪流冲刷掉了。类似派别分化的事是如此自然，
在一切革命中都曾反复出现过。拥护法国君主制度不肯妥协的军
官，用他们当中一个人的话来说，就是"还能斗争的时候就进行斗
争"。他们因士兵不服从自己所遭受的痛苦，还不如因高贵的同事
的屈膝行为所遭受的痛苦深。到最后，大多数旧军官被清除和镇
压，只有不大一部分因思想意识得到了改造而被同化。军官们只
不过是在一种戏剧性形式中共享了与自己相同出身的那些阶级的
命运而已。

一般说来，军队乃是其为之效力的那个社会的复制品，不同之处就在于它给各种社会关系赋予了集中的特点，并且使这些关系正面或负面的特征得到极端的反映。战争没有让俄国任何一名军人赢得声望，这绝非偶然。高级指挥官群体的形象被他们当中的一个人淋漓尽致地描绘出来了。"多余的是冒险侥幸、愚昧无知、妄自尊大、阴谋倾轧、投机钻营、贪得无厌、庸碌无能和毫无远见，"扎列斯基将军写道，"奇缺的是知识与才干，以及拿自己甚至自己的舒适生活跟身体健康去冒险的意愿。"作为首任最高总司令的尼古拉·尼古拉耶维奇与众不同的仅仅是他高大的身材和至尊的粗

鲁。阿列克谢耶夫将军平庸无能，像个部队里的老文书，整天忙忙碌碌的。作战勇敢的指挥官科尔尼洛夫的崇拜者甚至也认为他是一个头脑简单的人，后来克伦斯基政府的陆海军部长韦尔霍夫斯基谈论科尔尼洛夫时说他是公羊的脑袋狮子的心。布鲁西洛夫和海军上将高尔察克在文化与知识方面比其他人要强一些，不过也
284 是仅此而已。邓尼金并不是一个没有性格的人，但是在其他方面根本也就是一个读过五六本书的寻常军队将领。其后就是尤登尼奇、德拉戈米罗夫和卢科姆斯基之流，不管他们是不是讲法语，也不管他们喜欢浅酌还是狂饮，但他们终究全是些微不足道的人物。

不仅贵族的俄国，而且资产阶级和民主派的俄国的确都在军官团体里找到了自己的众多代表。战争把成千上万小资产阶级青年吸纳到军队里来了，他们充任军官、吏员、医生和工程师。这些人几乎毫无例外地站在把战争进行到胜利的立场上，觉得有必要采取一些大范围的措施，可是最终还是屈从了反动的上级。在沙皇制度下这样做是出于恐惧，而在革命过后则是由于信念，就如民主派在后方屈从资产阶级一样。军官中的妥协派分子后来分享了妥协派政党相同的厄运，不同之处就是前线的情形要激烈得多。在苏维埃执行委员会，还可以长时间保持模棱两可的态度；在士兵面前，这样做就比较困难了。

民主派军官和贵族军官之间的敌意与倾轧不可能让军队得到革新，它只会给军队增加一个瓦解因素。旧俄国决定了军队的面貌，这是彻头彻尾的农奴制面貌。军官们依然认为恭顺与唯唯诺诺的农村小伙子是最优秀的士兵，因为在他们中间人的个性意识还没有被唤醒。倚靠原始耕作、农奴制度和农村公社的“民族”传

统即苏沃洛夫传统就是如此。18 世纪，苏沃洛夫用这种材料创造了奇迹。在自己塑造的普拉东·卡拉塔耶夫这个形象身上，列夫·托尔斯泰带着贵族老爷的怜爱把毫无怨言地屈从上天、专制与死亡的旧式俄国士兵理想化了（见《战争与和平》）。法国革命开创了 285
个人主义对人类活动所有领域进行大规模干涉的先例，从而把苏沃洛夫式的军事艺术钉上了十字架。从法国革命到俄国革命之间的 19 世纪以及 20 世纪期间，沙皇军队作为农奴制军队难免总是打败仗。在这种“民族”土壤里成长起来的指挥人员的特点就是蔑视士兵的人格、清朝式官僚消极的精神状态，对自己职业领域的一无所知，以及英雄气概的彻底缺失和大行其道的狡诈奸猾。维持军官的威信靠的是挂在外衣上的勋章，下级尊敬上级的礼仪和惩罚制度，甚至要靠约定的特殊语言。士兵对军官回话时得用“正是这样”、“的确不是”、“不能知道”这类奴隶式的专用语言。沙皇的统帅们口头上接受了革命并且对临时政府宣了誓，从而很便利地就把自己个人的罪过推给了已经垮台的专制王朝。他们慷慨地同意宣布尼古拉二世是为过去的一切承担责任的替罪羊。不过他们再也没有前进一步了！他们哪里能明白，革命的道德本质就在于那些人群的精神焕发，而他们曾经把自己的全部幸福建立在这些人群的精神呆滞之上。被任命担任战线指挥官的邓尼金在明斯克宣布：“我完全无条件地接受革命，但是军队实行革命以及把蛊惑宣传带进军队的行为对国家来说是毁灭性的。”这真是将军式冥顽的经典公式！至于说那些普通的将军，那么他们正如扎列斯基所说的只有一个要求：“不要招惹我们，其余都与我们不相干！”可是，革命不会不招惹他们。出身特权阶级的他们什么都不能赢得，反

倒要失去很多。威胁他们的不仅是指挥特权的丧失，而且还有土地所有权的丧失。在效忠临时政府的掩护下，反动军官对苏维埃
286 展开了越来越猛烈的斗争。就在他们确信革命不可阻遏地向士兵群众和宗法农村深入渗透的时候，他们在这里看到了来自克伦斯基、米留科夫甚至罗将柯方面闻所未闻的背信弃义行为。至于布尔什维克，那就什么都不用说了。

舰队的生活条件与陆军相比，其孕育活生生的内战萌芽的程度总是不知要大多少倍。士兵被强行塞进钢铁盒子一待就是好几年，他们的生活与苦役犯人一直没有什么区别，甚至在饮食方面也是如此。贴近水兵的军官多数出身于特权阶层，他们根据自己的志向选择在海军服役，这些人把祖国与沙皇，也把沙皇与自己视为一体，却把水兵看作是军舰上最不值钱的部分。形同陌路的双方和各自封闭的两个世界却同处在一个紧密接触的环境里，谁都避不开对方的视线。舰队船只的基地设在沿海工业城市，那里有为建造和修理舰船所必需的大量工人。此外，军舰本身的机械操作船员与技术人员的队伍中也有不少熟练工人，这些就是把海军舰队变成革命水雷的条件。所有国家的革命和军事暴动当中，水兵都是最有威力的爆炸物。只要一有可能，他们几乎总是无情地镇压本部的军官，俄国的水兵也不例外。

在喀琅施塔得，伴随革命发生了针对指挥官的流血报复，后者因为自己过去的作为感到胆战心惊，进而竭力对水兵隐瞒革命的消息。理应让人痛恨的舰队司令维伦海军上将成了首批牺牲者之一。一部分指挥官被水兵拘押了，仍然自由的军官则被收走了武器。

在赫尔森福斯和斯维亚堡，直到 3 月 4 日晚上海军上将涅佩宁都不允许任何来自彼得格勒的消息传进来，同时用惩罚措施恐 287
吓水兵和步兵。因此那里的暴动也就更为猛烈，持续了一夜又一天。许多军官被捕了，水兵还把最使人痛恨的军官沉到了冰下。对“居心不良当兵的”绝不宽容的苏哈诺夫写道：“根据斯科别列夫对赫尔森福斯当局和舰队当权者行为的介绍来判断，此类无法无天的行径竟然如此之少，这必定叫人感到大惑不解。”

但是陆军部队也并非没有发生流血镇压，而且它经历了好几次浪潮。起初，这种惩罚是对过去，对粗暴侮辱士兵行为的报复。各种回忆录中并不乏类似脓疮那样的痛苦事件。从 1915 年起，沙皇军队正式实行用树枝抽打士兵的纪律处罚。军官可以肆意鞭笞往往是一家之主的士兵。可是事情不总是仅仅与过去有关。在全俄苏维埃代表会议上，有个报告人就军队问题指出，早在 3 月 15—17 日间，关于对士兵施行体罚的命令就下达到了作战部队。一位从前线回来的杜马代表讲到，军官不在场的时候，有哥萨克对他说：“您说说看，这就是那个命令(大概是有名的‘一号命令’，后面还会提到它。——托洛茨基)。命令是昨天收到的，可是今天指挥官还打了我嘴巴。”布尔什维克也是如此频繁地四处劝阻士兵不要采取过激行动，正如妥协派分子所做的那样。不过，这也像射击时后坐反冲力一样，流血报复同样是不可避免的。不论怎样，自由主义者把二月革命称为不流血的革命，除了革命让他们和平取得政权外，再也没有别的什么根据了。

有些军官居然利用红领结挑起激烈的冲突，而红领结在士兵心目中是跟过去决裂的象征。苏梅团团长就是因这事被打死的。

288 有一个军长由于要求新增补的人员摘下红领结而被士兵抓了起来并且关进了禁闭室。不少冲突是因为没有从官方场所取下沙皇肖像而引发的。现在还在挂沙皇肖像是表示对君主制度的真诚吗？在大多数场合它只不过是不相信革命能持久稳固以及出于个人保险起见罢了。但是士兵在沙皇肖像后面看到了旧制度隐藏起来的幽灵，这并不是没有根据的。

不是上层深思熟虑的措施，而是下层的突发运动造就了军队的新制度。军官执行纪律的权力既不是被取消的，也不是被限制掉的，它在3月头几个星期简直就是自行崩溃的。黑海舰队参谋长说："假如一个军官要尝试对士兵实行纪律处罚，那么他是没有能力执行这样的处罚的。这是很清楚的事情。"真正的人民革命的标志之一就在这里。

随着执行纪律权力的丧失，军官事实上无能为力的处境不管用什么都是掩盖不了的。斯坦凯维奇——既不能否认他的观察，也不能否认他对军队事务的关注——从以下这一点对指挥官们做出了令人沮丧的评论：操练还在按根本不适应战争需要的老条令进行，"干这种差事不过是为了锻炼士兵的耐心与服从而已"。不用说，军官企图把自己无能为力的过失推到革命身上去。

对无情镇压显得急躁的士兵同时又充满了幼童般的轻信与不能自已的感激之情。在一段短时间内，身为神职人员和自由主义者的杜马代表菲洛年科向前线战士展示出自己很像是一个解放思想的体现者，一个革命的牧师。陈旧的教会观念跟新的信仰古怪地结合起来了。士兵把这位牧师抬了起来，把他举过头顶，小心翼翼地把他扶上雪橇。后来高兴得喘不过气来的他向杜马报告："我

们真是难舍难分，他们亲吻了我的手和脚。”这位代表以为杜马在 289
军队里享有崇高的威望，其实是革命享有威望。也正是革命把令人目眩的反光投射到了个别偶然得势的人物身上。

古契柯夫在军队上层采取的象征性清洗——撤换了几十名将军——丝毫没有使士兵感到满意，而同时却在高级军官中招致了不满情绪。每个人都担心出现不合时宜的事情，大多数人随波逐流，左右逢源，却又露出了藏在口袋里的拳头。与士兵面对面发生冲突的中下级军官的处境越来越不妙了。这里还根本没有来自政府的清洗。有一个炮兵连的士兵寻求合法途径，他们致函苏维埃执行委员会和国家杜马告自己指挥官的状：“弟兄们……我们最恭敬地请求把我们内部的敌人万切哈扎撤职。”由于没有得到答复，士兵们开始像往常一样用自己的方式——不听指挥、排挤甚至拘捕——行动起来。只是在此之后，长官们才猛然醒悟过来，他们装作没有看见有人遭到逮捕和毒打。有时他们也企图惩罚士兵，但更常见的是通过放弃处罚来避开士兵，目的是不让事情变得过于复杂。这就给军官们造成了一种极为难堪的处境，同时又不会给士兵的处境带来任何确定性。

就连许多严重关切军队命运的作战部队军官也坚持有必要对整个指挥员队伍进行全面的清洗。他们深信，不这样做就别想恢复部队的战斗力。士兵向杜马代表提供了不少令人信服的理由。以前当他们受到凌辱时，他们必定向长官诉过苦，而后者通常是不会怎么注意的。如今事情又怎样呢？要知道长官还是原来的长官，这就意味着诉苦的命运依然如故。“要回答这个问题很困难。”
有位杜马代表承认说。其实这个简单的问题掌握着军队的全部命 290

运，也预先决定了它的未来。

军队内部的相互关系在全国范围内，在各个军兵种以及在各个部队之内不一定是相同的。不是的，形形色色的差异是很突出的。如果说波罗的海舰队的水兵是用镇压军官来响应第一个革命消息，那么就在它旁边的赫尔森福斯的卫戍部队直到 4 月初的时候，军官还在士兵苏维埃中还占据着领导地位。一个威风凛凛的将军还代表社会革命党在苏维埃举行的一次庆典上发表了演说。这种仇视与信任的反差现象并不少见。但是整个军队毕竟是一个由互相连通的管道组成的系统，步兵和水兵的政治情绪在不断向同一水平看齐。

在士兵还抱有会发生迅速而确定的改变的希望时，纪律尚能勉强得以维持。用一位前线代表的话来说就是："然而当士兵发现一切仍然是老样子，无论压迫、奴役、愚弄还是侮辱都没有改变的时候，骚乱就开始了。"没有想到用忍辱负重武装人类大多数的造物仿佛是出于故意又给了士兵一套神经系统。革命的作用就是为了时刻提醒这双重的疏忽。

像在前线一样，有些意想不到的理由在后方也很容易引起冲突。士兵获得了"与全体公民平等"自由进入剧院、会场、音乐厅以及其他场所的权利。许多士兵则把这解释为免费看戏的权利。部长向他们解释说，"自由"应当理解为一个抽象概念。可是，起义的人民群众任何时候既没有表露出倾向柏拉图主义，也没有表露出倾向康德学说。

在不同的阶段，纪律这块已经用破了的布在各卫戍部队或其他部队以不同的方式撕成了碎片。指挥官总是错误地以为，在某

些报纸和鼓动人员从外面进来之前,他率领的团或者师一切都是 291
好好的。而实际上这是更加深刻的和不可抗拒的力量工作的结果。

自由主义杜马代表雅努什凯维奇从前线带回了一个结论:在由庄稼人组成的"不成熟的"部队里,秩序混乱的情况更为严重。"在更为革命的部队里,士兵同军官能很好地和睦相处。"纪律实际上在两个极端维持得最久:一个是由富裕农民组成的特权骑兵,一个是工人与知识分子占比例很高的炮兵,总之是技术性兵种。害怕土地革命的私有者哥萨克坚持得更久一些,因为土地革命只会让他们中的大多数丧失利益,而不能得到什么。个别哥萨克部队在革命以后还执行过镇压任务。但是总的来说,所有这些差异都只体现在军队瓦解的速度和期限方面。

在暗中较劲儿的斗争中,有其自己的涨潮与落潮。军官们竭力掩盖自己的真实面目来适应。士兵们则再次开始等待。可是经过一段时间的缓和,经过几天和几个星期的休战,瓦解着旧制度军队的社会仇恨达到了更高的紧张程度。它越来越频繁地爆发出悲剧的闪电。在莫斯科的一个马戏院里,举行了一场有残疾的士兵和军官一起参加的会议。一位残疾发言人在讲台上厉声咒骂军官,结果抗议声、跺脚声、手杖和拐棍的敲击声响成一片。"军官先生,你们不是用树枝和拳头欺凌士兵很久了吗?"这些外伤、内伤与重伤致残的人之间也树起了一道互相对立的高墙,残疾士兵与残疾军官、多数与少数、拐杖与拐杖之间的高墙。在马戏院这座噩梦舞台上,已经在酝酿行将到来的国内战争的猛烈风暴。

*　　*　　*

292 像整个国家一样，笼罩在军队各种关系与矛盾之上的问题只有一个，它用一个简短的名词来称呼那就是——战争。从波罗的海到黑海，从黑海到里海，更进一步深入到波斯内地，在无比辽阔的前线，分布着 68 个步兵军和 9 个骑兵军。以后它们的命运将会怎样？战争结果又将怎样？

革命开始之际，军队的军需品供应领域已大大加强。国内的战争所需物资的生产提高了，同时从盟国经摩尔曼斯克和阿尔汉格尔斯克运进来的军用物资，特别是大炮增多了。步枪、大炮、弹药的数量比战争初期增加了不知多少。好几个新的步兵师正在完成扩编。工程部队也得到了扩充。据此，几位不太走运的将军后来力图证明，俄国当时已经处在胜利的前夕，而阻碍获胜的唯一因素就是革命。12 年前，库罗帕特金和利涅维奇以同样的理由断定，是维特阻碍了他们去击溃日本人。到 1917 年年初，实际上俄国离胜利比以往任何时候都更加遥远。1916 年年底，与作战物资供应不断增加同时出现的是军队的食品供应严重不足。斑疹伤寒和坏血病导致的死亡比战斗还要多。运输的混乱使军队调动变得越来越困难。单是这一点又使得与大规模重新部署兵力密切相关的战略布局化为乌有。此外，马匹的严重缺乏往往又让大炮动弹不得。然而根本问题还不在这里，而是军队的精神状态变得无可救药了。可以这样断定：这支军队已经不成其为军队。失败、撤退还有掌权者的肮脏行径彻底毁掉了军队。这不是用行政措施能够修复过来的，就如不能用它们来修复国家的神经系统一样。现在
293 士兵望着成堆的炮弹就像看见成堆长蛆的肉一样，感到极端恶心。

他觉得所有这一切都是不需要的和没有用的东西，都是欺骗和偷窃。军官也无法向他们说出有说服力的理由，也不敢拧他们的脸颊了。军官认为自己受了上级指挥官的骗，同时在士兵面前往往因自己是他们的上级而觉得有过错。军队已经患上了无法治愈的疾病。不过它还是有用的，那就是在革命中发出自己的声音。可是就作战而言，它已经不复存在了。谁也不相信战争会取得胜利，军官跟士兵一样，同样很少相信这一点。谁也不愿意继续打下去——无论军队还是人民。

高级办公室里的人确实在过着特殊生活，出于惯性他们还在那里大谈重大战役，大谈春季攻势，大谈夺取土耳其海峡。为了实现最后那个目标，甚至在克里木半岛集结了大量兵员。有报道称登陆的任务交给了最精锐的部队。为此还从彼得格勒调来了近卫军人。不过，据一个同他们一起执行任务的军官 2 月 25 日（即革命爆发之前两天）讲述，新补充的队伍真是糟透了，在这些人浅蓝色、暗棕色和灰黄色的冷漠眼神中，看不出有丝毫作战的意愿……“他们的全部想法，他们的全部企求只有一个——和平。”

类似的证据还有不少。革命只不过展现出了在其发生之前就已形成的局面。因此，“打倒战争”的口号成了二月危机的主要口号之一。它是由妇女的游行示威、由维堡区的工人，由近卫军的营房喊出来的。

3 月月初杜马代表在前线巡视期间，士兵特别是老年士兵免不了总是发问：“关于土地他们说了些什么？”代表们闪烁其词地回答说，土地问题要等将来的立宪会议来解决。此刻便有人会喊出一般深藏在内心的想法：“说到土地——假如我人都不在了，还要土地干什么?”原来这就是士兵最基本的纲领:开始是和平,然后是土地。

294 在3月月底举行的全俄苏维埃代表会议上出现了不少爱国主义的自吹自擂。一位战壕里的士兵代表十分真实地报告了前线是怎样领会革命消息的:“所有的士兵都在说,感谢上帝,和平也许现在就会降临。”战壕还委托这位代表转告大会:“我们准备为自由献出生命,但是,同志们,我们仍然希望结束战争。”这是反映现实状况的痛切之声,特别在委托报告的后半部更是如此。如果需要的话,我们还可以忍耐忍耐,不过,但愿上层的人赶紧去谋求和平吧。

在法国的沙皇军队(这对它们来说完全是十分别扭的环境)为同样的感情所激发,也经历了军队在本国同样的瓦解过程。“我们一听说沙皇退位了,”身在异国的一个年逾中年的不识字农民对军官表白,“马上就想到,这等于说战争已经结束了……要知道是沙皇派我们来打仗的……如果我们还得在战壕受罪,那我还有什么自由可言?”这是正版的士兵革命哲学。它不是从外面灌进来的,如此简单明了而很有说服力的话是任何一个鼓动员都想不出来的。

事情过后,自由主义者和半自由主义的社会主义者企图把革命说成是爱国主义的暴动。3月11日,米留科夫对一群法国记者说明:“俄国革命的发生就是为了扫除在俄国通向胜利道路上的障碍。”在这里,口是心非与自我陶醉是并肩而行的,尽管口是心非的成分想必要多一些。有些露骨的反动分子看得更清楚。冯·司徒卢威是德国出身的泛斯拉夫主义者,由新教徒改宗的东正教徒,从马克思主义者变身的君主主义者。虽然使用了反动派的仇恨语言,他还是差不多找到了发生革命的真正根源。他这样写道:“既然参加革命的是人民群众，其中也包括士兵群众，那么革命就不是爱国主义精神的爆发，而是通过肆意妄为的破坏性复员来直接反 295
对继续战争。也就是说，革命是为了停止战争而发动的。”

这些话固然含有正确的见解，但同时也含有诽谤诬蔑。破坏性复员实际上是从战争中产生的，它不是革命造成的，相反，革命甚至阻止过它。革命前肆无忌惮的士兵逃跑现象在革命后头几个星期减弱了。军队在等待。士兵们在革命能带来和平的希望中并没有放弃用双肩撑住前线，因为不这样的话，新政府便不可能缔结和约。

3 月 23 日，掷弹兵师师长报告称：“士兵表明了观点，说我们只能防守，不可能进攻。”各种各样的军事报告和政治报告都在不断重复这种看法。老革命家和未来布尔什维克的最高总司令克雷连柯准尉也证实，在士兵看来，当时解决战争问题要遵循的公式是：“战线应该坚守，但不发动进攻。”用更庄严而又最坦率的语言来表达，这里的意思就是捍卫自由。

“刺刀不能往地里扎！”在躁动和抵触情绪的影响下，那时士兵往往听不进布尔什维克的话。或许是因为对某些比较蹩脚的演说印象不好，他们便以为布尔什维克不关心如何保卫革命，也可能阻碍政府缔结和约。士兵比社会爱国主义的报纸和鼓动员更加相信这一点。虽然有时不让布尔什维克出来发表意见，但是士兵从革命的第一天起就断然否定了前线进攻的主张。对首都的政治家而言，这像是一个误会，如果好好地对士兵加点压力，它是可以消除的。为战争而开展的宣传鼓动一时间又甚嚣尘上了。数百万份资产阶级报纸大肆渲染革命的任务就是要把战争进行到胜利。妥协 296

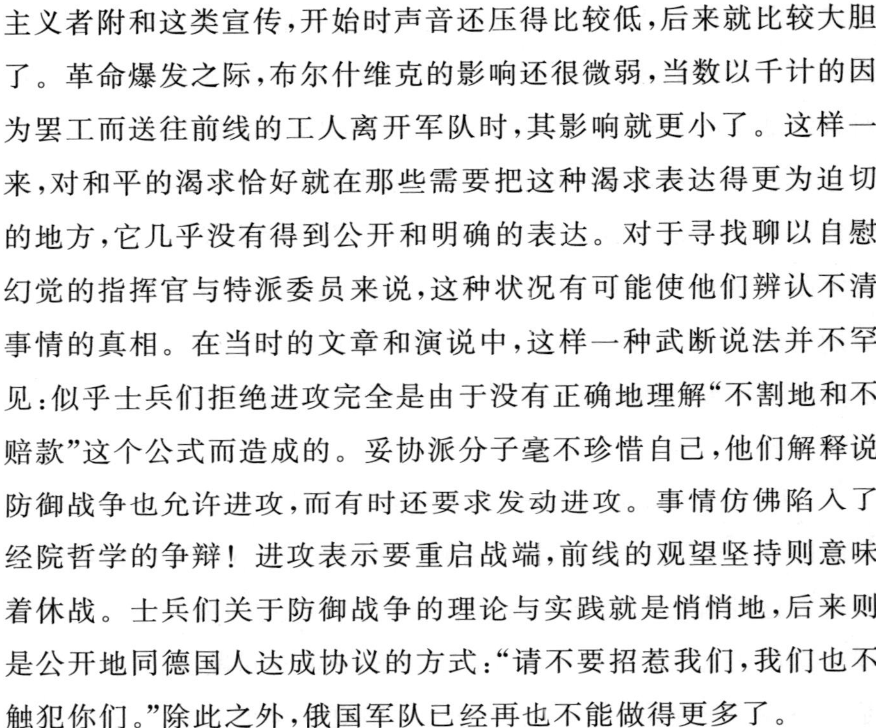

主义者附和这类宣传，开始时声音还压得比较低，后来就比较大胆了。革命爆发之际，布尔什维克的影响还很微弱，当数以千计的因为罢工而送往前线的工人离开军队时，其影响就更小了。这样一来，对和平的渴求恰好就在那些需要把这种渴求表达得更为迫切的地方，它几乎没有得到公开和明确的表达。对于寻找聊以自慰幻觉的指挥官与特派委员来说，这种状况有可能使他们辨认不清事情的真相。在当时的文章和演说中，这样一种武断说法并不罕见：似乎士兵们拒绝进攻完全是由于没有正确地理解“不割地和不赔款”这个公式而造成的。妥协派分子毫不珍惜自己，他们解释说防御战争也允许进攻，而有时还要求发动进攻。事情仿佛陷入了经院哲学的争辩！进攻表示要重启战端，前线的观望坚持则意味着休战。士兵们关于防御战争的理论与实践就是悄悄地，后来则是公开地同德国人达成协议的方式：“请不要招惹我们，我们也不触犯你们。”除此之外，俄国军队已经再也不能做得更多了。



然而，士兵越来越不听信好战叫嚣的训话，因为反动军官借口准备进攻露骨地试图把缰绳牢牢控制在自己手里。士兵的日常生活中出现了这么一句话：“刺刀是对付德国人的，枪托是对付内部敌人的。”不论何种场合，刺刀也有防御的功能。战壕里的士兵并不去想什么海峡。对和平的渴望在心底里汇成了一股威力无比的洪流，它定将很快往外迸发。

米留科夫并不否认军队在革命前就已经“显露出”消极现象，可是在革命过后相当长一段时间里，他还力图坚持军队有能力完成协约国给它指定的任务的断言。身为历史学家的他写道：“布尔
297 什维克的宣传远不是很快就到达了前线。革命后头一个月或一个

半月内军队仍然是健全的。”全部问题都被认为是出在宣传方面，似乎历史过程是宣传所完成的。米留科夫在与布尔什维克（他显然把一种神秘力量附加在布尔什维克身上）展开为时已晚的斗争的幌子下，实际上是在与事实展开格斗。我们已经看到，军队实际上是一副什么模样。现在让我们来看一看，革命过后最初几个星期甚至几天内指挥官自己是怎样评价军队战斗力的。

3月6日，北方战线总司令鲁兹斯基将军向苏维埃执行委员会通报说开始出现了士兵根本不服从指挥当局的情况；为了让军队得到哪怕是稍稍的安定，有必要请有名望的活动家到前线来。

黑海舰队参谋长在自己的回忆录中是这样说的：“在我看来，战争无法再打下去了，它已经输了，这事从革命的第一天就很清楚了。”据他说，高尔察克也有同样的看法。后者之所以还留在舰队司令的职位上，那也仅仅是为了使全体军官免受暴力侵害。

在近卫军队内官居高位的伊格纳季耶夫伯爵3月致信纳博科夫说，务必要让自己看清楚，战争结束了，我们现在不能今后也不能继续战斗下去了。聪明人应该想出无痛苦结束战争的办法，否则将会大祸临头……也是在这个时候，古契柯夫告诉纳博科夫，他也收到了很多这样的信件。

有些表面看来比较正面的评论难得一见，却往往又被附加说明抵消了。第二集团军司令达尼洛夫说：“军队仍然保留着对胜利的渴望，在有些部队甚至还加强了。”然而紧接着他又指出：“纪律涣散了……进攻行动最好拖到紧张局势缓和下来（1—3个月）时
再说。”接下来又补充说：“补充的新兵员只到了一半；如果日后他 298
们继续这样渐渐消失，继续这样不守纪律，要指望进攻取得成功是

不可能的。”

作战勇敢的第五十一步兵师师长报告：“我师完全有能力胜任防御作战行动。”旋即却加一个补充说明：“让军队摆脱士兵代表和工人代表很有必要。”可是事情根本没有这么简单！

第一百八十二师师长向军长报告说：“为一些看起来是小事而实质上是大事发生的争吵日见频繁，士兵尤其是军官为此越来越焦躁不安了。”

这里所列的暂时还只是一些零星分散的证词，尽管它们多极了，然而就在 3 月 18 日那天，大本营召开了一次高级军官会议，讨论军队的现状。各个核心机关得出的结论是一致的。“最近几个月不可能向前线补充所需数量的兵员，因为所有后备部队都发生了骚动。军队正在经受病痛。本来军官跟士兵的关系只要还过两三个月就能调整好。（将军们还不明白病痛只会逐步加剧。——托洛茨基）可就在此刻，军官队伍中出现了精神颓丧的情形，部队里闹起了风潮，许许多多的人开了小差。军队的战斗力降低了，这时候指望军队向前挺进是很困难的。”结论：“现在就执行春季拟定的进攻行动是条件所不许可的。”

这几个星期过去以后，接下来的形势继续迅速恶化，其证据真是不胜枚举。

3 月月底，第五集团军司令德拉戈米罗夫将军写信给鲁兹斯基将军称：“战斗情绪低落。士兵不仅丝毫没有进攻的愿望，就连防御所需的那种一般的抵抗精神也降低到了威胁战争结局的程
299 度……广泛支配军队一切阶层的政策……迫使全体军人都在等待一件事——停止战争回家去。”

反动的大本营中坚人物之一卢科姆斯基将军对新制度十分不满，革命初期他转任军长。据他本人所说，他发现只是在炮兵和工兵部队纪律还得以维持，因为那里有很多骨干军官和士兵。“至于那三个步兵师，正在走向全面的崩溃。”

革命之后出于希望而一度有所缓解的开小差现象，在失望情绪的影响下重新泛滥起来了。据阿列克谢耶夫将军通报说，4 月 1—7 日的一个星期内，大约有 8000 名士兵从北方战线和西方战线逃跑了。他还致信古契柯夫说：“我以极其震惊的心情阅读那些不负责任的人提供的关于军队情绪‘良好’的报告。目的是什么？德国人不会受骗的，而对自己却是致命的自欺行为。”

必须指出的是，前面几乎没有任何地方谈到布尔什维克，大多数军官简直还没有领会这个可怕的名称。如果说报告中提高调门谈论到了军队瓦解的原因，那么它们不外是报纸、鼓动人员、苏维埃、“政策”，总之一句话，就是二月革命。

还可以见到其他一些希望一切都将平安过去的乐观主义长官，更多的则是为了不引起新政权的厌恶而故意闭眼不看现实的人。不过，与此相反，相当多的指挥官特别是高级指挥官有意识地夸大了崩溃的迹象，以便争取当局采取坚决的措施，可是他们自己不能或者说不敢直接说出来。然而基本情景是没有什么争议的。在对重病缠身的军队实施突然打击以后，革命使军队不可挽回的崩溃瓦解过程具有了政治的形式，这种形式一个星期比一个星期更清晰地显示出它的残酷无情。革命不仅把对和平的强烈渴望，300
而且一般说来也把士兵群众对全体指挥官以及对整个统治阶级的仇恨推向了极端。

4 月中旬，阿列克谢耶夫亲自向临时政府提出了一份关于军队情绪的报告，而且看来他不惜加以大肆渲染。“我清楚地记得，”纳博科夫写道，“笼罩着我的是何等恐怖和绝望的感受。”可以猜想得到，米留科夫出席了听取报告的会议（它只能在革命后头六个星期内举行），极有可能正是他请来了阿列克谢耶夫，企图以此恐吓自己的同僚，继而通过他们来恐吓自己的社会主义朋友。在这以后，古契柯夫确实与苏维埃执行委员会的代表进行过讨论。他大发牢骚说：“极其危险的停战行动开始了。直接抗命的事件也记录在案了。命令须在军队组织和公共集会事先展开讨论。有些部队没有人愿意听有关发起进攻战的言论……”古契柯夫还不无根据地指出：“当人们希望明天就要得到和平的时候，那么今天不可能让自己献出头颅。”这位陆海军部长由此得出结论：“必须停止高声谈论和平。”正因为革命教会了人们大声说出以前只能暗地里苦想的东西，所以这就意味着：必须结束革命。



当然，从战争的第一天起，士兵就既不愿死去，也不愿打仗。不过他这样做就像炮队的马匹不愿意拖拽着沉重的大炮在泥泞中行走一样。也像马匹一样，士兵并没有怎么想如何才能摆脱压在他身上的重负。原先在他的意志与战局之间没有任何联系，革命为他建立了这种联系。对于数百万士兵来说，它开始表明过上好生活首先是过上普通生活的权利，让自己的生命远离子弹和炮弹之害的权利，同样还有使自己的身体远离军官的拳头的权利。前面已经就这方面的问题说过，军队的基本心理过程就是唤醒人格。
301 有教养的阶级把往往采取无政府主义形式的个人主义火山爆发视为对民族的背叛。其实，一个用毫无人格的史前粗糙材料做成的民族只有在士兵的激烈发言中，在他们无法遏止的抗议中，甚至在他们流血的过激行为中才能成熟起来。如此仇视资产阶级的群众个人主义的广泛传播，恰恰是作为资产阶级革命的二月革命的性质激发出来的。

可是，这不是它的唯一内容，因为除开农民和他们当兵的儿子以外，参加革命的还有工人。他们早已意识到了自己的人格，他们不仅带着对战争的仇视，而且带着与之进行斗争的想法参加战争。于是对他们而言，革命不仅意味着单纯的胜利事实，而且意味着他们的思想取得了局部胜利。推翻君主制度对他们来说只是登上了第一个台阶，而他们不会停留在这个台阶上，他们要急于向另一个目标前进。对于他们来说，全部问题就在于士兵和农民到底在多大程度上继续支持他们。“假如我都不在地球上了，我还要土地干什么？”士兵问道。“假如通向自由的钥匙掌握在老爷手里，我还为什么要自由？”跟着工人站在不让他进去的剧院大门口的农民说。于是，透过二月革命的极度混乱，十月革命钢铁般坚强的特性已经显露出来了。

302

# 第十四章　当权者与战争

临时政府和苏维埃执行委员会想为这场战争以及这支军队做些什么呢？

首先需要了解自由派资产阶级的政策，因为它是第一小提琴手。表面上看，自由主义的军事政策依然是进攻性爱国主义的、掠夺性的和不妥协的，实际上它是自相矛盾的、背信弃义的并且很快就演变为失败主义的政策。

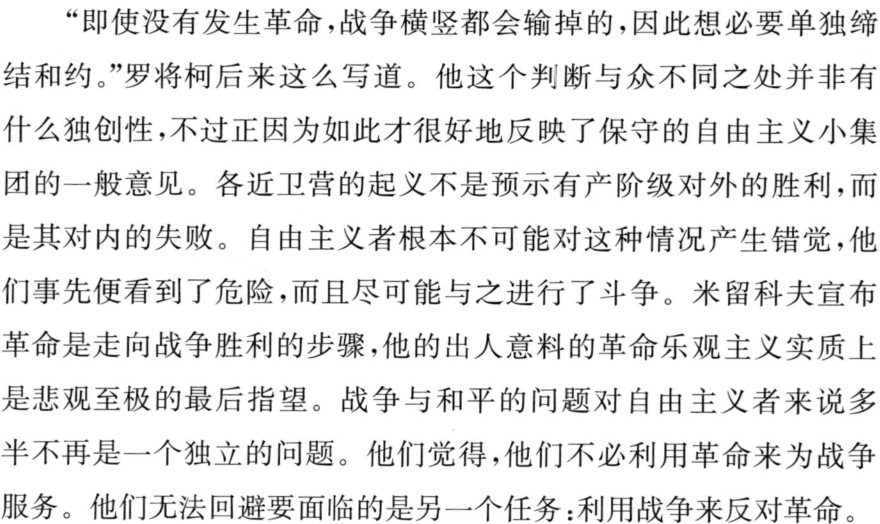

“即使没有发生革命，战争横竖都会输掉的，因此想必要单独缔结和约。”罗将柯后来这么写道。他这个判断与众不同之处并非有什么独创性，不过正因为如此才很好地反映了保守的自由主义小集团的一般意见。各近卫营的起义不是预示有产阶级对外的胜利，而是其对内的失败。自由主义者根本不可能对这种情况产生错觉，他们事先便看到了危险，而且尽可能与之进行了斗争。米留科夫宣布革命是走向战争胜利的步骤，他的出人意料的革命乐观主义实质上是悲观至极的最后指望。战争与和平的问题对自由主义者来说多半不再是一个独立的问题。他们觉得，他们不必利用革命来为战争服务。他们无法回避要面临的是另一个任务：利用战争来反对革命。

关于战后俄国在全世界的处境问题——旧的债务与新的贷款，资本市场与销售市场，现在当然还摆在俄国资产阶级领袖的面前。然而不是这些问题直接决定其政策。如今，要做的事情并不是保证俄国资产阶级有一个最有利的国际环境，而是挽救资产阶 303
级制度本身，哪怕为此要付出俄国不断衰弱的代价。这个受了重伤的阶级说：“开头必须恢复健康，然后让事情走上正轨。”恢复健康等于说要收拾革命。

保持战争感召力和沙文主义情绪，为资产阶级与民众，首先是与军队，建立了一道反对所谓革命掘进者的、唯一可能的政治联系。其任务就在于对人民把从沙皇那里连同旧盟国和旧目标一起继承过来的战争说成是新的战争，是保卫革命的成果和希望的战争。能做到这一点那是值得的，可是怎样做到呢？自由主义坚持打算把昨天为它反对拉斯普京团伙效劳的所有爱国主义舆论机构引导来反对革命。既然挽救作为反对人民的高等法院的君主制没有成功，那就需要更加紧紧地抓住盟国，因为在战争时期，协约国无论如何都代表着上诉法院，而且是比本国君主制所能显示的力量还要强大得多的上诉法院。

继续战争就必定会替保持旧有的军事和官僚机构，拖延召开立宪会议以及让革命的国家服从前线即服从与自由派资产阶级沆瀣一气的将军团进行辩护。所有的国内问题，首先是土地问题以及所有社会立法在战争结束以前都要搁置起来，战争结束这事本身在取得胜利之前也要搁置起来，可是连自由主义者也不相信战争能够取得胜利。于是消耗敌人的战争变成了消耗革命的战争。这也许不是在正式会议上事先讨论和评估过的完整计划。不过没有必要这样做。该计划是自由主义此前全部政策和革命造成的既 304
定形势得出来的。

不得不走上战争道路的米留科夫当然没有事先就拒绝参与瓜分战利品的理由。要知道盟国获胜的希望完全是可以实现的，而且随着美国参战，这一希望大大增加了。诚然，协约国是一回事，而俄国则是另一回事。俄国资产阶级的领袖历经数年学习之后懂得，在俄国经济和军事都走向衰竭的情况下，协约国对中欧帝国的胜利定将变成对俄国的胜利。因为无论发生什么变化，到摆脱战争时，俄国一定是遍体鳞伤和极端衰弱的。可是，自由主义的帝国主义者决心有意识地闭眼不看这种前景，因为对他们来说，已经没有任何别的选择了。古契柯夫在自己的圈子里公然宣称，只有奇迹才能挽救俄国，而对奇迹寄予的希望构成了他身为陆海军部长的纲领。基于国内政策的考虑，米留科夫也需要胜利的神话。至于他自己在多大程度上相信它，则没有什么意义。不过他一再顽固地坚持君士坦丁堡应该是我们的。在这事上，他总是带着自己特有的厚颜无耻来行事。3 月 20 日，这位俄国外交部长劝说盟国大使出卖塞尔维亚，以便通过这一途径来收买保加利亚背叛中欧帝国。法国大使听罢双眉紧锁，可是米留科夫仍然强调“在这个问题上必须抛弃感伤主义的考虑”，从而也就顺便抛弃了自第一次俄国革命失败以来他就一直鼓吹的新斯拉夫主义。难怪早在 1882 年恩格斯在写给伯恩施坦的信中就指出了：“俄国泛斯拉夫主义的全部欺骗实质上是什么呢？就是要侵占君士坦丁堡——仅此而已。”（《马克思恩格斯全集》第 35 卷，第 272—273 页）

昨天还是针对宫廷奸党的亲德主义甚至接受德国人贿买的指控，今天转而成了反对革命的带毒锋刃了。时间越长，立宪民主党
305 人的谈话与文章中的上述腔调也越大胆、越响亮和越蛮横。还没

有夺取土耳其海峡，自由主义就搅浑了革命的源头，并且往革命的水井里投了毒。

不管怎样，革命以后在战争问题上，远不是全部自由主义领导人，至少不是马上采取了毫不妥协的立场。很多人还处在革命前那种与单独媾和相关的情绪氛围中，后来有些立宪民主党领导人非常坦白地谈到了这一点。据纳博科夫本人承认，3 月 7 日他就已经同政府成员谈论过单独媾和的问题。有几个立宪民主党中央委员试图共同向该党领导人证明继续战争是不可能的。用诺尔德男爵的话来说就是："米留科夫以他特有的冷静明晰证实，战争的目标一定要达到。"此刻已经与立宪民主党走得很近的阿列克谢耶夫将军附和米留科夫，他断言"军队有可能振作起来"。显然，总参谋部这位灾难缔造者以振作军队作为自己的天职。自由主义者和民主主义者当中一些人比较天真幼稚，他们不了解米留科夫的方针，还认为他是一个忠实于盟国的骑士，是协约国的唐·吉诃德。这是多么荒诞可笑啊！布尔什维克夺取政权以后，米留科夫一刻也没有犹豫就赶往还在德国人占领之下的基辅，接着就要为霍亨索伦政府效劳，尽管后者确实没有马上接纳他。在这种情况下，米留科夫最迫切的目标恰恰就是从德国人那里得到同布尔什维克展开斗争所需要的黄金，而此前他曾极力用这个黄金幽灵玷污革命。在很多自由主义者看来，米留科夫 1918 年向德国发出的呼吁，如同 1917 年头几个月他的击溃德国的纲领一样，简直太不可思议了。其实这不过是同一个徽章的正反两面而已。在准备像以前背叛塞尔维亚那样背叛盟国时，米留科夫既没有背叛自己，也没有背叛自己的阶级。他推行的是同一种政策，如果说这种政策不怎么 306

光彩的话，那也不是他的过错。沙皇统治时期，为了避免发生革命试探过单独媾和的途径；为了镇压二月革命，便要求把战争进行到底；后来为了颠覆十月革命，就去寻求同霍亨索伦王朝建立联盟——米留科夫前后保持一致的就是忠于有产阶级的利益。如果说他没能帮上后者的忙，每一次都重新碰壁了，那么这也是因为他的诸多委托人身陷绝境之中的缘故。

革命过后的初期，诸如敌人的进攻、德国人照准革命头部的猛烈拳击对米留科夫来说都还嫌不够。可是不幸得很，由于气候条件的制约，3 月和 4 月是很不利于在俄国前线发动大规模进攻的。更重要的是德国人的处境越来越困难，经过好大一阵犹豫以后，他们打定主意听任俄国革命由其国内局势发展来决定。只有利津根将军于 3 月 20—21 日自行在斯托霍德发动了攻势。它的成功在吓坏了德国政府的同时却使俄国政府感到高兴。大本营就像在沙皇时期夸大微不足道的胜利一样，现在又恬不知耻地大肆夸张斯托霍德的失败。紧跟在它后面起哄的是自由主义报章。它们就像以前津津有味地描绘抓到俘虏与缴获战利品那样，现在又绘声绘色地渲染俄国军队的涣散动摇、惊慌失措以及遭受严重损失的情形。资产阶级和将军团显然转到了失败主义立场。但是利津根被上级制止了，于是战线在春季的泥泞与等候中冻结起来了。

依靠战争来反对革命的图谋只有在中间政党（它们身后跟着人民群众）同意扮演自由主义政策传动装置角色的情况下才有成功的可能。把战争概念与革命概念联系起来不是自由主义力所能及的事情：因为昨天它还在宣扬革命对战争是极其有害的，所以必
307 须把这个任务强加给民主派。可是，当然又不能在后者面前捅破

"秘密"。一定不能把计划告诉他们，而要让他们上钩。务必要让他们的成见、他们因自己在国政方面的理智而产生的傲慢、他们对无政府状态的恐惧以及他们对资产阶级迷信般的尊崇绊住他们。

开始时，社会主义者（为了简便起见，我们只好这样称呼孟什维克和社会革命党人）不知道他们该怎样应对战争。齐赫泽不无感伤地说过："我们一直在说反对战争，现在我怎么能号召继续进行战争呢？"3 月 10 日，苏维埃执行委员会向弗兰茨·梅林发了一封贺信。左翼企图用这个小小的示威动作使自己标准不很高的社会主义良心得到一些安慰。对于战争本身，苏维埃继续保持沉默。领袖们害怕在这个问题上跟临时政府发生冲突，从而使"开展联络的"几个甜蜜星期变得阴沉起来。对于自己人内部的分歧，他们也没有少害怕过。他们当中有护国派分子，也有齐美尔瓦尔得分子。双方都在重新评价相互间的分歧。战争期间，一大批革命知识分子经历了切实的资产阶级蜕化。公开或隐蔽的爱国主义使知识分子与统治阶级的关系密切起来了，同时也使他们脱离了群众。被左翼分子用来做掩护的齐美尔瓦尔得这面旗帜并没有让他们承担多少责任，而同时却让他们不至于暴露自己在爱国主义方面同拉斯普京集团的一致性。可是现在罗曼诺夫制度被推翻了，俄国变成了民主国家。用各种色彩装扮起来的俄国自由在欧洲（它已被夹在军事独裁铁钳中）的警察背景衬托下显得尤为突出。难道我们不去保卫我们反对霍亨索伦王朝的革命吗？身处执行委员会领导地位的新老爱国主义者高声说道。苏哈诺夫和斯捷克洛夫这类齐美尔瓦尔得分子在引述战争仍然是帝国主义性质这种说法时显得底气不足：因为自由主义者声称革命应该保证实现沙皇时期拟 308

定的领土兼并计划。“现在我怎么能号召继续进行战争呢?”齐赫泽忧虑地说过这话。但是,既然齐美尔瓦尔得分子本身就是把政权奉送给自由主义者的发起人,那么他们的异议就会悬在空中。经过几个星期的犹豫和抵制以后,在策烈铁里的协助下,米留科夫计划的第一个部分顺利地批准了。那些自认是社会主义者的糟糕的民主派人士被套上了战争的纤索,在自由主义者的鞭打之下竭尽自己的绵薄力量去保证……协约国对俄国、美国对欧洲的胜利。

妥协主义者的主要功能就在于把群众的革命能量转接到爱国主义导线上去。他们一方面力图恢复军队的战斗力——这是很困难的,另一方面劝说协约国各国政府放弃掠夺——这是滑稽可笑的。在上述两个方面,他们从幻想走向失望,从错误走向屈辱。现在我们来标出这条道路上的开头几块路碑吧。

在自己保有威信的短暂时光里,罗将柯抓紧颁布了士兵立即返回营房和服从自己长官的命令。由此引发的卫戍部队激愤情绪迫使苏维埃初期召开的一系列会议专门讨论了士兵今后的命运问题。在那个时候的热烈气氛中,在类似集会的混乱会议上,在缺席的领袖未能成功阻止住的士兵的直接控制下,便通过了有名的“一号命令”。这是二月革命唯一值得称道的文件,是革命军队的自由宪章。命令中一些大胆的条款为士兵踏上新的道路提供了组织上的通道。它们包括:在所有部队建立经选举产生的委员会;选举进入苏维埃的士兵代表;在一切政治行动中服从苏维埃和本部队委员会;武器在连级和营级委员会监控下保管,“无论在什么场合都
309 不交给军官”。列队时体现了最严格的军事纪律,解散后则体现了充分的公民权。不值勤时废止了向军官敬礼,取消用爵位称呼军

官，禁止粗暴对待士兵，包括不准对他们用“你”来称呼，等等。

这就是彼得格勒的士兵从他们参加的革命中所得出的结论。它们还能是别的什么吗？没有人敢反对。在“命令”议决之际，苏维埃的领袖们被一件更加崇高而紧急的事情吸引过去了：他们正在跟自由主义者进行谈判。这样，当他们不得不在资产阶级和全体军官面前替自己辩白的时候，使他们有可能用自己不在犯罪现场（*alibi*）来推卸责任。

与一号命令公布的同时，执行委员会忽然想起了一件重要的事情，它派人去了印刷厂，作为矫正措施印发告士兵书，以谴责对军官施行私刑为由要求他们服从原先的指挥官。排字工人毫不客气地拒绝为这份文件排版。民主派起草人由于极度愤怒而失去了常态：我们这是朝哪里走呢？可是如果以此便认定排字工人似乎设法要让军官受到血腥镇压那就错了。要知道在他们看来，革命的第二天就号召士兵服从沙皇的全体指挥官就是等于向反革命敞开大门。当然你也可以说，排字工人逾越了自己的权限。但是，他们觉得自己不仅仅是排字工。按照他们的说法，这是革命生死攸关的大事。

在最初那几天，即军官回到各团一事既使士兵也使工人感到极度不安之际，接近布尔什维克的社会民主工党区际组织[①]以革命的勇气提出了一个重大问题。它在对士兵发出的呼吁书里面说道：“为了不让你们受贵族与军官的欺骗，选出你们排里、连里和团里的指挥员吧。只吸收那些你们认为可以作为人民的朋友的军官到自己队伍里来。”结果又如何呢？这个完全适合时局的传单被执 310

① 简称区联派。——译者

行委员会没收了。齐赫泽在自己的发言中把它称为挑拨离间。正如我们所看到的那样，民主派人士根本不为限制出版自由感到害羞，既然必须要向左边实施打击的话。幸运的是，他们自己的自由也受到了足够的限制。在把执行委员会作为自己的最高机关予以支持的同时，工人和士兵也在每一个重要关头通过自己一方的干预来纠正领导人的政策。

才过几天，执行委员会便企图用一个"第二号命令"来取代第一号命令，把一号命令的适用效力限定在彼得格勒军区。这全是枉费心机！一号命令是坚不可摧的，因为它没有凭空臆造任何东西，它仅仅是强化了那些在前线与后方向外爆发出来的并且需要承认的东西。在跟士兵面对面的场合，甚至自由主义的杜马代表也要利用"第一号命令"做掩护来抵挡疑虑和责难。然而在重大政策方面，这个大胆的命令成了资产阶级反对苏维埃的主要依据。从这时起，那些吃够了败仗的将军们在"第一号命令"中间发现了阻止他们击溃德国军队的主要障碍。他们说这个命令的源头出自德国。妥协主义者不知疲倦地辩白自己没有做什么坏事，这使士兵感到神经紧张，因为前者企图用右手抢回经由左手丢失的东西。

同时，大多数普通士兵代表都已经在苏维埃提出了指挥官由选举产生的要求。民主派人士顿时慌张起来。苏哈诺夫没有找到更好的理由，于是就用已经政权在握的资产阶级不会开展选举进行恐吓。民主派人士毫无顾忌地躲到了古契柯夫背后。在他们表演时，自由主义者所占据的座位，必定是当年自由主义表演时专制王朝所占据的座位。苏哈诺夫讲道："从讲台走向自己的座位时，我碰到了一个挡住我去路的士兵，他在我眼前挥舞拳头，对我狂怒地大声吼叫，说我是从来都不设身处地为士兵着想的老爷。”经过这一阵“冲突”以后，我们这位民主派人士最终失去了镇静，他跑去 311
找克伦斯基，只是在后者的帮助下，“然后问题才变得有点含糊起来”。这些人所能做的仅仅是使问题变得含糊起来。

有两个星期时间，他们做到了假装不关注战争。不过到最后还要继续拖延下去就变得不可能了。3 月 14 日，执行委员会向苏维埃提交了由苏哈诺夫执笔的《告全世界人民书》草案。自由主义报纸马上把这个联合右翼的与左翼的妥协分子的文件称之为对外政策领域的“第一号命令”。只不过这个赞誉的评价太虚伪了，就如所评价的那个文件本身一样。“一号命令”乃是下层群众自己对革命向军队提出的问题所做的诚实回答。而 3 月 14 日的宣言是上层人物就士兵和工人向他们正当提出的问题所做的背信弃义的答复。

当然，宣言表达了对和平并且是不割地不赔款的民主和平的愿望。可是西方帝国主义者在二月革命之前很久就学会了如何利用这种漂亮的空话。当时，威尔逊正是以持久、正直和“民主”的和平的名义准备参加战争。虔诚的教徒阿斯奎特在国会提出了深奥难解的割地分类方法，从中无疑会得出如下结论：凡是与大不列颠利益相冲突的割地行为都被视为不道德的，都应当受到谴责。至于说法国的外交，那它的实质就是小店主和高利贷者的贪婪最无拘束的反映。这份苏维埃文件（不能不承认它近乎天真的诚实动机）注定要纳入法国官方伪善的既定轨道。宣言承诺要“坚定地捍卫我们的自由”，以免其遭受外国军国主义的侵害。1914 年 8 月以来，法国社会党正是以此为业的。宣言还宣布：“人民把战争与和平问题的决定权掌握在自己手中的时候到来了。”然而它的作者 312

刚刚盗用俄国人民的名义把解决这个问题的权限授予了大资产阶级。宣言向德国和奥匈帝国的工人发出如下呼吁:“你们要拒绝成为国王、地主以及银行家侵略和暴行的工具!”这些话含有虚伪的精髓,因为苏维埃领袖不想破坏同英国和比利时的国王、同日本天皇还有同本国以及协约国地主、银行家原先就已结成的联盟。把对外政策的主导权交给不久前还在想把东普鲁士变成俄国一个省的米留科夫以后,苏维埃领袖们却呼吁德国和奥匈帝国的工人仿效俄国革命。对大屠杀言不由衷的谴责什么都改变不了,教皇也曾经这样做过。通过攻击银行家、地主与国王的影子的令人激动的空话,妥协派分子把二月革命变成了现实中的国王、地主和银行家的工具。在发给临时政府的贺电中,劳合·乔治评价俄国革命时已经把它说成是“目前的战争基本上就是为争取人民政府和自由的斗争”的证明。3 月 14 日宣言“基本上”赞同劳合·乔治的说法,并且给了美国国内的军国主义宣传很有价值的支持。米留科夫的报纸写道:“以如此典型的和平主义腔调开头的呼吁书实质上转向了与我们以及我们所有盟国相同的思想体系。”这话是三倍的正确。如果说俄国的自由主义者不止一次地猛烈抨击过这个宣言,而法国的报刊检查机关一般来说也不对它放行,那么这样做乃是出于对仍然轻信他人的革命群众给这个文件所做的解释的恐惧。

齐美尔瓦尔得分子签署的这份宣言标志爱国主义派别取得了
313 原则上的胜利。各地的地方苏维埃也抓住了这个信号。“以战争反对战争”的口号被说成是不能容许的。即使在布尔什维克势力比较强大的乌拉尔和科斯特罗马,这份爱国主义宣言也得到了一

致的支持。这没有什么可奇怪的，因为彼得格勒苏维埃的布尔什维克也没有抵制这个虚伪的文件。

几个星期后，不得不部分兑现诺言了。临时政府发行一笔战争公债，当然是以“自由公债”的名义。策烈铁里解释说，既然政府“大体上”履行了自己的职责，那么民主派就应当支持发行公债。苏维埃执行委员会里面反对者的票数在三分之一以上。但是在4月22日召开的苏维埃全体会议上，近两千名代表中反对发行公债的总共才112人。由此有时人们会得出这样的结论：执行委员会比苏维埃还要偏左一些。但这是不可靠的，苏维埃只是比执行委员会更诚实一些。如果战争是为了保卫革命，那么就需要给战争拨款，也就需要支持发行公债。执行委员会并非更加革命，而是更加模棱两可。它是靠含糊语言和保留条件混日子的。它“大体上”支持的正是由它扶上台的政府，因而仅仅在“一定程度上”为战争承担责任。这种小聪明是与群众格格不入的。士兵既不会在一定程度上去作战，也不会大体上去送死。

为了巩固国家意志对无稽幻想的胜利，4月1日，阿列克谢耶夫将军（3月5日他曾打算枪杀那帮鼓动员）被安排到了武装力量首脑的位置上。从那以后，一切都秩序井然了。沙皇对外政策的推动者米留科夫当了外交部长。沙皇时期的军队领导人阿列克谢耶夫成了革命的最高总司令。连续性完全恢复过来了。

与此同时，苏维埃领袖为形势本身的逻辑所迫，解开了他们编
织的罗网上的绳结。官方民主派对他们自己忍让与支持的指挥官 314
怕得要死。民主派不得不用自己的监督来与之进行对抗，同时力图依靠士兵来实行监督，却又尽可能地不过于依赖他们。在3月

6 日举行的会议上，执行委员会认定让自己的特派委员进入所有作战部队与军事机关是适宜的。于是便建立起了三重的联系：部队派自己的代表进入苏维埃；执行委员会派自己的委员进驻部队；末了领导每一支部队的是经由选举产生的委员会，后者仿佛就是苏维埃的基层支部。

特派委员最重要的职责之一就是监视指挥机关和全体指挥人员政治上是否可靠。“看来民主制度比专制制度做得还要过分。”邓尼金愤愤不平地说，紧接着却大肆自夸，声称他的参谋部是如何巧妙地截下特派委员跟彼得格勒的密码通信的，并且把信件送给他看。监视保皇主义者和农奴制拥护者——还能有什么更可恨的事吗？至于窃取特派委员与政府间的通信——那是另一回事。不管这种行为在道德上如何看待，但是军队掌权机关的内部关系显得一清二楚了：双方都害怕对方，也在满怀敌意监视对方。把它们联系在一起的只有对士兵的共同恐惧。无论他们下一步有什么样的期望与计划，陆海军将领们自己清楚地看到，没有民主派的回护，他们就在劫难逃。驻舰队的特派委员条例是高尔察克拟订的，而他打算将来勒死他们。但是既然今天没有特派委员便寸步难行，于是高尔察克请求大本营批准对他们的任命。与此相类似，后来的白卫军统帅之一马尔科夫将军把一份旨在检验指挥人员忠诚度的特派委员制度草案上呈给了陆海军部。这样一来，“军队的古
315 老法则”也就是军队的官僚主义传统在革命压力的进逼下像麦秆一样折断了。

士兵从相反的另一端走近了委员会，他们在委员会周围团结起来反对指挥人员。尽管委员会在保护指挥官免遭士兵侵害，然

而这样做也只能是在一定的界限之内。跟委员会发生冲突的军官的处境就变得极其难堪了。于是形成了士兵罢免军官的不成文规则。据邓尼金说,到 7 月份的时候,西方战线有将近 60 名从军级到团级的前指挥官被免职了。类似的罢免行为在各团内部也有发生。

当时,陆海军部、执行委员会以及联络委员会会议正在开展细心与耐心的文牍主义工作,目的是要为军队里的各种关系确定“合理”形式和提高指挥人员的威信,是要把军队委员会贬低为多半是起经济作用的次要角色。可是,正当高层领导人用扫帚的影子扫除革命的影子时,委员会却在演变成为强大有力的集中体制,它起源于彼得格勒执行委员会,并且在组织上巩固了后者对军队的控制权。执行委员会享用这种权力主要是为了通过特派委员和军队委员会重新给军队套上战争的重轭。因此士兵不得不更多地思考一个问题:事情怎么会是这样,他们选出的委员会挂在嘴边的话不是他们士兵想说的,而是长官想要他们士兵说的。

战壕把越来越多的代表派到首都来了,以便弄清楚到底要做些什么以及怎样去做。从 4 月月初开始,前线战士的流动便没有间断过,塔夫里达宫每天都在举行集体座谈会,各地前来的士兵艰难地进行思考,摸透了一个问题也回答不清的执行委员会政策的
秘密。军队费力地转到了苏维埃立场上,却是为了更加明确地相 316
信苏维埃领导的无能。

自由主义者不敢让自己与苏维埃公开对抗,但是企图继续进行斗争来争取军队。用于跟军队建立政治联系的方式当然必定是沙文主义。立宪民主党的部长申加廖夫在同来自战壕的代表举行

的一次座谈会上，为古契柯夫发布的反对“过分优待”俘虏的命令进行辩护，并且引证了“德国人的暴行”。结果这位部长没有得到哪怕是最小的支持，座谈会坚决表示要改善俘虏的处境。自由主义者就是要把破坏和暴力行为归咎于这些俘虏。然而这些平凡的前线战士有他们自己的准则。他们认为对那些侮辱士兵的军官进行报复是可以容许的，可是他们觉得因为实际的或虚幻的鲁登道夫暴行来报复被俘的德国士兵是卑鄙的。呜呼，永恒的道德规范对于这些形容邋遢和满身虱子的农夫来说是格格不入的。

鉴于资产阶级企图控制军队，在 4 月 7—10 日召开的西方战线代表大会上，自由主义者跟妥协主义者之间进行了一场其实根本还没有展开的比赛。各个战线中的第一次代表大会理应是对整个军队有决定意义的政治考验，于是双方都派出了自己最强的力量前往明斯克。来自苏维埃的有策烈铁里、齐赫泽、斯科别列夫、格沃兹杰夫；来自资产阶级阵营的有：罗将柯本人、立宪民主党人杰莫斯芬、罗季切夫等。可怕的紧张气氛笼罩着挤得水泄不通的剧院大厦，并且经由各界人士从这里扩散到了全城。从代表们透露出来的消息中能看出这是一幅怎样的图景。整个战线都在跟敌方士兵握手言欢，战线的士兵一直大胆掌握着主动权，军官们不可能思量什么镇压措施。自由主义者能在这里说些什么呢？面对这班情绪激昂的听众，他们立即放弃了用自己的决议同苏维埃的决议进行对抗的主意。他们只不过在贺词中重弹了爱国主义的老调
317 而已，而且旋即全都开溜了。民主派人士未经战斗就赢得了这场战役。他们无须带领群众去反对资产阶级，而是去节制他们。含

糊其词编出来的和平口号与符合 3 月 14 日宣言精神的保卫革命的口号一起主导着代表大会。苏维埃提出的关于战争的决议以 610 票赞成，8 票反对，46 弃权获得通过。自由主义者的最后希望——使前线与后方、军队与苏维埃发生对抗——化为乌有。不过，民主派领袖在从代表大会返回时与其说因自己的胜利而深受鼓舞，不如说被自己的胜利吓坏了。他们看到了被革命唤起的精神，而且感觉到这精神是他们承受不了的。

# 318 第十五章　布尔什维克和列宁

4 月 3 日，流亡国外的列宁回到了彼得格勒。只是从这一时刻起，布尔什维克才开始用完整的声音，更重要的是用自己独有的声音说话。

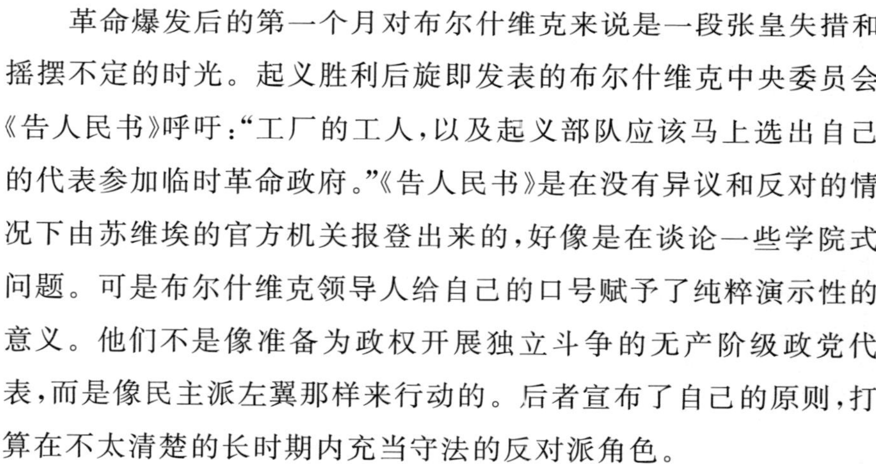

革命爆发后的第一个月对布尔什维克来说是一段张皇失措和摇摆不定的时光。起义胜利后旋即发表的布尔什维克中央委员会《告人民书》呼吁："工厂的工人，以及起义部队应该马上选出自己的代表参加临时革命政府。"《告人民书》是在没有异议和反对的情况下由苏维埃的官方机关报登出来的，好像是在谈论一些学院式问题。可是布尔什维克领导人给自己的口号赋予了纯粹演示性的意义。他们不是像准备为政权开展独立斗争的无产阶级政党代表，而是像民主派左翼那样来行动的。后者宣布了自己的原则，打算在不太清楚的长时期内充当守法的反对派角色。

苏哈诺夫证实，在 3 月 1 日举行的苏维埃执行委员会会议上，讨论的中心议题仅仅是交接政权的条件。虽然执行委员会 39 名成员中有 11 名布尔什维克以及他们的追随者，其中包括 3 名中央委员扎卢茨基、施里亚普尼柯夫、莫洛托夫出席了会议，但是对成立资产阶级政府这事本身，没有一个人起来表示反对。

据施里亚普尼柯夫本人说，在第二天的苏维埃全体会议上，

400 名出席的代表中只有 19 人投票反对把政权交给资产阶级，虽 319
然布尔什维克党团当时已经达到了 40 人。这次投票过程本身完全是在形式上的议会秩序中无声无息进行的，布尔什维克一方没有提出明确的反提案，没有进行斗争，在布尔什维克报刊上也没有开展任何宣传。

3 月 4 日，布尔什维克中央局通过了一份决议，提到了临时政府的反革命性质与坚持无产阶级和农民的民主专政方针的必要性。彼得格勒委员会认为它是一个学院式的决议，这并非没有根据，因为决议根本没有指出当前该做些什么，该委员会于是从相反的另一个极端提出了问题。它宣布："考虑到苏维埃通过的关于临时政府的决议，因此是否跟临时政府的权力对抗要视情况而定……"实质上这是孟什维克和社会革命党的立场，只不过把问题推到了第二线的战壕。彼得格勒委员会露骨的机会主义决议也仅仅是在形式上反对中央的立场，而后者的学院式态度除了意味着政治上顺从既成事实之外，别的什么都不是。

默默无言地同意或者有条件地向资产阶级政府屈服在党内绝对没有得到一致赞成。布尔什维克工人马上向临时政府发起冲击，就像冲击他们前进路上突然出现的敌方堡垒一样。维堡区委员会组织了数以千计的工人和士兵集会，它们几乎都一致通过了必须由苏维埃掌管政权的决议。这种活动的一个积极参加者晋格尔施捷德证明："不管对谁，只要提出这种内容的决议，没有任何一次集会，也没有任何一次工人会议不接受。"起初，孟什维克和社会
革命党人害怕在工人和士兵听众面前公开说出自己有关政权问题 320
的提法。意料获得成功的维堡人决议以海报的形式印刷出来并且

四处张贴，可是彼得格勒委员会公然禁止这份决议，结果维堡人被迫服从了。

在与革命的社会内容和发展前途有关的问题上，布尔什维克领导人的立场差不多是同样混乱的。施里亚普尼柯夫说道："我们同意孟什维克的如下观点，即我们正在经历革命摧毁封建农奴制关系的时刻，取代它们的将是资产阶级关系固有的各式各样的'自由'。"复刊后的第一期《真理报》这样写道："根本任务是……建立民主共和制度。"莫斯科委员会给工人代表的指示声称："无产阶级要竭力取得为将来争取社会主义——自己的根本目标——而斗争的自由。"引用"根本目标"一词习惯上就是充分强调与社会主义的历史距离。没有人走得比这更远了。对越出民主革命范围的担忧迫使他们接受了等候、敷衍和在妥协派分子面前事实上退让的政策。

中央在政治上如此严重的优柔寡断在各省也反映出来了，这是不难理解的。这里仅仅举出一位萨拉托夫党组织领导人的话作为例证："看来，积极参加起义的我们党对群众的影响力却减弱了，这影响被孟什维克和社会革命党人夺去了。布尔什维克的口号到底是什么，谁也不知道……情形就是这样极度地令人不快。"

左翼布尔什维克，首先是工人，企图竭尽全力冲破这道屏障，可是他们也不知道如何驳斥关于革命具有资产阶级性质的论点，以及怎样防止无产阶级陷于孤立的危险。他们极不情愿地服从了领导层的指示。布尔什维主义的各个流派互相之间从第一天起就
321 一直处在尖锐的冲突之中，可是它们当中没有一个流派能把自己的信念坚持到底。《真理报》反映了党在思想上的这种混乱和摇摆

状态，它不能使其达到无论什么样的统一。等到3月中旬，即加米涅夫和斯大林从流放地回来以后，情况变得更为复杂了，因为他们把党的正式政策的船舵急剧地朝右转过去了。

加米涅夫几乎在布尔什维主义诞生的时候就是布尔什维克，但他一直站在党的右翼立场上。加米涅夫还是有一点理论修养和政治嗅觉的，他拥有在俄国从事党派斗争的丰富经验和对西方进行政治观察的丰富积累。加米涅夫比其他许多布尔什维克更好地把握了列宁的整体思想，但是仅仅是为了在实际应用方面尽可能温和地解释列宁的思想。你既不能指望他独立做出决定，也不能指望他主动采取行动。加米涅夫是一个优秀的宣传家、演说家，一个不那么卓尔不凡却善于思考的新闻记者；在与其他政党举行谈判时，以及对其他社会团体进行试探时加米涅夫显得尤其有价值，并且由于这样一些经历，他总是让其他政党的些许情绪影响到自己。加米涅夫的这些特点是如此的鲜明，以至谁都几乎不会对他的政治形象产生错觉。苏哈诺夫指出，他不是“棱角分明的人”，他“总是要用纤索拉着走，如果说有时他也固执的话，那也不是很坚定的”。斯坦凯维奇也怀着同样的感受写到，加米涅夫对反对者的态度是“如此之柔和，怪不得人们觉得他自己对自己的不妥协立场都感到害羞。在执行委员会里头，他不是敌人，而只是一个反对派人士”。对于这样一些评论，我几乎没有什么可补充的。

无论是按照自己的心理气质，还是根据自己所从事的党的工作性质来说，斯大林都代表着完全是另一种类型的布尔什维克——坚强的，而理论上和政治上都很粗浅的组织者。如果说加米涅夫是一个在侨居地（那里是党的理论工作策源地）跟列宁共事

过多年的政论家，那么斯大林则是一个没有理论识见、没有广泛的政治兴趣，也没有外语知识的，只是一个与俄罗斯土地不可分开的
322 所谓实践家。这样的工作人员出国仅仅是旅行，是为了接受指示，就今后的任务进行商谈，然后又回到俄国。在实践家中间，斯大林以其非凡的毅力、倔强的性格和幕后活动中的机灵显得格外突出。如果说加米涅夫出于自己的天然本性，会为布尔什维主义的实用理论“感到害羞”，那么斯大林则刚好相反，他乐于坚持他已习惯了的这种没有丝毫温情可言的实用理论，并且将其顽强性和粗暴性结合起来。

尽管加米涅夫和斯大林的性格是对立的，但是他们在革命初期采取相同的立场并不是偶然的：他们是互为补充的。没有革命意志的革命构想就等于断了弹簧的钟表，加米涅夫的政治指针总是落在革命任务的后面。可是，在严重与复杂事件来临之际，没有广泛的政治构想必定使意志最坚强的政治家也会产生动摇。经验主义者斯大林不是在意志方面，而是在思维方面受他人的影响才出人头地的。于是在3月份，缺乏坚定性的政论家和缺乏识见的组织者把自己的布尔什维主义引导到了孟什维主义的边沿。而且，在苏维埃执行委员会里面坚持独立立场一事上，斯大林（他是作为党的代表参加执行委员会的）的本领还不如加米涅夫。在众多的各种记录和出版物当中，能反映斯大林与向自由主义献媚的“民主派”对立的布尔什维克观点的提议、声明或抗议，一份也找不到。苏哈诺夫在自己的《革命札记》里说：“这个时候，执行委员会中的布尔什维克，除了加米涅夫，还有斯大林……，在执行委员会从事微不足道的活动期间，（他）给人——不只是我一个人——留

下的是灰色斑点的印象，有时这显眼的斑点也没有光泽，了无痕 323
迹。说实在话，再也讲不出有关他更多的任何情况了。”如果说苏哈诺夫在整体上把斯大林明显估计过低了的话，那么他还是正确地描绘出了斯大林在妥协主义者的执行委员会当中政治上表现得毫无个性可言。

3 月 14 日，《告全世界人民书》（宣言）在苏维埃获得一致通过，宣言对二月革命做出了有利于协约国的解释，同时意味着贴上法国标签的共和制的、社会爱国主义的胜利。这无疑也意味着加米涅夫和斯大林没有经过重大斗争就取得了成功。关于这个文件，《真理报》报道时是把它作为“在苏维埃有各自代表的不同流派之间的自觉妥协”。我想应该补充说明一点，这种妥协意味着跟列宁流派的直接决裂，因为后者根本没有代表参加苏维埃。

中央机关报国外编辑部委员加米涅夫、中央委员会成员斯大林以及同样是从西伯利亚回来的杜马代表穆拉诺夫依靠自己颇为蹊跷的权力改组了原先太“左”的《真理报》编辑部，从 3 月 15 日起把报纸控制在自己手里。新编辑部在一篇纲领性文章中宣布，布尔什维克坚决支持临时政府，“只要它同反动派或反革命展开斗争”。在战争问题上，新领导人差不多是无条件地表明了自己的态度：只要德国士兵还在服从他们的皇帝，俄国士兵就必须“坚守自己的阵地，用子弹回答子弹，用炮弹回答炮弹”。“我们的口号不是空泛的‘打倒战争’，我们的口号是——对临时政府施加压力，目的是迫使它……努力尝试去说服所有的参战国立即开展谈判……而在此之前，每一个人都要留在自己的战斗岗位上！”这样的思想以及它的表述措辞都是彻头彻尾的护国主义。旨在“说服”帝国主义

政府以爱好和平的形象来行动的，并且对它们施加压力的纲领就
324 是德国的考茨基纲领，法国的让·龙格纲领，英国的麦克唐纳纲领，但无论如何都不是号召推翻帝国主义统治的列宁纲领。在回应爱国主义报刊的攻击替自己辩护的时候，《真理报》走得更远了。它写道："所有的'失败主义'，更确切地说，是处在沙皇书报检查制度保护下的态度暧昧的报刊曾用这个名称所攻击的对象，其实在第一支革命团队出现在彼得格勒街头时就已经死亡了。"这是直接同列宁划清界限。"失败主义"一词根本不是处在沙皇书报检查制度保护下的敌方报刊发明出来的，它是列宁在"俄国的失败——是较小的灾祸"这个公式中提出来的。第一支革命团队上街，甚至推翻君主制度都没有改变战争的帝国主义性质。施里亚普尼柯夫讲述说："3 月 15 日——改组后的第一期《真理报》发行的日子是护国主义欢呼雀跃的日子。整个塔夫里达宫，从国家杜马委员会的市侩到革命民主派自己的心脏执行委员会，到处都在传播一条新闻：温和、理智的布尔什维克战胜了极端的布尔什维克。正是在执行委员会，人们用恶毒的冷笑迎接我们……当工厂收到那天的《真理报》时，它在那里的我党党员以及我们的同情者中间引起了极大的困惑，而反对我们的人则在那里幸灾乐祸……当无产者得知《真理报》被从西伯利亚来的三个该报前领导人夺走了时，各个城区的愤怒情绪无比强烈，于是人们要求把他们开除出党。"

没过多久，《真理报》不得不刊登维堡人的强烈抗议："如果它（该报。——托洛茨基）不想失去在工人街区的信任，就必须带来革命思想的光明，无论如何这都会让资产阶级猫头鹰感到非常刺眼的。"来自下层的抗议迫使编辑部在措辞用语方面变得越发谨慎

了，不过并没有改变政策。甚至列宁从国外成功寄回来的第一篇 325
文章也遭到编辑部的漠视。就整个方向而言是朝右转的。左翼代
表晋格尔施捷德说道："在我们进行的宣传中，我们必须重视两个
政权的原则……还必须向工人士兵群众证明走这条迂回道路是不
可避免的，因为在为期半个月的政治生活中，群众对自己的任务形
成了完全不同的理解。"

全国各地党组织的政策自然而然地向《真理报》看齐。在许多地方苏维埃，现在就一些根本问题一致通过了决议，布尔什维克轻易就屈从了苏维埃多数派。在莫斯科省苏维埃代表会议上，布尔什维克附和了社会爱国主义者关于战争的决议。最后，3 月月底—4 月月初，在彼得格勒举行的全俄 82 个地方苏维埃代表会议上，布尔什维克投票赞成达恩为之辩护的关于政权的官方决议。这种政治上非常接近孟什维克的举动结果成了广泛蔓延的联合倾向的基础。外省出现了布尔什维克和孟什维克共同参加的统一组织。加米涅夫—斯大林派进一步演变成了所谓革命民主派的左翼，它参与了按照议会方式对资产阶级暗中施加"压力"的幕后活动，并且辅之以对民主派暗中施加压力的手段。

*　　*　　*

在国外的中央委员会成员和中央机关报《社会民主党人》编辑
部乃是党的精神中心。列宁及其助手季诺维也夫担负起了全部的
领导工作。列宁的妻子克鲁普斯卡娅则履行责任极其重大的秘书
职责。在实际工作中，这个小小的中心依靠几十名布尔什维克流 326
亡者的支持。战争时期，随着协约国战地警察越来越收紧自己的
封锁，与俄罗斯处于隔绝状态就变得越来越令人难以忍受。经过

长期与紧张等待的革命突然爆发叫人感到措手不及。英国绝对不同意放国际主义者侨民(它仔细清点了他们的名单)回俄国。在寻找离开的途径期间,身处苏黎世笼子里的列宁简直要发狂了。在数以百计频繁调换的计划当中,有一个计划是利用一个斯堪的纳维亚聋哑人的护照来成行。那时的列宁不放过任何一个让自己从瑞士发话的机会。3 月 6 日他就已经通过斯德哥尔摩中转电报给彼得格勒:“我们的策略是:完全不信任新政府,不给新政府任何支持;特别要怀疑克伦斯基;把无产阶级武装起来——这是唯一的保证;立即举行彼得格勒杜马的选举;决不同其他党派接近。”(《列宁全集》中文第二版第 29 卷,第 8 页)在这第一批指示中,只有谈及选举杜马而不是选举苏维埃那些话才带有插曲性质,而且很快就失去了意义。这封不容商量的电报中的其他各点已经完整地拟定了政策的总方针。同时,列宁开始向《真理报》投寄自己的《远方来信》。这些依靠国外零星信息写出的文章包含了对革命形势进行的完备分析。外国报纸的消息让他迅速得出结论,不仅是在克伦斯基而且是在齐赫泽直接帮助下的临时政府把帝国主义战争冒充为防御战争,以此欺骗工人并非没有成效。3 月 17 日,他写了一封充满担忧的信,经朋友中转送到斯德哥尔摩。“我们党如果容忍这种欺骗,就会永远玷辱自己的名声,就是政治上的自杀。……我甚至不惜立即同我们党内的任何一个人决裂,也不向……社会爱国主义让步……”(《列宁全集》中文第二版第 47 卷,第 592—593 页)在这种表面看来是泛指的,而实际上是有预定对象的威胁之
327 后,列宁提出了恳切的要求:“加米涅夫应该懂得,他肩负着具有世界历史意义的责任。”(《列宁全集》中文第二版第 47 卷,第 596 页)

这里提到加米涅夫的名字是因为牵涉到政治上的原则问题。假若列宁心目中有实际的战斗任务，他会先想到斯大林。可是，刚好就在列宁力图把自己强烈的意志通过硝烟弥漫的欧洲传递到彼得格勒的时候，加米涅夫在斯大林的协助下，急剧地转向了社会爱国主义方面。

化装、戴假发、持他人的或是伪造的护照，各种计划一个接一个落空了，结果都无法实现。与此同时，途经德国回国的想法却越来越具体地浮现出来了。这个计划吓坏了大多数侨民，而不仅仅是爱国主义者。马尔托夫和其他孟什维克没有决心追随列宁的大胆举动，于是继续徒劳地敲协约国的大门。后来，由于“被铅印封闭的车厢”在宣传界造成了莫大的困难，因此甚至在许多布尔什维克中间也出现了对取道德国回国的责难。列宁一开始就没有闭眼不正视这些将要出现的困难。离开苏黎世之前不久，克鲁普斯卡娅写道：“当然，俄国爱国主义者的嗥叫会高涨起来，但是必须为此做好准备。”问题是这样明摆着的：要么继续滞留在瑞士，要么取道德国回国，别的道路总之是行不通的。列宁还能犹豫哪怕是一分钟吗？刚好一个月以后，马尔托夫、阿克雪里罗得和其他人也只得步列宁的后尘回来了。

在战争时期组织的这次途经敌对国家的非凡旅行过程中，显现出了政治家列宁的基本特点：大胆的计划和对执行计划的精确预见。在这个伟大的革命者身上存活着一个苛求细节的公证人，但是他知道自己的地位，以及选择这样一个时刻，即能够有助于推翻全部公证文书这一事业的时刻动手撰写自己的文书。为纵贯德国的旅行特别精心拟订的条件成为了一个侨民报纸编辑部和霍亨

328 索伦皇室之间特殊国际协议的基础。列宁要求过境享有完全的治外法权：不对全体通行人员以及他们的护照和行李进行任何检查，途中无论什么人也没有权利进入车厢（由此产生了“被铅印封闭的车厢”的奇谈）。至于流亡者一方，他们则承担坚决要求从俄国释放相应数量的德国和奥匈帝国非军人被俘人员的义务。

他们与几位外国革命者一起拟定了一份声明。“俄国的国际主义者现在前往俄国是为了在那里为革命事业服务，他们将帮助我们唤醒其他国家的无产阶级，特别是德国和奥地利的无产阶级起来反对他们的政府。”这份协议的内容就是如此，在上面签名的有法国的洛里奥和吉尔波，德国的保罗·莱维，瑞士的左翼代表普拉廷等人。在这样的条件下和采取了上述预防措施以后，30 名俄国流亡者于 3 月月底从瑞士动身出发，他们乘坐的车厢甚至在军用列车中间穿行——这也是一节爆炸威力极大的车厢。

在给瑞士工人的告别信中，列宁提到了布尔什维克中央机关报于 1915 年秋天发表的一份声明：如果革命给俄国带来一个想要继续从事帝国主义战争的共和制政府，那么布尔什维克就将反对保卫共和制祖国。如今，这种局面真的来临了。“我们的口号是：不给古契柯夫—米留科夫政府任何支持。”（《列宁全集》中文第二版第 29 卷，第 89 页）现在，列宁带着这样的口号踏上革命的领土。

然而，临时政府的成员没有看到令人恐慌的任何理由。纳博科夫讲述说：“在 3 月举行的一次临时政府会议的休息时间，当时人们在继续谈论布尔什维克不断加强宣传的话题，克伦斯基习惯
329 性地发出歇斯底里的笑声，并且宣称：‘等着瞧吧，列宁的到来才是真正开始的时刻……’”克伦斯基说对了，真正的时刻应该刚刚才

开始。但是，据纳博科夫说，部长们没有看到令人恐慌的理由：“向德国提出请求这一事实本身就会使列宁的威信损害到无须过于害怕他的程度。”按理一般来说，部长们是很有洞察力的。

列宁的战友兼学生们赶到芬兰去迎接他。身为年轻海军军官的布尔什维克拉斯科尔尼科夫讲述说：“弗拉基米尔·伊里奇走进车厢包房，刚刚在沙发上落座就马上责问加米涅夫：你们在《真理报》上都写了些什么呀？我们看到了几期报纸，把你们骂得很厉害……”分别好几年以后的会面情景就是这样的，但是并没有妨碍这次会面是亲切诚恳的。

为隆重欢迎列宁归来，彼得格勒委员会在军队组织协助下动员了好几千工人和士兵。态度友善的装甲营为这事派出了所有现存的装甲车。委员会决定随装甲车一起去车站：革命已唤起大家对这种笨拙的巨大怪物的癖好。它们在城市的街道上站在自己这一边，那是十分有利的。

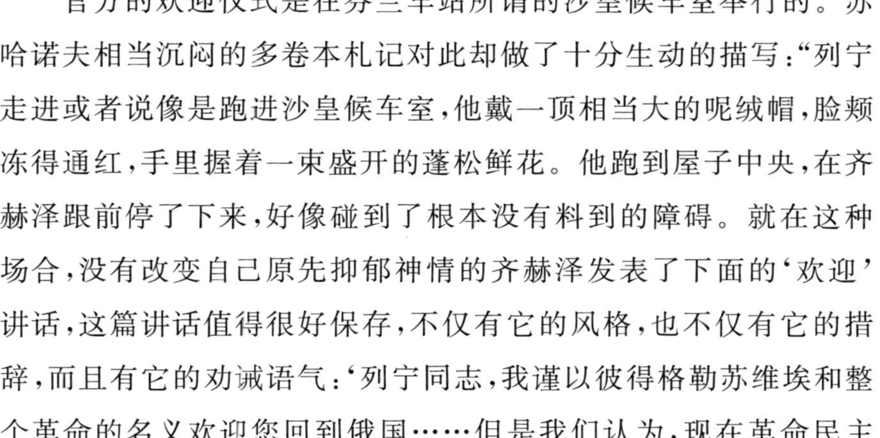

官方的欢迎仪式是在芬兰车站所谓的沙皇候车室举行的。苏哈诺夫相当沉闷的多卷本札记对此却做了十分生动的描写：“列宁走进或者说像是跑进沙皇候车室，他戴一顶相当大的呢绒帽，脸颊冻得通红，手里握着一束盛开的蓬松鲜花。他跑到屋子中央，在齐赫泽跟前停了下来，好像碰到了根本没有料到的障碍。就在这种场合，没有改变自己原先抑郁神情的齐赫泽发表了下面的‘欢迎’讲话，这篇讲话值得很好保存，不仅有它的风格，也不仅有它的措辞，而且有它的劝诫语气：‘列宁同志，我谨以彼得格勒苏维埃和整个革命的名义欢迎您回到俄国……但是我们认为，现在革命民主派的主要任务是捍卫我们的革命，消除对它的一切侵害，无论这种 330

侵害是来自内部的还是来自外部的。……我们希望您能和我们一道去努力达到这一目标。'讲到这里，齐赫泽戛然而止。我对这意想不到的场面感到莫名惊慌。可是列宁十分清楚该如何应对这一切。他带着若无其事的神色站了起来，四面环顾一圈，仔细打量周围人脸上的表情，甚至盯着'沙皇'候车室的天花板。他整理了一下手中跟他整个外表很不相称的花束，然后把脸从执行委员会这边完全转过去，致了如下'答词'：'亲爱的同志们，亲爱的士兵、水兵和工人同志们。我很荣幸地通过你们向胜利的俄国革命致敬，向作为全世界无产阶级大军先进部队的你们致敬……不久以前，当各国人民响应卡尔·李卜克内西的号召把手中的武器转过来对准本国资本家剥削者的时候……你们完成的俄国革命开辟了一个新的时代。全世界社会主义革命万岁！……'"



苏哈诺夫说得对，列宁与花束的形象是极不协调的。它也不适合严酷的时局环境，无疑会妨碍和束缚列宁。不过列宁向来喜欢的是没有扎成束的鲜花。但是，更加使他感到备受束缚的应当是在堂皇的车站候车室举行的这次充满伪善劝诫的官方欢迎仪式。齐赫泽这个人要比自己的欢迎词好一些。他有点儿怕列宁，但是无疑有人劝他相信，一开始就必须"制止"宗派主义者。除了齐赫泽的欢迎词以外，一个暴露出领导水平低得可怜的年轻的舰队指挥官代表水兵讲了话，他表达了希望列宁成为临时政府一员的心愿。就这样，松松垮垮、絮絮叨叨以及还有点懵懵懂懂的二月革命迎来了一个怀着使革命的信念和意志回到原位的坚定志向到
331 来的人物。果然，这第一印象使列宁随身而至的担忧成倍增加，引发了难以抑制的反感。但愿能快点卷起袖子大干一场！列宁避开

齐赫泽而诉诸水兵和工人，避开保卫祖国而诉诸国际革命，避开临时政府而诉诸李卜克内西。他在车站只不过为他以后的全部政策进行了一次小小的演习而已。

这种笨拙的革命最终还是把一位领袖迅速而牢牢地抱在了自己怀里。士兵们恳请他乘坐装甲车，他别无选择，只得满足士兵的要求。随之降落的夜幕使行进显得特别庄严隆重。其他装甲车都关了灯，列宁乘坐的那辆车子聚光灯射出的明亮光柱穿破了黑暗。光线把四周激动无比的工人、士兵和水兵从幽暗的街道里吸引过来了，正是这些人完成了一次伟大的革命，可是又让政权从指间滑走了。军乐队一路上好几次停止演奏，这是为了让列宁可以把自己在车站发表的演说用不同的说法讲给一批又一批新的听众听。苏哈诺夫说：“凯旋式显得异常宏伟辉煌，哪怕它只具有十足的象征意义。”

布尔什维克的司令部设在宫廷芭蕾舞演员克舍辛斯卡娅那座绸缎装裹的私宅里，这种安排可以使列宁通常保持的讽刺状态轻松一下，在这里多次举行欢迎仪式。这类活动已经举行得太多了。列宁像一个不耐烦的行人在人家大门口等候突如其来的大雨过去一样，忍受着流水一般无休无止的颂扬。他当然能理解人们对他归来的真挚喜悦，但是他也抱怨这种喜悦为什么非得要用如此之多的言语来表达。正规欢迎仪式本身的做派在他看来是拙劣模仿与装腔作势，所用的言辞也是从照本宣科、多愁善感和言不由衷的小资产阶级民主派那里借用过来的。他看出还没有确定自己的任务和道路的革命却已经率先确立了自己令人厌倦的繁文缛节。他温厚而又略带责备地微笑着，时不时看一下表，有时大概是不拘礼 332

节吧，随便打着哈欠。最后一次欢迎会的话音未落，这位如此不同寻常的客人便让自己那极其强烈的思想像瀑布一样泼向在场的听众，这思想听起来通常就像是猛烈的批评一样。当时，布尔什维克还没有采用速记方法，谁也没有做记录，大家都被所发生的事情吸引住了。讲话稿也没有保存下来，只是在听众的回忆中留下了对它的一般印象，然而即使这些印象也经过了时间的加工：加进了一些让人欢喜的成分，去掉了一些让人惊惧的成分。不过，即便在列宁最亲近的人中间，对这次演讲的基本印象也是令人吃惊的。看来，一个月内经过无数次重复而变得十分牢固的习见公式在听众面前一个接一个地被摧毁了。在车站，列宁曾扔给齐赫泽一个超越了他的理解能力的简短回答，这个简短的回答在这里发展为直接面向彼得格勒的布尔什维克干部发表的长达两个小时的演说。



没有想到的是，出于加米涅夫的好心，允许不是布尔什维克党员的苏哈诺夫作为客人出席了这次会议。（列宁可不容许这样的放纵。）由于这个缘故，我们才有幸见到一个旁观者为列宁同彼得格勒的布尔什维克首次会见所做的半是敌意半是兴奋的笔录。

“我无法忘记这篇雷霆般的演说，它不仅使我这个偶然到来的异端，而且使全体正统派感到震动和惊讶。我敢断言，谁也没有料到类似的情况。看来所有的自然力都从自己的巢穴里跑出来了，因此彻底绝望的气氛既不顾任何阻碍也不顾任何怀疑，既不顾人们的难处，也不顾人们的盘算，在克舍辛斯卡娅大厅里的困惑的学生头顶上散播。”

对苏哈诺夫而言，人们的盘算和难处主要是在马克西姆·高
333 尔基那里喝茶的《新生活报》编辑人员的动摇。列宁的用意则更深

刻。充满整个大厅的不是自然力，而是不害怕自然力的并且为了控制它而尽量了解它的人类理智。不过反正都是一样的：印象已经表达得够清楚了。

根据苏哈诺夫的转述，列宁是这样说的："当我和同志们一起来到这里的时候，我想我们会被直接送往彼得保罗要塞。现在看来，我们还处在离要塞很远的地方。但是我们不要失去这个预想，这是我们还无法摆脱的，这是我们难以避免的。"当时，对于其他人来说，革命的发展就等于是民主派的巩固；对于列宁来说，离得最近的前景就是径直走向彼得保罗要塞。这看上去像是不吉利的玩笑。但是列宁根本不打算开玩笑，和他命运连在一起的革命也不打算开玩笑。

苏哈诺夫埋怨说："就像抛开苏维埃其他所有政策一样，他同样抛开通过立法程序进行土地改革。他号召农民组织起来夺取土地，不要等待……无论什么样的国家政权当局。"

"我们不要议会制共和国，我们不要资产阶级民主，我们不要任何别的政府，除了工人、士兵和雇农代表苏维埃之外！"

与此同时，列宁严格地同苏维埃多数派划清界限，把它抛向敌对阵营。"此刻，光这一点就足以让听众感到头晕了！"

"只有左派齐美尔瓦尔得分子才在捍卫无产阶级的利益和全世界的革命，"苏哈诺夫愤愤不平地转述列宁的想法，"其他人即使那些满口漂亮话的机会主义者实际上却在……出卖社会主义和工人群众的事业。"

拉斯科尔尼科夫对苏哈诺夫的记述做了补充，他说："他坚决抨击了在他回来之前党的领导集团和某些同志采取的策略。坐在

334 这里的人代表着担负最重大责任的党的工作者。可是对于他们来说，伊里奇的讲话是真正的新启示。它在昨天的策略与今天的策略之间划定了一条卢比孔河。”我们将会看到，卢比孔河并不是一下子划定的。

没有就报告进行辩论，所有人都被弄昏了头，而且每个人都想不管怎样也要整理一下思想头绪。苏哈诺夫最后写道：“我出来走到街上，我的感觉是这样的，那天晚上好像有人用梭杆猛击我的头部。只有一点是清晰的：我这个怪人跟列宁走的不是一条路！”当然是这样啦！

第二天，列宁向党提交了一份阐述自己观点的简短书面复述，这篇名为“四月提纲”的文章是最重要的革命文献之一。提纲用大家都能听得懂的朴实语言表述了朴实的思想。二月起义中诞生的共和国不是我们的共和国，共和国从事的战争也不是我们的战争。布尔什维克的任务就是要推翻帝国主义的政府。但是，这个政府还仍然得到社会革命党和孟什维克的支持，而这两个党仍然得到人民群众的信任。我们还处在少数地位。在这样的情况下，我们这边还不能谈论使用暴力的问题。应当教育群众不要相信妥协派分子和护国主义分子。“必须耐心地说明。”根据整个局势制定的这种政策的成功是有保障的，一旦成功就将把我们引向无产阶级专政，因此也将越出资产阶级制度的藩篱。我们要跟资本主义者彻底断绝关系，公布他们的秘密协定，同时号召全世界的工人跟资产阶级决裂和消灭战争。我们要开始国际革命。唯有它的胜利才能巩固我们的胜利，才能保障向社会主义制度过渡。

列宁的提纲是以他个人的名义而且仅仅是以他个人的名义发表的。中央机关是怀着敌意对待它的，只不过这种敌意因困惑不 335
解而有所缓解罢了。无论是谁——无论哪个组织，哪个小组或个人——都没有在提纲上面签字，甚至连与列宁一道从国外回来的季诺维也夫也默不作声地在一边旁观，而他的思想是在侨居国外10年时间里在列宁每天不断的直接影响下形成的。这种旁观态度并不是老师没有料到的，因为他太了解自己这位最亲近的学生了。如果说加米涅夫是一位鼓动家和政论家，那么季诺维也夫就是一名宣传员，按列宁的意见甚至仅仅是一名宣传员。对于当一个领袖来说，首先他的责任感就是不够的，然而他欠缺的不仅仅是这一点。他的思维丧失了内心的纪律约束，根本无法胜任理论工作，溶化在没有定准的直觉里面了。多亏有异常敏锐的嗅觉，他总是能抓住他所需要的表达方式，也就是轻易就能对群众产生最有效影响的那些表达方式。无论作为一个新闻记者，还是作为一个演讲人，他没有改变仍然是一个宣传员的本色。在他的文章中主要显现出他软弱的一面，然而与此不同的是，在现场演讲时他有力的一面又会占上风。在开展宣传方面，季诺维也夫无论比哪个布尔什维克都要果断和奔放得多，可是在表现革命的主动性方面，他还不如加米涅夫。他像所有煽动者一样优柔寡断。从党派纷争的舞台跨进直接的群众战斗舞台以后，季诺维也夫几乎是本能地离开了自己的老师。

最近几年，竭力试图证明4月党内危机不过是转瞬即逝或者纯属偶然的混乱言行是够多的了。可是一旦跟下列事实联系起

336 来,所有的企图都会化作泡影。①

依据我们对党在 3 月期间活动的了解,就可以为我们揭示出列宁与彼得格勒领导人之间最深刻的矛盾。就在列宁刚刚回来的时刻,矛盾发展到了高度紧张的地步。与有 82 个地方苏维埃派代表参加的全俄苏维埃代表会议(在这次会议上,加米涅夫和斯大林投票支持由社会革命党和孟什维克提交的关于政权的决议)举行的同时,在彼得格勒召开了来自全俄国各地的布尔什维克参加的党的代表会议。对于评价党的,更准确地说是党内上层的情绪和观点,以及它如何摆脱战争,这次代表会议(列宁是会议闭幕时回来的)具有非常重要的意义。阅读迄今尚未出版的会议记录往往会引起这样的困惑:难道果真就是这些代表所代表的党在 7 个月以后用铁腕夺取了政权吗?

革命爆发后已经过去了一个月——这对于革命就像对于战争一样是一段相当长的时间。然而在党内,依旧还没有对革命最基本的问题确定看法。类似沃伊廷斯基、埃里亚瓦等人这类极端爱国主义者与那些自认为是国际主义者的人一起参加了会议。公开的爱国主义者所占的比重比孟什维克党内小得多,不过在这次代表会议上仍然是相当可观的。整体而言,会议没有替自己解决下面这个问题:是与本党的爱国主义者分手呢,还是与孟什维主义的

337 爱国主义者联合?就在布尔什维克代表会议开会的间隙,参加苏

① 在波克罗夫斯基教授主编的集体合写的大部头著作《十月革命简史》第二卷(莫斯科 1927 年版)中,包含有由一个名叫巴耶夫斯基的人撰写的专门为四月"混乱"辩解的文字,根据其对待事实和文献的那种肆无忌惮的态度,应该把它叫作厚颜无耻之作,如果不是幼稚平庸之作的话。

维埃代表会议的布尔什维克代表跟孟什维克代表举行了联席会议，讨论战争问题。最为猖獗的孟什维克爱国主义者李伯尔在联席会议上宣称："应当取消原先划分布尔什维克和孟什维克的标准，只以表明我们对战争的态度来进行划分。"布尔什维克沃伊廷斯基毫不迟疑地宣布自己准备对李伯尔所说的每一句话进行联合署名。布尔什维克和孟什维克、爱国主义者和国际主义者大家一起寻找自己对待战争的共同公式。

布尔什维克代表会议的观点无疑在斯大林所做的关于怎样对待临时政府的报告里得到了最为一致的反映。这个报告如同全部会议记录一样至今也没有公布出来，在这里很有必要引述它的中心思想。"政权在两个机关之间进行了分配，它们当中任何一个都没有掌握全部完整的政权。它们之间的摩擦和斗争是存在的，也必定会存在。角色也已经分配好了。苏维埃事实上发起了革命改造的创举，苏维埃是起义人民的革命领袖，是监督临时政府的机关。而临时政府事实上起到了革命人民所取得的胜利品的固色剂作用。苏维埃动员力量，实行监督。临时政府遇到了困难，陷入了混乱，却还是起着作为人民事实上已经取得的胜利品的固色剂作用。这种状况有应当否定的一面，也有值得肯定的一面。现在强行加速事态的发展，把疏远资产阶级的进程提前，对我们是不利的，尽管今后他们必将不可避免地离开我们。"

超脱于阶级之上的报告人把资产阶级和无产阶级之间的相互关系描绘成劳动成果的简单分配。工人和士兵完成了革命，古契柯夫和米留科夫给革命"固色"。在这里，我们看到了孟什维主义
依据 1789 年事件错误复制出来的传统观念。这种对待历史发展 338

进程所抱的监督者态度，向各阶级分配任务和以监护者身份对执行任务进行评价的做法，恰恰是孟什维主义领袖所固有的特征。提前使资产阶级离开革命对我们不利的思想一直是孟什维克全部政策的最高准则。这样做实际上等于为了不吓跑自由主义盟友，不惜让群众运动变得迟钝和受到削弱。最后，斯大林关于临时政府的结论完全属于妥协主义者下面这个模棱两可的公式范畴：“如果临时政府能巩固革命的措施，我们就支持它；如果它走向反革命，那么对临时政府的支持就是不可容忍的。”

斯大林的报告是 3 月 29 日做的。第二天，苏维埃代表会议的官方报告人、没有参加任何一派的俄国社会民主工党人士斯捷克洛夫情绪激昂地为这同样有条件地支持临时政府进行辩护，但是他为革命“固色剂”的活动描绘出了这样一幅图景：对抗社会改革，向往君主制度，庇护反革命势力，满怀兼并领土的野心，结果竟使处在烦躁不安气氛中的布尔什维克代表会议回避了上述支持公式。右翼布尔什维克诺根宣称：“斯捷克洛夫的报告提出了一个新的思想，很清楚，现在该说的不是支持，而是反对。”斯克雷尼普克同样得出结论，斯捷克洛夫做报告以后出现了“很多变化，不能再谈论支持临时政府了。临时政府正在策划反对人民和反对革命的阴谋”。在这前一天，斯大林还在描绘临时政府与苏维埃之间“分配劳动成果”的田园诗图景，现在他觉得自己不得不取消支持临时政府的观点。围绕是在“一定限度内”支持临时政府呢，还是只有在它采取革命行动时支持它这个问题进行了没有深入下去的简短
339 争论。萨拉托夫的代表瓦西里耶夫不无根据地声明：“所有人对待临时政府的态度是一致的。”克列斯廷斯基把情况更清晰地表达出

来了:“斯大林与沃伊廷斯基之间在实际步骤上并没有什么区别。”尽管沃伊廷斯基在代表会议开完以后很快就转到孟什维克一方去了,而克列斯廷斯基并没有什么不对,因为斯大林在撤销有关支持临时政府的公开言论的同时,却没有撤销支持本身。只有克拉西科夫坚持原则提出问题。他属于这样的老布尔什维克之一,这些人脱离党已有多年,而现在承载着平生阅历重负的他们企图回到现实生活的行列中来。克拉西科夫并不害怕直指问题的要害:你们不打算建立无产阶级专政吗?他用讽刺的口吻问道。但是代表会议不理睬这一讽刺,同时把它当作不值得注意的问题忽略过去。会议通过决议呼吁革命民主派促使临时政府“为彻底消灭旧制度而尽最大力量进行斗争”,也就是说决议要引导无产阶级政党去追随资产阶级,从而扮演家庭女教师的角色。

第二天,会议讨论了策烈铁里提出的布尔什维克和孟什维克实行合并的建议。斯大林对这个建议抱完全赞成的态度。“我们应当行动。必须就关于我们合并路线的建议做出决定。根据齐美尔瓦尔得—昆塔尔的路线,合并是可能的。”因为奉行过于激进的办报方针而被加米涅夫和斯大林停止《真理报》编辑工作的莫洛托夫提出了反对意见:策烈铁里希望把各种极不相同的成分联合在一起,他本人自称是齐美尔瓦尔得分子,因此按照这样的路线进行合并是错误的。但是斯大林坚持自己的观点,他说:“没有必要跑得太远,也不必事先预言分歧。党的生活没有分歧是不可能的。我们将在党内消除那些小的分歧。”列宁在战争期间进行的反对社会爱国主义者及其和平主义伪装的全部斗争似乎就要化作泡影了。1916 年 9 月,列宁以特别坚决的态度写了一封信由施里亚普 340

尼柯夫转交彼得格勒党组织，信中写道："调和主义与联合主义在国内对工人政党来说是最有害的东西，不仅是愚蠢，而且会给党招致毁灭。……我们只能依靠那些认识到统一思想是十足的欺骗和跟国内这一伙人（齐赫泽及其同伙）决裂绝对必要的人。"（《列宁全集》中文第二版第 47 卷，第 436—437 页）这个警告并不为人们所理解。与苏维埃右翼领导人策烈铁里的分歧被斯大林宣布为可以在同一个党内"消除"的小分歧。这个准则给了斯大林当时的观点再好不过的评定。

4 月 4 日，列宁出席了党的代表会议。他那篇解释"提纲"的演讲胜过了全国代表会议的一系列文献，它好似教师手里的一块湿海绵，可以用来擦掉糊涂懵懂的学生在黑板上涂写的东西。

"为什么没有掌握政权？"列宁问道。在不久之前召开的苏维埃代表会议上，斯捷克洛夫稀里糊涂地解释了放弃政权的原因：资产阶级革命，第一阶段，战争等等。列宁宣布："这都是胡说，问题在于无产阶级的觉悟和组织程度不够。这一点应当承认；物质力量虽然掌握在无产阶级手里，但是资产阶级却是自觉的和有准备的。这是一件怪事，但是必须公开地、坦率地承认这个事实，并且向人民说明，没有掌握政权是因为没有组织起来和没有觉悟……"（《列宁全集》中文第二版第 29 卷，第 8 页）



列宁把整个问题从后面躲藏着政治投降派的伪客观主义范围移到了主观范围。无产阶级 2 月没有夺取政权是因为布尔什维克党没有站在客观任务的高度，不能阻止妥协主义者为资产阶级的利益而在政治上剥夺了人民群众。

就在这前一天，克拉西科夫律师用挑战的口气说道："如果我

们认为实现无产阶级专政的时刻来临了，那么就必须马上提出这 341
个问题。就掌握政权而言，我们无疑具有天然的力量。”但是，会议主席不准克拉西科夫继续讲下去，理由是现在的问题是解决实际任务，不是讨论有关专政的问题。但是列宁认为，作为唯一的实际任务的恰恰就是准备实行无产阶级专政。他在提纲中写道：“俄国当前形势的特点是从革命的第一阶段向革命的第二阶段过渡，第一阶段由于无产阶级的觉悟和组织程度不够，政权落到了资产阶级手中，第二阶段则应当使政权转到无产阶级和贫苦农民手中。”（《列宁全集》中文第二版第 29 卷，第 114 页）

追随《真理报》的代表会议把革命的任务限定为通过立宪会议实行民主改造。而与此相反，列宁宣布：“实际生活和革命使立宪会议退居次要地位。……无产阶级专政是有了，但是不知道怎样运用。”（《列宁全集》中文第二版第 29 卷，第 110 页）

代表们互相使着眼色。他们互相交谈，说伊里奇在国外待得太久了，没有观察清楚也没有研究清楚俄国的情况。但是斯大林所做的关于在临时政府和苏维埃之间对劳动成果进行烦琐分配的报告立即而且永远湮没在一去不复返的过去中了。斯大林本人在会上默不作声。从此以后，他只得长时间地沉默下去。加米涅夫将单独来替自己辩护。

早在从日内瓦寄出的一封信当中，列宁就提出了警告，他准备跟所有在战争、沙文主义以及与资产阶级妥协等问题上做让步的人决裂，不管他是谁。现在，在与党内领导阶层面对面的场合，他发起了全线进攻。不过在开始之际，他没有点任何一个布尔什维克的名。如果他要找一个欺骗和动摇方面活生生的靶子，他会用

手指向党外的人，如斯捷克洛夫或齐赫泽。列宁惯常采用的方式是这样的：不把任何人提前钉住在他的立场上，以便让那些谨慎者
342 有机会及时从战斗中脱身，从而以此立即削弱公开的反对者。加米涅夫和斯大林认为，2 月之后，士兵和工人在参加战争的同时也就在保卫革命。列宁则认为，士兵和工人还和以前一样，是作为不能自主的资本家奴隶参加战争的。列宁缩小了反对者的范围，他说："甚至我们的布尔什维克也有轻信政府的。这只能用革命的狂热来解释。这是会断送社会主义的……如果是这样，那我们就走不到一起。我宁愿处于少数。"(《列宁全集》中文第二版第 29 卷，第 105—106 页）这不是讲话人的威胁，这明显完全是经过深思熟虑提出来的一条道路。

列宁没有点加米涅夫的名，也没有点斯大林的名，但是他不得不点报纸的名："《真理报》要求政府放弃兼并。要求资本家政府放弃兼并，这是荒谬的，是肆意嘲弄……"(《列宁全集》中文第二版第 29 卷，第 106 页）强忍的愤怒在这里大声爆发出来了。不过发言人旋即控制住了自己：他想说不少于，也不多于他所需要说出的话。顺便提一下，列宁为革命的政治做出了不可比拟的规定："群众说他们不愿侵略别人，我相信这是真话。古契柯夫和李沃夫说不愿侵略别人，那是在骗人。工人说要保卫祖国，那是出于被压迫者的本能。"(《列宁全集》中文第二版第 29 卷，第 105 页）如果要说出这条准则的名称，那就像生活自身一样简单。不过要做到及时以正确的名称来称呼它，那就困难了。

苏维埃发表的《告全世界人民书》被自由主义的《言论报》宣布为和平主义话题在我们这里正在发展成为与我们的盟国相同的意

识形态提供了依据。对于这个呼吁书，列宁说得更准确也更清楚："从野蛮的暴力手段极其迅速地转向最巧妙的欺骗手段，这是俄国的独特之处。"(《列宁全集》中文第二版第 29 卷，第 104 页)

关于这份宣言，斯大林曾经写过："这份呼吁书，如果它能够传
到(西方)广大群众那里，无疑会使成千成万的工人重新喊出那个 343
已经被遗忘的口号：'全世界无产者，联合起来！'"

而列宁说道；"工人代表苏维埃的号召书中，没有一个渗透阶级意识的字眼。全都是空话。"(《列宁全集》中文第二版第 29 卷，第 107 页)这份被不够格的齐美尔瓦尔得分子引以为自豪的文献在列宁眼中只不过是进行"最巧妙的欺骗"手段之一。

直到列宁回来之前，《真理报》还真的没有谈论过左翼齐美尔瓦尔得分子。在提到国际的时候也不指出是哪个国际。列宁于是把这种现象叫作《真理报》的"考茨基主义"。他在党的代表会议上宣布："在齐美尔瓦尔得和昆塔尔占优势的是中派……我们声明，我们已成立左派，并且与中派断绝了关系。……世界各国都有齐美尔瓦尔得左派。群众应该看清楚，社会主义运动已经在世界范围内分裂了……"(《列宁全集》中文第二版第 29 卷，第 112 页)

正是此前三天，也就是在这次代表会议上，斯大林曾经宣告根据齐美尔瓦尔得—昆塔尔会议精神，亦即根据考茨基主义，自己准备消除同策烈铁里的分歧。列宁说："听说俄国有联合的趋势，即与护国派联合。这是对社会主义的背叛。我认为，宁可像李卜克内西那样单枪匹马，一个对一百一十个！"(《列宁全集》中文第二版第 29 卷，第 112 页)指责出卖社会主义暂时还是没有指名道姓，在这里也不单纯是强硬的语言，它充分反映了列宁在等待那些把手

指伸向社会爱国主义布尔什维克的最终态度。与认为可能同孟什维克实行联合的斯大林相对立，列宁认为以后再也不能容忍采用与孟什维克相同的名称——社会民主工党。他说："我个人建议更改党的名称，把党改名为共产党。"(《列宁全集》中文第二版第 29 卷，第 111 页)"我个人建议"——这就等于说没有谁，没有任何一个与会者同意做出这个跟第二国际彻底决裂的象征性姿态。

344 "你们怕否定印在脑子里的旧东西。"发言人对窘迫不安、大惑不解，也有部分是怒气冲冲的代表说道。但是，"要换洗衣服，就得脱去脏衬衫，穿上干净的衬衫。"这个时刻到来了。而且他再次坚持说："不要死抓住已经完全陈腐了的旧字眼不放。要是你们愿意建立新的政党……那一切被压迫的人们就都会靠拢你们。"(《列宁全集》中文第二版第 29 卷，第 111 页)

面对尚未开始实施的宏伟任务，面对自己队伍内部的思想纷争，而时间又毫无意义地浪费在会见、欢迎仪式、礼节性的决议等事情上面，于是有关时间宝贵的强烈意识在演讲人那里化作了苦求："贺词、决议都已经够多了，是动手干的时候了。必须实事求是地、冷静地……"(《列宁全集》中文第二版第 29 卷，第 106 页)

一小时后，列宁不得不在此前预定的布尔什维克和孟什维克联席会议上重复自己的演讲。在那次会议上，大多数听众觉得他的演讲是某种介于讥笑与梦呓之间的东西。比较宽容的听众则耸耸肩膀，说此人显然是从月球上掉下来的：他在离开十年之后，刚从芬兰车站的台阶上走下来就鼓吹无产阶级夺取政权。爱国主义者当中不那么友善的人则想起了铅印封闭的车厢。斯坦凯维奇断言，列宁的表现令他的反对者高兴异常："说如此蠢话的人是没有什么危险的。他的到来真是件好事，现在他的一切都很显眼……现在他在打自己的耳光。”

其实，带着夺取革命胜利的全部勇气，带着哪怕是同昔日同志及战友（如果他们不能与革命一起前进的话）决裂的坚强决心，列宁的讲话（它的内部各部分之间是均衡的）浸透了深刻的现实主义和准确无误的群众感情。可是正因为这一点，讲话所以在不求甚解的民主派人士看来必定是荒诞不经的。

布尔什维克是苏维埃中小小的少数派，而列宁却图谋夺取政
权。难道这还不是冒险主义吗？在列宁对问题的提法中，连一点 345
冒险主义的影子都没有。他一分钟也没有闭着眼睛不去看存在于广大群众之中的“真诚的”护国主义情绪。他没有融入他们当中，也不打算背着他们采取行动。他对日后行将出现的反对意见与指责发话了：“我们不是江湖骗子。我们只能根据群众的觉悟程度办事。即使因此而不得不处于少数地位，也只好如此。可以暂时放弃领导地位，不要害怕处于少数。”（《列宁全集》中文第二版第 29 卷，第 104—105 页）不要害怕处于少数，哪怕是一个人，像李卜克内西那样一个人反对一百一十个人！——这就是他讲话的主旨。

“真正的政府是工人代表苏维埃。……我们党在工人代表苏维埃处于少数……那也只好由它了。我们只有耐心地、坚持不懈地、系统地说明他们的策略是错误的。只要我们还是少数，我们就要进行批评，使群众不再受骗。我们不希望群众相信我们的诺言，我们不是江湖骗子。我们希望群众从实际经验中来纠正自己的错误。”（《列宁全集》中文第二版第 29 卷，第 107 页）不害怕处于少数！不是永远，而是暂时处于少数。布尔什维主义的时钟即将打

点。“一切被压迫者就会接近我们,因为战争会使他们接近我们,他们没有别的出路。……我们的路线将被证明是正确的。”(《列宁全集》中文第二版第 29 卷,第 106 页)

苏哈诺夫讲述说:“在联席会议上,列宁是活生生的分裂化身……我记得波格丹诺夫(有名的孟什维克。——托洛茨基)坐在离讲台只有两三步远的地方。他打断列宁的话说:这难道不是说梦话吗,这是疯子说的梦话! 由于愤怒与蔑视而变得脸色苍白的他又朝着听众喊叫,你们要为给一派胡言鼓掌感到羞耻,你们是使自己蒙羞! 马克思主义者们!”

此时,已经身在党外的布尔什维克前中央委员戈尔登别尔格评价围绕列宁的提纲所展开的辩论说了下面这句极端仇视的话:“在俄国革命中,已空闲多年的巴枯宁的位置,现在让列宁占据了。”



346 后来,社会革命党人晋季诺夫回忆说:“他的提纲当时遭遇的与其说是愤怒,不如说是嘲笑,大家觉得提纲竟然达到了如此荒诞不经与凭空臆造的地步。”

那天黄昏,两位社会主义者同米留科夫在联络委员会前厅举行的会谈中,话题转到了列宁身上。斯科别列夫评论他就像是个“置身于运动之外的不可救药的人物”。苏哈诺夫赞成斯科别列夫的评价,并且补充说:“列宁不论对谁来说都是一个不可接受的人物,而且发展到了如此地步,即现在他对我们的对话者米留科夫根本不构成任何威胁。”可是就在这次会谈中,完全按照列宁所说的进行角色分配:两个社会主义者维护一个自由主义者的安宁,免得他为布尔什维主义给他带来的烦恼而操心。

有关列宁被说成是一个差劲的马克思主义者的流言甚至传到了英国大使馆。布坎南留下了这样的记录:“在新近到来的无政府主义者中间就有从德国乘坐用铅印封闭的车厢回来的列宁。他第一次出现在社会民主工党的会议上就受到了很不客气的对待。”

在那些日子里,克伦斯基对待列宁的态度好像比其他人显得宽容一些,他在临时政府成员圈子里出人意料地宣称,他愿意到列宁那里去一趟,以解答令人困惑的问题:“要知道他生活在一个完全与外界隔绝的环境中,他什么也不了解,他通过自己狂热的眼睛观察一切,在他身边没有一个能多少帮他认识清楚业已形成的局势的人。”这是纳博科夫提供的证词。然而,克伦斯基终究没有找到空闲时间来帮列宁认识清楚业已形成的局势。

列宁的四月提纲不仅仅是引起了敌人与反对者令人诧异的愤怒。提纲也把不少老布尔什维克推向了孟什维主义阵营,或者推向了栖身在高尔基报纸周围的中派小团体。这次人员的分流并没有重大的政治意义。相比之下,列宁的态度给党的整个领导阶层留下的印象就显得重要多了。苏哈诺夫写道:“在回来的最初日子 347
里,他在党内所有有觉悟的同志中间处于完全孤立的境地是丝毫不用怀疑的。”社会革命党人晋季诺夫证实:“就连他的党内同志——布尔什维克当时也勉为其难地离开了他。”这些评论的作者天天在苏维埃执行委员会同担负领导职务的布尔什维克见面,因此能得到来自第一手的情报。

不过,也不乏来自布尔什维克队伍里的类似证词。像大多数在二月革命期间绊倒了的老布尔什维克一样,齐洪后来用极力缓和的语气回忆说:“当列宁的提纲问世时,在我们党内可以感觉到某种程度的震动，许多同志指出列宁有工团主义倾向，他脱离了俄国具体环境，没有考虑到目前的情况，等等。”外省著名的布尔什维克活动家之一列别杰夫写道：“随着列宁回到俄国，他最初的宣传甚至连我们这些布尔什维克也不完全明白，这种宣传好像是乌托邦宣传，这可以用他长期脱离俄国生活来解释。可是，它逐渐为我们所领会，也可以说逐渐进入了我们的肉体和血液。”彼得格勒委员会委员、欢迎会的组织者之一扎列日斯基说得更加坦率：“列宁的提纲产生了炸弹爆炸一样的效果。”扎列日斯基充分证明了在过于热烈的欢迎仪式过后，列宁处于完全孤立的境地。“那天（4 月 4 日。——托洛茨基）列宁同志即使在我们的队伍里也没有找到公开的追随者。”



不过更重要的还是《真理报》的记载。4 月 8 日，即提纲宣读 4 天之后，那时已经解释得完全足够清楚了，双方也互相了解了，可是《真理报》却写道：“至于说到列宁同志的总的构想，对于我们来说还是不可接受的。它的依据是认定资产阶级民主革命已经完
348 毕，并且指望这个革命马上转变为社会主义革命。”这样一来，党中央机关报的声明把在革命的基本问题上同党的公认领袖发生的分歧暴露在了工人阶级以及它的敌人面前，而布尔什维克的干部为这次革命准备了好多年。光这一点就足以看出从两条不可调和的路线冲突中产生的党的四月危机有多么深刻。不战胜这次危机，革命就不可能继续向前推进。

# 第十六章　重新武装党



究竟用什么才能解释列宁在 4 月初处于十分孤立的处境呢？一般来说，怎么能形成这样一种局面呢？还有怎样做到重新武装布尔什维克的干部呢？

从 1905 年起，布尔什维克党就一直在“无产阶级和农民的民主专政”的口号下开展反对专制制度的斗争，这个口号及其理论根据都是列宁提出来的，孟什维克的理论家普列汉诺夫为反对“有可能实现没有资产阶级参加的资产阶级革命的错误思想”进行了不妥协的斗争。与孟什维克相对立，列宁认为，俄国资产阶级已经没有能力来领导本阶级的革命了，只有结成了紧密联盟的无产阶级和农民才能将反对君主制度和地主阶级的民主革命进行到底。按照列宁的观点，这个联盟的胜利必将导致民主主义专政的建立，这个专政不仅不能跟无产阶级专政混为一谈，而且相反，它与后者是对抗的，因为它的任务不是建立社会主义社会，甚至不是建立走向社会主义社会的过渡形式，而仅仅是对中世纪的奥吉亚斯牛圈进行无情的清扫。革命斗争的目标完全是由三个战斗口号——民主共和国、没收地主的土地和八小时工作日——来确定的。用俗话来说，它们就叫作布尔什维主义的三头巨鲸，这类似于古老的民间传说中把大地驮在背上的三头巨鲸。

350 无产阶级和农民的民主专政能否实现，这个问题的解决取决于农民能否完成它自身的革命，也就是取决于农民能否建立有能力消灭君主制度和贵族土地所有制的新政权这一问题的解决。诚然，民主专政的口号要求工人代表也要参加革命政府。不过，这种参加政府的行为预先就只限于无产阶级在解决农民革命的任务时仅仅充当左翼盟友的角色。因此流行的乃至正式认可的无产阶级在民主革命中的领导权思想，除了表示工人政党动用自己武库里的政治武器帮助农民，向他们提示消灭封建社会的最佳手段和方式，以及指出怎样把它们运用于实际以外，再也不可能有别的什么含义。不管在什么场合，谈论无产阶级在资产阶级革命中的领导作用绝对不等于无产阶级利用农民起义来达到下面的目的：即依靠起义，把自己的历史任务即直接向社会主义社会过渡提上议事日程。无产阶级在民主革命中的领导权与无产阶级专政存在着严格的区别，二者是对立的。从 1905 年春开始，布尔什维克党就一直受着这种思想的教育。

二月大变革的实际进程打破了布尔什维主义习以为常的公式。革命确实是由工人和农民的联盟完成的，主要是由出身为农民的士兵发动起义的事实并没有改变事件的实质。假若革命延续到和平时期的话，沙皇政府的农民军队的举动就有着决定性的意义。如果说战争条件下数百万人的军队最初把农民身份完全掩盖起来了的话，那也是十分自然的事。起义胜利以后，工人和士兵结
351 果成了时局的主宰力量。从这一点来看，似乎可以说工人和农民的民主专政建立起来了。然而，二月事变实际上导致了资产阶级政府的建立，而且有产阶级政权的存在仅仅是以工人和士兵苏维

埃的政权没有坚持到底为限度的。所有的牌都混杂起来了。代替革命专政亦即最集中的政权的是建立了两个政权的不稳定体制。在这个体制中统治集团极为有限的精力都白白地耗费在克服内部的争执中去了。事先谁也没有预见到会出现这样的体制。实在无法做出这样的预见,即它不仅指出事件发展的基本趋势。而且指出这些趋势的偶然结合。“有谁能够在从事最伟大的革命的同时预先知道如何将它进行到底呢?”列宁后来这样问道,“从哪里可以得到这样的知识呢?它不可能从书本中获得。这样的书是没有的。我们的决定只能从群众经验中产生。”[①]

然而,一般人的思维是保守的,而某些革命者的思维有时尤其如此。身在俄国的布尔什维克干部继续保持着陈旧的公式,他们只是把二月革命当作资产阶级革命的第一阶段来接受,尽管革命明显包含了两种互不相容的制度在内。3 月月底,鉴于“全民革命取得的胜利”,李可夫代表一批社会民主工党党员从西伯利亚发了一封祝贺电报给《真理报》,内称这次革命的“任务是争取政治自由”。所有身处领导岗位的布尔什维克无一例外地——我不知道有任何一个人例外——认定,民主专政还将继续下去。在资产阶级临时政府“耗尽了自身力量”以后,工人和农民的民主专政将会作为资产阶级议会制度的预备形式建立起来,这是完全错误的展望。结果从二月革命中诞生的制度不仅没有为民主专政做好准备,而是成了这个专政根本行不通的生动和全面的证据。至于说 352
妥协主义民主派把政权奉送给自由主义者,那不是偶然的,也不是

① 这段话不知出自何处。——译者

出于克伦斯基的浮躁和齐赫泽的短视。能证明这一点的是在随后的8个月期间，民主派一直在竭尽全力为维持资产阶级政府而进行斗争，一直在镇压工人、农民和士兵，终于在10月25日牺牲在资产阶级的盟友和卫士的岗位上。如果说自己面临着伟大任务和拥有群众的无限支持的民主派自愿放弃了政权，那么导致这事发生的不是政治原则或者政治偏见，而是资本主义社会中小资产阶级对自身处境的绝望情绪，这在国家、人民和各个阶级生存的基本问题正在得到解决的战争和革命时期尤其如此，上述情况从一开始就是相当清楚的。把权杖交给米留科夫的小资产阶级同时说道：不，我是无力承担这些任务的。

把妥协主义民主派抬举起来的农民本身就含有资产阶级社会所有阶级的初级形态。农民和城市小资产阶级（不过在俄国，这个阶级无论什么时候都没有起过重要作用）一起构成了过去曾经分化出，现在继续分化出新阶级的原生质。农民总是有两张面孔，一张面对无产阶级，一张面对资产阶级。像社会革命党这样的“农民”政党所持的不偏不倚、居间调停和妥协主义的立场只有在政治发展相对停滞的条件下才能维持下去；在革命时代小资产阶级必须做出抉择的时刻不可避免地要降临。社会革命党和孟什维克在第一时间就做出了自己的选择。为了阻止民主专政成为通向无产阶级专政的桥梁，它们把它消灭在萌芽阶段。但是，它们这样做恰恰为无产阶级专政开辟了道路，只不过是从另一端开辟的：不是经过它们之手，而是通过反对它们而开辟的。

革命进一步发展显然只能以新的事实而不能以旧的公式为出
353 发点。通过自己的代表，群众在半违背自己的意志，半不顾自己的想法的情况下被拖进了两个政权体制。从今以后，他们该从头到尾穿越这个体制，以便凭自己的经验深信这个体制既不能给他们带来和平，也不能给他们带来土地。疏远两个政权的体制意味着群众从现在起与社会革命党和孟什维克决裂。不过十分明显的是，工人和士兵在摧毁两个政权的全部结构时，政治上便转向布尔什维克，这除了意味着依托工农联盟建立无产阶级专政以外，实在不可能表示别的什么意思。在人民群众遭到失败的场合，在布尔什维克党的废墟上建立起来的只能是资本家的军人专政。在上述两种场合，“民主专政”都是被排除在外的。布尔什维克将视线瞄准民主专政时，事实上是转而面向了过去的幻想。带着把党领上新道路的坚定意图回来的列宁正赶上他们处于这种状态。

直到二月革命之初，列宁本人确实也没有用别的东西来代替民主专政的公式，哪怕是有条件和假设的也没有。这种说法是对的吗？我认为不是。革命后党内发生的事情简直是太明显地暴露出了重新武装的滞后性。况且，当时的条件下只有列宁一个人才能做到这一点。他为此做好了准备。他把自己的钢块加热到了白热的程度，并且把它投进战争的火炉重新熔炼。在他的心目中，历史进程总的前景已经发生了变化，战争造成的震荡把西欧社会主义革命可能爆发的日期突然提前了。在列宁看来，俄国革命仍然还是民主革命，不过它必定会推动欧洲的社会主义革命，然后欧洲革命也必定会把落后的俄国卷入自己的旋涡。在离开苏黎世之际，列宁总的构想就是这样的。我们已经引用过的列宁给瑞士工
人的告别信这样写道：“俄国是一个农民国家，是欧洲最落后的国 354
家之一。在这个国家里，社会主义不可能立刻直接取得胜利。但

是，在贵族地主的大量土地没有触动的情况下，在有 1905 年经验的基础上，俄国这个国家的农民性质能够使俄国资产阶级民主革命具有巨大的规模，并使我国革命变成全世界社会主义革命的序幕，变成进到全世界社会主义革命的一级阶梯。”(《列宁全集》中文第二版第 29 卷，第 90 页)在这个意义上来说，列宁第一次提到了俄国无产阶级将开始进行社会主义革命。

这就是把革命限定为民主主义目标的布尔什维主义旧立场和列宁在 4 月 4 日自己的提纲中首次向党提供的新立场之间的连接环节，直接过渡到无产阶级专政的前景仍然是完全出乎意料的，也是与传统相矛盾的，最后，简直是无法装进头脑中去的。在这里有必要说明一件事，直到二月革命爆发之前和爆发之初，人们所说的托洛茨基主义不是指在俄国一国范围内不能建成社会主义社会的思想(直至 1924 年以前这种“可能性”的思想根本没有被任何一个人说起过，大概也没有在任何一个人的头脑里出现过)，当时被称作托洛茨基主义的是指俄国无产阶级能够比西方无产阶级更早地夺得政权的思想，是指在这种情况下无产阶级不能停留在民主革命专政之内，而应当采取初步社会主义措施的思想。如果说列宁的四月提纲被人指责为托洛茨基的提纲，那并没有什么可奇怪的。

“老布尔什维克”的反对意见是从好多个方面提出来的，主要的争论是围绕资产阶级民主革命是否已经结束这个问题展开的。既然土地改革还没有完成，那么列宁的反对者就有充分的权利断
355 定民主革命还没有进行到底。他们由此得出结论，这种情况就表示着还没有无产阶级专政的位置。甚至在近期某个时候即使俄国的社会条件大体上允许实行无产阶级专政，也不能这样做。在我们

已经引用过的文字中,《真理报》编辑部正是这么提出问题的。后来在四月代表会议上,加米涅夫重复说道:“当列宁说资产阶级民主革命已经结束的时候,他是不对的……典型的封建主义残余——地主土地所有制还没有被消灭……国家还没有改造为民主社会……说资产阶级民主已经耗尽了自己的全部可能性还为时尚早。”

托姆斯基反驳列宁说:“民主专政就是我们的基础……我们应当组织无产阶级和农民的政权,应当把它与公社区别开来,因为在公社那里政权只属于无产阶级。”

李可夫则附和他们的发言:“我们正面临着巨大宏伟的革命任务,但是实现这些任务并不会使我们超越出资产阶级制度的范围。”

列宁不比他自己的论敌差,他当然看到了民主革命还没有结束,更正确一点说,他看到了这个革命刚刚发生就开始无法继续向前发展了。不过,由此得出的结论恰恰是:只有在新阶级的统治下民主革命才能进行到底,而要做到这一点,除了让群众摆脱孟什维克和社会革命党的影响,也就是摆脱自由派资产阶级的间接影响以外,不可能有另外的途径。这两个政党与工人特别是士兵的联系是靠保卫——“保卫国家”或者“保卫革命”的思想维持的。因此,列宁要求跟一切类型的社会爱国主义实行绝不妥协的政策。让党疏离落后的群众是为了以后把这些群众从他们的落后性中解放出来。他重复说:“老的布尔什维主义应当抛弃,必须把小资产阶级的路线同雇佣无产阶级的路线区分开来。”(《列宁全集》中文第二版第 29 卷,第 244 页)

从表面上就能看出来的好像是素来的对手互换了武器。孟什 356
维克和社会革命党现在代表着工人和士兵的大多数,似乎实际上实现了无产阶级和农民的联盟，而这一直是布尔什维克反孟什维克宣传之中所主张的。列宁却要求无产阶级先锋队与这个联盟断绝往来。然而事实上双方中的每一方都始终忠于自己的信念。孟什维克一如既往把支持自由派资产阶级看作自己的使命。他们与社会革命党人的联盟只不过是扩大和加强这种支持的一个手段。相反，无产阶级先锋队与小资产阶级派别的决裂意味着准备在布尔什维克党领导下建立工人和农民的联盟，也就是建立无产阶级专政。

另一方面的反对意见依据的是俄国的落后性。工人阶级的政权不可避免地意味着向社会主义过渡，但是俄国的经济和文化没有成熟到可以完成这一过渡的程度。我们应当把民主革命进行到底，只有西方的社会主义革命才能在事实上证明我们的无产阶级专政是正确的。李可夫在四月代表会议上提出的反对意见就是这样的。至于俄国文化、经济条件本身对于建设社会主义社会是不够的，这对列宁来说是最起码的常识。但是，社会不会演化得如此合理，建立无产阶级专政的日期恰好与社会主义所需要经济和文化条件成熟的时刻同时来临。如果人类能如此有计划地发展，那根本就不需要专政，同样也根本不需要革命。全部问题就在于，历史上活生生的社会内部是极不一致的，而且发展越滞后，就表现得更突出。在俄国这样的落后国家，在资产阶级制度取得完全胜利
357 之前资产阶级就已经腐烂了，而代替它来充当民族领导者的除了无产阶级之外再没有别的任何人，这个事实就是上述不一致的反映。俄国的经济落后并没有免除工人阶级执行落在自己身上的任务的责任，而只不过执行任务时会伴随着极其严重的困难。对于重弹社会主义应当源自工业更发达的国家老调的李可夫，列宁给

了他一个简单而又充分的回答："不能说谁来开始和谁来结束。"（《列宁全集》中文第二版第 29 卷，第 361 页）

*　*　*

在党还远没有官僚主义僵化、可以十分自由地评价自己的过去以及为自己的未来做准备的 1921 年，最年长的布尔什维克之一奥里明斯基（他在党的每个发展阶段都参与领导党的出版工作）给自己提出了一个问题：用什么来解释党在二月革命之际走上机会主义道路这一事实呢？以及是什么因素使党后来急剧地转向了十月的道路呢？这位作者把党"过久地坚持"民主专政的方针这一事实看作三月迷惘的根源，这无疑是非常正确的。奥里明斯基说："我们面临的革命也许仅仅是资产阶级革命，……这是每一个党员都必须遵从的结论，党的正式观点和党恒常不变的口号，直到 1917 年二月革命甚至其后一段时间内都是如此。"奥里明斯基要是能引用在斯大林和加米涅夫到来之前，也就是包括奥里明斯基本人在内的"左派"编辑部主办的《真理报》的提法作为例证就好了，（3 月 7 日）《真理报》写明了编辑部本身的意思是什么："当然，我们还没有提出资本统治垮台的问题，而仅仅提出了专制制度和封建主义垮台的问题……"根据这极其简短的评论，就可以得出三月期间让资产阶级民主俘虏了党的结论。同一位作者进一步发
问："十月革命究竟从哪里来的，从党的领袖到普通党员如此突然 358
地放弃了党在将近 20 年时间内都认为是无可辩驳的真理，事情究竟是怎么发生的？"

作为敌对分子的苏哈诺夫从另一个角度提出了同样的问题。"列宁是怎样和用什么竟然战胜了自己的布尔什维克？"列宁在党

内的胜利不仅是彻底的，而且的确是在极短的时间内取得的。根据这一点，敌人历来没有少讽刺布尔什维克党的这种个人体制。苏哈诺夫自己回答他提出的问题时，一开始就显示出十足的英雄式口气：“天才的列宁是历史性的权威人物，这是事情的一个方面。另一方面，除了列宁，党内什么人物和什么东西都没有。几员大将要是没有列宁就什么也不是，就像几大行星没有太阳一样（这里我没有提到当时还在该集团之外的托洛茨基）。”这些可笑的文字企图用列宁的威信来解释他的作用，就如用鸦片导致幻觉的效能来解释它的催眠效力一样。类似的解释终归对我们没有多大帮助。

列宁在党内的实际影响无疑是很大的，但是绝对不是无限的。即使后来在十月革命以后，因为党用世界时局的尺度测量出了它的力量，从而使列宁的威望绝大地提高了的时候，上述影响也不是没有争议的。因此，单纯援引列宁的个人权威来评价 1917 年 4 月的局势是不够的，毕竟当时党的整个领导层都已站到了反对列宁的立场上。

尽管奥里明斯基有自己的资产阶级民主革命公式，不过当他证明党从那时起通过自己对资产阶级和民主的全部政策，事实上
359 准备带领无产阶级开展夺取政权的直接斗争的时候，他几乎快要解决这个问题了。奥里明斯基说：“我们（或者说我们当中许多人）在思考坚持资产阶级民主革命方针时，却无意识地在坚持无产阶级革命的方针，换句话说，我们以为是在准备二月革命时，却为十月革命做好了准备。”这是最有价值的总结，它同时也是完美无缺的证人证词！

在革命政党的理论教育中存在着矛盾的成分，它们在无产阶级

和农民的“民主专政”这个模棱两可的公式中得到了反映。在讨论列宁在代表会议上所做的报告时，一个女代表更简洁地反映了奥里明斯基的想法：“布尔什维克的预测是错误的，但是策略是正确的。”

在显得如此不合常理的四月提纲中，列宁依靠富有生命力的党的传统，即对统治阶级毫不妥协，对一切犹豫动摇充满敌意的传统来反对陈旧的公式，而“老布尔什维克”把尽管是新鲜的然而已经过时的记忆跟阶级斗争的具体发展对立起来。列宁拥有十分牢固的支持基础，它是由布尔什维克与孟什维克斗争的全部历史奠定的。在这里提醒下面的问题是适当的：当时社会民主工党正式纲领仍然是布尔什维克和孟什维克共同的纲领，于是民主革命的实际任务在纸面上看起来两个党是一致的。然而实际上它们根本毫无共同之处。革命以后，工人布尔什维克马上就发起了为实行八小时工作日的斗争，孟什维克把这个要求说成是不合时宜的。布尔什维克领导了逮捕沙皇的官吏的行动，孟什维克则反对这种“破坏秩序的行为”。布尔什维克精力充沛地组建工人民警，孟什维克因为不愿意与资产阶级反目而阻挠武装工人。布尔什维克还没有越出资产阶级民主的界限，他们是作为或者说是力图作为不 360
妥协的革命者来采取行动的，尽管他们被领导人引入了歧途，孟什维克采取的每一个步骤都是为了维持与自由主义者的联盟而牺牲民主纲领。要是没有民主派盟友，加米涅夫和斯大林肯定难免一事无成。

列宁跟党的总司令部发生的四月冲突不是唯一的。在布尔什维克的历史上，除了个别实质上只能证明常规的插曲以外，党的所有领导人每到事变发展最紧要的关头都显得比列宁要右。这是偶然的吗？不是！列宁之所以成为世界历史上一个最革命的政党无可争议的领袖，是因为最终他的思想和意志实在是完全适合国家和时代伟大的革命机会的。而其他人不是差一寸，就是差两寸，而通常是差得更多。

在革命爆发前数月甚至数年时间内，布尔什维克整个领导阶层差不多都没有开展积极主动的工作。许多人在战争开头几个月把受压抑的感觉随身带进了监狱，带到了流放地，他们单独或者以不大的小组经受了国际组织的破产。如果说他们在党的队伍中显示出受过革命思想的充分感染（这就是他们依恋布尔什维主义的原因），那么他们在处于孤立时，就显得无力去抗拒来自周围的压力，也无力对时局独立做出马克思主义的评判。在战争爆发后两年半时间内，群众中出现的巨大的进步几乎是在他们的视野之外发生的。然而革命不仅使他们摆脱了孤立状态，而且由于他们的威信，也把他们放到了党内决定性岗位上。按照自己的情绪，这些人与“齐美尔瓦尔得”知识分子的距离常常显得比与工厂里的革命工人要近得多。

361 “老布尔什维克”（1917 年 4 月他们高傲地强调自己的这一名称）注定要遭到失败，因为他们捍卫的恰恰是党的传统中那个没有经过历史检验的部分。例如，4 月 14 日加里宁在彼得格勒代表会议上说道：“我属于老布尔什维克—列宁主义者，我认为老列宁主义对当前的特殊时刻根本没有什么不适用的地方，因此对列宁同志宣布目前老布尔什维克是障碍的说法感到惊讶。”这类抱怨之声在那些日子里列宁没少听。其实，列宁在与党的传统公式决裂时，他本人差点已不再是“列宁主义者”了：为了召唤布尔什维主义的核心走向新生活，他抛弃了它已经破损了的外壳。

在反对老布尔什维克方面，列宁得到了党内另一个阶层，即已经受过锻炼而且更加朝气蓬勃的、与群众联系更为密切的阶层的支持。就如我们已经知道的，二月革命中，工人布尔什维克起到了决定性作用。他们认为取得胜利的阶级应该掌握政权是不言自明的道理。就是这些工人强烈抗议加米涅夫—斯大林的方针，而维堡区甚至威胁要把这些“领袖”开除出党。同样的情况在外省也能观察得到。几乎到处都有被指责为盲动主义甚至无政府主义的左翼布尔什维克。工人革命者所缺乏的只是为坚持自己立场所需的理论。但是他们已经准备好响应第一个明确的号召。

列宁给这个在1912—1914年运动高潮年代完全恢复了元气的工人阶层指明了方向。早在战争初期，即政府摧毁杜马中的布尔什维克党团，从而给党以沉重打击之际，列宁提到以后的革命工作任务时，指出党要教育“成千成万的有觉悟的工人，他们当中将有人不顾一切困难，重新形成领导者集体”。（列宁当时相关文章中没有见到这段话。——译者）虽然有两道战线把列宁和他们隔开了，使之几乎没有任何联系，但是列宁从来没有疏远过他们。362
“即使战争、牢狱、西伯利亚、苦役会夺去他们中间4/5或9/10的人，但要消灭这个阶层是不可能的。这个阶层生气勃勃，充满着革命精神和反沙文主义思想。”（《列宁全集》中文第二版第26卷，第17页）列宁内心里与这些工人布尔什维克一起经历了时局的考验，与他们一起得出了必然的结论，不过他比他们看得更广阔，行事也更果断。为了同党的司令部以及党员中人数众多的军官阶层的动摇犹豫进行斗争，列宁满怀信心地依靠党的军士阶层，因为后

者更能反映普通工人布尔什维克的愿望。

社会爱国主义者的暂时得势和布尔什维克机会主义派别隐蔽的软弱存在于这一现象中:前者依靠的是当时流行的偏见和群众的错觉,而后者适应前者。列宁的主要力量就在于他洞悉运动的内在逻辑,并且根据这种逻辑调整自己的政策。他没有把自己的计划强加给群众。他帮助群众理解并且通过他们实现自己的计划。当列宁把全部革命问题归结为一点——“耐心说明”,那么这就意味着必须引导群众的思想意识去适应历史进程把他们驱赶进去的那种局势。工人或者士兵对妥协派分子的政策感到失望,因此必定转向列宁的立场,同时也不会滞留在加米涅夫—斯大林的过渡阶段。

列宁的公式刚一提出,它们便以全新的方式向布尔什维克阐明了过去数月以及每一个新日子的经验。广大党员群众中出现了迅速的分化,人们越来越向左靠拢列宁的提纲。扎列日斯基说:“一个区接着一个区支持提纲,到4月24日党的全国代表会议召开之际,彼得格勒的党组织表示完全赞成提纲。”

363 4月3日傍晚开始的重新武装布尔什维克干部的斗争到月底实质上已经宣告结束。① 4月24—29日在彼得格勒举行的党的全

① 就在列宁回到彼得格勒的那一天,在大西洋彼岸的哈利法克斯,英国海岸警察把挪威轮船“克里斯蒂安尼亚峡湾号”上从纽约回俄国的五个侨民扣留下来了,他们是:托洛茨基、丘德诺夫斯基、梅利尼昌斯基、穆欣、菲舍列夫和罗曼琴科。这几个人直到5月5日才有机会回到彼得格勒,当时从政治上重新武装布尔什维克的任务至少已经初步完成了。因此我不认为可以把托洛茨基在纽约出版的俄文日报上发表的有关革命观点的叙述纳入本书的正文中。但是从另一方面来看,既然熟悉了这些观点就能使读者容易理解此后党的派别活动,特别是十月革命前夕的思想斗争,那么我认为从这里划出有关的证明材料并且把它们作为附录放在本节末尾是恰当的。那些觉得自己对十月革命理论准备进行更加详细的研究不感兴趣的读者就能够安心地忽略这个附录。

国代表会议对机会主义动摇的三月和尖锐危机的四月进行了总结。到此时，党无论在人数上还是政治上都有力地壮大起来了。149 名代表代表着 7.9 万名党员，其中彼得格勒就有 1.5 万名。对于一个昨天还是非法的而今天反对爱国主义的政党来说，这是一个巨大的数目，列宁也好几次满意地重复提到过这个数字。代表会议的政治面貌在选举五人主席团时就已经确定下来了，三月灾难的主要负责人——无论加米涅夫还是斯大林都没有进入主席团。

尽管整体上对党而言，有争论的问题已经切实解决了，然而许多与昨天联系在一起的领导人在这次代表会议上仍然停留在反对或者半反对列宁的立场上。斯大林保持沉默而且熬了过去。捷尔任斯基以“许多原则上不同意报告人提纲的人”的名义要求听取由“实际上和我们一起经历了革命的同志”所做的补充报告。这分明是暗示列宁的提纲具有侨民的性质。加米涅夫在代表会议上的确 364
做了捍卫资产阶级民主专政的补充报告。李可夫、托姆斯基、加里宁在不同程度上力图维护自己的三月立场。加里宁继续坚持要同孟什维克联合，说这是为了同自由主义进行斗争。莫斯科党组织有名的工作人员斯米多维奇在自己的发言中埋怨说：“在我们每次发言的时候，列宁同志的提纲，绝对是作为某种吓人的东西朝我们逼近过来。”以前在莫斯科人投票赞成孟什维克的决议时，他们的日子过得多么平静啊。

作为罗莎·卢森堡的学生，捷尔任斯基发言反对民族自决权，指责列宁包庇削弱俄国无产阶级的分离主义倾向。对于反过来指责他支持大俄罗斯沙文主义，捷尔任斯基回答说：“我可以指责他

（指列宁。——托洛茨基）坚持波兰、乌克兰和其他民族的沙文主义者的观点。”这一对话倒是颇具政治上逗趣的特征：大俄罗斯人列宁指责波兰人捷尔任斯基犯了反对波兰人的大俄罗斯沙文主义，同时遭到了后者对他的波兰人沙文主义的指责。在这场争论中，政治上的正确性完全在列宁一边。他的民族政策构成了十月革命最重要的组成部分。

反对派明显失势了。结果就争论的问题进行投票，反对派没有超过七票。但是，有一个涉及党的国际联系的十分有趣和十分明显的例外。在临近会议结束之际的 4 月 29 日晚间会议上，季诺维也夫以委员会的名义提出了这样的决议草案：“参加 5 月 18 日开幕的齐美尔瓦尔得派的国际代表会议。”（地点在斯德哥尔摩。——托洛茨基）会议记录写明：“8 票赞成，1 票反对。”这一票就是列宁。他要求跟齐美尔瓦尔得派断绝关系，因为那里面大多

365 数完全由德国独立社会民主党人和类似瑞士人格里姆那样的中立派和平主义者组成。可是对于俄国党的干部来说，战争期间齐美尔瓦尔得派与布尔什维主义简直就是同一码事。代表们还是既不同意放弃社会民主工党的名称，也不同意跟齐美尔瓦尔得派断绝关系，况且在他们心目中，齐美尔瓦尔得派仍然是同第二国际群众的联系纽带。列宁至少是力图把参加行将召开的代表会议的目的限制为仅仅是搜集情报消息。季诺维也夫发言反对他。列宁的建议没有获得通过，于是他投票反对整个决议。结果没有一个人支持他。这是“三月”情绪的最后回响，是对昨日立场的死守，是对陷于“孤立”的恐惧。不过，这次国际代表会议终究没有开成，这是由于齐美尔瓦尔得派自身内部的疾病所致，也正是这些疾病促使列

宁要与齐美尔瓦尔得派决裂。这样一来，被一致拒绝的绝交政策事实上取得了成功。

党的政策出现急转弯的性质大家都看得很清楚。工人布尔什维克、未来的劳动人民委员施密特在四月代表会议上说过："列宁给工作的性质提出了不同的方针。"按照拉斯科尔尼科夫的说法（当然是几年以后写下的），1917 年 4 月，列宁"在党的领导人的意识里引发了十月革命……我们党的策略没有表现为一条直线，在列宁到来之后出现了急剧的向左转"。老布尔什维克柳德米拉·斯塔尔更直接同时也更准确地评价了发生的变化。"列宁到来之前，所有的同志都在黑暗之中徘徊，"她在 4 月 14 日的城市代表会议上说道，"当时只有 1905 年的一些公式。看到人民的独立创造，我们却不能对他们进行指导……我们的同志只能局限于通过议会方式为立宪会议做准备，根本没有考虑到继续前进的可能性。采用列宁的口号以后，我们做了生活本身向我们提醒的事情。没有必要因为有人说这已经是工人政府了而害怕公社。巴黎公社不仅 366
仅是工人的，同时也是小资产阶级的公社。"可以同意苏哈诺夫的说法，即重新武装党"是列宁在 5 月初取得的最主要和最根本的胜利"。尽管苏哈诺夫认为在这个行动中，列宁用无政府主义的武器取代了马克思主义的武器。

还剩下一个问题，一个并非不那么重要的问题，尽管提出这个问题要比回答它容易：如果 1917 年 4 月列宁没有回到俄国，那革命会怎么发展呢？如果我们的叙述一般说来指出和证明了什么东西（我们希望是这样），那就是列宁并不是革命进程的造物主，他仅仅进入了客观历史力量的链条。不过在这个链条中，他是很重要的一环。无产阶级专政是由整个形势造就的，但它还是需要人去建立，没有党就不可能建立它。党当然能够履行自己的使命，只不过要在了解其使命以后才行。为了做到这一点，列宁乃是必不可少的。在他到来之前，布尔什维克领袖当中没有一个人能够做出革命的诊断。加米涅夫—斯大林的领导被事变的进程抛向了右边，抛向了社会爱国主义者，因为在列宁与孟什维主义之间，革命没有为中间立场留下地盘。布尔什维克党内斗争完全是不可避免的。列宁的到来只是加快了这一进程而已。他的个人影响缩短了危机。然而，能够有把握地说没有他党也会找到自己的道路吗？无论如何我们也不敢这样断言。在这里时间因素起决定作用，而事后再回头来看历史时针是困难的。无论在何处，辩证唯物主义与宿命论是没有任何共同之点的，假如没有列宁，机会主义领导不可避免地会引起危机，会具有异常尖锐和紧张的性质。然而，战争
367 和革命的环境没有给布尔什维克党履行自己的使命留下充裕的时间。如此看来，根本不能排除误入歧途和处于分裂的党会与革命的形势失之交臂，要耽搁很多年。在这里个人的作用在我们面前真的是极大地突出起来了。只不过我们务必要正确理解这种作用，也就是要把个人当作历史链条中的一环。

经过长期缺席以后，列宁从国外“意外”归来，围绕他的名字报刊出现的极度热闹纷扰，列宁与本党所有领导人的冲突以及他对他们的迅速胜利——一句话，在这种场合，时局的外观极容易使人把个人、英雄、天才和客观条件、群众、政党进行机械的对比。实际上这样的对比完全是片面的。列宁不是历史发展的偶然因素，而是俄国全部过去历史的产物。他把自己最深刻的根源植入了历史

之中。过去 25 年来,他与先进工人一道从事他们的全部斗争。“偶然性”与其说是他对时局的干预,还不如说是劳合·乔治企图用来阻挡他前进的那根稻草。列宁不是从外面反对党,他是党的最充分的反映。他培养了党,也在党内受到培养。他与布尔什维克领导阶层的分歧就是党的明天与它的昨天的斗争。如果列宁不是被流亡和战争环境把他跟党人为地分开,那么危机的外部结构就不会如此富于戏剧性,也不会把党的发展的内部继承性掩盖到这种地步。从列宁归来的特殊意义中得出的结论仅仅是:领袖不是意外创造出来的,他们是在数十年期间挑选和培养出来的,不能随随便便地更换他们,机械地把他们从斗争中排除出去将使党遭受严重伤害,在某些情况下,还可能使它长时期陷入瘫痪。

368 # 第十七章 “四月危机”

3月23日，美国宣布参战。就在这一天，彼得格勒为二月革命的牺牲者举行安葬仪式，哀悼情绪中却又庄严而乐观的游行成了5天扰攘的盛大尾声。大家都来参加葬礼，其中包括那些同死者并肩战斗过的人，那些劝阻过他们不要参加斗争的人，或许还有打死他们的人，而更多的还是置身于斗争之外的人。与工人、士兵、小市民一道来出席的还有大学生、部长、大使、殷实的资产者、记者、演说家以及各个党派的领袖。工人和士兵抬着红色棺材从各城区缓缓地来到马尔索沃校场。当棺材开始放入墓穴时，从彼得保罗要塞传来了使无数民众受到震撼的第一声志哀炮响。大炮的鸣响与以往不同，这是我们的大炮和我们的致哀。维堡区抬来了51具红色棺材，而这仅仅是它引以为自豪的牺牲者的一部分。在所有游行队伍中最紧凑的维堡人队伍中，与众不同地打出了很多面布尔什维克的旗帜，不过它们和其他别的旗帜一起平静地迎风飘动。只有临时政府、苏维埃以及国家杜马(它还在安静却又顽固地逃避自身的葬礼)的成员仍然滞留在马尔索沃校场上。一天之内，有不少于80万人举着旗帜、随着乐队在墓穴旁排队缓缓走过。尽管按照最高军事权威人士的事先估算，类似规模的人群在预定的时间内通过而又不出现极大混乱和危险的旋涡无论如何也

是不可能的，然而游行还是井然有序。相对于那些与今后会越加 369
美好的期望结合在一起的、对首次实现伟大事业的满足心情占优势的革命游行来说，这一次的秩序是值得高度注意的。也仅仅正是靠这种情绪维持住了秩序，因为组织还是相当脆弱、没有经验和缺乏自信的。

看来葬礼这一事实本身就足以驳倒关于二月革命是不流血的奇谈。不过，笼罩葬礼的情绪多多少少再现了产生上述奇谈的最初那些日子的那种气氛。

经过 25 天以后（在这期间苏维埃增加了许多经验和自信），按照西方历法举行了五一节庆祝活动（按俄国旧历这一天是 4 月 18 日）。全国所有城市都淹没在群众集会和游行示威之中。不仅工厂企业停了工，而且国家机关、城市和地方自治机构也停止上班。在大本营所在地莫吉廖夫，走在游行队伍前列的是乔治十字勋章获得者们。还没有将沙皇将军清洗出去的司令部游行纵队带着自己的五一节标语牌出发了。无产阶级反对军国主义的节日与涂抹着革命色彩的爱国主义游行混合在一起。各个居民阶层参加各自的节日，但是大家还是一起汇成了某种整体的、极其模糊的、有些虚假的然而大体看来又是相当宏伟的巨流。

在两个首都和工业中心，参加庆祝活动占优势的是工人，而且在工人群众中，布尔什维主义的坚强核心因其旗帜、标语牌、演讲和赢得的欢呼而的确特别显得与众不同。在临时政府避难所玛丽亚宫硕大的墙上，拉起了一条大胆的红色横幅，上面写着：“第三国际万岁！”还没有摆脱行政机关腼腆的当局没有决心撤下这招人讨厌又令人惊慌的标语。仿佛所有人都在举行庆祝活动。野战部队

370 也在尽其可能进行庆祝。堑壕里传来了集会、演讲、高举革命旗帜和高唱革命歌曲的消息。连德国那边也发出了响应。

战争还没有走到尽头；相反，它刚刚扩大了自己的范围。不久前——正好是安葬革命牺牲者那一天，整个大陆都卷入了战争，结果达到了一个新的规模。可是在俄国所有部队中，俘虏与士兵在共同的旗帜下一起参加游行，有时还用不同的语言高唱同一首赞美歌。在这个无比广阔的盛大庆典中，就像处在淹没了阶级、政党和思想界线的春汛中一样，俄国士兵和奥匈帝国俘虏共同举行的游行就是一个令人鼓舞的明显事实，不管怎样，这事实促使世人去思考革命才是一种更好的和平。

与三月葬礼相似，作为“全民”庆典的五一节同样秩序井然，没有发生冲突和出现牺牲。但是，灵敏的听觉已经在工人和士兵的队伍中不难听到急不可耐的甚至是颇具威胁的声音。生活变得越发困难了。事情确实是这样，物价在可怕地上涨；工人要求最低限度的工资，企业家则进行抵制，工厂里发生冲突的次数在持续上升。粮食供应情况在不断恶化，面包配额缩减了，原粮要凭票供应。卫戍部队中的不满情绪也在增长。军区司令部准备控制士兵，同时把最革命的部队调出彼得格勒。在 4 月 17 日举行的全体卫戍部队的集会上，揣测出了敌方意图的士兵提出了停止调出部队的问题；后来在每一次新的革命危机中，这个要求以越来越坚决的形式一再强烈地提了出来。可是，全部灾难的根源是看不到尽头的战争。革命究竟什么时候能带来和平？克伦斯基和策烈铁里还在观望什么？群众越来越注意地倾听布尔什维克的主张，用观
371 望态度从一旁注视着他们，有些人半怀着敌意，另一些人则已经产

生了信任。在节日庄严的纪律下面，情绪是紧张的，一场风暴正在群众中间酝酿。

然而，无论是谁，甚至玛丽亚宫横幅的作者也没有猜想到，最近两三天就已经无情地把革命的全民一致的外表撕破了。可怕的事件——许多人已经预知到它们的发生是不可避免的，但是谁也没有料到来得这么快——紧接着骤然发生了。临时政府的对外政策也就是战争问题推动了它的爆发。用火柴点着导火索的不是别人，正是米留科夫本人。

火柴和导火索的来历是这样的，就在美国参战的那一天，精神振作的临时政府外交部长向新闻记者发挥了自己的纲领：占领君士坦丁堡，夺取亚美尼亚，瓜分奥地利和土耳其，侵占北部波斯，当然除此之外还有民族自决权问题。历史学家米留科夫是这样为部长米留科夫做说明的：“在自己全部言论中，他坚定地强调解放战争的和平主义目的，不过他总是把它们跟俄国的民族任务及利益紧紧地联系在一起。”这个采访谈话使妥协派分子感到惊慌失措。孟什维克的报纸怒气冲冲地写道：“临时政府的对外政策究竟何时才能去掉伪装？为什么临时政府不要求盟国政府公开而坚定地放弃兼并？”这些人以为贪婪的侵略者直言不讳的话是伪装的。他们宁愿把用和平主义掩盖起来的贪欲视之为脱去伪装的真实。被民主派激动情绪吓坏了的克伦斯基赶紧通过印刷厂发出声明：米留科夫的纲领只是他个人的意见。至于发表这个人意见的人是外交部长，也显然是纯属偶然。

策烈铁里富有把每个问题都归结为一套废话的才能，他开始坚持临时政府必须声明，对于俄国来说，战争完全是防御性的。米 372

留科夫的反抗和古契柯夫的部分反抗失败了，就在3月27日，政府决定发表声明，其内容是“自由俄国的目标是不统治其他民族，不从它们手里剥夺它们的民族财富，不强行侵占外国领土”，但是又说“要完全恪守对我们的盟国所承担的义务”。两个政权的主宰和先知就这样宣布了自己在与弑父者和通奸者的联盟中进入天堂的意图。除开其他一切不论，这些先生连幽默感也丧失了。

3月27日声明不仅受到所有妥协派报纸的赞同，而且就连加米涅夫—斯大林的《真理报》也在列宁回国前四天发表社论表示欢迎。“临时政府清楚而明确地……向全民声明，自由俄国的目标不是统治其他民族”，等等。英国报刊马上高兴地把俄国放弃兼并解释为它将放弃君士坦丁堡，当然也绝对不打算把放弃的公式扩展到本国。俄国驻伦敦大使发出了警告，他要求彼得格勒解释清楚下面这话的含义：“俄国不是无条件接受不割地和平的原则，而要以不违背我们的切身利益为限。”但是要知道这恰恰就是米留科夫的公式：允诺不掠夺我们不需要的东西。与伦敦相对立，巴黎不仅支持米留科夫，而且还推动他，通过巴列奥洛格怂恿他必须对苏维埃实行更加坚决的政策。

当时的法国总理里博因彼得格勒出现的可悲拖拉而大发雷霆，他询问伦敦和罗马：“他们不认为呼吁临时政府结束一切模棱两可的做法很有必要吗？”伦敦回答说，更明智的做法是“授权派往
373 俄国的法国和英国的社会主义者直接说服自己的同志”。

把盟国社会主义者派往俄国一事是根据俄国大本营即沙皇旧将军们的倡议而实现的。里博提及阿尔伯特·托玛时写道：“我们期望他能给临时政府的决定带来某种坚定性。”可是，米留科夫抱怨说，托玛与苏维埃的领袖走得太近了。里博对此的回答是，托玛“真诚地努力”维护米留科夫的观点，不过他还是答应促使自己的大使给予更加积极的支持。

通篇空洞的 3 月 27 日声明还是令盟国感到不安，因为它们在其中看出了对苏维埃所做的让步。伦敦发出了威胁，称不再相信“俄国的战斗力”。巴列奥洛格则埋怨“声明的怯懦和含糊”。不过这正是米留科夫所需要的。渴望帮助盟国的米留科夫决心玩一场远远超出了他的能力的大赌博。他的基本想法是引导战争去反对革命，这方面最迫切的任务就是拆散民主派。但是，妥协派分子刚好在 4 月开始对对外政策问题表现出更加明显的神经质的错乱反应，因为下层民众在无休止地逼迫他们。政府需要发行公债。不过自身仍然处在护国主义情绪中的群众准备支持用于和平的公债，但是不支持用于战争的公债，需要做的乃是对他们哪怕稍微露出一点和平前景的外表。

策烈铁里还在发挥他的废话连篇的挽救政策，他提议要求临时政府向盟国转交一份与 3 月 27 日国内声明类似的照会。作为交换，执行委员会答应一定就“自由公债”通过苏维埃举行一次投票。米留科夫同意这种交换：以公债交换照会，不过他决定加倍地利用这一交易。在解释声明的幌子下，照会实际上否认了这个声明。照会要求新政权热爱和平的人物不要给“业已完成的革命将会招致削弱俄国在盟国共同斗争中作用的想法以任何哪怕是最小 374
的借口。完全相反——把世界战争进行到取得决定性胜利的全民意愿刚刚在加强……”其次，照会称相信胜利者“将努力找到保障和制裁的方法，它们对于未来预防发生新的流血冲突是必不可少

的”。按照托玛的坚决要求加进的“保障”和“制裁”两个词汇，用外交特别是法国外交的窃贼语言来说，除了割地和赔款以外，并没有任何别的什么含义。五一节那天，米留科夫把在盟国外交官指使下签发的照会用电报转发给了各协约国政府，并且只是在此之后照会才送到苏维埃执行委员会，与此同时也送到了各报社。临时政府绕开了联络委员会，于是执行委员会领导人落到了普通公民的地步。如果说妥协派分子在照会里面还找不到以前不曾从米留科夫那里听到过的任何东西，那么他们从照会里面毕竟不可能看不出经过精心考虑的敌对举动。照会使他们在群众面前有口难辩，而且要求他们在布尔什维主义和帝国主义之间直接做出选择。米留科夫的目的不就是在这里吗？发生的一切使我们不得不去思考，不仅仅限于这里，他的计谋还要走得更远。

早从 3 月开始，米留科夫就在竭尽全力企图复活俄国陆战队占领达达尼尔海峡的倒霉方案，而且他与阿列克谢耶夫将军进行过多次会谈，劝说后者采取有力行动。按照他的说法，这种行动务必会把抗议兼并的民主派置于既成事实面前。米留科夫 4 月 18 日的照会类似攻占防守很差劲的民主派海岸的陆战队。两个举动——军事的和政治的——相互补充，在进展顺利的情况下，还可相互证明正确。胜利者向来是不受审判的。可是，米留科夫注定
375 不能成为一个胜利者。对于登陆来说，需要 20—30 万官兵。但是事情由于小小的变故即士兵的拒绝而夭折了。他们同意保卫革命，但是不同意由自己发起进攻。米留科夫侵占达达尼尔的企图遭到失败。而且，这件事还毁灭了他以后所有的创举。不过必须得承认，这些创举谋划得很不错……只是要取得成功才能这样说。

4 月 17 日，彼得格勒举行了一次由残废军人参加的噩梦般的爱国主义游行。大批来自首都各医院的伤兵，他们有的失去了腿脚，有的失去了双手，有的缠满了绷带，他们一直行进到了塔夫里达宫。那些不能行走的人是用货运卡车送过来的。游行的旗帜上写着：“将战争进行到底。”这是被帝国主义战争造成的残缺人体的绝望游行。参加者希望革命不要以为他们付出的牺牲是毫无意义的。不过，在游行队伍后面站着立宪民主党，更准确地说是准备明天发起重大攻击行动的米留科夫。

19 日夜晚，苏维埃执行委员会召开临时紧急会议讨论前一天就已发给盟国政府的照会。斯坦凯维奇讲述道：“听完宣读以后，所有与会者没有争议地一致认为，这完全不是委员会所期待的照会。”但是，整个临时政府，包括克伦斯基在内，出面为照会承担责任，因此首先必须要解救政府。策烈铁里开始把并没有译成密码的照会进行“译解”，给大家展开其中越来越多的优点。斯科别列夫郑重其事地供认，不能笼统地要求民主派的意图和政府的意图“完全一致”。这班聪明人使自己一直难受到黎明时分，可是仍然没有找到解决的办法。到清晨的时候，他们散会了，好等几个小时再重新开会。显然，他们指望时间能够治愈所有的伤口。

早晨，照会在所有的报纸上刊登出来了。《言论报》在精心制造的挑拨气氛中评论这个照会，社会主义报刊极其激动地说出了自己的意见。追随策烈铁里和斯科别列夫的孟什维克报纸《工人 376
报》还没来得及从夜间愤懑的气氛中摆脱出来，它写道，临时政府公布的是“侮辱民主派的决定”，于是要求苏维埃采取坚决措施，“预防由此引发可怕的后果”。十分明显，这些人感到了布尔什维

克日益增强的压力。

苏维埃执行委员会重新开会，然而只不过是再次确认了自己没有能力做出无论什么样的决定而已。与会者决定召开苏维埃临时全体会议“通报情况”，——实际上是为了试探底层民众的不满程度，以及为自己的动摇赢得时间。在间隙期间，还草草举行了该把问题一笔勾销的各种联络会议。

但是，第三种势力迫不及待地来对两个政权这种礼仪环节上的纷乱进行干预了，群众手执武器上了街。在士兵们的刺刀丛中间隐约能看见写有“打倒米留科夫！”字样的标语。古契柯夫的名字也醒目地出现在另一些标语当中。在怒不可遏的游行队伍里，很难认出五一节游行者的模样。

根据没有任何一个政党主动发起的既定意义上的演讲，历史学家把这次行动称之为“自发的行动”。直接号召人们上街的是一个叫林德的人，据此，他让自己的名字载入了革命史著作。“身为学者、数学家、哲学家”的林德是全身心投入革命的无党派人士，他热切地期望革命要履行自己的诺言。米留科夫的照会以及《言论报》的评论激怒了他。他的传记作者写道：“他没有同任何人商量……马上就付诸了行动……他来到芬兰团，向士兵委员会发出呼吁，并且建议全团立即前往玛丽亚宫……林德的建议被采纳了，下午三点钟的时候，举着挑战性标语的芬兰团士兵的庄严游行示
377 威就已经出现在彼得格勒的街道上。”紧接着芬兰团出动的是第180预备团、莫斯科团、巴甫洛夫团、凯克斯霍尔姆团的士兵，以及波罗的海舰队第二陆战队的水兵，总数达到25000—30000人，而且都带了武器。这在工人街区也引起了很大的骚动，工人们放下

工作离开工厂，跟在各团士兵后面走上了街头。

“大多数士兵并不知道他们出来是为什么？”米留科夫如此肯定地说，好像他真的问过他们。“除了军人以外，年少的工人也参加了示威，他们高声(！)宣称为此得到了10—15个卢布的报酬。”薪酬的来源是清楚的：“撤销两位部长(指米留科夫和古契柯夫。——托洛茨基)职务的任务是由德国直接提出来的。”米留科夫不是在四月斗争最紧张的时刻，而是在十月事件3年以后做出这种精心解释的。而十月事件十分清楚地表明，谁都用不着为人民群众对米留科夫的仇恨支付高额薪酬。

意外激烈的四月示威又可以用群众对上层欺骗的直接反应来加以解释。“政府在还没有获得和平的时候就必须实行自卫。”这话听起来缺乏激情，但是令人深信无疑。它让人猜想上层所做的一切都是为了走向和平。布尔什维克的见解当然是政府为了掠夺而继续进行战争。然而这是可能的吗？那克伦斯基呢？——我们从2月起就了解苏维埃的领袖，他们最先来到了我们的营地，他们是为了和平。况且，列宁从柏林回来时，策烈铁里还在服苦役呢。必须忍耐下去……就在这时，先进的工厂和团队更加强硬地提出了布尔什维克和平政策的口号：公布秘密条约，跟协约国的征服政策决裂，公开提议所有交战国立即举行和谈。于是4月18日的照会陷入了这种复杂和震荡的情绪中。怎么能这样呢？这不是等于说上层并非为了和平，而是为了战争的原有目的吗？等于说我们要徒劳地等待和忍耐吗？打倒！……可是打倒谁呢？莫非布尔什维克是对的吗？这不可能。可是照会到底又怎样呢？它不是等于说有人仍然要把我们的性命出卖给沙皇的盟友吗？从立宪民主党 378

报纸和妥协派报纸的简单对比中就可以看出：米留科夫在骗取了普遍信任以后便着手与劳合·乔治和里博一起共同实施征服政策。克伦斯基不是也说过，企图侵占君士坦丁堡是米留科夫的“个人意见”吗？这个运动就是这样突然发生的。

然而，运动并非那么简单。这种运动越是明显和突然地向外爆发，革命者队伍中某些热心人士就越会过高估计它的规模及其政治上的成熟程度。布尔什维克在部队和工厂开展了卓有成效的工作。“撤销米留科夫的职务”的要求好像只是运动的一种最低纲领，他们用全面反对临时政府的标语补充了这一要求，而且不同的人按不同的方式来理解这一点：一些人把它作为宣传的口号，另一些人则把它视为当前的任务。被全副武装的士兵和水兵带到街上的口号——“打倒临时政府”必然会使武装起义的激流涌入游行示威中来。相当多的工人和士兵团体不反对现在就撼动临时政府。他们产生了设法进入玛丽亚宫的念头，占领它的各个出口，逮捕部长。斯科别列夫被派去解救他们，他比较顺利地完成了自己的使命，因为玛丽亚宫里面空无一人。

原来由于古契柯夫得了病，临时政府这次就在他的私人住所开会。然而并不是这一偶然情况使部长们免遭根本没有对他们构成严重威胁的逮捕。为了跟拖延战争的人进行斗争而走上街头的士兵形成了一支25000—30000人的军队，它足以掀翻一个比以李沃夫公爵为首的政府还要坚固的政府。但是示威者没有给自己树立这样的目标。实际上他们只是对着窗口挥舞拳头进行威胁而已，从而使身居高位的先生们不再总是想去占领君士坦丁堡，要他
379 们好好地着手研究和平问题。这些士兵考虑的是协助克伦斯基和

策烈铁里去反对米留科夫。

科尔尼洛夫将军出席了临时政府的会议，他通报了发生武装示威的情况，并且宣称作为彼得格勒军区部队的指挥官，他拥有足够的兵力平定叛乱，所缺的只是命令。碰巧出席这次政府会议的高尔察克后来在枪决他之前的审讯过程中陈述说，李沃夫公爵和克伦斯基反对对示威者进行武力镇压的主张。米留科夫没有直接说出自己的意见，但在概括形势时他流露出这样的意思：不管怎样，部长先生们当然可以随意议论，但是这并不妨碍把他们投进监狱。至于科尔尼洛夫，他是根据与立宪民主党中央的约定而行事的，那是没有任何疑问的。

妥协派领导人没有费多大劲便成功地说服士兵示威者离开了玛丽亚宫前面的广场，甚至使他们返回了兵营。但是满城激发起来的愤怒情绪并没有退潮。人群仍在聚集，集会仍在举行，人们在十字路口展开争论。在电车上，米留科夫的追随者和反对者各坐一边。在涅瓦大街及其邻近街道上，资产阶级演说者在进行反对列宁的宣传，说他是德国派来打倒伟大爱国者米留科夫的。在市区边缘和工人街区，布尔什维克力求把对照会及其作者的愤慨扩展到整个临时政府身上去。

晚上 7 点，苏维埃召开全体会议。它的领袖们不知道该对因气氛紧张而发抖的听众说些什么。齐赫泽做了冗长的报告，并说会后便同临时政府会晤。切尔诺夫威胁说国内战争正在逐渐来临。布尔什维克中央委员、金属工人费多罗夫反驳说，现在已经是国内战争了，因此苏维埃只好借它把政权夺到自己手中。苏哈诺 380
夫写道：“这是全新的而且在当时是很可怕的说法。它占据了情绪的中心，而且这一次得到的响应是布尔什维克以前在苏维埃从来没有得到过的，后来很长时间也没有得到过。”

克伦斯基的亲信、自由主义的社会主义者斯坦凯维奇出乎大家意料的发言成了整个会议最精彩的部分。他问道：“同志们，我们为什么要‘采取行动’？采用武力去反对谁？要知道全部力量——就是你们和跟在你们后面的民众……你们看，那里，现在没剩 5 分钟就到 7 点了。（斯坦凯维奇伸手指着墙上的挂钟，整个大厅的人都转身朝向那里。）取消临时政府，或是让它辞职。你们做出决定吧，我们只要就此事打个电话，5 分钟后它就会交出全部权力。这事为什么还要通过暴力和发动内战呢？”大厅里顿时响起了暴风雨般的掌声和兴高采烈的欢呼。发言人本想用从既定形势得出的极端结论来吓唬苏维埃，可是发言的效果本身吓坏了他本人。无意中说出苏维埃拥有强大力量的真相使会议稍稍超出了领导人的卑鄙阴谋，而他们最为操心的就是不要让苏维埃做出任何决定。“谁来取代政府？”有一个发言人在反对鼓掌时说道，“我们？但是我们的双手在发抖……”这真是对妥协主义者，对双手发抖的空谈领袖无与伦比的鉴定。

政府主席李沃夫仿佛从另一方面补充了斯坦凯维奇的发言，他在第二天发表了如下声明：“迄今为止，临时政府得到了苏维埃领导机关方面始终不渝的支持。最近两周来……政府遭到了猜疑。在这样的情况下……最好是让临时政府辞职。”我们再一次看到，这就是二月俄国的真实结构！

381 苏维埃执行委员会与临时政府在玛丽亚宫举行了会见。李沃夫公爵在开场白当中埋怨社会主义人士采取了反对政府的行动，他半抱屈半威胁地说到了辞职。部长们依次叙说了各种困难，实际上是他们竭尽全力促使积聚起来的困难。米留科夫用背对着这次联络对话的人们，他从阳台上面向立宪民主党示威队伍。“我看见了那些写着‘打倒米留科夫’的标语……我不为米留科夫感到害怕，我为俄国感到害怕！”历史学家米留科夫就这样转述部长米留科夫面向聚集在广场上的人群发表的谦逊讲话。策烈铁里要求政府拿出一个新的照会。切尔诺夫找到了一个绝妙的出路，他建议米留科夫转任国民教育部长，因为作为地理学研究对象的君士坦丁堡在任何情况下都比作为外交目标的君士坦丁堡安全。可是米留科夫既断然拒绝转向科学研究，也拒绝起草新的照会。苏维埃领导人没有让他人长时间来求自己，便同意对原有的照会做出“解释”。剩下的事情就是找几句空话，其欺骗性假如用民主形式梳理得足够光滑的话，那么就可以认为局势是有救的，而米留科夫的部长职务是同它紧紧联系在一起的。

然而，不安分的第三方不愿意安静下来。4 月 21 日白天出现了比前一天声势还要浩大的新的运动风潮。今天布尔什维克彼得格勒委员会也号召举行游行示威。大批工人群众不顾孟什维克和社会革命党的反对宣传，从维堡区向市中心进发。随后是来自其他区的工人。执行委员会派出了以齐赫泽为首的有权威的灭火队去面对示威队伍。但是工人们坚决要求说出自己的话，而且他们的确有话要说。一位知名的自由主义记者在《言论报》上撰文描绘了涅瓦大街上工人游行示威的情况：“大约一百名武装人员走在前面，跟在他们后面的是没有带武器的男人和妇女组成的整齐队 382
伍——有好几千人。活动的人链沿着街道两侧行进，人们高声歌

唱，他们的神情令我吃惊不已。这几千人都是同一种神情，这是基督教初期出家僧侣那样气愤若狂的、毫不妥协的以及毫不怜惜地准备遭人杀害、拷打和毅然赴死的神情。”这位记者目睹了工人革命，而且在瞬间感觉到了它凝集起来的决心。这些工人可不太像米留科夫所说的那样，是鲁登道夫用每昼夜 15 卢布雇来的少年！

就像前一天一样，示威者那天也没有提出推翻临时政府，尽管他们当中大多数人大概已经严肃地思考过这个任务，也还有部分人做好准备要在今天把游行示威引导到远远超出大多数人的情绪极限。齐赫泽建议游行队伍返回自己出发的各区去，但是游行领导人严厉地回答说，工人自己知道他们该做些什么，这是一种新的语气，而且，齐赫泽在最近几周之内不得不习惯这种语气。

就在妥协主义者劝阻和抑制游行队伍的同时，立宪民主党人却向游行发起挑衅并且使事态激化起来。尽管科尔尼洛夫昨天并没有得到使用武器的批准，他还是不仅没有放弃自己的计划，反而就在今天早晨为了用骑兵和炮兵来对付示威者而采取了相应措施。在切实考虑了这位将军的勇气后，立宪民主党人用特别传单号召自己的拥护者上街，这明显是企图要把事情演变成为决定性的冲突。尽管没能成功地在达达尼尔沿岸登陆，米留科夫还是与作为前锋的科尔尼洛夫以及作为重要后备力量的协约国一起继续展开自己的攻势。背着苏维埃发出的照会和《言论报》的社论应当说起到了这位二月革命中自由主义首领的埃姆斯急件的作用。“所有捍卫俄国及其自由的人都应当团结在临时政府周围，并且支
383 持这个政府。”立宪民主党中央委员会的呼吁书这样写道，呼吁书请求全体善良的公民走上街头开展反对拥护立即举行和谈的人的

斗争。

资产阶级的主要动脉涅瓦大街变成了立宪民主党接连不断举行集会的场所。立宪民主党中央委员会成员领导的颇为可观的示威队伍朝玛丽亚宫行进。随处都可以见到刚从作坊里制作出来的新标语牌，上面写着：“完全信任临时政府！”“米留科夫万岁！”部长们看样子像是过命名日的人；他们仍然有自己的“人民”，何况是些出色的“人民”。至于苏维埃的特使们个个弄得筋疲力尽，因为他们要设法使革命集会解散，要把工人和士兵的示威从市中心打发到市区边缘去，并且阻止兵营和工厂不要搞武装行动。

在保卫政府的旗号下，反革命势力进行了第一轮公开与广泛的动员。市中心出现了满载着全副武装的军官、士官生和大学生的卡车。乔治十字勋章获得者也出动了，纨绔子弟在涅瓦大街组建了所谓的法庭，就在那里对列宁的信徒和“德国间谍”展开调查。战斗和牺牲到底还是发生了。据有人转述，第一次流血冲突是由于一些军官试图抢夺工人手里写有反对临时政府口号的旗帜而引发的。冲突越来越激烈，午后开始发生的交火几乎没有间断过，谁也不能明确地知道，究竟是谁以及为什么开枪射击。但是，这次部分是出于蓄意，部分是由于惊慌而导致的混乱交火事件还是造成了人员伤亡。气氛于是变得炽烈起来了。

这一天举行的游行一点也不像是全民一致的游行。两个世界面对面地站立着。立宪民主党号召上街反对工人和士兵的爱国主义游行队伍完全是由居民中的资产阶级阶层，即军官、官吏和知识分子组成的。为君士坦丁堡或者为和平而斗争的两股人流从城市
的各个地方涌了出来，他们的社会成分不同，相互之间外貌也没有 384

任何相似之处，各自高举着写有相互敌对口号的标语牌。他们在大街上迎头相撞，双方动用了拳头、棍棒甚至火器。

科尔尼洛夫把平射炮调到冬宫广场的意外消息传到了苏维埃执行委员会。难道这位军区指挥官要采取独自主动的行动吗？不是的，科尔尼洛夫的性格及其后来的官运证明，总是有人牵着这位勇敢将军的鼻子，这次是立宪民主党领导人履行了这一职能。仅仅是考虑了科尔尼洛夫的干预，以及要使这一干预成为必不可少的手段，他们于是号召自己的支持群体上街。一位年轻的历史学家正确地指出，科尔尼洛夫把军校学生集结在冬宫广场的尝试不是在需要（不论现实的还是臆想的需要）保卫玛丽亚宫使其免遭敌对人群攻击的时刻出现的，而是与立宪民主党的示威达到顶峰同时出现的。

但是，米留科夫—科尔尼洛夫的计划破产了，而且是十分可耻地破产了。无论苏维埃执行委员会的领袖们头脑多么简单，他们也不会不明白这是他们生死攸关的事情。早在涅瓦大街发生流血冲突的最初消息传来时，执行委员会就用电报向彼得格勒及其四郊的所有驻军发出命令：没有苏维埃签署的命令，一支部队也不要派到首都的街道上去。现在，科尔尼洛夫的意图暴露出来了，执行委员会不顾自己以前发表的所有庄严声明，双手紧握权柄，不仅要求这位司令官立即撤回部队，并且委托斯科别列夫和菲利波夫斯基代表苏维埃动员已经出动的部队返回兵营。“在这令人忧虑的日子里，没有执行委员会的召唤，你们不要手执武器上街。调动你们的权力只属于执行委员会。”从此以后，任何调动部队的命令除了惯常的文书以外，还必须用正式文件呈报苏维埃，并且由不少于

两个被授予调兵全权的人签字。看来，苏维埃已经毫不含糊地把 385
科尔尼洛夫的举动解释为反革命方面号召发动国内战争的企图。但是，执行委员会在用自己的一纸命令把军区指挥机构完全排斥在外的同时，却没有考虑撤销科尔尼洛夫本人的职务。难道还可以蓄意侵犯当局的特权吗？“双手在发抖”，年轻的制度被虚假的东西包围起来了，就如病人被靠枕和纱布围裹起来了一样。然而，从力量对比的观点来看更有教益的事实是：早在得到齐赫泽的命令之前，不仅部队而且军校学员也拒绝执行没有得到苏维埃批准的任务。立宪民主党人不曾料到的烦恼接踵而至，这是在全民革命到来之际俄国资产阶级表现为反民族的阶级无法避免的后果——这是短时间内能被两个政权局面掩盖起来的事实，但又是不能改变的事实。

显然，四月危机打成了一个平局。在两个政权的框架内，苏维埃执行委员会成功地掌握了群众。至于感恩的政府，它自己做出解释说，所谓“保障”和“制裁”应当理解为国际法庭的职能——限制军备以及诸如此类的美好事物。执行委员会赶紧接受这些术语上的让步，并且以 34 张票对 19 票的投票结果认为问题已经解决了。为了安抚自己惊恐不安的队伍，委员会的多数派还做出了这样的决定：加强对临时政府活动的监督；没有得到执行委员会事先通知不得颁布任何重大的政治法令；外交代表团要进行彻底的改组。事实上的两个政权被转译成了宪法语言。可是实质上什么都没有因此而改变。甚至左翼要求妥协派多数让米留科夫辞职也没能做
到。一切都应当照旧。高高地凌驾在临时政府之上的是协约国更 386
加有效的监督，执行委员会也不想去妨碍它。

21 日晚，彼得格勒苏维埃进行了一次总结。策烈铁里证明贤明的领导人取得了胜利，这胜利给对 3 月 27 日照会的不实解释画上了句号。加米涅夫代表布尔什维克建议建立纯粹的苏维埃政府。战争时期从孟什维克转向布尔什维克的柯伦泰，是颇有声望的女革命家，她提议最好是就建立什么样的临时政府一事组织彼得格勒各市区和郊区举行公投。然而这些建议几乎都被苏维埃的意见忽略过去了。问题看来得到了解决。苏维埃全会以绝大多数(13 票反对)通过了执行委员会提交的令人慰藉的决议。大多数布尔什维克代表此刻固然还在自己所在的工厂里，或者在街道上和游行队伍中；可是苏维埃的基础层面没有出现任何转向布尔什维克方面的迹象，这一点仍然是没有疑问的。



苏维埃命令两天内停止所有街道游行示威，决定是一致通过的。没有谁对大家服从决定有丝毫怀疑。确实，工人、士兵、资产阶级青年、维堡区和涅瓦大街，没有人敢违抗苏维埃的命令。没有采取任何强制措施就保持了足够的平静。这使苏维埃觉得自己配做时局的主人，其实它就是事实上的主人。

当时，数十家工厂和团队要求米留科夫立即辞职，有的还要求整个临时政府辞职，他们做出的决议被汇送到了左翼报纸的编辑部。动荡起来的不单单是彼得格勒。在莫斯科，工人举行了罢工，士兵走出了兵营，激烈的抗议活动塞满了街道。最近几天，好几十
387 个地方苏维埃纷纷打电报给执行委员会，反对米留科夫的政策，表示完全支持彼得格勒苏维埃。从前线也传来了同样的声音。但是，一切都必须保持原样。

后来，米留科夫断言：“4 月 21 日一天里，有利于政府的情绪

在街道上重新占了上风。”显然，他心目中的街道是大多数工人和士兵回去以后，他只能从阳台上去进行观察的那几条街道。事实上临时政府遭到了彻底的揭露。没有任何重要的力量追随它。前面我们刚刚从斯坦凯维奇以及李沃夫公爵本人那里听到过这种说法。科尔尼洛夫发表的似乎他有足够的力量去战胜叛乱分子的保证性声明究竟是什么意思呢？其实除了极度的轻率以外，这位令人尊敬的将军什么也没有。这种轻率在 8 月份达到了顶点，当时阴谋家科尔尼洛夫指挥一支无足轻重的部队向彼得格勒进军。问题就在于科尔尼洛夫仍然企图按照指挥人员的思维来判断军队。无疑，大多数军官同他站在一起，就是说已经做好准备借口保卫临时政府来打断苏维埃的肋骨。士兵们拥护苏维埃，在情绪上却比苏维埃要左得多。不过既然苏维埃自己支持临时政府，那么就会发生科尔尼洛夫能够把由反动军官率领的苏维埃士兵调出来保卫临时政府的事情。由于两个政权的体制，大家互相玩起了捉迷藏的游戏。可是，苏维埃的领袖们刚刚才命令军队不要离开兵营，科尔尼洛夫和整个临时政府一起都显得毫无作为了。

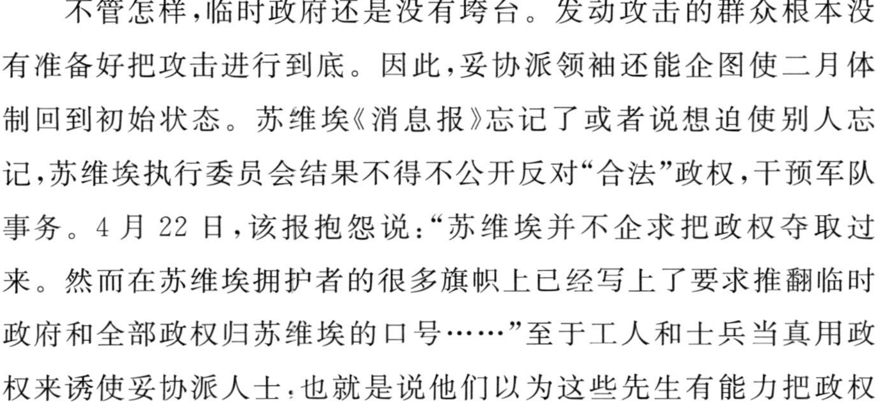

不管怎样，临时政府还是没有垮台。发动攻击的群众根本没有准备好把攻击进行到底。因此，妥协派领袖还能企图使二月体制回到初始状态。苏维埃《消息报》忘记了或者说想迫使别人忘记，苏维埃执行委员会结果不得不公开反对“合法”政权，干预军队 388
事务。4 月 22 日，该报抱怨说：“苏维埃并不企求把政权夺取过来。然而在苏维埃拥护者的很多旗帜上已经写上了要求推翻临时政府和全部政权归苏维埃的口号……”至于工人和士兵当真用政权来诱使妥协派人士，也就是说他们以为这些先生有能力把政权

作革命之用，这难道不令人愤恨吗？

可是，社会革命党人和孟什维克不想要政权。正如我们所看到的，布尔什维克提出的把政权转归苏维埃的决议在彼得格勒苏维埃进行表决时只得到微不足道的票数。在莫斯科，布尔什维克于 4 月 22 日提交的对临时政府的不信任决议在数百票当中只得到了 74 票赞成。在赫尔森福斯苏维埃中，社会革命党人和孟什维克尽管占有优势，但的确在同一天做出了当时唯一大胆的决议，表示为了推翻“帝国主义的临时政府”愿意向彼得格勒苏维埃提供自己的武力援助。不过，这个在水兵直接压力下通过的决议是一个例外的罕见现象。昨天还如此靠近发动反对临时政府起义的群众的绝大多数苏维埃代表，仍然完全停留在两个政权的立场上。这又意味着什么呢？

群众进攻的坚定性与他们在政治上反映出来的摇摆性之间的触目矛盾不是偶然的。在革命时代，与学会通过自己的代表按部就班地反映自己的愿望和要求相比，被压迫群众更加容易而迅速地被直接行动吸引过来。代表制度越抽象，它就越会最终落后于为群众运动所决定的时局节奏。所有代表制中抽象性最少的苏维埃代表制在革命环境中具有无可比拟的优势。人们还清楚地记得，4 月 17 日根据内部规章选举产生的不受任何事物和任何人约
389 束的民主杜马，结果它却根本无力与苏维埃进行竞争。苏维埃自身与工厂和团队也就是与行动起来的群众保持着有组织的联系，可是即便具有所有这些优势，苏维埃毕竟是一种代表制，因此还是摆脱不了议会制度的俗套和扭曲。代表制甚至苏维埃代表制的矛盾就在于，对群众运动而言，它一方面是必不可少的，另一方面又

容易变成保守的阻力，摆脱这一矛盾的实际出路就在于代表制度的一次次革新。不过这样的动作绝对不是那么简单的，它是直接行动的结果，因此也往往落后于后者，在革命时期尤其是这样。不管怎样，在四月半个起义更准确地说是四分之一个起义（半个起义是7月发生的）的第二天，还是前一天的那些代表在苏维埃开会，他们再次陷入了熟悉的处境，投票赞成熟悉的领导人提出的议案。

不过，这无论如何也不等于说四月风暴过去后没有给苏维埃，给整个二月制度尤其是给群众本身留下任何痕迹。工人和士兵对政治事件的大规模干预尽管没有坚持到底，也还是改变了政治形势，推动了革命运动的普遍发展，加速了无法回避的全新改组，强迫那些密室和幕后的政治家忘掉自己昨天的计划，并且使自己的行动去适应新的局势。

就在妥协派分子消除了爆发国内战争的危险，并且以为一切都回到了原先的出发点之后，政府危机才刚刚开始。自由主义者不愿意继续掌管没有社会主义者直接参加的政府。至于为两个政权的逻辑所迫的社会主义者则迁就了这一条件，他们惹人注目地提出了取消占领达达尼尔的纲领的要求，这不可避免地将导致排 390
除米留科夫。5月2日，米留科夫终于被迫离开政府。4月20日游行示威的口号就这样实现了，只不过推迟了12天，同时也违背了苏维埃领导人的意愿。

可是，耽搁和拖延只会更明显地突出当权者的无能。本来准备在自己的将军[①]协助下制造力量对比急剧改变的米留科夫，像

① 指阿列克谢耶夫。——译者

软木塞一样被从政府里面啪的一声拔出来了。能征惯战的将军也被迫请求辞职。部长们也根本不再像是过生日的人。临时政府央求苏维埃同意组建联合政府。这一切都是因为群众用力按压杠杆的长臂一端的结果。

然而，这并不意味着妥协派政党开始更加接近工人和士兵了。相反，表明在群众中潜伏着如此之多难以预料的因素的四月事件推动了民主派领袖进一步向右转，转向与资产阶级结成更加紧密的关系。从此，爱国主义最终占了上风，苏维埃执行委员会多数变得更加团结了。类似苏哈诺夫、斯捷克洛夫等没有定型的激进分子不久前还在对苏维埃政策给予鼓动并且力图保持社会主义传统中的某些成分，现在却被推到一边去了。策烈铁里正在确立强硬的保守主义和爱国主义方针，这是使米留科夫的政策适用于劳动群众代表机关的方针。

布尔什维克党在四月危机期间的行为并不是一致的，那些事件出人意外地冲击了党。党内危机刚刚在走向结束，大家积极地筹备召开党的代表会议。在各区异常激昂的情绪影响下，有些布尔什维克提出了推翻临时政府的主张。早在 3 月 5 日就做出了有
391 条件信任临时政府的决议的彼得格勒委员会还在犹豫不决，21 日举行游行示威已经决定下来了，但是示威的目的还没有完全明确。彼得格勒委员会部分成员带领工人和士兵走上了街头，不过打算顺便推翻临时政府的意图确实不是很清晰，而党外个别左翼分子正在朝这个方面行动起来了。大概只有无政府主义者采取了行动，他们人数不多，可是忙碌不停。有人总是去部队要求派出装甲车和援兵，时而说为了逮捕临时政府成员，时而说为了在街上同敌

人进行斗争。但是,亲近布尔什维克的装甲营宣布,除非接到苏维埃执行委员会的命令,否则不会把装甲车交给其他任何人指挥。

立宪民主党竭尽全力把发生流血冲突的罪责归咎于布尔什维克。但是事件无疑被苏维埃特别委员会毫不动摇地调查清楚了,射击不是从大街上而是从大门和窗口里开始的。报纸刊登了检察长的公告:“交火是由社会渣滓挑起的,他们的目的是要引起永远有利于流氓势力的无序和混乱状况。”

当时,来自苏维埃各党当权人物方面对布尔什维克的敌意还远远没有达到两个月以后即 7 月那种已经最终压倒理智和良心的地步。司法部门尽管还是由原先的人员组成的,不过它还是赶上来站到了革命面前,因而在 4 月的时候还没有让自己对极左派采用沙皇暗探局的手段。米留科夫在这个方面的进攻毫不费力就被打败了。

中央委员会制止了布尔什维克的左翼,并且于 4 月 21 日宣布,它认为苏维埃禁止举行游行示威是完全正确的,必须无条件执行。中央委员会的决议写道:“因此‘打倒临时政府’的口号在目前是不正确的,没有人民稳固的(即自觉和有组织的)多数站在革命 392
的无产阶级一方,这个口号要么是一句空话,要么会转化为冒险主义性质的企图。”决议认为当前的任务是提出批评,进行宣传和在苏维埃争取作为夺取政权前提的多数。对手们不知是把这个声明看作吓破了胆的领导人的让步呢,还是看作巧妙的策略。不过我们已经知道了列宁在政权问题上的基本立场,现在他教导党要把“四月提纲”运用到时局实践中去。

就在加米涅夫宣称“荣幸地”与孟什维克和社会革命党人一起

投票赞成关于临时政府的共同决议之前三个星期里，斯大林还在发展他的在立宪民主党和布尔什维克之间进行分工的理论。如今这些日子和这些理论已经成了如此遥远的过去！在吸收了 4 月的教训以后，斯大林终于第一次出面反对对临时政府进行善意“监督”的理论，因而小心地放弃了自己的昨天。但是这个策略是很难觉察出来的。

在党内某些人的政策中，冒险主义成分在哪里呢？在严酷的日子过去以后旋即召开的代表会议上，列宁问过这个问题。在开展暴力行动的企图中，还没有或者说已经没有革命暴力存在的余地了。“只有人民知道谁是使用暴力的人，才能起来把他推翻。但现在根本没有人使用暴力，枪炮在士兵手中而不是在资本家手中，资本家目前不是靠暴力而是靠欺骗行事，所以现在不能叫喊使用暴力，那样做是荒谬的。”“我们提出了和平示威游行的口号。我们只是想和平地试探一下敌人的力量，并不想投入战斗，而彼得堡委员会却做得稍左了一点……在提出‘工兵代表苏维埃万岁！’这个正确的口号的同时，又提出了一个不正确的口号——‘打倒临时政府’。在行动的时刻，做得‘稍左一点’是不适当的。我们认为这是极大的犯罪行为，是瓦解组织的行为。”（《列宁全集》中文第二版第 29 卷，第 349 页和第 359 页）

393 成为革命的戏剧性事件的基础是什么？力量的对比在发生变动。变动是由什么引起的呢？主要是中间阶级、农民、小资产阶级和军队的摇摆，在立宪民主党的帝国主义和布尔什维主义之间以巨大的幅度摇摆着。这些摇摆在两个相反的方向同时进行。小资产阶级的政治代表，它的上层，妥协派领袖越来越朝右倾向资产阶级那一方。相反，被压迫群众每一次变动都越来越激烈和大胆地转向左边。在反对彼得格勒党组织领导人所宣称的冒险主义时，列宁有保留地声明：如果中间阶级郑重、深入、坚定地摆向我们一方时，——我们一分钟也不要多想就让临时政府从玛丽亚宫搬出来。可是，这种情况还没有出现。走上了街头的四月危机表明：“小资产阶级和半无产者群众的动摇，这不是第一次，也不是最后一次！”（《列宁全集》中文第二版第 29 卷，第 328 页）我们的任务暂时还是“耐心说明”，准备下一次推动群众更深入地和更自觉地转向我们一方。

至于说到无产阶级，它转向布尔什维克一方在 4 月具有清楚表现出来的性质。工人来到党的委员会，询问他们该怎样从孟什维克党员转而登记为布尔什维克党员。工人在工厂刨根问底，问自己的代表关于对外政策、战争、两个政权、粮食供应等问题的意见，而且由于这类考试的结果，社会革命党和孟什维克的代表越来越常见地被布尔什维克的代表所替换了。急剧的转变是从各区苏维埃开始出现的，因为它们更靠近工厂。在维堡区、瓦西里耶夫岛和纳尔瓦区苏维埃，到 4 月月底布尔什维克不知怎么很快就出人意料地成了多数派。这是具有最伟大意义的事实，但是被上层政治吞没了的执行委员会的领袖们傲慢地看待布尔什维克在工人街区制 394
造的麻烦。然而各区开始越来越明显地施压督促中央。在各个工厂，工人绕开彼得格勒委员会，为改选全城工人代表苏维埃的代表而开展了坚毅有力和卓有成效的活动。苏哈诺夫认为，到 5 月初已有三分之一的彼得格勒无产阶级跟着布尔什维克走了。无论如何都不会少于这个比例，而且这是最积极的三分之一。3 月间情势不

分明的状况消失了，政治路线已经形成了。列宁的“荒诞”提纲在彼得格勒各区得到了具体实现。

革命向前迈进的每一步都是群众直接干预所造成的或者是其强制的结果。这种干预对于苏维埃各政党来说在大多数场合是完全出乎意料的。二月革命以后，当工人和士兵已经推翻了专制制度的时候，苏维埃执行委员会的领袖们没有请教过任何人就认为群众的作用已经完结了。然而他们犯了致命的错误，群众根本不打算离开舞台。早在3月月初争取八小时工作日运动的时候，工人就逼迫资本家做出了让步，尽管当时有孟什维克和社会革命党人高居他们之上。苏维埃不得不接受了这次不属于它乃至反对它的胜利。四月示威就是同一种形式的第二次修正。每一次群众发动不管它的直接目标是什么，对领导集团而言都是一次警告。最初，警告的性质是温和的，但是后来变得越来越坚定果敢了。到7月它变成了威胁。到10月，结局来临了。

在一切危急关头，群众都是“自发地”进行干预的，换句话说，就是服从自己从政治经验得出的个人结论，服从还没有得到正式承认的领袖。群众把各种不同的宣传与自己同化起来，并且自行
395 将其结论转化为行动语言。布尔什维克作为一个政党还没有对争取八小时工作日的运动实行过领导。布尔什维克没有号召群众发动四月示威，布尔什维克在7月初也没有号召已经武装起来的群众上街。只有到了10月，党才最终做到了统一自己的步伐，而且再不是为示威而是为革命站到了群众的前头。

# 第十八章　第一届联合政府 396

与一切官方的理论、声明和招牌相反，政权只是在纸面上属于临时政府。革命不顾所谓民主派的阻挠，继续向前发展，它唤醒新的群众，巩固苏维埃组织，把工人武装起来，尽管是在有限的范围内。临时政府派驻各地的特别委员及其属下的“社会委员会”（其中占多数的通常是资产阶级组织的代表）自然而然地就被各地苏维埃轻易排挤掉了。在中央政权代理人企图顽固坚持下去的情况下，尖锐的冲突增多起来了。委员们指责地方苏维埃不承认中央政权。资产阶级的报刊大喊大叫，说喀琅施塔得、施吕瑟尔堡或者察里津脱离了俄国，变成了独立的共和国。地方苏维埃抗议这种荒谬的指责。部长们无比激动，政府中的社会主义者前往各地进行劝说或威胁，在资产阶级面前洗刷自己。然而这一切都没有改变力量的对比。尽管速度不一，动摇两个政权这一不可避免的进程在全国普遍反映出来了。苏维埃则从监督机关演变成了管理机构。它们不容忍任何划分权力的理论，干预军队的指挥，介入经济纠纷，过问粮食供应和交通运输问题，甚至干涉司法案件。在工人的压力下，苏维埃颁布了八小时工作制的法令，开除了过于反动的行政官员，解除了一批最不能令人容忍的临时政府特派委员的职务，开展逮捕和搜查，封闭了敌对的报纸。在越来越严重的粮食供 397

应困难和商品匮乏的影响下，外省的苏维埃开始走上了商品限价、禁止运出本省范围和征用储备的道路。不过，领导苏维埃的普遍都是社会革命党人和孟什维克，他们一直在愤怒地拒绝布尔什维克提出的“政权归苏维埃”的口号。

在这方面，梯弗利斯苏维埃活动的教训是非常深刻的。这里是孟什维克吉伦特的心脏，它为二月革命输送了像策烈铁里和齐赫泽这样的领袖人物，而后来当他们在彼得格勒不可救药地毁掉了自己的时候又收留了他们。由未来独立的格鲁吉亚首脑饶尔丹尼亚领导的梯弗利斯苏维埃在其采取的每一个步骤中，都不得不践踏在苏维埃占统治地位的孟什维克党的原则，从而作为一个政权来开展活动。苏维埃出于自己的需要没收了一家私人印刷所，实行了逮捕，把政治案件的侦察和审判权集中到自己手里，规定了面包的配额，限定了食品和其他最必需物品的价格。官方理论与实际生活之间的差别最初就已经形成，只不过到三四月间扩大起来了。

在彼得格勒，至少面子还是得以保住了，尽管如我们所看见的远不总是这样。可是四月危机十分明显地揭露了临时政府无能的真相，在首都它已经没有任何重要的支持力量。4 月的最后 10 天，政府变得疲惫不堪并渐渐凋谢了。“克伦斯基忧心忡忡地说政府已经不存在了，它停止了运转，而仅仅限于讨论自己的处境。”（斯坦凯维奇语）总之，关于这个政府可以这样说，到十月革命那些日子为止，它在困难的时刻经历了多次危机，而在各次危机之间的间隙……才是存在的。它在不断地“讨论自己的处境”，仍然没有找到着手干事的时机。

要走出未来战斗的四月预演造成的危机，理论上可能有三条 398
出路。要么政权必须完全转归资产阶级，这样的前景除了通过国内战争以外，不可能通过其他途径实现；米留科夫曾经尝试过，但是失败了。要么必须把全部政权转到苏维埃手中，这个目标不经过任何国内战争都是可以达到的，只须把手一举——想要就能办到。但是妥协派分子不想要，而尽管已经出现了裂痕，群众还是保持着对妥协派分子的信任。这样一来，革命沿资产阶级路线或者沿无产阶级路线的两条出路都被关闭了。于是只剩下了第三种可能性：实行妥协的混乱、动摇和怯懦的半条出路，它的名字就叫联合。

四月危机结束之际，社会主义者还没有联合的想法。无论何时，这些人总是什么都不能预见到。苏维埃执行委员会通过的4月21日决议把两个政权并存从事实正式变成了宪法原则。但是这一次智慧的猫头鹰①完成自己的飞行太晚了一点儿：对三月形式的两个政权——君王们和先知们——在法律上的神化是在该形式被群众暴动炸毁了的时候做出的。社会主义者尽量闭眼不看这个问题。米留科夫讲到，当政府方面提出联合问题时，策烈铁里宣称："我们加入你们的行列对你们有什么好处，要知道我们……在你们不肯做出让步的场合将会被迫吵吵嚷嚷地离开内阁。"策烈铁里企图用自己将来的"吵吵嚷嚷"来吓唬自由主义者。像通常所为的那样，孟什维克在说明自己的政策时总是诉诸资产阶级自身的利益。可是水快要淹到了脖子了。克伦斯基威胁执行委员会

① 比喻自作聪明的蠢人。——译者

说："现在政府正处在非常严重的境地，关于它辞职的传闻不再是
399 什么政治玩笑。"同时，资产阶级团体也在施加压力。莫斯科城市杜马做出了有利于联合的决议。4 月 26 日，基础已经完全准备妥当，临时政府在特别呼吁书中宣布，必须把"那些还没有参加国务工作的国家积极的创造性力量"吸收到国务活动中来。问题直截了当提出来了。

反对联合的情绪毕竟是够强大有力的。4 月月底，莫斯科、梯弗利斯、敖得萨、叶卡捷琳堡、下诺夫哥罗德、特维尔以及其他地方的苏维埃纷纷表示反对社会主义者加入政府。一位莫斯科的孟什维克领导人十分鲜明地讲出了他们的理由：一旦社会主义者参加政府，那将没有人把群众运动带上"确定的轨道"。但是很难让工人和士兵相信这个理由，因为它是与他们的想法背道而驰的。群众既然还没有跟布尔什维克走，因此他们完全赞成社会主义者参加政府。如果克伦斯基担任部长是好的，那么六个克伦斯基来当部长不是更好么。无论这被称作与资产阶级的联合，还是资产阶级想利用社会主义者来掩盖其反人民行径，群众一概都不清楚。出自兵营和工人宿舍的联合与出自玛丽亚宫的联合看起来是两码事。群众希望社会主义者把资产阶级从政府中清除出去。于是，在相反方向施加的两种压力瞬间就结合为一体了。

驻扎在彼得格勒的许多部队，其中包括对布尔什维克友好的装甲营都表示支持联合政府。各省也以压倒多数投票支持联合。联合的情绪在社会革命党人当中占了优势，但是他们不敢进入一个没有孟什维克的政府。最后，军队也支持联合。一位军队代表后来在苏维埃六月代表大会上就前线对待政权问题的态度讲得不

错："我们想，当军队认识到社会主义者不愿意加入内阁，不愿意同他们不相信的人共同工作时，当整个军队被迫与它不信任的人一 400
起走向灭亡的时候，军队发出的痛苦呻吟就会传到彼得格勒。"

在这个问题上如同在其他问题上一样，战争起着决定性的作用。社会主义者一开始就像避开政权那样避开战争，等待事情过去。可是战争不容等待，盟国也不等待，前线更不愿意等待。政府危机刚刚发生之际，前线代表就来到了苏维埃执行委员会，他们向自己的领袖提出这样的问题：我们是战斗呢，还是不战斗？这就等于说，你们自己对战争负责呢，还是不负责？这是不能避而不答的。而协约国也用半威胁的口气提出了同样的问题。

在西欧战线发动的四月攻势使盟国花费了很多时间，而且还没有结果。在俄国革命和寄予了那么多希望的本国攻势失败的影响下，法国军队开始出现了动摇。用贝当元帅的话来说，就是军队"双手蜷曲起来了"。为了遏止这种危险的进程，法国政府需要俄国的进攻，在进攻之前，哪怕是一句发动进攻的坚定承诺也好。撇开减轻物资方面的困难（通过上述途径这应当是能做到的）不说，还需要尽可能快地抹掉由于俄国革命而产生的和平光环，消除法国士兵心中的希望，用协约国共谋的犯罪行为来损害革命的名誉，把俄国工人和士兵起义的旗帜踏进帝国主义大屠杀的血污之中。

为了达到这个很高的目标，所有的杠杆都动用起来了。在这些杠杆当中，协约国爱国主义的社会党人所占据的绝不是末尾的位置。他们当中最可靠的人被派到了革命的俄国。这些人怀着十分随和的好心和带着没有芒刺的语言来了。苏哈诺夫写道："外国

的社会党人……在玛丽亚宫受到了非常热烈的欢迎。布兰亭、加
401 香、奥格列基、德布鲁克等人在那里有宾至如归的感觉，与我们的部长组成了反对苏维埃的统一战线。”必须承认，即使妥协主义的苏维埃，对这些先生通常也感到不是那么舒服的。

盟国的社会党人巡视了前线，王德威尔得写道：“为了让我们的努力运用到不久以前黑海水兵代表团、克伦斯基、阿尔伯特·托玛着手做的事情上面，为了完成他称之为进攻的精神准备的东西，阿列克谢耶夫将军做了一切。”于是第二国际主席和尼古拉二世的前参谋长在争取民主的光明理想的斗争中找到了共同语言。法国社会主义领袖之一列诺得尔可以轻松地大发感慨：“现在我们能够毫不脸红地说：为权利而战。”迟至三年以后人类才知道，这些人多少有了脸红的理由。

5月1日，苏维埃执行委员会终于走过了天底下存在的一切犹豫阶段，最终以41票赞成，18票反对，3票弃权的多数通过了参加联合政府的决定。只有布尔什维克和孟什维克国际主义派投了反对票。

还有一件事没有失去其意义，那就是公认的资产阶级领袖米留科夫成了民主派同资产阶级紧密接近的牺牲品。“我没有退出，是他们让我退出的。”米留科夫后来如是说。古契柯夫因为拒绝签署《士兵权利宣言》，早在4月30日就离职了。为了挽救联合，立宪民主党中央委员会决心不再坚持把米留科夫留在原先的临时政府里。从这件事可以看出，自由主义者在那些日子里内心已经是多么的阴暗。“党背叛了自己的领袖。”右翼立宪民主党人伊兹戈耶夫这样写道。其实，该党的选择余地是十分有限的。同是这个

伊兹戈耶夫理由充足地说："4 月月底，立宪民主党被完全击溃了。
它在精神上受到了打击，由于这次打击，它永远不可能重新恢复 402
过来。"

但是，在米留科夫问题上最终的发言权属于协约国。英国完全赞同用更稳健的"民主派人士"换下企图占领达达尼尔的爱国人士。握有全权在需要时可以撤换大使布坎南的亨德森来到了彼得格勒，可他在熟悉了情况以后认为这种撤换是多余的。的确，由于布坎南坚决反对割地而适合担任这个职务，因为割地是不符合大不列颠的胃口的。他曾温和地低声对捷列申柯说过："既然俄国不需要君士坦丁堡，那么它越快声明这一点就越好。"起初，法国是支持米留科夫的。不过，在这方面托玛起到了自己的作用，他追随布坎南和苏维埃的领袖，表明自己反对米留科夫。于是，这位为群众所痛恨的政治家被盟国，被民主派，最后还有被自己的党抛弃了。

米留科夫实在不该被判处如此残酷的死刑，至少不该经这些人之手判刑。可是联合需要这样一个用来洗刷罪孽的牺牲品。大家让米留科夫在群众面前扮演了一个恶魔，一个使全国人民朝民主和平的庄严行进变得暗淡起来的恶魔。清除了米留科夫，联合用一个突击行动就洗净了自己身上的帝国主义罪孽。

彼得格勒苏维埃于 5 月 5 日确定了临时政府的组成人员和它的纲领。布尔什维克获得的反对联合的票数总共有 100 张。米留科夫用讽刺的语气叙述了这次会议："会议对擅长演说的新部长们表示热烈欢迎，但是，只有前一天刚刚从美国回来的'第一次革命的老领袖'托洛茨基赢得了那种暴风雨般的掌声。他严厉谴责了社会主义者加入内阁的行为。他坚称，现在'两个政权并存'并没

403 有消失，而仅仅是‘转入了政府内部’，并且说‘拯救’俄罗斯真实的统一政权只有到迈出‘最后一步——即政权转到工人和士兵代表手中’的时候才会来到。”那时来临的将是“一个新的时代——铁和血的时代，然而斗争不再是民族对民族的斗争，而是受苦受压迫的阶级对统治阶级的斗争。”米留科夫的描述就是这样的。在自己发言的末尾，托洛茨基表述了群众政策的三条规则——“三条革命的金科玉律：不要信任资产阶级，监督领导人，只依靠自身的力量。”关于这次演讲，苏哈诺夫指出：“显然，他不指望自己的发言会赢得支持。”的确如此，听众送别发言人的态度要比迎接他的时候糟糕得多。对知识分子场外情绪非常敏感的苏哈诺夫补充说道：“关于这个还没有加入布尔什维克党的人，已经有流言在传播，说他似乎‘比列宁还差’。”

社会主义者在 15 个部长职位中给自己拿到了 6 个。他们愿意处于少数。甚至决定公开掌管政权以后，他们还继续玩以先净手为赢的跳棋。李沃夫公爵仍然是总理。克伦斯基成了陆海军部长。切尔诺夫为农业部长。接替米留科夫担任外交部长一职的是芭蕾舞鉴赏家捷列申柯，他是克伦斯基和布坎南共同信任的人物。所有这三个人意见一致，俄国没有君士坦丁堡也完全够了。司法首脑是微不足道的律师佩列韦尔泽夫，后来由于布尔什维克七月案件的缘故他赢得过短时间的荣耀。策烈铁里为了保证自己有时间参加苏维埃执行委员会的活动，只担任了邮电部长的职务。当上了劳动部长的斯科别列夫凭一时冲动，承诺将百分之百地限制资本家的利润——这句空话马上就飞快地流传开了。为了平衡起见，莫斯科的大工厂主科诺瓦洛夫被任命为贸易和工业部长。他

从莫斯科交易所随身带来了几个人，他们都被安排在最重要的国家岗位上。科诺瓦洛夫其实两星期后就辞职了，他以这种方式抗 404
议经济生活中的“无政府状态”。而斯科别列夫比这还早就放弃了侵占利润的罪行，并且着手同无政府状态展开斗争：制止罢工，呼吁工人自我克制。

政府的声明就像联合本身固有的那样有不少老生常谈的东西。它提到了有利于和平的积极对外政策，解决粮食供应问题和准备解决土地问题，所有这一切都是夸夸其谈的空话。不过就其意图而言至少有无比重要的一项宣称，即军队要准备“防止俄国及其盟国的失败而采取防御和进攻的行动”。这一任务实质上包含了作为协约国在俄国所下的最后赌注的联合的最高目的。

布坎南写道：“联合政府给我们带来了为挽救这个国家前线军事形势最后的、几乎是唯一的希望。”由此看来，站在二月革命自由主义领袖和民主派领袖的纲领、言论、妥协和表决行为后面进行操纵的乃是协约国为代表的帝国主义导演。为了敌视革命的协约国战线的利益被迫加入政府以后，社会主义者于是如此急切地承担起了大约三分之一的政权和全部的战争责任。

拖延了两个星期后，新任外交部长不得不公布了盟国政府对3月27日声明的答复，拖延是为了争取时间做一些文辞上的修改，以便掩饰针对联合内阁声明产生的争议。从现在起，“有利于和平的积极对外政策”就反映在捷列申柯下列行为当中：他尽心尽责地校订了政府老办公厅为他拟好的外交电文，全部勾销了“非分之想”，他叙说了“公平正义的要求”，加进“人民的幸福”来代替“利 405
益的保证”的说法。米留科夫非常痛心地评论自己的继任者，说盟国外交官知道，“他用‘民主’术语表达的外交急件就是对时局的需要做出迫不得已的让步——因此他们对这种让步采取宽容的态度。”

托玛和不久前到来的王德威尔得并没有闲着，他们竭力对“人民的幸福”做了符合协约国需要的解释，而且在说服苏维埃执行委员会中那些笨蛋方面并非没有成效。王德威尔得报告说：“斯科别列夫和切尔诺夫对实现为时尚早的(Prematuree)和平的一切想法提出了坚决抗议。”如果说依赖这批助手的里博早在5月9日就可以向法国议会表明他准备给捷列申柯一个满意答复，“什么都不用放弃”，那么这是不足为怪的。

不错，时局的真正主人根本不打算放弃收藏得不严的东西。正好在这些日子里，意大利宣布阿尔巴尼亚独立，并且马上使后者处于自己的保护之下。这是一次不坏的直观教学。临时政府准备提出抗议，这样做与其说是为了民主，不如说是因为巴尔干的“均势”遭到了破坏的缘故，但是缺乏实力迫使它顿时就不作声了。

在联合政府的对外政策中，只有匆忙接近美国才是新的成分。这种新的友好关系有三个相当重要的适宜条件：美国没有像法国和英国那样因为丑恶的战争行为而使名誉受到损害；大西洋彼岸的共和国在贷款和军火供应方面在俄国面前展现了广阔的前景；最后，民主的伪善与欺骗结合在一起的威尔逊外交再好不过地符合了临时政府文辞上的需要。威尔逊派参议员卢德率代表团前往
406 俄国，把自己一封牧师式的信函托给临时政府。信中宣称：“没有任何一个民族应当被强制置于它不愿生活的那种统治之下。”它为美国总统确定的战争目标不是十分明确，然而颇有诱惑：“确保未

来的世界和平与未来人民的富足与幸福。”还有什么能比这更好呢？捷列申柯和策烈铁里需要的仅仅就是这个：新的贷款与和平主义的老生常谈。在第一点帮助下和在第二点掩护下，可以做好准备发动塞纳河上的夏洛克[①]所要求的进攻，后者正发狂似的挥舞自己的所有支票。

克伦斯基在 5 月 11 日就已经去了前线，开展有利于发动进攻的宣传运动。“军队里的热情波涛在高涨和扩散。”在自己演讲的热情中喘不过气来的新任陆海军部长向临时政府报告说。5 月 14 日，克伦斯基向军队发布命令：“你们要前往领袖把你们带往的地方。”并且为了掩饰这种士兵们非常熟悉而又对他们很少有吸引力的前景，他又补充说道：“你们要把你们的和平放到刺刀尖上。”5 月 22 日，小心谨慎却实在根本没什么才干的阿列克谢耶夫将军被免除了最高总司令职务，换上了比较灵活和精明的布鲁西洛夫将军。民主派人士竭尽全力准备发动进攻，也就是在为二月革命准备一场巨大的灾难。

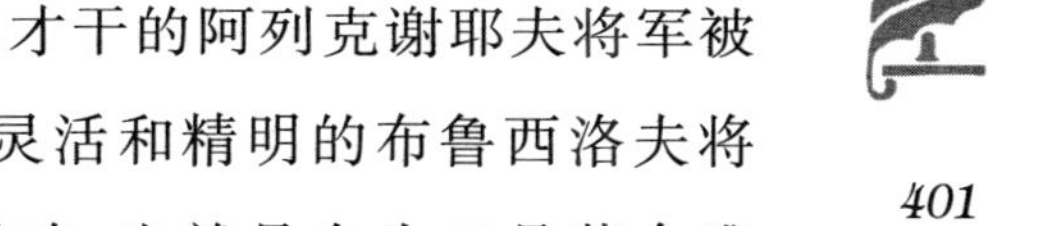



*　　*　　*

苏维埃是工人和士兵也就是农民的机关。临时政府是资产阶级的机关。联络委员会是妥协派分子的机关。联合简化了机构，把临时政府本身变成了联络委员会。但是两个政权的局面丝毫也没有因此而消失。策烈铁里到底是联络委员会成员呢，还是邮电部长？他没有解答这个问题。全国存在着两套不能并存的国家组织：一个是由上面任命的新旧官吏的等级制度，这是临时政府造就 407

① 莎士比亚剧作中一个极贪婪的高利贷者，这里比喻法国银行家。——译者

的；另一个是选举产生的苏维埃制度，它深入到了前线最遥远的连队。这两种国家制度依靠不同的阶级，而这些阶级刚刚才开始进行自己的历史的清算。在走上联合道路时，妥协派分子就在盘算和平地和逐步地取消苏维埃制度。他们以为，集中在他们这些人物手里的苏维埃力量从今以后就转入到正式的政府那里去了。克伦斯基叫布坎南绝对相信："苏维埃将走向自然死亡。"这种希望很快就变成了妥协派领袖的正式理论。按照他们的意见，地方生活的重心应当从苏维埃转入新的民主自治机构。中央执行委员会的位置应当由立宪会议来占据。联合政府于是准备成为通向资产阶级议会共和国制度的桥梁。

但是，全部问题就在于革命不愿意也不可能走上这条道路。在这方面，新的城市杜马的命运就是一个明确无误的征兆。杜马是依据最广泛的选举权选举出来的，士兵的选举权与普通公民是同等的，妇女与男子也是同等的。四个政党都参加了竞争。沙皇政府半官方的报刊也是世界上最无耻的报纸之一（这是有某些根据的！）《新时代》号召右翼分子、民族主义者和十月党人投票支持立宪民主党。但是，当有产阶级政治上的无能充分暴露出来的时候，大多数资产阶级报纸提出了这样的口号："把票投给你想投的人，就是不要投给布尔什维克！"在所有的杜马和地方自治局，立宪民主党都是右翼，布尔什维克是不断强大的左翼少数派，多数，往往还是压倒性的多数，则属于社会革命党和孟什维克。

408 以更全面的代表性区别于苏维埃的新杜马似乎应当获得更大的权威。何况作为公共权力机构，杜马拥有国家官方扶持的巨大优势，警察事务、粮食供应、城市交通、国民教育都归杜马管理。作为"民间"机构的苏维埃既没有预算，也没有法定权力，然而政权却在苏维埃手中。杜马实质上是苏维埃属下的市政委员会，苏维埃制度与形式民主之间的竞争结果变得尤其令人费解，因为它同样是在社会革命党和孟什维克这样一些政党领导下实现的，而它们在杜马如同在苏维埃一样占据着统治地位。它们深信，苏维埃应当给杜马腾出自己的位置，它们自己力图在这方面做到它们所能做到的一切。

看破这种非常现象（在时局的旋涡中人们对这种现象思考得不多）是一件简单的事情：就像所有的民主机构一样，市政机关只有在稳定的社会关系，也就是在固定的所有制基础上才能开展活动。可是，革命的实质就在于给这个基础打上了问号，只有对阶级力量对比进行公开的革命检验才能回答这个问题。苏维埃不论其领导层奉行何种政策，苏维埃仍然是被压迫阶级的战斗组织。为了改变社会制度的基础，这些阶级自觉或半自觉地团结起来了。市政机关毕竟给了被转化为抽象公民的所有居民阶级均等的代表数。在革命的环境中，市政机关与用假定性的和虚伪的语言进行说明的外交会议非常相似，尽管这类会议所代表的相互敌对的阵营正在发狂似的准备厮杀。在革命的日常生活中，市政机关还是过着半虚半实的日子。正是在群众决定时局日后发展方向的转折 409
关头，市政机关就会在空中炸裂，它的构成成分就会散落在街垒的各个角落。通过对5—10月期间苏维埃和市政机关平行作用充分的比较，就可以事先预料到立宪会议的命运。

联合政府并不急于召集立宪会议。与民主派的算计相反，在政府中居多数的自由主义者根本不急于充当立宪会议中无能为力的右翼，就像他们在新杜马中那样。就召开立宪会议举行的特别协商直到5月月底也就是革命过后已经3个月才开始工作。自由主义的法学家把每根毛发都分成了十六等份，把烧杯里面所有民主沉淀反复摇匀，为军队的选举权，为要不要给数以百万计的逃兵和数以十计的前沙皇家族成员投票权争论不休。而对于在可能情况下召开会议的日期却一句话也没有说。在协商会议上打听这个问题普遍被认为是不知分寸的举动，只有布尔什维克才有能力做到这一点。

时间一个星期又一个星期地过去了，可是事情与妥协派分子的愿望和预言相反，苏维埃并没有消亡。有时，被自己的领导人麻醉催眠和弄得茫然的苏维埃确实会陷入半沮丧状态，但是一有危险信号就会让它们恢复过来，并且在大家面前无可辩驳地显示出苏维埃才是局势的主宰。企图暗中损害苏维埃的社会革命党人和孟什维克在各个重要场合也被迫承认苏维埃的优先地位。顺便指出，这种状态还表现在两党最优秀的人士都集中到了苏维埃。进入市政机关和地方自治局的是一些二流人物、技术人员和行政人
410 员。布尔什维克那里也可以看到同样的现象。只有在苏维埃没有代表的立宪民主党才把自己最优秀的人员集中到了自治机构。但是，毫无希望的资产阶级少数派地位不能把他们变成自己的支柱。

这样一来，谁也不认为市政机关是自己的机关。在工人和厂主之间、士兵和军官之间、农民和地主之间，业已激化的对抗，除了在自己的圈子里，一方面在苏维埃，另一方面在国家杜马的“局部”会议上和够资格的政治家举行的各种协商会上来公开进行讨论以外，市政机关和地方自治局是不能讨论的。可以同对手商讨鸡毛

蒜皮的小事，但是不能同他们商谈生死攸关的大事。

如果接受认为政府是统治阶级委员会的马克思公式，那么就必须说，为政权而奋斗的阶级的真正“委员会”处在联合政府之外。对于在政府中有作为少数的代表的苏维埃来说，这完全是显而易见的。不过这对于政府中的资产阶级多数来说又是不太真实的。在社会主义者在场的情况下，自由主义者根本不可能就最能触犯资产阶级的问题开展严肃认真的商谈。本来，私有者的上层人士是围绕在尽人皆知和无可争辩的资产阶级领袖米留科夫周围的，因此把米留科夫排除出政府具有象征性质，这事直到最后还使临时政府在所有领域都显得偏离了正轨。生活是围绕两个轴心转动的，其中一个在玛丽亚宫的左边，另一个在它的右边。

临时政府的部长们不敢说自己在想些什么，他们生活在正是由他们自己造成的讲究虚假礼仪的气氛中。被联合掩盖起来的两个政权的事实成了模棱两可、表里不一和骑墙态度的训练场所。联合政府在往后 6 个月时间里经历了一系列危机、交锋和改组，但是它把无能和虚伪的基本特征一直保持到了自己灭亡的那一天。

411 # 第十九章　进攻

军队也像全国一样，政治力量的重新配置在连续不断地进行着，下层在向左边移动，而上层则向右边移动。苏维埃执行委员会正在变成协约国制服革命的工具，与此同时，作为反对指挥人员的士兵代表机构的军人委员会则正在变成指挥人员反对士兵的帮手。

委员会的组成人员是形形色色的，其中有不少这样的爱国主义分子，他们真诚地把战争与革命等同起来，为上头强加的进攻而勇敢战斗，并且为别人的事业去牺牲。同他们在一起的有大话英雄，营团一级的克伦斯基们。最后，委员会还有不少工于心计和善于钻营的小人，他们设法避开战壕，竭力追求特权。各类群众运动特别是在其初期阶段会不可避免地把所有这些人类的变种推上自己的浪尖。只是妥协主义时期饶舌多嘴和反复无常的人特别多。如果说是人制定了纲领，那么也可以说纲领造就了人。在革命中，所谓联络交往的学校就变成了阴谋和欺诈的学校。

两个政权的体制排除了组建武装力量的可能性。立宪民主党在人民群众中受到仇视，于是在军队里它被迫改称为社会革命党。民主派正是基于令它不能掌握政权的同样原因也不能振兴军队：两者彼此是不可分割的。苏哈诺夫指出，有一桩怪事，然而它是十
412 分清楚地反映出形势的怪事：临时政府在彼得格勒连一次阅兵式

也没有举行过。自由主义者和将军们不愿意参加苏维埃的阅兵式。不过他们也很清楚，没有苏维埃，阅兵式就无法举行。

最高层级的军官更加紧紧地追随立宪民主党，等候更反动的政党抬头的时刻到来。小资产阶级知识分子能够为军队提供相当多的下级军官，就像沙皇统治时期一样。但是他们没有能力按照自己的面貌建立指挥团队，因为他们压根儿就没有自己的面貌。正如往后的全部革命进程所显示的，指挥团队要么可能从贵族和资产阶级那里拿出现成的，就像白卫军所做的那样，要么在挑选无产阶级的基础上提拔和培养出来，就像布尔什维克所做的那样。上述无论哪种途径对小资产阶级民主派人士来说都是行不通的，他们必须对大家进行劝说、恳求和欺骗。而当他们一事无成的时候，为了向人民灌输合乎规则的革命思想，他们就会绝望地把权力交给反动军官。

旧社会的祸根一个接一个地暴露出来了，它们在破坏军队的机体。民族问题以自己所有的形式（而俄国是富有这些形式的）越来越深入到士兵中间，他们中一半以上不是大俄罗斯人。在各个方面，民族对立都是和阶级对立纠结和交叉在一起的。临时政府在民族领域的政策就像在其他所有领域的政策一样，是摇摆不定和混乱不清的，因此也是加倍奸诈的。某些军官就部队的民族构成问题进行挑拨，例如在罗马尼亚战线出现了“实行法国纪律的穆斯林军团”这样的事情。新编的民族部队通常确实要比旧部队更稳定一些，因为它们是在新的旗帜下围绕新的思想组建起来的。但是这种民族团结不会维持足够长久：后来的阶级斗争发展破坏了它。不过，就是组建民族军队进程（受它影响的军队占到一半）

413 本身使整个军队处于流动状态。在成功组编新的军队之前，这一过程便使旧军队瓦解了。灾祸就这样从四面八方袭了过来。

米留科夫在自己的《历史》一书中写道，导致军队毁灭的是“‘革命’思想与正常的部队纪律、军队的‘民主’与维持其战斗力之间的冲突”，其实应该把“正常”纪律理解为沙皇制度下的那种纪律。这位历史学家理应知道，每一次大革命之所以能给旧军队带来灭亡的厄运，似乎不是各种抽象的纪律原则，而是活生生的阶级冲突的结果。革命不仅允许在军队实行严格的纪律，而且它会创制这种纪律。但是，这种纪律不可能由被革命所推翻的阶级代表来建立。

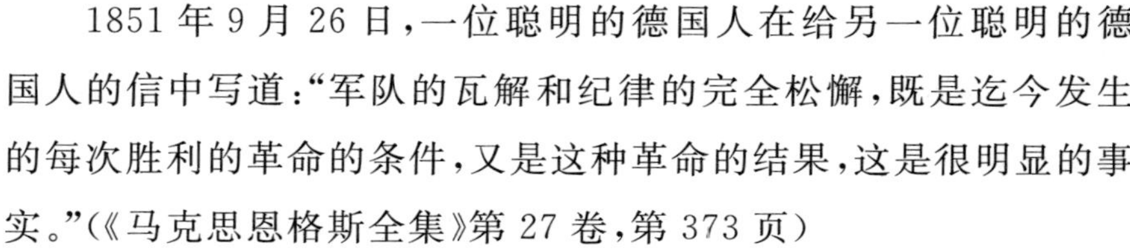

1851 年 9 月 26 日，一位聪明的德国人在给另一位聪明的德国人的信中写道：“军队的瓦解和纪律的完全松懈，既是迄今发生的每次胜利的革命的条件，又是这种革命的结果，这是很明显的事实。”（《马克思恩格斯全集》第 27 卷，第 373 页）



全部人类历史证实了这个简单而又无可辩驳的法则。可是，紧跟在自由主义者后面的俄国社会主义者（他们有过自己的 1905 年经历）就是不明白这一点，尽管他们曾多次把这两个德国人——一个是弗里德里希·恩格斯，另一位是卡尔·马克思称作自己的导师。孟什维克当真相信，引发革命的军队还可以在旧军官指挥之下继续旧的战争。这些人还把布尔什维克叫作乌托邦主义者。

布鲁西洛夫将军在 5 月月初的大本营会议上非常清晰地描述了指挥人员群体的状况：出于信念，15％—20％的人适应了新的秩序；部分军官开始与士兵调情并且鼓动他们去反对指挥人员。而大部分——约占 75％无法适应，感到委屈，躲在自己的小圈子里，

他们不知道该做些什么。何况用纯军事的眼光来看，绝大多数的军官是根本不能胜任其职的。 414

与将军们一起开会的克伦斯基和斯科别列夫不遗余力地为革命做出道歉，无奈革命还在“继续”，因此不得不重视它。对此，黑帮将军古尔柯用教训的口吻反驳两位部长：“你们说——‘革命还在继续’，请听听我们的意见……让革命暂停下来吧，让我们军人把自己的义务履行到底吧。”克伦斯基竭尽全力和急不可耐地迎合将军们——当时他们当中的一位即骁勇的科尔尼洛夫在同克伦斯基拥抱时差点没把他憋死。

在革命期间，妥协主义政策是在各阶级之间狂乱奔走的政策。克伦斯基就是这种政策的化身。被摆放在军队(这是一支没有清楚和明晰的规章制度的军队，说真的这是不可思议的)首脑位置上的克伦斯基成了瓦解军队的直接工具。邓尼金引用了一份最高指挥部的免职人员名单，这是一份没有找准目标的奇异名单，不过说实在的，谁也不知道目标究竟在哪里，克伦斯基本人就更不知道了。阿列克谢耶夫解除了战线总司令鲁兹斯基和集团军司令拉德科—德米特里耶夫的职务，理由是他们软弱无能和纵容军人委员会。布鲁西洛夫根据同样的理由撤了十分胆怯的尤登尼奇的职务。克伦斯基则把阿列克谢耶夫本人和战线总司令古尔柯和德拉戈米罗夫免职了，理由是对抗军队的民主化。基于同样的原因，布鲁西洛夫撤了卡列金将军的职，后来他本人也因为过分纵容军人委员会丢了职务。科尔尼洛夫则由于不能与民主派和睦相处而离开了彼得格勒军区的指挥岗位。不过这没有妨碍他被任命为战线指挥官，后来还当上最高总司令。邓尼金之所以被解除阿列克谢

耶夫的参谋长职务，是因为他明显的农奴制倾向，不过他很快又被
415 任命为西方战线总司令。这种频繁更换证明上层不知道自己想要达到什么目的，而且更换职务的做法一级一级往下直到连队，结果加速了军队的崩溃。

政府的特派委员们要求士兵服从军官，同时自己又不信任他们。正值进攻最紧张的时刻，在莫吉廖夫大本营官邸中举行的苏维埃会议上，一位苏维埃委员当着克伦斯基和布鲁西洛夫的面宣称："大本营88%的军官以自己的行动造成了反革命表现的危险。"这对于士兵来说不是什么秘密。直到革命为止，他们有足够的时间来了解自己的军官。

整个5月期间，指挥人员自下而上的报告用不同的说法表达了同样的意见："总的来说，对进攻持否定的态度，尤其是在步兵当中。"有时候还补充说："骑兵的情况要好一些，而炮兵精神十分饱满。"

5月月底即部队已经展开攻势之际，第七集团军的特派委员打电报给克伦斯基说："在第十二师，第四十八团全体出动了，第四十五团和第四十六团只出动了一半的战斗连队，而第四十七团拒绝出动。第十三师各团中第五十团几乎全部出动了。第五十一团答应明天出动。第四十九团没有按时出动，而第五十二团拒绝出动，还逮捕了本团所有军官。"几乎到处看到的都是这么一幅场景。政府答复这位委员的报告时说："把第四十五、四十六、四十七和五十二团解散，把教唆不服从军官的士兵送交法庭。"这事喊得很凶，但是吓不倒谁。无论解散还是上法庭，不愿打仗的士兵一概不怕。在展开行动的时候，让一支部队去反对另一支部队的事却并不罕

见。镇压的工具就像沙皇时期一样，通常由哥萨克来充当，但是现在领导他们的是社会主义者。要知道现在事情所牵涉到的是保卫革命的问题。

6 月 4 日，也就是距进攻开始还不到两个星期的时候，大本营参谋长报告称：“北方战线还处在纷扰状态，对敌方士兵表示友好 416
的情形还在继续，步兵对发动进攻持否定态度……西方战线的形势还不明确。西南战线的情绪出现了一些好转。……在罗马尼亚战线看不出有什么特别好转的地方，步兵还是不愿意参加进攻……”

1917 年 6 月 11 日，第六十一团团长写道：“我和军官们只好逃开，因为第五连的一个士兵从彼得格勒回来了，他是列宁分子……许多优秀士兵和军官已经逃走了。”全团出现一个列宁分子就足以叫军官们开始四散逃命。很明显，新来的士兵在饱和的溶液中起到了第一个结晶体的作用。其实，没有必要考虑事情是不是一定涉及布尔什维克。这个时候，指挥人员把所有比他人更勇敢地高声反对进攻的士兵都称为列宁分子。在这些“列宁分子”当中，有许多人还真的相信列宁是威廉派来的呢。第六十一团团长企图用政府的惩罚来恐吓团里的士兵。有一个士兵反驳说：“通过清除克伦斯基推翻以前的政府。”这是新的声音。他们利用布尔什维克的宣传，而且远远地走到它前面去了。

与喀琅施塔得人相反，社会革命党人领导下的黑海舰队被认为是爱国主义的堡垒。早在 4 月月底，该舰队就曾派出了一个由 300 人组成的代表团前往全国各地，团长是化装成水兵的生性活泼的大学生巴特京。这个代表团当中许多人有点像是装出来的：

不过他们还是有真诚的向往。代表团在全国各地散布把战争进行到胜利的思想，可是听众每个星期都比上个星期变得更加敌对。就在黑海人越来越压低自己鼓吹进攻的声调的同时，波罗的海舰队代表团来到塞瓦斯托波尔宣传和平思想。北方人在南方比南方人在北方取得了更大的成功。在喀琅施塔得人的影响下，塞瓦斯
417 托波尔的水兵于 6 月 8 日缴了全体指挥人员的枪械，并且逮捕了最令人痛恨的军官。

在 6 月 9 日的苏维埃代表大会上，托洛茨基询问这事是怎么发生的："在如此紧急的关头，这种类型的突发事件怎么能在这个向全国派出爱国主义代表团的模范黑海舰队，能在这个有组织的爱国主义巢穴发生呢？这说明了什么呢？"他没有得到任何回答。

军队里这种无人领导和没有首脑的情况把全体成员——士兵、指挥官和特派委员都弄得痛苦不堪。大家都无法忍受，需要找到某种出路。上层以为进攻将会克服混乱现象，会带来稳定。在一定的限度内，这是正确的。既然策烈铁里和切尔诺夫在彼得格勒表示赞成进攻，恪守民主空谈的全部变调，那么在前线的特派委员势必会跟军官们携起手来共同开展反对军队新制度的斗争。我们知道，没有这种制度，革命是不可想象的，然而这种制度又是与战争格格不入的。转折的后果很快就显现出来了。一位海军军官叙述道："军人委员会的成员显然每天都在开展活动，但是他们的威信此刻在水兵和士兵中间显然降低了。"可事情就是这样：对于战争而言，恰好士兵和水兵是必不可少的。

得到克伦斯基赞许的布鲁西洛夫于是走上了招募志愿人员来组编突击营的道路，因而公开承认了军队失去了战斗力。很快投

身这个事业的是一些最复杂的社会成员，多半是类似于穆拉维耶夫大尉那样的冒险分子。此人在十月革命以后，转向了左派社会革命党。结局是后来在轰轰烈烈和看似大放异彩的事件过后，他背叛了苏维埃政权，最后不知是被布尔什维克还是被自己人的子弹给打死了。反革命军官把突击营当作集结自己力量的合法形式 418
紧紧抓住不放，这是用不着多说的。可是，这个主意几乎没有得到士兵群众的任何回应。一些女冒险家建立了名曰“黑色敢死骠骑兵”的妇女突击营。其中有一个营在十月革命时成了克伦斯基保卫冬宫的最后一支武装力量。但是这一切对击溃德意志军国主义的事业很少能有所帮助，尽管当初是这样提出任务的。

早春时节大本营向盟国承诺的进攻被一个星期接一个星期往后推，可是现在协约国坚决不同意继续拖延下去。为了逼迫马上开始进攻，盟国是不惜采用一切手段的。与王德威尔得的动人恳求同时提出的是用中止供应军用物资进行威胁。意大利驻莫斯科总领事不是对意大利而是对俄国的报界宣布，如果俄国方面单独缔结和约，盟国就将允许日本在西伯利亚自由行动。结果不是罗马，而是莫斯科的自由主义报纸带着爱国主义的极度亢奋发出厚颜无耻的威胁，并且把它们从单独媾和转移到拖延进攻上面去了。盟国在其他方面也不太讲客气：例如送来了分明是被淘汰了的大炮；从国外得到的大炮有35％连两个星期的节制射击也经不起。英国压下了贷款。但是，新庇护者美国在英国事先并不知情的情况下向临时政府提供了7500万美元贷款，作日后发动进攻之用。

俄国资产阶级支持盟国的敲诈，为进攻开展疯狂的宣传，与此同时它自己却不相信这种进攻，也不认购自由公债。就在此刻，已经被推翻的专制王朝乘机提醒人们注意自己：在给临时政府的一份申请中，罗曼诺夫家的人表达了认购公债的意愿，但是他们又补充提到：“认购多少将取决于国库是否为维持沙皇一家人生活拨给
419 经费。”所有这一切军队都读到了，它明白了，临时政府大多数人就像大多数高级军官一样，仍然希望恢复君主制度。

为了公平起见，有必要指出，在盟国阵容内部并非所有人都同意王德威尔得、托玛和加香促使俄国军队走向毁灭的意见。也有预先警告的声音。贝当将军说：“俄国军队仅仅是徒有其表，一旦它离开原有阵地必将崩溃无疑。”还有美国使团也表达了同样的见解。但是其他意见占了上风，务必要清除来自革命的灵魂。后来潘勒韦对此解释说：“德国和俄国士兵间的相互同情造成了如此程度的破坏(faisait de tels ravages)，以致让俄国军队停留在静止不动的状态，这就意味着它有迅速走向瓦解的危险。”

进攻在政治方面的准备工作由克伦斯基和策烈铁里负责，开始时是暗中行事，甚至不让最亲近的志同道合者知道。就在半知情的领导人还在继续高谈阔论革命的防御的时候，策烈铁里越发坚持军队准备发动攻势的必要性。切尔诺夫比其他人抵制得更久，也就是说卖弄得更久。在 5 月 17 日的临时政府会议上有人寻根究底地诘问这位“农夫部长”(这是他的自称)，他在集会上谈论进攻时没有表示必要的支持，的确有这么回事吗？原来切尔诺夫是这样说的：“进攻与他，与政治家无关，这是前线统帅们的事情。”这些人同战争玩起了捉迷藏，就像同革命玩捉迷藏一样。然而只不过还没有到时候。

筹备进攻与加强同布尔什维克的斗争不用说是相伴相随的，

指责他们企图单独媾和的事越来越常见了。与其他交战国相比，420
俄国处于无能为力和虚弱不堪的境况。结果，单独媾和是唯一出路的可能性就存在于这种局势本身之中。可是谁也还没有测算过新的因素——革命的威力到底有多大。布尔什维克认为，只有在勇于将革命的力量和威信与战争对抗到底的情况下才能避免出现单独媾和的前景。为此，首先需要断绝与本国资产阶级的联盟。6 月 9 日，列宁在苏维埃代表大会上宣布："有人说我们在力求单独媾和，这不是事实。我们说，不同任何资本家单独媾和，首先是不同俄国资本家单独媾和。同俄国资本家单独媾和的是临时政府。打倒这种单独媾和！"(《列宁全集》中文第二版第 30 卷，第 259 页)会议记录在"掌声"二字下面做了记号。这是代表大会无足轻重的少数派的掌声，正因为如此，所以显得特别热烈。

苏维埃执行委员会里面有些人还没有足够的决心，另一些人则想利用这个最有权威的机关来掩饰自己。在最后的时刻，大会决定告知克伦斯基，称在苏维埃就进攻问题做出决定之前就发出进攻的命令是不适宜的。布尔什维克党团在代表大会第一次会议上就已提交的一份声明说到，"进攻只能使军队彻底陷入混乱，使军队的一些部队与另一些部队发生对立"，"代表大会必须立即对反革命进逼予以回击，或者为这种政策公开承担全部责任"。

苏维埃代表大会关于进攻的决定仅仅是一个民主的形式，因为一切已经准备就绪。炮手们已经把准星瞄准了敌方阵地。6 月 16 日，克伦斯基在下达给陆军和舰队的命令中援引了最高总司令——"充满胜利信心的领袖"的话，克伦斯基证明有必要发起"刻不容缓和坚决果断的突击"，命令的最后一句话是："我命令你们——前进!”

421 在进攻前夕写好的一篇评论布尔什维克党团在苏维埃代表大会发表的声明的文章中,托洛茨基写道:“政府的政策彻底断送了开展顺利军事行动的可能性……发动进攻的物质条件是极其不利的。军队的后勤供应系统是国民经济本身全面崩溃的体现,而现有政府不可能采取任何激进措施来对付这种崩溃。发动进攻的精神条件还要不利得多。政府……在军队面前暴露了……自己不能做到不依赖帝国主义盟国的意志来确定俄国的政策。其结果不可能不是军队的进一步加剧瓦解……大规模临阵脱逃现象……在现有条件下不再是个人意志缺陷的简单结果,而是正在成为政府在用内部一致的目标团结军队方面十足无能的反映。……”文章进一步指出政府没有决心“立即废除地主土地所有制,这是说服最落后的农民的唯一措施,而这次革命就是他们的革命”,接着以下面的一段话结束全文:“在这样的物质和精神条件下,进攻必定难免是具有冒险性质的行动。”

指挥人员几乎没有例外地认为,在军事方面毫无希望的进攻之所以能发生,完全是出于政治方面的盘算。邓尼金在巡视了自己的战线以后向布鲁西洛夫报告说:“我不相信进攻会取得任何成功。”指挥人员本身的不能胜任增加了绝望的成分。身为军官和爱国主义者的斯坦凯维奇证实,此举在技术上的安排就排除了胜利的可能,而不论部队的士气如何:“进攻的组织工作简直一无是处。”以军官联合会主席、立宪民主党人诺沃西利采夫为首的军官代表团面见立宪民主党领袖代表团警告说,进攻注定要遭到失败,
422 它只会导致精良部队的被歼。高层权力当局则用泛泛的空话来敷

衍这种警告，大本营参谋长、反动将军卢科姆斯基说："还有一线希望，或许战斗的胜利开端将改变民众的心理，军官们也就能够重新勒紧从他们手中脱落的缰绳。"这里的根本目的就是：勒紧缰绳。

按照早已制订好的计划，主攻预定由西南战线的兵力在利沃夫方向实施。辅攻性质的任务落到了北方战线和西方战线的身上。进攻预定务必在各条战线同时展开。但很快就发现，指挥部这个计划根本不是它力所能及的。于是决定让各战线一个接一个地开展行动，同时决定从次要的战线开始。可是这个方案仍然无法实施。邓尼金说："当时最高司令部决定放弃全部战略计划，不得不同意让各战线依据自己准备的程度开始作战。"一切都只能听天由命。所缺的只是皇后的圣像。有人试图用民主派的圣像来顶替它们，克伦斯基东奔西跑，四处呼吁和举行祝福。6 月 16 日，西南战线开始发起攻势，后来西方战线于 7 月 7 日、北方战线于 7 月 8 日、罗马尼亚战线于 7 月 9 日陆续展开进攻。后三条战线发动的实质上是佯攻，它们同主攻战线即西南战线失败的开端恰好同时。

克伦斯基报告临时政府说："今天是革命的伟大庆典。6 月 18 日，俄国革命军队以无比振奋的精神转入了进攻。"立宪民主党的《言论报》写道："期待已久的重大事件终于发生了，它马上会使俄国革命转向自己更加美好的明天。"6 月 19 日，普列汉诺夫老人家向举行爱国主义游行的队伍发表了像朗读诗一般的演讲："公民们！如果我问你们今天是哪一天，你们会说今天是星期一。可是这样回答错了，今天是星期天（俄语"星期天"与"复活"发音极近，这里意为"复活日"。——译者），对于我们国家，对于全世界民主派都是复活之日。砸开了沙皇制度枷锁的俄罗斯决心砸开敌人的枷锁。”策烈铁里同一天在苏维埃代表大会上说：“伟大俄国革命史上新的一页翻开了……我们革命军队的胜利不仅应当受到俄国民主派的祝贺，而且要受到……一切真正努力与帝国主义进行斗争的人的祝贺。”爱国主义民主派打开了自己所有的龙头。

当时报纸登出了一则令人高兴的消息：“巴黎交易所用提高全部俄国股票的价格来祝贺俄国人的进攻。”社会主义者企图根据行情公告来确定革命的稳固程度。但是历史教训是，革命的处境越差，交易所的自我感觉就越好。

首都的工人和卫戍士兵一刻也没有被人为加热的爱国主义浪潮所迷惑。只有涅瓦大街仍然是爱国主义的活动场所。士兵契涅诺夫在自己的回忆录中讲述道：“我们来到了涅瓦大街，尝试开展反对进攻的宣传。有资产者当场用雨伞攻击我们……我们捉住那些资产者，把他们拉到兵营，并且对他们说，明天就把他们送上前线。”这已经是国内战争临近爆发的先兆：七月危机步步逼近了。

6 月 21 日，彼得格勒的机枪团在公共集会上提出：“以后只有当战争具有了革命性质的时候，我们才会派队伍去前线……”在回应解散的威胁时，这个团说，它将竭尽全力解散“临时政府以及支持它的其他组织”。我们再次听到了远远超过布尔什维克宣传威胁的声音。

大事记在 6 月 23 日那一栏写道：“第二集团军的部队占领了敌人第一道和第二道战壕……”在旁边却又并排写着：“在巴拉诺
424 夫斯克工厂（有 6000 工人。——托洛茨基）举行了彼得格勒苏维埃代表的重新选举，选出三名布尔什维克取代三名社会革命党人。”

到月底的时候，彼得格勒苏维埃的面孔已经发生了相当大的变化。不错，6 月苏维埃是通过了一个慰问发动进攻的军队的决议；可是这是以怎样的多数通过的呢？决议有 472 票赞成，271 票反对和 39 票弃权。这完全是我们以前没有遇到过的新的力量对比。布尔什维克和孟什维克以及社会革命党的左翼团体已经占到了苏维埃五分之二的票数。这就等于说在工厂和兵营，反对发动进攻的人已经成了无可争辩的多数。

6 月 24 日，维堡区苏维埃通过了一个字字句句斩钉截铁的决议，“我们……抗议临时政府为履行原先的强盗协定而发动攻势的冒险行为……我们认为临时政府以及支持它的孟什维克和社会革命党要为这种进攻政策承担全部责任。”二月革命后曾被推到次要地位的维堡区现在满怀信心地挺进到了首要地位。布尔什维克在维堡区苏维埃已经完全占了优势。

现在一切都取决于进攻的命运，也就是取决于战壕里的士兵。进攻使必须把进攻付诸实施的那些人的意识发生了什么变化呢？他们不可遏止地追求和平。然而正是这种对和平的向往在一定程度上——至少是很短期间在部分士兵那里——被当权者成功地转变成了发动进攻的意愿。

革命以后，士兵们在等待新政权尽快结束战争，而在此之前他们准备坚守在前线，可是和平一直没有到来。于是士兵们便转而与德国和奥地利的士兵友善相处，这部分地是受了布尔什维克宣传的影响，而主要是寻找自己通向和平道路本身的结果。但是，这种对敌方士兵的示好行为受到了来自各个方面的公开压制，何况事实表明，德国士兵还远没有摆脱对本国军官的服从。并没有带 425

来和平的对敌方士兵的示好行为开始急剧减少了。

当时，前线处在事实上的停战状况。德国人趁此机会把大量部队调往其西部前线。俄国士兵一直注视着敌方的战壕是怎样变空的，机枪是怎样撤除的，大炮是怎样拖走的。在这种情况下，一个为进攻做好精神准备的计划拟订出来了。计划拟订者开始不断让士兵相信，敌人彻底削弱了，他们没有足够的兵力，美国从西线向他们发起了攻击，因此只要我方稍微推动一下，敌方战线马上便会土崩瓦解。于是我们就将获得和平。当权者自己从未相信过这一点，可是他们指望，军队一旦把手插入战争机器以后，就再也不能把它拔出来了。

无论通过临时政府的外交活动，还是通过对敌方士兵的友善行为，都没有达到目的，于是部分士兵毫无疑虑地开始转向第三条途经：给予推动，它应当可以使战争烟消云散。出席苏维埃代表大会的一个前线代表是这样转达士兵情绪的："现在我们面对的是疏于防守的德军战线，现在我们前面没有大炮，因此如果我们前进并且打败敌人的话，那么我们很快就将得到期待已久的和平。"



开始时敌人的力量的确显得极其薄弱，而且没有经过战斗就往后撤，尽管进攻的一方也没有能力开展战斗。但是敌人没有瓦解，而是在重新部署和进行集结。俄国士兵向前深入推进了二三十公里以后，根据以前多年的经验，他们看见了自己十分熟悉的场景：敌人在坚固的新阵地上等待他们。到此刻事情便清楚了，即使士兵还同意为了和平继续推进，他们也是全然不想要战争的。士兵们是被强制和被精神上的压力，主要还是被欺骗一起拖入战争的，因此他们怀着更猛烈的怒火转身向后撤退。

研究世界大战的俄国历史学家扎伊翁奇科夫斯基将军说:“在 426
经过俄军一方就其能量和威力来说从未见过的炮击之后,部队几乎没有损失就占领了敌方阵地,可是他们不想继续前进了。普遍的临阵脱逃现象开始了,不少部队整体离开了阵地。”

根据乌克兰活动家、临时政府前驻加利西亚特派委员多罗申柯的讲述,占领加利奇和卡卢什两座城市后,“在卡卢什旋即就发生了针对当地居民特别是乌克兰人和犹太人非常可怕的暴行,不过没有触及波兰人。指挥这一暴行的是一个有经验的老手。他特别指出要破坏乌克兰当地的文化教育机构”。参与暴行的是为发动进攻精心挑选出来的、“被革命腐蚀得最少的、最精良的”部队。但是,进攻的领导者、原先沙皇军队的指挥官、富有经验的暴行组织者在这个事件中还是更加清楚地暴露出了自己的面目。

7 月 9 日,第十一集团军的军队委员会和特派委员打电报给临时政府:“德国于 7 月 6 日对第十一集团军阵地开始发动的进攻变成了无法估量的灾难……急剧和致命的转折在不久前通过少数人英勇努力而向前推进的部队的情绪中明显表现出来了。进攻的激情迅速消退殆尽。大多数部队处在日趋严重的瓦解状态。权威和服从已经无从谈起,劝告和说服也失去了效力——只能用威胁,有时用枪毙来对付他们。”

得到特派委员和军人委员会的同意后,西南战线总司令发布了对逃兵开枪的命令。

7 月 12 日,西方战线总司令邓尼金“带着绝望的心情”回到了自己的司令部,他“清楚地意识到对发生奇迹暗存的最后一线希望也彻底地破灭了”。

427 士兵不愿意作战了。占领敌人的战壕以后，逐渐衰竭的部队要求后方部队来接替，可是后方部队回答说："什么进攻？谁带领你们进攻？必须结束战争，而不是进攻。"被认为是最精良的部队之一的第一西伯利亚军军长报告说，随着夜晚来临，士兵开始成群地和整连地从没有遭到攻击的第一线退下来。"我明白，我们指挥人员没有能力改变士兵群众的自发心理，——我越来越痛苦，终于大哭了一场。"

在没有找到能把德文译成俄语的士兵之前，有一个连队甚至拒绝向敌人抛撒内容为已经占领了加利奇的传单，这个事实反映了士兵群众对领导人，无论是老的领导人还是二月革命后新的领导人不信任的全部威力。积压了几百年的侮辱和体罚像火山一样向外喷发出来了。士兵们觉得自己再次受骗了。进攻不是走向和平，而是走向战争。士兵不想要战争，他们无疑是对的。躲在后方的爱国主义者恶意中伤和激烈抨击士兵是只顾自己私利的人。但是士兵是对的。指导他们行动的是通过备受压迫的、遭到欺骗的、痛苦不堪的，曾经被革命希望唤醒的和再次被推进血污之中的人的意识折射出来的正确的民族本性。士兵是对的。继续战争除了给俄国人民带来新的牺牲、屈辱和灾难以外，除了强化他们的奴隶地位以外，再也不能带来什么。

1917 年，不仅立宪民主党的，而且社会主义者的爱国主义报刊都在不厌其烦地拿当了逃兵和懦夫的俄国士兵与法国大革命的英勇队伍进行对比。这种对比不仅说明他们不懂革命进程的辩证法，而且说明他们对历史的完全无知。

法国革命和帝国的杰出统帅开始往往成了破坏纪律者和捣乱

者，米留科夫也许会说就像布尔什维克一样。后来的达乌元帅在 428
1789—1790 年还是德-阿乌中尉，他花几个月时间瓦解了埃斯登卫戍区的“正常”纪律，赶走了所有的指挥官。1790 年年中之前，全法国处于全面解散旧军队的过程中。万塞讷团的士兵强迫团里的军官同他们一起吃饭。舰队驱逐了自己的军官。有 20 个团使军官们遭受了各种形式的暴力强制。在南锡，有 3 个团把高级军官投进了监狱。从 1790 年开始，法国革命的领袖们围绕军队发生的过激行为不知疲倦地重复：“没有罢免敌视革命的军官的执行当局是有罪的。”奇怪的是，无论米拉波还是罗伯斯庇尔都赞成解散旧军官团。第一个人力图尽快建立稳固强硬的纪律。第二个人则想解除反革命的武装。但是两个人都清楚，旧军队不能再存在下去了。

诚然，俄国革命与法国革命的不同之处就在于它发生在战争时期，但是不能由此得出它是恩格斯所指出的历史规律的例外的结论。相反，旷日持久和灾难重重的战争环境只能加速和加剧革命瓦解军队的进程。民主派倒霉和犯罪的进攻做完了剩下的事情。现在士兵人人都在说：“血流得够多了！如果我们人不在了，还要自由和土地干什么？”假如有教养的和平主义者用唯理论的论据来取消战争，那么他们简直是荒谬可笑的。但是假如武装起来的群众自己把理智的论据引入反战运动中，那么这就意味着战争走到了尽头。

429

# 第二十章　农民

土地问题构成了革命的土壤。以拉斯普京专制制度为顶峰的俄国生活最野蛮的现象牢牢地植根在直接从农奴制产生的陈旧土地制度中，在传统的地主政权中，在地主、地方行政机关和等级自治机关之间的密切关系中。充当古老亚细亚制度支柱的农夫同时又是其第一个牺牲品。

在二月革命后最初几个星期里，农村几乎一点动静都没有。最活跃年龄层的人都上前线去了，留在家里的老一辈对革命是如何被讨伐队扼杀的情形记得太清楚了。农村默不作声，因此城市也就闭口不谈农村的事。不过3月以来农民战争的幽灵已经日甚一日地笼罩着地主的巢穴。早在真正的危险出现之前，求助的呼声从贵族势力最强大的也就是最落后和最反动的省份传出来了。自由主义者敏锐地反映出了地主的恐惧。妥协主义者则反映了自由主义者的情绪。革命发生以后，“左派分子”苏哈诺夫大发高论说：“最近几周强行解决土地问题是有害的，而且这样做毫无必要。”据我们所知，苏哈诺夫确实还认为，强行解决和平问题和八小时工作制也是有害的。逃避困难——这是最简单不过的事。同时，地主也威胁说，从根本上动摇土地关系的危害将在大田耕种和城市粮食供应方面反映出来。苏维埃执行委员会于是致电各地，

告诫“不要因专注土地问题而损害城市的粮食供应”。 430

许多地方被革命吓坏了的地主放弃了春种。在国家粮食供应严峻的形势下，弃耕土地本身似乎就在召唤新的主人。农民暗中在跃跃欲试。对新政权不抱希望的地主则着手赶紧处理自己的地产。富农开始加紧购买地主的土地，他们估计像对其他农民一样，对他们进行强制剥夺风行不起来。许多土地交易都带有虚假的性质。人们猜想低于一定标准的私人领地将会得到宽容，据此地主把自己的领地巧妙地分割成小地块，于是制造出一批假冒的所有者。土地被转让给属于盟国或者中立国公民的外国人的事情也不罕见。富农的投机和地主的骗局有致使立宪会议召开之际没有任何土地储备的危险。

农村目睹了这类把戏，由此提出了颁布法令暂停一切土地交易的要求。农民代表一个接一个来到城市，找到新的上级，寻求土地和正义。经历了提高身价的辩论和欢呼以后，部长们不止一次在门口碰见脸色阴沉的农民代表。苏哈诺夫讲述了一个代表含泪恳求部长公民颁布保持土地储备法律，以防止把土地卖光的情形。“情绪激动和脸色苍白的克伦斯基不耐烦地打断了他，我说过要做的，就意味着将要这样做……别用怀疑的目光盯着我。”就在争执现场的苏哈诺夫补充说：“我是一字不差转述的——克伦斯基说得不错，农夫的确是用怀疑的目光盯着著名的人民部长和领袖。”在一个还在请求部长然而已经不信任他的农民和一个对农民的不信
任置之不理的激进部长之间的简短对话中，充满了二月制度崩溃 431
的必然性。

关于作为筹备土地改革的机关土地委员会的条例，由第一任

农业部长、立宪民主党人申加廖夫公布出来了。以自由主义官僚派头十足的教授波斯特尼科夫为首的总土地委员会主要由民粹派人士组成，这些人十分害怕表现得不如他们的主席那么温和。地方土地委员会在省、县和乡各级普遍建立起来了。如果说在农村很难风行起来的苏维埃被认为是民间机关的话，那么土地委员会便具有政府机关的性质。对照条例，它们的功能越是不明确，它们就越难以抗拒农民的压力。委员会在整个官阶中等级越低，与土地越接近，它们就越迅速地成为农民运动的工具。

到 3 月月底的时候，第一批关于农民出现在舞台上的令人不安的消息开始传进首都。驻诺夫哥罗德的特派委员发电报报告了一个名叫巴纳修克的准尉造成的混乱，内称“毫无理由地抓捕地主”等等。在坦波夫省，有一座地主庄园遭到了以几个正在休假的士兵为首的一群农民的劫掠。头一批报道无疑被夸大其词了，地主在自己的申诉书中显然想挑起冲突，并且做得过分了。然而不容置疑的是，士兵正是这样带头参加农民运动的，这些士兵从前线和从城市卫戍区带来了两方面的主动精神。

4 月 5 日，哈尔科夫省的一个乡土地委员会做出决定，为了收缴武器而搜查土地所有人。这已经明显预感到国内战争将要发生。梁赞省斯科平县特派委员把当地发生骚乱的原因说成是一个
432 邻县的苏维埃执行委员会做出了由农民强行租种地主土地的决议。“大学生为缓和局势进行的宣传在立宪会议召开之前没有取得成功。”这样，我们就清楚了，在第一次革命期间号召农民实行土地恐怖（当时社会革命党的策略就是如此）的“大学生”，到 1917 年正好相反，他们宣扬法律和秩序，当然这是徒劳无功的。

辛比尔斯克省的特派委员描绘出了一幅更加蓬勃发展的农民运动图景：乡和村两级土地委员会(关于它们后面还会谈到)正在逮捕地主并且把他们驱逐出本省，遣散地主田庄上的雇工，夺取土地，随意确定租金，“而苏维埃执行委员会派来的代表站在农民一边”。与此同时，村社农民反对独立田庄主的运动也开始了，后者是根据 1906 年 11 月 9 日斯托雷平颁布的法律从村社分离出来建立独立农庄的殷实农民。“省里的形势威胁到大田播种。”除了马上宣布土地为国有财产以外，辛比尔斯克省的特派委员实在看不出 4 月还有别的出路，至于土地使用方式则留待以后的立宪会议去解决。

莫斯科附近的卡希拉县传出了埋怨声，说是苏维埃执行委员会激起当地居民无偿夺取教会、寺院和地主的土地。在库尔斯克省，农民不让战俘在庄园干活，甚至把他们关进了当地监狱。农民代表大会开过以后，认为可以从字面上理解社会革命党关于土地和自由决议的奔萨省农民开始撕毁不久前同土地所有者订立的契约。同时，他们向新的政权机关发起了攻击。“3 月间，乡、县苏维埃执行委员会成立起来了，开始时它们的成员大多数是知识分
子，”奔萨的特派委员报告称，“可是后来响起了反对他们的声音。 433
到 4 月中旬，各地的执行委员会都已经全由农民组成。他们对待土地的意图是明显与法律不符的。”

相邻的喀山省土地所有者团体向临时政府诉苦，说无法开展生产经营活动，因为农民在带走雇工，抢走种子，在许多地方他们把庄园的财产洗劫一空，他们还不许地主到自己的森林里砍伐木柴，甚至用暴力和死亡威胁地主。“法庭不存在了，大家都在做自

己想做的事，明白事理的人遭到恐吓。”喀山的地主确实知道谁该对无政府状态负责：“在农村，临时政府的决定无人知晓，可是布尔什维克的宣传品能广泛传播。”

其实，临时政府的决定并没有什么毛病。3 月 20 日，李沃夫公爵致电全体特派委员，提议建立乡土地委员会作为本地政权机关，而且他建议“吸收本地的土地所有者和全体农村知识分子”参加这些委员会的工作。这是打算把整个国家制度按照劳动争议调解体系组织起来。可是，特派委员们很快就不得不诉苦说，“知识分子”遭到排挤。农夫们显然不信任县里和乡里的克伦斯基们。

4 月 3 日，李沃夫公爵的副手乌鲁索夫公爵（如我们所见，内务部是由高级爵位的人主管的）发布命令不允许任何为所欲为的行为，特别是限制“每个所有者支配自己土地的自由”——即所有自由中最美满的自由——的行为。过了 10 天，李沃夫公爵认为有必要劳驾自己，他指示各地特派委员：“用全部法律的力量制止一切暴力和强盗行为。”又过了两天，乌鲁索夫公爵指示一个省里的特派委员：“采取措施保护养马场使之免遭擅自行动之害，同时要
434 向农民解释清楚……”等等。4 月 18 日，乌鲁索夫公爵由于为地主劳作的战俘开始提出过分要求而感到担心，于是他指示各地特派委员根据以前授予沙皇省长的权力对胆大妄为者施以处罚。通告、命令、电报指示像绵绵不绝的雨点自上而下落了下来。5 月 12 日，李沃夫在一份新发的电报中列举了“全国还没有得到制止的”非法行为：任意进行的逮捕、搜查、擅自离职，离开保管财产和工厂管理的岗位；破坏财物，抢劫，胡作非为；对公务人员施加暴力；对居民随意课税；挑起一部分居民反对另一部分居民，等等。“所有

这一切类似行为都必须认定为明显不符合法律的行为，在某些场合甚至是无政府主义行为……”上述认定并不是很清楚，但是结论很清楚：“采取最坚决的措施。”各省的特派委员把通告坚决下达到各县，各县又印发到各乡委员会，到头来在农夫面前大家一起都暴露出自己的无能。

驻地最近的军队几乎到处都在介入这类事务，而且首创多半也归功于它们。运动之所以出现了各种极其不同的形式，是因为取决于各地不同的条件和斗争激烈程度。在没有地主的西伯利亚，农民把教会和寺院的土地据为己有。其实，宗教界在国内其他地方也处境艰难。在笃信宗教的斯摩棱斯克省，由于从前线回来的士兵的干预，牧师和修士遭到逮捕。地方机关结果经常比它们想走的——只想防止农民采取更加激进得多的措施——被迫走得更远。萨马拉省一个县的苏维埃执行委员会在5月月初开始对奥
尔洛夫-达维多夫伯爵实行公共监护，用这样的方式来保护他免受 435
农民侵害。因为克伦斯基承诺的禁止土地交易的法令仍然没出台，农民于是以自己的方式来阻止出现把地产卖光的结局，他们不准丈量土地面积。收缴地主的武器甚至猎枪的事波及了越来越多的地方。一位特派委员抱怨说，明斯克省的农民“把农民代表大会的决议当作法律来接受”。可是怎么又能把它们理解为别的什么呢？要知道这些代表大会是各地唯一真实的政权。在说话上气不接下气的社会革命党知识分子与要求行动的农民之间的一场大争执就这样揭开了。

到5月月底，遥远的亚洲草原开始震荡起来了。过去，那里吉尔吉斯人最好的土地被沙皇剥夺赏赐给了自己的臣仆，现在他们

起来反对地主，命令后者尽快清还自己窃取来的地产。“类似的看法在草原上强化起来了。”阿克莫林斯克的特派委员在报告中如是说。

在国家相反方向的另一个边区，利夫兰省一个县的苏维埃执行委员会派出一个委员会调查破坏施塔尔・冯・戈尔施泰因男爵地产的案件。委员会认为混乱状况不是很严重，但男爵继续留在本县对稳定秩序是有害的，于是提出：把他连同男爵夫人一起交由临时政府处置。地方政权与中央政权、下层社会革命党人与上层社会革命党人无数冲突中的一个就这样发生了。

叶卡捷琳诺斯拉夫省巴甫洛格勒县 5 月 27 日的一份报告描绘出几乎是一派秩序安宁的景象：土地委员会的委员把所有误会都对居民解释清楚了，“这样就防止了任何破坏社会秩序的行为发生”。可惜这幅安宁的田园景象只延续了短短的几个星期。

5 月月底，科斯特罗马一座修道院的院长痛苦地诉说了当地
436 农民征用修道院 1/3 牛羊的情况。这位可敬的修士本该要更收敛一些，结果他很快将不得不放弃其余 2/3 的牲畜。

在库尔斯克省，农民开始迫害那些拒绝返回村社的独立田庄主。面临土地大变革和平分土地之际，农民想作为一个整体来行动。内部的隔阂有可能成为障碍。一个米尔（农村公社）应当像一个人那样来行动，因此为夺取地主土地而展开的斗争就伴随着对独立田庄主，也就是土地个人主义者的暴力。

5 月的最后一天，彼尔姆省的士兵萨莫伊洛夫因为号召拒绝缴纳人头税而被捕，可是过不了多久，这个叫萨莫伊洛夫的士兵就要逮捕别人了。哈尔科夫省一个村子举行宗教游行时，农民戈里

钦科当着全村人的面用斧头把备受尊崇的圣尼古拉圣像劈碎了。各种形式的抗议就这样出现了，而且化为了行动。

一个地主出身的海军军官在未署名的《白卫军札记》中描绘出了一幅革命后几个月期间农村演变的有趣情景，占据所有职位的人“几乎到处都是从资产阶级各阶层选举出来的，大家力求达到的目的只有一个——维持秩序”。农民固然提出了土地要求，但是在最初两三个月并没有采取暴力。相反，可以经常听到“我们不想抢劫，我们愿意在人家同意的情况下得到土地”诸如此类的说法。在这令人欣慰的保证当中，这位中尉作者的耳朵听到的却是“暗藏的威胁”。如果说在第一阶段农民还没有诉诸暴力，那么对所谓的知识分子，“他们很快就表露出自己的不尊重”，情况的确如此。用这位白卫分子的话来说，这种半等待的情绪持续到了五六月间，“从那以后，急剧的转变开始显现，跟省里的规定对抗、擅自处理事务
的倾向出现了……”换句话说，农民给了二月革命兑现社会革命党 437
支票大概三个月的宽限期，在这以后就开始实施自行做主的追缴。

加入了布尔什维克的士兵契涅诺夫革命后两度从莫斯科来到自己的家乡奥廖尔省。5 月的时候，在乡里占优势的是社会革命党人。许多地方的农夫还在向地主缴纳地租。契涅诺夫在士兵、雇农和小土地所有人中间建立了布尔什维克支部。支部鼓动停止缴纳地租，并且把土地分给无地农民。接着，他们马上就着手清点地主的牧场，在各村之间进行分配，并且把草也割了。“坐在乡委员会里面的社会革命党人大叫我们的行动不合法，可是并没有拒绝接受自己的那份干草。”既然害怕负责的乡村代表推卸了自己的职责，那农民便选出了行事更果断的新代表。这些人远非总是布

尔什维克。农民用自己的直接压力使社会革命党内部出现了分化，使他们分为有革命情绪的人与官吏和追名逐利者。割了地主老爷的干草以后，农夫们控制了休闲地，并且在秋播临近时开始分配这些土地。布尔什维克支部决定检查地主的谷仓，准备把储存的粮食运到挨饿的中心城市去。支部的决定得到了执行，因为它与农民的情绪是一致的。契涅诺夫把布尔什维克的文件随身带到了家乡，这是在他回来之前还没有人见过的。“当地的知识分子和社会革命党人散布谣言，说我带了很多德国黄金来收买农民。”同样的进程以不同的规模发展起来了。乡里也有自己的米留科夫，自己的克伦斯基，当然也有自己的列宁。

斯摩棱斯克省开过农民代表大会以后，社会革命党人的影响增强了，正如人们所预料的那样，代表大会赞成把土地交给人民。农民整个地接受了这个决定，但是与领导人不同，他们是认真接受



438 的。从此，农村的社会革命党党员人数不断在增加。一位地方工作人员说：“无论在哪次代表大会上，一个人只要在社会革命党党团待过，他便或者自认为是社会革命党员，或者准社会革命党员……”县城里驻扎着两个团，它们同样处在社会革命党的影响之下。各乡土地委员会都开始耕种地主的土地，收割他们牧场上的草料。省特派委员、社会革命党人叶菲莫夫发布了许多严厉的命令。各村普遍感到莫名其妙，不正是这位特派委员在省里的代表大会上亲口说过，现在由农民自己掌权，只有耕种土地的人才能拥有土地吗？不过事实终归是事实。仅仅在一个县，遵照社会革命党人特派委员叶菲莫夫的命令，最近几个月 17 个乡当中就有 16 个乡的土地委员会因为侵占地主土地而被送交法庭审判。于是，民

粹主义知识分子与人民的罗曼史就这样以独特的形式临近了尾声。全县的布尔什维克不会多于三四个人。但是，他们的影响在迅速增强，这影响逐渐在排挤社会革命党并令其走向分裂。

5 月月初在彼得格勒召开了全俄农民代表大会。代表的组成具有上层的与往往出人意料的性质。如果说工人和士兵的代表大会难免落后于时局的发展和群众在政治上的进化，那么由分散的农民组成的代表团离俄国农村的真实情绪到底有多远就无须多说了。最右的民粹主义知识分子一方面以农民代表的资格开展活动，同时这些人主要是通过贸易合作社或者通过回忆自己的青年时代与农民相联系的。真正的"大众"是由农村最富裕的上层人物、富农、小店主和农民合作社举办人所代表的。在这次代表大会上，社会革命党独家占了优势，而且是以自己的极端右翼分子为代表。不过有时候，他们也在其他某些代表提出的把对土地的贪得无厌和政治上的黑帮行为结合起来的主张面前吓得却步不前。对于地主土地所有制，这次代表大会形成了极其激进的共同立场："为了按劳动定额平均占有而把全部土地转为人民的共同财产，而且不付任何赎金。"当然，富农理解的平均只限于自己与地主的平等方面，无论如何也不体现在自己与雇农的平等方面。可是，民粹主义的假社会主义和农夫的土地民主主义之间的这种小小的争执目前的任务仅仅是要让它在以后的日子里暴露出来。

农业部长切尔诺夫燃起了向农民代表大会奉赠复活节红鸡蛋的热切希望，他徒劳地醉心于关于禁止土地交易的法令条文。同样被归入类似社会革命党人之列的司法部长佩列韦尔泽夫刚好在代表大会期间下达命令，要各地不要对土地交易加以任何阻挠。

农民代表为此吵闹了好一阵。不过，事情一点也没有进展。李沃夫公爵的临时政府不同意干涉地主的土地，社会主义者则不愿意干涉临时政府。而代表大会的组成成分很少能找到摆脱自己对土地的贪图和自己的反动性之间的矛盾的出路。

5月20日，列宁出席了农民代表大会。苏哈诺夫说："看来，列宁进入了鳄鱼的营垒。但是农夫们全神贯注地听他讲话，大概不是没有同感吧，只是不敢表露出来。"同样的情况在极端敌视布尔什维克的那部分士兵中重现了。苏哈诺夫跟在社会革命党和孟什维克后面，企图给列宁在土地问题上的策略赋予无政府主义色彩。这种态度与李沃夫公爵相距实在并不那么遥远，因为后者认为可以把侵害地主权利的行为视作无政府主义行为。按照这一逻
440 辑，革命整体上看来就等同于无政府状态。实际上列宁关于土地问题的提法比他的批评者提出的要深刻得多，最主要的是，消灭地主土地所有制的土地革命机关应该是农民代表苏维埃及其所辖的土地委员会。在列宁心目中，苏维埃是明天的国家政权机关，同时也恰恰是最集中的革命专政。无论如何，这都不是要实行无政府主义，也就是说与无人掌管政权的理论和实践毫不相干。列宁在4月28日说过："我们则主张尽量有组织地立即把土地交给农民。我们绝对反对无政府主义地夺取土地。"我们为什么不同意等到立宪会议召开呢？"对我们来说，重要的是革命创举，而法律则应该是它的结果。如果你们等待制定法律而自己不去发挥革命劲头，那么，你们将既得不到法律，也得不到土地。"(《列宁全集》中文第二版第29卷，第412页)这几句简单明了的话难道不是所有革命的共同声音吗？

开了一个月会以后，农民代表大会选举产生了作为常设机构的执行委员会，委员会由两百名粗矮结实的乡村小资产者与教授及商贩类型的民粹主义者组成，大会用一些装门面的上层人物如布列什柯夫斯卡娅、柴可夫斯基、维拉·菲格纳、克伦斯基来掩饰上述那伙人。社会革命党人阿夫克先季耶夫当选为执行委员会主席，他是为省里举行宴会而不是为开展农民战争而树立起名声的。

从此，最重要的问题概由工人士兵和农民两个苏维埃执行委员会举行联席会议来审查。这种结合就等于大大巩固了与立宪民主党直接相连的右翼的地位。在需要压制工人、抨击布尔什维克以及用马鞭与蝎尾鞭威吓“独立的喀琅施塔得共和国”等场合，农
民苏维埃执行委员会的两百双手更准确地说是两百对拳头就会高 441
高举起，像一堵墙一样。这些人完全同意米留科夫关于必须“消灭”布尔什维克的主张，但是他们关于地主土地的看法是农夫的而不是自由主义的。这种情绪于是又使他们与资产阶级和临时政府处于对立状态。

可是，农民代表大会还没来得及散会，各种申诉就纷至沓来，它们称由于大会的决议在各地得到了认真贯彻，因此导致了剥夺地主的土地和财产的行为。口头与实际之间的差别，无论你怎么开导也根本不可能为农夫固执的头脑所理解。

社会革命党人惊慌失措地攻击剥夺行为。在莫斯科 6 月月初举行的该党代表大会上，他们郑重其事地谴责了所有擅自侵夺土地的行为，强调必须等待立宪会议。然而这个决议结果不仅没有能力中止土地运动，而且也不能使之得到缓和。事情还变得异常复杂了，这是因为在社会革命党内部就有不少人确实准备同农夫

一起把反对地主的运动进行到底。同时这些左翼的社会革命党人还没有决定同党公开决裂，他们协助农夫们避开法律，或者按照自己的意愿来解释法律。

在农民运动开展得如火如荼的喀山省，左翼的社会革命党人比其他地方更早地自主行动起来了。他们的首领是卡列加耶夫，此人后来在布尔什维克与左派社会革命党联合执政时期担任苏维埃政府的农业人民委员。从5月中旬起，喀山省就开始出现了有条不紊把土地交由乡委员会支配的事件。在农民组织由一位布尔什维克领导的斯帕斯克县，采取了比上述措施更大胆的措施。省里的当局向中央控诉来自喀琅施塔得的布尔什维克所进行的土地宣传，而且有一位名叫塔玛拉的虔诚修女被他们逮捕了，理由似乎是她“发表了反对意见”。

442 沃罗涅日省特派委员6月2日发出的一份报告称：“省内各种违法和非法行为逐日频频增加，特别是在土地问题上。”在奔萨省，侵夺土地的行为变得越来越顽强了。卡卢加省一个乡土地委员会没收了修道院一半的草场。收到修道院长的申诉后，县土地委员会决定：没收整个草场。上级机构比下级显得还要激进的事情，可不是经常能见到的。奔萨省的一个女修道院院长玛丽亚为修道院地产被没收哭诉说：“地方当局无能为力。”维亚特卡省的农民查封了后来的乌克兰黑特曼[①]斯科罗帕茨基的家族地产，并且决定“在土地所有制问题解决之前”不触动林地，而地产收入上缴国库。在其他许多地方，土地委员会不仅把地租降低了五六倍，而且决定不

① 乌克兰哥萨克首领。——译者

把它们交给地主，而是交由土地委员会支配，直到召开立宪会议解决为止。这里把无法预定的土地改革问题推到立宪会议的提法，不是律师的提法，而是农夫的提法，也是严肃认真的提法。在萨拉托夫省，农民昨天还刚刚才禁止地主砍伐森林，今天他们自己就开始砍伐起来了。农民越来越常见地夺取教会和修道院的土地，特别是在地主很少的地方。利夫兰的拉脱维亚雇农和拉脱维亚营的士兵一起开始有步骤地夺占贵族的地产。

维捷布斯克省的林木企业家大声疾呼，称土地委员会的措施正在破坏森林工业，并且妨害向前线提供军需。同样令波尔塔瓦省无私的爱国主义者地主感到悲伤的是，土地陷入混乱状态使他们不可能为军队运送粮食。最后，在莫斯科举行的马场主代表大会警告说，农民的夺地行为有导致给本国骑兵造成巨大灾难的危 443
险。就在那个时候，正教院总检察官（正是他本人曾把这个最神圣机构的成员称作“白痴和恶棍”）向政府抱怨说，喀山省的农民不仅夺走了修道士的土地和牲畜，而且抢走了做圣餐饼所必需的面粉。在距离首都一步之遥的彼得格勒省，农民把承租人从庄园赶走，开始自己经营起来。6 月 2 日，十分警觉的乌鲁索夫公爵再次向各有关方面发电报：“且不说我已经提出过一系列要求……等等，等等。我再次请你们采取最坚决的措施。”公爵只是忘记说到底要采取什么措施。

正当大家都在开展铲除中世纪和农奴制度最深刻根源的伟大工作的时候，农业部长切尔诺夫却在自己的办公室为立宪会议的召开搜集资料。他打算进行的改革不是别的，而是根据土地以及其他所有统计出的最准确的资料，因而用最动听的声音劝说农民

等到他的练习做完为止。但这并不妨碍地主在这位农夫部长填满他自己神圣的表格之前很久就把他从部长宝座上扔下来。

*　　*　　*

根据临时政府的档案，一些年轻的研究者统计出，3 月份土地运动仅仅在 34 个县显示出或大或小的力量，4 月份运动已经扩展到 174 个县，5 月——236 个县，6 月——280 个县，7 月——达到 325 个县。不过，这些数据并没有充分反映运动的实际增长情况，因为在每个县斗争的规模都在逐月迅速扩大，而且具有越来越顽强的性质。

在 3—6 月的这第一阶段，绝大多数的农民还没有对地主采取
444 直接暴力和公开夺占土地。主持前面提及的研究的雅科夫列夫现在担任苏联农业人民委员，他用农民对资产阶级的轻信来解释他们比较和平的策略。必须指出，这种解释的理由是不充分的。李沃夫公爵的政府无论如何都不能赢得农民的信任，至于农夫对城市、当局以及有教养的上流社会固有的怀疑态度就无须多说了。如果说在第一阶段，农民还几乎没有采取公开的暴力措施，而是极力给自己的行动赋予合法或基本合法的施压形式，那么这种现象恰好可以用在对自身的力量缺乏信心的同时，农民对政府的不信任来加以解释。农民还仅仅是在振作精神，试探立足的土地，测算敌人的抵抗程度，他们一边向地主全面施加压力，一边说：“我们不想抢劫，我们想尽量做好一切事情。”他们没有把草场的所有权据为己有，但是在草场收割干草。他们强行租种土地，同时自己制定地租标准，或者按照他们规定的价格同样强行“购买”土地。所有这些合法的掩护很难说服地主以及自由主义法学家，它们实际上

是因对临时政府隐秘却又深刻的不信任而造成的。农夫暗自说，最好别乱动，采用强暴是危险的，需要试用一下巧妙的办法。他们认定要在地主自己同意的情况下去剥夺后者。

雅科夫列夫坚持认为：“在全部这几个月期间，完全占优势的是历史上从来未见过的对地主进行‘和平’斗争的独特方式，这些地主从农民对资产阶级和资产阶级政府的信任中得出了自己的结论。”此处解释为历史上从未见过的那些方式对普天之下农民战争的最初阶段而言，实际上就是人人都应遵从的典型的必然方式。在每个革命阶级为了割断把自己和旧社会联系起来的脐带而积聚起足够的力量和自信之前，用宗教或世俗的合法性来掩盖自己最 445 初的反叛行为的意图历来能说明该阶级斗争的性质。——这一点在比其他任何阶级更大的程度上与农民相关，因为即使在自己的最佳时期，农民也只能在半黑暗中前进，并且用不信任的目光观望自己的城里朋友，他们这样做是有道理的。自由主义和激进主义资产阶级的代理人是土地运动在其初期的朋友。可是在庇护农民部分追求的同时，这些朋友对资产阶级私有制感到担忧，因此他们竭尽全力以求把农民的反抗纳入资产阶级的合法轨道。

另外一些因素在革命前很久就在同一个方向起作用了。在贵族自身内部，宣扬和解的人活跃起来了。列夫·托尔斯泰比任何一个人都更加深刻地看透农夫的内心。他的用非暴力抵抗恶行的哲学是农民革命的初期总结。托尔斯泰幻想一切事情都在“没有掠夺，相互协商一致”的基础上发生。他给这种策略打了一个宗教基础，即净化了的基督教的基础。现在，莫罕达斯·甘地在印度执行同样的使命，只不过是在比较实际的形式下执行。如果我们离开当代回到遥远的过去，那么我们就会毫无困难地从圣经时代和更早的时候开始，找到似乎就是那个藏在形形色色的宗教、民族、哲学和政治外壳里的“历史上从未见过的”现象。

1917 年农民反抗的特征只有在自称为社会主义者，而且是革命者的人作为资产阶级法律制度的代理人登台表演时才会反映出来。但是他们并不决定农民运动的性质及其节奏。农民跟随社会
446 革命党人，是以他们从后者那里获取镇压地主的现成公式为前提的。与此同时，社会革命党人却为地主提供了法律的掩护。须知这是先前的司法部长、后来的陆海军部长克伦斯基以及农业部长切尔诺夫的党。县里和乡里的社会革命党人把地主和自由主义者的抗拒解释为延误颁布必要法令的原因，并且使农民相信，政府里“我们的人”正在竭尽全力去争取。对此，农夫当然不能表示任何反对意见了。可是，他绝对不会产生糊里糊涂的轻信，他认为身在下层的“我们的人”的帮助是必不可少的。他是如此十分认真地对待这件事，以致上层“我们的人”全部关节很快就开始噼啪作响了。

布尔什维克对农民影响薄弱是暂时的，它是由于布尔什维克不苟同农民的幻想而造成的。只有通过尝试和失望以后，农村才能向布尔什维克靠拢。在土地问题就如在其他问题上一样，布尔什维克的力量就在于他们不是言行不一的。

普通的社会学观点不能容许主观断定，农民还能否作为一个整体起来反对地主。在两次革命之间的时期，农村经济中资本主义趋势的加强，殷实的农场主阶层从原始村社分离出来，富裕和有钱的农民领导的农村合作社飞速增长——这一切还不能很有把握预言，农民与贵族之间的等级—土地矛盾或者农民自身内部的阶

级矛盾，这两种趋势中究竟是哪一种在革命中占了上风。

回国的时候，列宁在这个问题上持一种非常谨慎的态度。4月14日他说过：“土地问题还只是一种预测，而不是事实……应当有所准备，农民可能……去同资产阶级联合。”（《列宁全集》中文第二版第29卷，第237—238页）这不是偶然失言流露出来的想
法。相反，列宁坚持用各种论据来反复说明这一思想。4月24日， 447
他在党的代表会议上发言，在反对那些指责他对农民估计过低的“老布尔什维克”时说道：“无产阶级政党现在不能把希望寄托在同农民的利益的一致上。我们在努力把农民争取到我们方面来，但是，他们在一定的程度上还是自觉地站在资本家方面。”（《列宁全集》中文第二版第29卷，第348页）顺便指出，这表明列宁与那些篡改者后来附加于他身上的无产阶级和农民的利益永远一致的理论相距是多么遥远。列宁认为，以一个整体阶层来行动的农民成为革命因素是可能的，不过他在4月准备面对最坏的情况也就是准备面对地主、资产阶级与广大农民阶层的牢固联盟。他说：“要现在就把农夫争取过来，那等于乞求米留科夫开恩。”（《列宁全集》中文第二版第29卷，第360页）由此他得出如下结论：“应把重点移到雇农代表苏维埃。”（《列宁全集》中文第二版第29卷，第108页）

可是想不到一种最好的前景实现了。土地运动从预想变成了事实，它在短时间内以巨大的威力显示出各阶层农民之间的联系对资本主义不可调和的矛盾所拥有的优势。雇农代表苏维埃仅仅在为数不多的地方主要是波罗的海沿岸具有真正的意义。不过土地委员会演变成了农民，所有用自己的沉重压力把它们从调解机构变为土地革命工具的农民的机关。

农民整体上再一次（在其历史上是最后一次）能够作为革命因素来行动，无论农村资本主义关系的薄弱，还是它们的力量都通过这一事实同时得到了证实。资本主义经济还远没有成功地消解中世纪奴役性的土地关系。与此同时，资本主义发展走得如此之远，以致陈旧的土地所有制形式对于农村所有阶层都成了同样无法接
448 受的。往往是故意暗中造成的地主领地和农民份地相互交织（其目的是为了把地主权利变成全村社的陷阱）；无以复加的农村耕地的犬牙交错现象；最后还有土地村社与个人田庄主之间出现的新对抗——所有这一切加在一起造成了土地关系令人无法忍受的混乱状况，这是不能通过局部的立法措施就可以摆脱的。因此对于这一点，农民的感触比各位土地理论家都深，祖祖辈辈不断变化的生活经验使他们大家得出相同的结论：必须取消通过继承和购买得到的土地权利，清除一切地界标志，把这些肃清了历史陈迹的土地转交给耕种它的人。农夫箴言的含义是这样的：土地不是任何一个人的，土地是上帝的。农民就是用这样的精神来解释社会革命党的土地社会化纲领的。与民粹主义的理论相反，这里没有什么社会主义的成分。最勇敢的土地革命就其自身而言还没有超越资产阶级制度的界限。看上去要保障每一个劳动者"土地权利"的社会化，在保留无限制市场关系的条件下乃是明显的乌托邦。孟什维主义从自由主义资产阶级的视角批判了这种乌托邦。相反，布尔什维主义发掘了这种进步的民主倾向，该倾向本身在社会革命党的理论中得到了乌托邦式的反映。发掘俄国土地问题的历史含义构成了列宁最伟大的功绩之一。

米留科夫写到，在他这位"社会学家和俄国历史进化的研究

者"即高瞻远瞩的人看来,"列宁和托洛茨基领导的运动接近普加乔夫、拉津和博洛特尼科夫的程度,即接近18世纪和17世纪我国历史的程度要远远超过接近欧洲无政府工团主义最新发展的程度。"包含在这位自由主义社会学家这一论断中的部分真理——如 449
果撇开不知为什么拉扯进来的"无政府工团主义"不论的话——针对的不是布尔什维克,而实在多半是针对俄国资产阶级及其发展滞后特性和政治上的无足轻重地位的。不能把过去时代的大规模农民运动没有导致俄国社会关系的民主化——没有城市的领导这是无法实现的!——归罪于布尔什维克,就像不能把1861年通过窃尽村社土地,通过国家奴役农民和完整保留等级制度来实行所谓农民解放归罪于布尔什维克一样。但有一点是不会错的,在20世纪头25年,布尔什维克不得不接着做完17世纪、18世纪和19世纪没有做完或者根本没有去做的事情。在开始自己本身的重大任务之前,布尔什维克不得不要将土壤中旧政治阶级和旧时代留下的历史厩肥清理干净,而且无论在什么情况下,布尔什维克都在十分认真地完成这个附加的任务。就连米留科夫现在也大概不至于执意否认这一点吧。

450 # 第二十一章　群众的进展

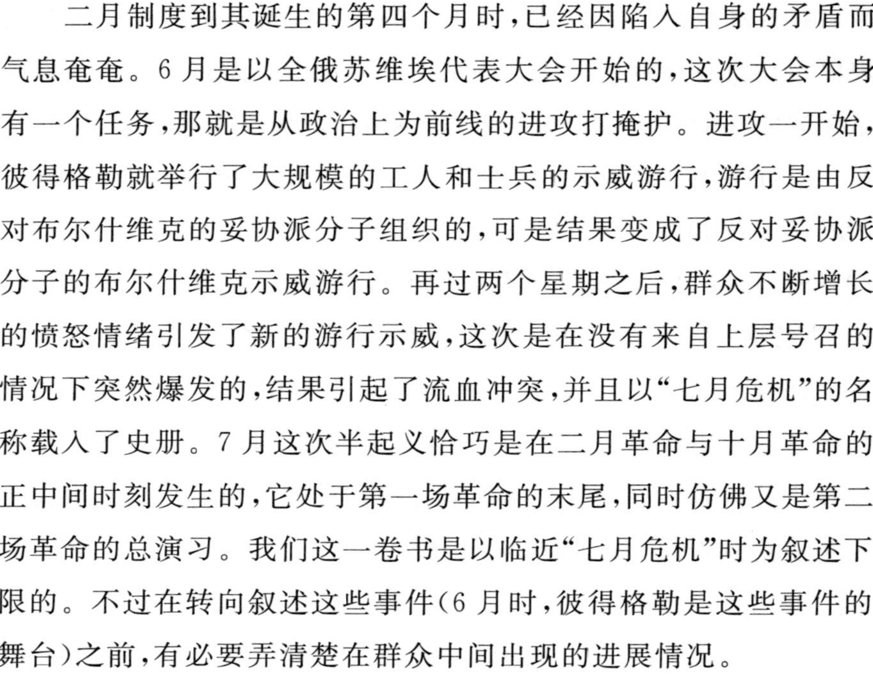

二月制度到其诞生的第四个月时，已经因陷入自身的矛盾而气息奄奄。6 月是以全俄苏维埃代表大会开始的，这次大会本身有一个任务，那就是从政治上为前线的进攻打掩护。进攻一开始，彼得格勒就举行了大规模的工人和士兵的示威游行，游行是由反对布尔什维克的妥协派分子组织的，可是结果变成了反对妥协派分子的布尔什维克示威游行。再过两个星期之后，群众不断增长的愤怒情绪引发了新的游行示威，这次是在没有来自上层号召的情况下突然爆发的，结果引起了流血冲突，并且以“七月危机”的名称载入了史册。7 月这次半起义恰巧是在二月革命与十月革命的正中间时刻发生的，它处于第一场革命的末尾，同时仿佛又是第二场革命的总演习。我们这一卷书是以临近“七月危机”时为叙述下限的。不过在转向叙述这些事件(6 月时，彼得格勒是这些事件的舞台)之前，有必要弄清楚在群众中间出现的进展情况。

5 月初的时候，一位自由主义者曾经断言，政府愈往左转，国家就会愈往右转，列宁驳斥他说：“公民，我肯定地对你说，工人和贫苦农民的‘国家’要比切尔诺夫之流和策烈铁里之流左倾 1000 倍，要比我们左倾 100 倍。往后你们就会看到的。”(《列宁全集》中文第二版第 30 卷，第 32 页)列宁认为工人和农民比布尔什维克“左

100倍”。这至少看起来是没有根据的:因为工人和士兵仍在支持妥协派分子,他们的大多数仍在提防着布尔什维克。可是,列宁发掘得更深。群众的社会利益,他们的仇恨和他们的希望只不过在寻找其自身的反映方式,妥协态度是它们的第一个阶段。群众要 451
比切尔诺夫和策烈铁里左得无可比拟,可是他们还没有意识到自己的激进主义。列宁说群众比布尔什维克要左,他说对了,因为党内绝大多数人还没有认识到已经觉醒了的人民内心沸腾起来的革命激情的巨大威力。群众的愤怒情绪是靠战争久拖不决、经济濒临崩溃和政府存心无所作为激发起来的。

辽阔无垠的欧亚大平原只是因为有了铁路才连成为一个国家的。战争给铁路带来了空前沉重的负担。运输陷入越来越混乱的状态。在有些线路上,损坏待修的机车数量占到了50%。一批很有学问的工程师在大本营讲解的报告显示,最迟半年以后铁路运输将会陷入全面瘫痪境地。在这类估计当中,确有不少故意散布的惊慌失措情绪。不过运输业的破败确实达到了非常严重的程度。许多条铁路都出现了堵塞,加剧了商品交换的混乱,从而促使物价飞涨起来。

城市的粮食供应状况变得越来越恶化了。土地运动在43个省顺利地形成了自己的中心。军队和城市的面包供应缩减到了危险的地步。在国家最丰饶的产粮区固然还有数以千百万普特计的剩余粮食,可是按照国家价格开展的采购活动得到的结果是极其不能令人满意的,而且已经采购到的粮食也很难通过濒于崩溃的运输系统运到中心地区。从1916年秋季开始,平均大约只有一半预定的粮食货运量运到了前线。运到彼得格勒和莫斯科以及其他工业中心的数量没有超过它们所需总量的10%。几乎没有什么粮食储备,城市民众的生活水平在半饥半饱和完全挨饿之间摇摆。
452 联合政府的出现则以不准烤制白面包的民主制禁令而闻名。从此以后,这种状况一直持续了好几年,直到小小的“法式白面包”重新出现在首都为止。黄油也很缺乏。6月间,在全国范围内食糖的需求也有固定的标准限制。

被战争拖垮的市场机制没有为国家调节所替代,而先进资本主义国家被迫实行了这种调节,也只因实行了这种调节,才让德国在四年战争时间内得以支持下来。

经济崩溃的强烈征兆在每一个环节都显露出来了。导致工厂生产衰退的原因除了交通运输遭到破坏以外,还有设备的破损,原料和辅助材料的短缺,人员的大规模流动,不正常的资金拨付,最后还有普遍的丧失信心。最主要的企业还是按照老一套为战争工作。订货要到两三年后才能分配到位。同时工人也不愿相信战争还将延续下去。报纸登出了不可思议的军火工业利润数字。生活费用越来越昂贵,工人等待发生变化,工厂的技术和管理人员结成联盟并且提出了自己的要求。在这班人当中,大多数是孟什维克和社会革命党人。工厂的制度遭到了破坏。所有的纽带都松弛了。战争和经济的前景都变得暗淡渺茫了;所有权也变得不可靠了;利润减少了,危险增加了。在革命环境里,工厂主失去了生产的兴趣,资产阶级整体走上了经济失败主义的道路。在资产阶级心目中,由于经济瘫痪造成的暂时损失和亏空就是与威胁“文明”基础的革命进行的斗争所付出的额外开支。与此同时,充满着善
453 意的报刊日复一日地指责工人暗中恶意破坏工业生产,不断偷窃

原材料，为了造成停工停产，把燃料白白地烧掉。这种指责的欺骗性越过了一切界限，既然这是实际上领导联合政府的那个政党的报刊，那么工人的愤怒便自然而然地转移到临时政府身上去了。

工业家没有忘记1905年革命的经验，当时在政府的积极支持下切实组织起来的同盟歇业不仅破坏了工人为争取八小时工作日的斗争，而且在粉碎革命事业方面为专制君主制度提供了极为宝贵的帮助。这一次关于同盟歇业的问题被提交给工业家和商人代表大会理事会（它被并无恶意地称为托拉斯化和辛迪加化资本的战斗机关）进行讨论。工业界领袖之一、工程师奥尔巴赫后来在自己的回忆录中解释了同盟歇业的主意被放弃的原因：“假如这样做，好像能视为对军队后方的打击，在缺乏政府支持的条件下采取这种步骤的后果在大多数人看来是十分悲观的。”全部不幸都是由于没有一个“真实的”政权。临时政府被苏维埃弄得动弹不得；明白事理的苏维埃领袖则被群众弄得动弹不得；工厂的工人已经武装起来了；此外，几乎每一个工厂都与一个友好的驻军团或营与之相邻。在这样的条件下，工业家先生们觉得同盟歇业似乎“会引起国民产生反感”。然而他们根本没有放弃攻势，只不过在赋予这种攻势不是一次性而是渐进的性质使之与形势相适应而已。用奥尔巴赫的外交辞令来说，就是工业家“最终会得出如下结论：直观教学将由生活本身提供；通过不可避免和逐步渐进地关闭工厂，这样说吧，一个一个地关门——那很快就开始看得见效果了”。换句话说，在放弃了连带着如此“重大责任”的示威性同盟歇业以后，工业联合委员会劝告自己的成员找到恰当的借口，逐个逐个地关闭 454
企业。

渐进的同盟歇业计划非常有条不紊地得到了实行。像以前维特内阁的大臣、立宪民主党人库特列尔之类的资本头面人物读到了有关工业崩溃情况的令人印象深刻的报告，并且认为罪责不在三年的战争，而在三个月的革命。急不可耐的《言论报》预言："在未来两三个星期内，各种工厂将开始一个接一个地关门停产。"在这里，威胁被套上了预言的外衣。工程师、教授、新闻记者在各种专业和普通的报刊上掀起了把控制工人作为挽救危局的办法展示出来的一场运动。身为工业家的部长科诺瓦洛夫于5月17日即他本人示威性地退出临时政府前一天宣称："如果受蒙蔽的头脑最近期间还不能醒悟过来，……那么我们就将成为数以百计的企业停产的见证人。"

6月中旬，商人和工业家代表大会要求临时政府"与加强革命的制度彻底决裂"。我们早已从将军们那里听到了这样的要求："请暂停革命吧！"不过，工业家把问题说得更加明确："祸根不仅藏在布尔什维克中间，而且藏在各社会主义政党中间。只有靠强硬的钢铁手腕才能拯救俄罗斯。"



政治环境准备就绪以后，工业家便从言论转向了行动。在3月和4月期间，一共关闭了雇有9000工人的129家小型企业；5月关闭了108家企业，工人也是9000人；6月关闭的125家企业共有38000名工人；在7月份，有206家企业把48000名工人抛向街头。同盟歇业正在呈几何级数增加，可是这仅仅是开始。纺织中心莫斯科跟着彼得格勒，外省又跟着莫斯科。企业家的借口是
455 缺乏燃料、原料、辅助材料和资金。工厂委员会对事态进行了干涉，并且在许多场合完全无可辩驳地查明了旨在对工人施加压力

或者向国家勒索津贴的恶意破坏生产的事实。通过本国大使为中介开展活动的外国资本家的举止显得特别蛮横。在某些场合，这类怠工破坏是如此明目张胆，结果使得工厂委员会出面进行揭露，于是工业家不得不重新让工厂开工。这样，革命使社会矛盾一个接一个暴露出来了，它很快弄清了这些矛盾中最重要的一个——生产的社会性与生产资料个人所有制之间的矛盾。企业主为了有利于他们战胜工人而关闭工厂，就好似这事情只牵涉到他的烟盒，而不是牵涉到对于国民生活必不可少的企业。

有效抵制了自由公债的银行占据了反对国库侵占大资本的战斗阵地。在写给财政部长的一封信中，银行家们“预先告知”，在实行激进财政改革的情况下，资本将会流向国外，证券也会锁进保险箱。换句话说，爱国主义银行家威胁采用财政方面的同盟歇业来补充工业方面的同盟歇业。临时政府赶紧表示低头：须知这些怠工破坏的组织者是由于战争和革命而不得不冒着失去资本的危险的殷实人物，而不是任何一个喀琅施塔得水兵那样的除了自己的头颅以外，不怕失去一切的人。

苏维埃执行委员会不可能不明白，在群众心目中，国家经济命运的责任落到了掌权的苏维埃多数身上，特别是在社会主义者公开归附了当局以后。执行委员会经济管理局为国家调节经济生活拟定了内容广泛的纲领。在形势危急的压力下，非常温和的经济学家提出的建议也显得比建议的作者本人激进得多。纲领写道：456
“对于许多工业部门（如面包、面粉、食盐、皮革）而言，国家的贸易垄断时机已经成熟。对于另外一些工业部门（如煤炭、石油、金属、食糖、造纸）而言，建立国家控制的托拉斯的条件完全成熟了。最

后，对于几乎所有工业部门而言，现时的条件要求国家以调节手段参与原料的分配、产品的生产以及价格的制定……与此同时，必须建立对所有信贷机构的监督……”

5 月 16 日，在政治领袖处于惊慌失措的情况下，执行委员会几乎没有经过讨论就采纳了自己的经济学家的建议，并且在建议书上对临时政府附加了一段特别的警告：它必须承担“系统组织国民经济和劳动的任务”。同时请它记住，假如因没有执行这个任务，“旧体制一旦垮台，那临时政府就应当进行改组”。为了鼓起勇气，妥协主义者在自己吓唬自己。

列宁写道：“这个纲领是宏伟的。又是监督，又是托拉斯国家化，又是制止投机活动，又是实行劳动义务制……对于‘可怕的’布尔什维主义的纲领不得不承认，因为其他的纲领不能使我们摆脱真正危险、真正可怕的崩溃。”（《列宁全集》中文第二版第 30 卷，第 75 页）不过，全部问题就在于谁来执行这个宏伟的纲领？难道是联合政府吗？答案马上就出来了。执行委员会采纳这个经济纲领后才过一天，随着大门砰的一响，主管贸易和工业的部长科诺瓦洛夫就辞职了。临时接替他的是工程师帕利钦斯基，他至少是一个忠实的、不过也是更有能力的大资本代表者。社会主义部长甚至不敢向自己的自由主义同事郑重推荐执行委员会的纲领。要知道切尔诺夫正在精心打算通过临时政府来实行禁止土地交易呢！

457 作为对日益加重的困难的回应，临时政府自己提出了给彼得格勒减轻负担的计划，也就是把大批工厂迁移到国家腹地去。制定这个计划的理由既有军事上的考虑，那就是存在着德国人攻占首都的危险；也有经济上的考虑，那就是彼得格勒距离燃料和原料产地太远了。减轻负担就意味着彼得格勒的工业在数月到数年之间消失殆尽。其政治目的就是要把工人阶级的先锋队伍分散到全国各地去，与此相平行，军事当局为了把革命部队调离彼得格勒，提出了一个又一个借口。

帕利钦斯基竭尽全力，力求使苏维埃的工人代表相信减轻负担计划的优越性。违背工人的意愿是不能实现这个任务的，可工人又不同意这样做。于是减轻负担的计划同样没有什么进展，就像调节工业的计划一样。经济崩溃在不断加深，而物价却在不断上涨，不事声张的同盟歇业也在不断扩展，与这些相伴而来的就是失业。临时政府还在原地踏步。米留科夫后来写道："部长们只是随波逐流，而水流进入了布尔什维克的河道。"说对了，水流进入了布尔什维克的河道。

无产阶级是革命的主要推动力量。与此同时，革命也造就了无产阶级，而这又是它十分需要的。

我们看到了彼得格勒工人在2月期间所起的决定性作用。布尔什维克采取了最富战斗性的立场。可是在革命以后，他们马上闪开，挪到不知何处的幕后去了。妥协主义政党占据了政治前台。他们把政权交给了自由派资产阶级，爱国主义是联合的旗帜。爱国主义的压力进逼是如此强大有力，竟然使得布尔什维克领导层 458
至少有一半人向它屈膝投降了。随着列宁的回国，党的方针发生了急剧转变，与之相伴的是党的影响迅速增强。在四月武装示威期间，工人和士兵的先进队伍已经在试图砸碎妥协主义的枷锁。但是在第一次努力过后就后退了。妥协主义者仍然执掌着权柄。

后来也就是在十月革命以后，围绕布尔什维克应该把自己的胜利归功于因战争而疲惫不堪的农民军队这个题目写出了不少论著。这是十分肤浅的解释。相反的论断更加接近真理：如果说妥协主义者在二月革命中取得了统治地位，那么他们首先得感谢农民军队在国家生活中所占有的特殊地位。假如革命在和平年代开展起来，那么无产阶级的领导作用一开始就会得到更加鲜明得多的反映。没有战争，革命的胜利就要推迟。即使不把战争造成的牺牲计算在内，革命也付出了相当高昂的代价。但是它也没有为妥协主义和爱国主义情绪泛滥留下余地。无论如何，在事件发生之前很早就曾预言无产阶级要在资产阶级革命发展过程中夺取政权的俄国马克思主义者依据的不是农民军队的暂时情绪，而是俄国社会的阶级结构。这个预见完全得到了证实。但是，经历了战争以后，各阶级之间基本的相互关系有所变化，迫于军队亦即脱离了生产劳动并且武装起来了的农民组织的压力发生了暂时的位置移动。正是这种人为造成的社会结构极其有力地巩固了小资产阶级妥协主义的地位，并且为它进行使国家和革命遭到削弱的为期八个月的试验提供了可能。



然而，妥协主义根源的问题并不仅仅限于农民军队。必须在
459 无产阶级本身、它的成分以及政治水平方面寻找孟什维克和社会革命党暂时得志的补充原因。战争给工人阶级的成分与情绪带来了巨大的变化。如果说以前的年代是革命激浪汹涌澎湃的时期，那么战争使这一进程猝然停止下来了。动员不仅是从军事的，而且首先是从警察的视角考虑和开展的。政府急忙把工人中最活跃和不安分的阶层从工人区清除出去。战争头几个月的动员便从工

业领域抽走了40%的工人，而且主要是熟练工人，这可以认为是已经查明了的事实。缺乏工人的后果在生产过程中十分严重地暴露出来了。结果军火工业带来的利润越来越高，可是工业家的抗议也越来越强烈。于是对工人骨干进一步摧残的情况暂时中止了。工业所必须的工人仍然是有兵役义务的人。填补动员造成的缺口的是农村来的人、小市民、非熟练工、妇女和未成年人。从事工业生产的妇女的比例从32%提高到了40%。

无产阶级的更新和稀释过程正是在首都发展到了极大的规模。1914—1917年战争期间，彼得格勒省雇用500名工人以上的大企业的工人数量几乎翻了一番。由于波兰特别是波罗的海沿岸军工厂遭到毁坏，更主要是由于军事工业的普遍增长，结果到1917年时，彼得格勒的工厂里集中了大约40万工人，其中33.5万人集中在140座特大型工厂里。彼得格勒无产阶级中最富战斗精神的人员在前线对于军队革命情绪的形成起了不小的作用。但是昨天才从农村出来接替他们的人，往往是躲在工厂里逃避上前线的富裕农民和小店主，以及妇女和未成年人，他们当然 460
要比骨干工人顺从得多。对此还必须补充说明一点，处于负有服兵役义务状态的熟练工人——这样的人数以十万计——由于担心被抛到前线去而显得极其小心谨慎。这便是早在沙皇统治时期就笼罩着部分工人的爱国主义情绪的社会基础。

不过，这种爱国主义情绪是不牢固的。军警的无情压制、加倍的剥削、前线的失败和经济的崩溃，这一切都推动工人起来斗争。但是战争期间的罢工多半具有经济斗争的性质，而且比较战前要温和得多。阶级的削弱又因其政党的削弱而加深了。布尔什维克杜马代表遭到逮捕和流放以后，在以前经过训练的各个层次的奸细助推下，布尔什维克组织遭到了全面破坏，因此直到二月革命爆发之前，党也没能恢复元气。在 1917 年 2 月部分经济罢工与饥饿的妇女示威能够汇合成总罢工引起军队举行起义之前的 1915—1916 年期间，被稀释的工人阶级必须要经过最基本的斗争教育。

彼得格勒无产阶级投入二月革命的情况是这样的，它不仅是带着还没有来得及融合起来的各种极其不同的成分，而且是带着较低的政治水平投入革命的，即使它自己最先进的阶层也是如此。外省的情况显得更糟一些。正是这种由战争造成的无产阶级在政治上无知和半无知的毛病复发为妥协主义政党的暂时得势创造了第二个条件。

革命教育了人，而且是迅速地教育，它的力量也就在这里。每一个星期都给群众带来了新东西，每两个月就形成了一个阶段。
461 2 月月底爆发了起义；4 月月底是武装的工人和士兵在彼得格勒发动示威；7 月月初，在更坚决的口号下发动了范围要广泛得多的新示威；8 月月底，科尔尼洛夫的政变尝试被群众击溃了；10 月月底布尔什维克夺取了政权。在时局这种惊人准确的节奏中，出现了把工人阶级各个不同部分团结成一个政治共同体的发生在微观层次的深刻进程。而且，在这方面起决定性作用的依旧还是罢工。

在革命头几个星期，被击中了军火利润盛宴的革命惊雷吓坏了的工业家对工人做出了让步。彼得格勒的工厂主甚至同意实行八小时工作制，不过带有保留条件，要打折扣。但是这不会带来平静，因为生活水平不断下降。5 月，苏维埃执行委员会不得不确认，在物价不断上涨的情况下，许多行业工人的处境“与经常挨饿相差无几”。工人区的情绪变得越来越暴躁和紧张。最令人苦恼的是让人感到没有前途。群众能经受最严重的匮乏，只要知道它是因何而起就行。然而新制度在他们面前越来越展现出，它是群众 2 月起来反对的旧制度的假面具。这是他们不愿忍受的。

在最落后和受剥削最沉重的工人阶层当中，罢工显出特别激烈的性质。整个 6 月期间，洗衣工、染色工、桶匠、工商业服务人员、建筑工、青铜匠、油漆工、粗杂工、皮靴匠、纸板工、灌肠工、木匠，一个接一个行业罢工了。相反，金属工人却开始起稳定作用。先进工人越来越清楚，战争条件下局部的经济罢工不可能使经济崩溃和通货膨胀出现切实改观，因此需要对最基本的东西做出某些改进。同盟歇业不仅使工人易于接受对工业实施监督的要求，462
而且使他们产生了有必要把工厂交由国家管理的想法。上面这样的结论越来越自然地得出来了，因为大多数私营工厂是在为战争而生产，而且与它们并存的还有同样类型的国有企业。1917 年夏季，就已经有俄国各地的工人和职员代表团开始出现在首都，它们请求给工厂宣判死刑，因为股东们不再拨付经费了。但是，政府对这样的要求充耳不闻，因此必须更换政府。妥协主义者反对这样做，工人于是把战线转过来反对妥协主义者。

拥有 4 万名工人的普梯洛夫工厂在革命最初几个月看起来像是社会革命党的堡垒。可是，这堡垒的守卫队对布尔什维克的抵御并没有维持多久。在进攻者的前列，往往可以看到沃洛达尔斯基的身影。沃洛达尔斯基是犹太人，以前当过裁缝，他在美国待过不少年头，熟练地掌握了英语。他是一位优秀的大众演说家，逻辑性强，机智又果断。在数千人的集会上，美国口音使得他那听起来

很清晰的响亮嗓子特别富有感染力。工人米尼切夫说:“从他出现在纳尔瓦区那一刻起,普梯洛夫工厂的社会革命党先生们脚下的土地就开始摇晃起来了,结果不过两个月时光,普梯洛夫的工人就跟着布尔什维克走了。”

罢工和一般阶级斗争的增长几乎自动地增强了布尔什维克的影响。在事关切身利益的所有场合,工人都确信布尔什维克没有别的用意,他们什么都不隐瞒,他们是可以信赖的。在爆发冲突的时候,所有工人包括无党派的、社会革命党的、孟什维克的工人都倾向布尔什维克。上述变化可以解释下面这样的事实:为本厂的
463 生存而与管理机关及所有者的怠工进行斗争的工厂委员会转向布尔什维克一边要比苏维埃早得多。在6月月初举行的彼得格勒及其四郊的工厂委员会代表会议上,421名代表中的335人投票赞成布尔什维克的决议。这个事实根本没有为大报所注意。然而它意味着暂时还没有与妥协派分子决裂的彼得格勒无产阶级,在经济生活的基本问题上,事实上站到了布尔什维克一边。

在工会6月代表会议上调查清楚彼得格勒有50多个工会组织,拥有不少于25万名的会员。其中大约有10万名工人的金属工会5月一个月期间,成员人数就增加了一倍。布尔什维克在各工会当中的影响则增长得还要快一些。

所有苏维埃的部分改选都给布尔什维克带来了胜利。到6月1日,莫斯科苏维埃已经有了206名布尔什维克,而孟什维克只有172名,社会革命党人只有110名。外省也出现了同样的变动,只不过要慢一些。党员的人数也在持续上升。4月底彼得格勒党组织大约有15000名党员,到6月底就超过了32000人。

到这时，彼得格勒苏维埃工人部中布尔什维克已经占了多数。但是在两部联席会议上，士兵代表的人数超过了布尔什维克。《真理报》越发坚定地要求举行普遍的改选："50 万彼得格勒工人在苏维埃的代表比彼得格勒卫戍区 15 万名士兵的代表要少三倍。"

在苏维埃 6 月代表大会上，列宁要求采取重大措施，与工业家与银行家的同盟歇业、侵吞财物以及有计划地破坏经济生活的行为展开斗争。"把资本家老爷的利润公布出来吧，把 50 个或 100 个最大的百万富翁逮捕起来吧，哪怕是以软禁尼古拉·罗曼诺夫的 464
优待条件拘留他们几个星期也行，这样做无非是为了迫使他们提供各种线索，说出种种骗人的把戏、肮脏的活动、自私自利的勾当，而这些东西使我们国家甚至在新政府管理下每天也得损失千百万财富。"(《列宁全集》中文第二版第 30 卷，第 241 页)苏维埃领袖觉得列宁的建议是骇人听闻的。"难道可以借助对个别资本家的暴力来改变经济生活的法则吗?"工业家通过反对全体人民的阴谋来操纵自己的法则这样一种情况被看作是理所应当的。克伦斯基对列宁大发雷霆，几个月过去后他还在不停地逮捕数以千计在如何理解"经济生活法则"一事上与工业家有分歧的工人。

经济与政治之间的联系暴露出来了，习惯于以神秘方式行事的国家现在越来越多地在自己最简陋的形式，也就是以武装分子队伍的形式开展活动。全国各地的工人有时把本企业那些拒绝做出让步甚至拒绝开展谈判的企业主强行拘送到苏维埃，有时把他们软禁起来。如果说工人民警成了有产阶级特别仇视的对象，那是毫不奇怪的。

苏维埃执行委员会最初关于把百分之十的工人武装起来的决

定没有得到实现。但是工人毕竟顺利地部分武装起来了，而且进入民警队伍的是最活跃的分子。工人民警的领导权集中在工厂委员会手里，而工厂委员会的领导权日益转到布尔什维克手里。莫斯科“供应者”工厂的一个工人讲述道：“就在由布尔什维克占多数的新工厂委员会刚刚选举出来的 6 月 1 日，……一支数目为 80 人的队伍组建起来了，他们没有武器，在老兵列瓦科夫同志带领下用木棍进行操练。”

465 报界指责民警使用暴力，征用财产和非法拘禁。毫无疑问，民警是采用了暴力，它正是为此而建立的。不过，它的罪行就在于它对不习惯以及不愿意习惯成为暴力目标的那些阶级的代表人物使用了暴力。

6 月 23 日，在提高工资的斗争中起过领头作用的普梯洛夫工厂召开了一次有工厂委员会中央委员会、工会中央理事会和 73 个工厂的代表参加的会议。在布尔什维克的影响下，会议认为在目前条件下举行工厂罢工可能随之引发“彼得格勒工人的无组织政治斗争”，会议接着建议普梯洛夫厂的工人“节制自己合理的愤慨”以及为发动总攻积聚力量。

就在这次重要会议召开的前一天，布尔什维克党团警告执行委员会说：“有 4 万群众……可能每天都会举行罢工和上街游行。假若不是我党制止他们，他们早已经行动起来了。然而谁也不能担保，今后还能有效地劝阻住他们。而普梯洛夫工人的出动——这是无可怀疑的——势必会引起大部分工人和士兵跟随他们行动。”

执行委员会的领袖们把这样的警告视为巧言惑众！或者干脆

把它们当作耳边风，仍然守卫着自己的那份平静。他们自己几乎完全停止了参访工厂和兵营的活动，因为在工人和士兵心目中，他们已经成了很不受欢迎的人物。有一些布尔什维克享有的威信让他们能制止工人和士兵采取散漫的行动。但是，群众的不耐烦情绪有时候确实也指向了布尔什维克。

工厂和舰队出现了无政府主义者。就像一贯在重大事件和广大群众面前表现的那样，他们暴露出了自己组织方面的无能。他们更加轻率地否定国家政权，以致根本不理解苏维埃作为新型国 466
家机关的意义。不过，被革命震得晕头转向的他们对关于国家的问题多半会采取避不作答的简单态度。他们主要是在一些小的突发事件方面表现出自己的独立性。经济陷于绝境和彼得格勒工人日益增长的冷酷无情为无政府主义构筑了某些立足的阵地。他们缺乏严肃评价全国范围内力量对比的能力，情愿把下面发生的每一次震动都看作是最后得救的冲击，所以有时他们指责布尔什维克犹豫不决，甚至采取妥协主义立场。但是他们通常埋怨一通便止步了。群众对无政府主义者言行的反应有时就成了布尔什维克测量革命蒸气压力的仪器。

*　　*　　*

曾经在芬兰车站迎接过列宁的水兵，过了两个星期以后，在来自各方面的爱国主义压力下宣布："如果当时我们知道……他是经由哪条路线来到我们这里的，那么迎接他的就不会是热烈的'乌拉'欢呼，而会响起我们愤怒的吼声：'滚回你途经的那个国家去吧！'……"克里木的士兵苏维埃一个接一个威胁说，它们要用武装人员阻止列宁深入他还根本没有打算去的这个爱国主义半岛。

2月27日的功臣沃伦斯基团凭一时冲动，甚至提出要逮捕列宁，以致苏维埃执行委员会认为自己对此不得不采取措施。这类情绪直到6月进攻之前始终没有广泛传播，可是七月事件以后它们引人注目地突然复发了。与此同时，最偏远城市的卫戍部队和前线某些阵地的士兵越来越大胆地用布尔什维克主义的语言来说话
467 了，尽管他们多半还没有领会其意思。各个团队的布尔什维克都只有寥寥几个人，但是布尔什维克的口号日益深入人心。这些口号仿佛是全国各地自发地冒出来的。除了看到无知和混乱以外，自由主义观察家没有从这一切当中看出任何别的东西。《言论报》写道："我们祖国肯定正在变成一所某种形式的疯人院，在这里发挥作用和发号施令的是一群疯子，而还没有丧失理智的人胆战心惊地退到了旁边，蜷缩在墙角。"所有革命中的"温和派"都是用这样的话来丝毫不差地吐露自己的心声。妥协派报纸自我安慰说，尽管存在不少误会，士兵们还是不想结识无论什么样的布尔什维克。然而，群众中不自觉的布尔什维主义反映了形势发展的逻辑，它构成了列宁的党的不可摧毁的力量。

士兵彼雷科谈到了前线举行的选举情况，经过3天争论以后，只有社会革命党人独自当选为苏维埃代表大会代表，可是就在这时，士兵代表不顾领导人的抗议，通过了不等立宪会议召开就必须剥夺地主土地的决议。"总之，在问题对士兵变得明白易懂时，他们的情绪比极端派布尔什维克中最极端的分子还要左。"当列宁说群众"比我们左100倍"的时候，他所指的就是这种情况。

塔夫里切省某个地方一位摩托车工厂的文书讲述到，读了资产阶级报纸以后，士兵们往往会骂那些他们并不认识的布尔什维

克，接着马上就开始议论停止战争和剥夺地主土地的必要性，等等。这就是发誓不让列宁进入克里木半岛的那些爱国主义者。

后方有大量驻军，士兵也烦恼不堪。大群无所事事而又急切期望改变自己命运的人患上了神经过敏症，这症状在时刻准备上街发泄自己不满的行动中，在到处行驶的电车中，在流行的嗑瓜子
时尚中反映出来。那些身披套上披肩军大衣的、嘴唇边粘着葵瓜 468
子壳的士兵成了资产阶级报纸深恶痛绝的典型形象。有的人在战争期间被滥加奉承，无非是被人称为英雄——但这并不妨碍在前线用树枝抽打这样的英雄。而有的人是在二月革命以后被当作解放者而备受推崇的，可是他们突然都成了损人利己者、叛徒、暴徒和德国人的爪牙。爱国主义报刊归罪于俄国的士兵和水兵的那些卑劣行为实在是子虚乌有。

苏维埃执行委员会仅仅做了为自己辩白的事情：跟无政府现象做斗争，消弭突发事件，把惊慌失措的征询和训诫信件寄往各地。被认为是“无政府布尔什维克主义”巢穴的城市察里津的苏维埃主席简单明了地回答了中央就局势而发出的征询：“驻军越是往左走，居民就越是往右走。”可以把这个察里津公式扩展到全国：士兵往左走，资产者就往右走。

每一个敢于比他人更大胆地表达大家感受的士兵，往往被上司如此不依不饶地斥责为布尔什维克，以致他本人到最后也对此信以为真。士兵的想法从和平和土地问题转移到了政权问题。高喊布尔什维主义的零散口号演变成了对布尔什维克党自觉的同情。在4月打算逮捕列宁的沃伦斯基团，两个月期间情绪便发生急剧转变，已经变得对布尔什维克有利了。完全相同的现象也发

生在猎骑兵团和立陶宛团。拉脱维亚轻步兵被专制王朝征召来卖命，以便把反对利夫兰贵族的小农和雇农的仇恨用来为战争服务。上述团队作战都非常出色。但是，专制制度意欲倚靠的阶级敌对气氛为自己开辟出自己本身的道路。拉脱维亚轻步兵是最早跟君主制度决裂的力量之一，后来他们又跟妥协派分子决裂了。早在5月17日，由8个拉脱维亚团选出的代表已经几乎一致地赞成布
469 尔什维克的口号："全部政权归苏维埃。"在以后的革命过程中，他们势必还会发挥重大的作用。

一个没有留下姓名的士兵从前线写信回来说："今天，6月13日，在我们的指挥所召开了一个小型会议，大家谈起了列宁和克伦斯基，士兵们大部分支持列宁，而军官说，列宁本人就是资产者。"在进攻的惨剧发生以后，克伦斯基的名字在军队里成了切齿痛恨的对象。

6月21日，在彼得戈夫有一队士官生，手里举着写有"打倒间谍"、"克伦斯基和布鲁西洛夫万岁"的旗帜和标语牌在街上行进，士官生自己当然是支持布鲁西洛夫的。第四营的士兵驱散了示威以后向士官生发起攻击，并且把他们痛打一番。对克伦斯基表达敬意的标语引起了士兵最强烈的愤怒。

六月进攻极大地加速了军队的政治演化过程。作为唯一一个事先高声反对进攻的政党，布尔什维克的声望开始得到极为迅速的提高。布尔什维克的报纸确实难以让自己找到进入军队的通道。它的发行量与自由主义报纸以及普通的爱国主义报纸相比，也是极少的。在一封发往莫斯科的信当中，一个士兵用歪歪扭扭的字体写道："……甚至在任何地方都看不到你们一张报纸，而能

有的只是对你们的报纸散发的谣言。在这里包围我们的是免费的资产阶级报纸，它们整包整包地送到了前线。”然而正是这些爱国主义报纸让布尔什维克赢得了无可比拟的声望。这些报纸把每一次被压迫者的抗议、夺取土地、镇压令人痛恨的军官这类事件归罪于布尔什维克，士兵们由此得出结论，布尔什维克是一群公正的人。

驻第十二集团军的特派委员 7 月初向克伦斯基报告士兵的情绪说：“最终结果是把一切罪过都推到了资产阶级部长和卖身投靠资产阶级的苏维埃身上。总而言之，在人数庞大的群众中是漆黑一团。很遗憾，我必须指出，即使是最近的报纸他们也懒得读，470
他们完全不相信这些铅印字母，‘假话连篇’、‘东拉西扯蒙骗读者’……”在头几个月，爱国主义特派委员们的报告通常是为革命军队及其觉悟和纪律唱赞歌。在经历了四个月的连续失望，军队失去了对政府发言人和报纸撰稿人的信任的时候，同是这些委员在军队里发现的却是一团漆黑。

驻军越是向左倾，庸俗市民就越是向右倾。受到进攻的推动，反革命团体在彼得格勒如雨后蘑菇一样出现了。它们选择的名称一个比一个响亮：祖国荣誉协会、军人义务协会、自由营、净化灵魂组织等等。被这些富丽堂皇招牌掩盖起来的是贵族、军官、官僚和资产阶级的野心与图谋。有些这类组织如军人联盟、乔治勋章获得者协会或者志愿师是已经准备就绪的军事阴谋小团体。以情绪激昂的爱国主义者身份登台表演的“荣誉”和“灵魂”的骑士不仅叩开了盟国使馆的大门，而且有时还领到了政府的津贴，而过去某个时候临时政府曾经拒绝向苏维埃这样的“民间组织”发放津贴。

就在那个时候，报界巨头苏沃林家族一个后人发行了一份名叫《小报》的报纸，它作为“独立社会主义”组织的机关报鼓吹建立铁的独裁，并且提出海军上将高尔察克为独裁者候选人。这份内容比较丰富的报纸还不曾把所有该说的都说出来，就在千方百计为高尔察克树立威信。海军上将后来的命运证明，早在1917年初夏事情就已经牵涉到一项与他的名字联系在一起的广泛计划，因为在苏沃林后面站着一群有影响的人物。

如果不算个别破绽的话，反动派出于简单的策略考虑，假装自己的打击仅仅针对列宁主义者。“布尔什维克”这个词成了邪恶根
471 源的代名词。就像革命前沙皇的指挥官把一切灾难，其中包括他们自己的愚蠢行为归咎于德国间谍特别是“犹太佬”一样，如今6月进攻瓦解以后，挫折和失败的罪责必然要由布尔什维克来承担。在这方面，克伦斯基和策烈铁里之类的民主派人士不仅跟如米留科夫这样的自由主义者，而且甚至跟邓尼金将军这样的露骨的农奴制拥护者几乎丝毫没有区别。

每当矛盾激化到了极点但爆炸的时刻还没有来临之际，总是会出现下面这样的情形：政治力量的分野不是在根本问题上而是在偶然和次要问题上更公开和更清楚地显示出来。在那时数星期内，喀琅施塔得就成了政治激情的避雷针之一。这座古老堡垒本该是守卫帝国首都海上门户的可靠哨位，可它在以往曾经不止一次地举起过起义的旗帜。尽管有残酷无情的镇压，反叛的火焰在喀琅施塔得从来就没有完全熄灭过。二月革命以后，它再次猛烈地爆发了。在爱国主义报刊版面上，这座海军要塞的名称很快就成了革命最坏的一面也就是布尔什维主义的代名词。其实喀琅施

塔得苏维埃当时还没有被布尔什维克控制：5 月时它的代表中有布尔什维克 107 名，社会革命党人 112 名，孟什维克 30 名，还有 97 名无党派人员。不过，这是些处在强大压力之下的喀琅施塔得社会革命党人和喀琅施塔得无党派人员，在重要问题上他们当中的大多数是跟布尔什维克走的。

在政治方面，喀琅施塔得水兵既不热衷玩策略手段，也不热衷要外交手腕。他们有自己的准则：说到做到。如果说他们对幽灵政府喜欢采取极端简单化的行事方式，那是不足为怪的。5 月 13 日，本地苏维埃做出决定称："工人和士兵代表苏维埃是喀琅施塔得的唯一政权。"撤销起累赘作用的政府特派委员、立宪民主党人佩佩利亚耶夫的职务一事在要塞里根本没有引起多大关注就过去了。472

良好的秩序仍然维持着。在城里，打牌遭到禁止，所有赌窟都被关门并驱散了。苏维埃禁止喝醉后出现在街道上，否则就有"没收财产和遣送前线"的危险。这种威吓不止一次得到过执行。

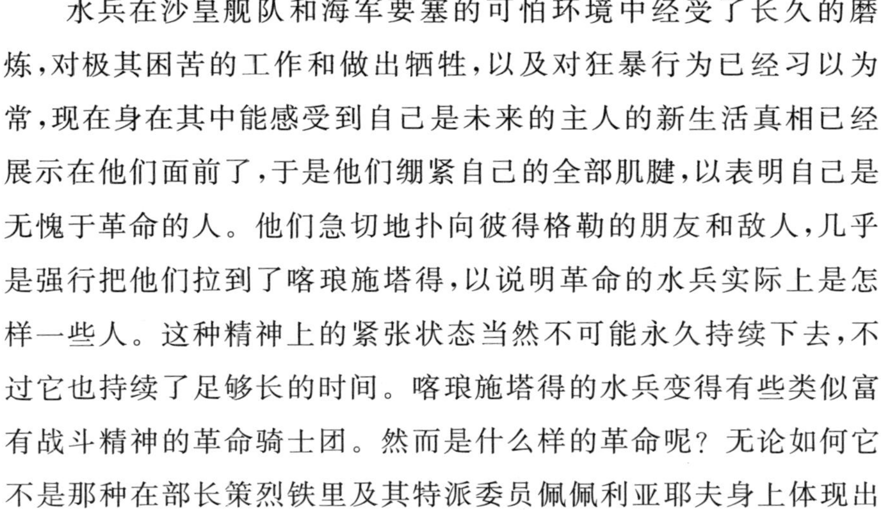

水兵在沙皇舰队和海军要塞的可怕环境中经受了长久的磨炼，对极其困苦的工作和做出牺牲，以及对狂暴行为已经习以为常，现在身在其中能感受到自己是未来的主人的新生活真相已经展示在他们面前了，于是他们绷紧自己的全部肌腱，以表明自己是无愧于革命的人。他们急切地扑向彼得格勒的朋友和敌人，几乎是强行把他们拉到了喀琅施塔得，以说明革命的水兵实际上是怎样一些人。这种精神上的紧张状态当然不可能永久持续下去，不过它也持续了足够长的时间。喀琅施塔得的水兵变得有些类似富有战斗精神的革命骑士团。然而是什么样的革命呢？无论如何它不是那种在部长策烈铁里及其特派委员佩佩利亚耶夫身上体现出来的那种革命。喀琅施塔得作为日益临近的第二次革命的预言者挺立着。因此，怪不得所有那些觉得第一次革命就太过分了的人如此仇视它。

平静无事和不事声张地撤销佩佩利亚耶夫职务一事几乎被维护秩序的报刊描绘为反对国家统一的武装起义，临时政府对苏维埃大发牢骚。苏维埃马上派出一个代表团去施加影响。两个政权这部机器在吱吱作响地运行着。5 月 24 日，在策烈铁里和斯科别列夫与会的情况下，喀琅施塔得苏维埃因为布尔什维克的坚持，承认在继续为苏维埃政权斗争的同时，事实上它有服从临时政府的义务，因为目前苏维埃政权还没有在全国建立起来。但是只过了一天，在对做出这一让步十分愤慨的水兵压力之下，苏维埃宣布，两位部长听到的仅仅是喀琅施塔得所持观点的"解释"，而观点本
473 身并没有发生改变。这是策略上的明显错误，不过隐藏在这错误后面的无非就是革命的自负。



上层决定利用这个难得的机会，给喀琅施塔得人一个教训，同时迫使他们偿付以前的罪孽。以总检察长身份出面活动的当然是策烈铁里。他十分动容地引用了自己坐牢的经历，借此极其猛烈抨击喀琅施塔得人把 80 名军官关进单人囚室的行为。所有独立地思考的善意报纸都在附和他。但是，即使妥协主义者亦即部长们的报纸也得承认，案件涉及"穿制服的国库盗窃者"和"用拳头揍人达到可怕程度的人……"用策烈铁里本人的半官方报纸《消息报》的话来说，就是水兵证人"陈述了现在被逮捕的军官对 1906 年起义的镇压、大规模的枪决、塞满了死者尸体并且沉入海底的驳船以及其他种种骇人听闻的事情……他们讲得非常简单，就像讲一

些平常的事件那样”。

喀琅施塔得人顽强地拒绝把被捕者交给政府，因为出身高贵阶层的刽子手和国库窃贼与政府的关系要比在1906年及其他年份备受折磨的士兵亲近得无法比拟。所以发生下面的事情就不是偶然的，即正是司法部长佩列韦尔泽夫（苏哈诺夫客气地称他是“联合政府中形迹可疑的人之一”）有条不紊地把沙皇宪兵机构的最卑鄙的人物从彼得保罗要塞放出来了。民主派新贵最为追求的是让反动官僚承认他们的高雅。

喀琅施塔得人在回应策烈铁里的指责时发出了自己的声音：“在革命日子里被我们拘捕的军官、宪兵和警察亲自向政府代表声明过，他们对监狱的监管没有什么可抱怨的。喀琅施塔得的监狱建筑的确是非常可怕的。不过，这些监狱本来就是沙皇政权为我们建立的。我们没有别的什么手段。所以如果说我们把人民的敌 474
人关在这些监狱里，那么这不是出于报复，而是出于革命自卫的考虑。”

5月27日，彼得格勒苏维埃谴责了喀琅施塔得人。出面为他们进行辩护的托洛茨基警告策烈铁里说，如果一旦出现反革命危险，“当反革命将军试图给革命的脖子套上绞索时，立宪民主党人就会给绳索涂上肥皂，而喀琅施塔得的水兵会挺身而出，与我们一起并肩战斗和同生共死”。只过了3个月，这个警告分毫不差地意外兑现了：当时科尔尼洛夫将军发起暴动，率领部队向首都进军，克伦斯基、策烈铁里和斯科别列夫号召喀琅施塔得水兵前来保卫冬宫。可是，由此又得出了什么结论呢？在6月的时候，民主派先生们要维护秩序、防止无政府状态，无论什么理由和警告对他们都不起作用。依靠580票赞成、162票反对、74票弃权的多数支持，策烈铁里在彼得格勒苏维埃通过了一项决议，宣布“无政府主义”的喀琅施塔得与革命民主派脱离了关系。急不可耐的玛丽亚宫刚一得到通知说脱离关系的上谕通过了，临时政府马上便中断了首都与要塞之间的私人电话联系，为的是不让布尔什维克中央有影响喀琅施塔得人的可能。它马上命令所有的训练船舰驶出喀琅施塔得水域，并且要求喀琅施塔得苏维埃“绝对服从”。同是在那些天举行的农民代表苏维埃代表大会威胁要“拒绝喀琅施塔得人的物资需求”。站在妥协派分子背后的反动派寻求决定性的结局，有可能就是一个流血的结局。

一位叫尤戈夫的年轻历史学家写道：“喀琅施塔得苏维埃的轻率举动可能会导致不良后果。需要找到一条摆脱既成局面的合适途径。正是怀着这样的目的，托洛茨基来到了喀琅施塔得。他在
475 那里的苏维埃发表了演讲，并且起草了一份宣言，它由苏维埃通过，然后大家一致同意由托洛茨基把这个宣言拿到在船锚广场举行的集会上去。”喀琅施塔得人在坚持自己的原则立场前提下，在一些实践性问题上做了让步。

和平调解冲突引起资产阶级报刊最终失去了自制，报纸上再次出现了处于无政府状态要塞里的喀琅施塔得人的古怪形象：他们自行印制钞票（伪造的钞票样式还印在报纸上），国家财产遭到侵吞，妇女们变成了公共所有物，抢劫和狂饮作乐正在大行其道。每当读了把诬蔑他们的言论散布到全俄国的发行数百万份的报纸，以自己严守秩序而感到自豪的水兵们不由得捏紧了结满老茧的双拳。

在把喀琅施塔得的军官置于自己管理下以后，佩列韦尔泽夫的司法机关一个接一个地把他们释放了。被释放者当中到底有谁后来参加了国内战争，又有多少水兵、士兵、工人和农民被他们枪决和绞死了，查清这种情况是极有教训意义的。很遗憾，在这里我不可能统计出这些极有教训意义的数字。

当局的威信得到了挽回，不过水兵遭受的侮辱也很快得到了洗刷。向红色喀琅施塔得致贺的决议开始从全国各地，从个别最左的苏维埃、从各个工厂、团队和集会送来了。第一机枪团全体士兵在彼得格勒上街游行“为他们不信任临时政府的坚定立场”而向喀琅施塔得人表示自己的敬意。

不过，喀琅施塔得准备实施更大的复仇行动。资产阶级报纸的诬陷使它成为具有全国意义的因素。米留科夫写道：“在喀琅施塔得得到巩固以后，布尔什维主义通过受过训练的宣传鼓动人员成功地在俄国撒开了一张宣传大网。喀琅施塔得的密使被派到了前线，在那里挖纪律的墙脚；也被派到了后方，派到了乡村，在那些地方号召毁坏地主庄园。喀琅施塔得苏维埃给密使们发放了特别 476
证书：‘某某被派往他故乡所在的省，他有权出席县、乡和村委员会，并拥有表决权，以及有权在任何地方自行决定出席集会和召集集会。’他‘有权携带武器，免费自由乘坐所有火车和轮船’。”同时，“上述宣传鼓动人员的人身不可侵犯，是受到喀琅施塔得城苏维埃保证的”。

在揭露波罗的海水兵破坏活动时，米留科夫只是忘记说清楚，尽管有绝顶聪明的政权、机关和报纸的存在，携有喀琅施塔得苏维埃古怪离奇委任书的孤身一人的水兵是怎样和为何能在全国范围内畅行无阻的，又是怎样和为何不论何处都能找到桌子和房间、获准参加各种民众会议、所讲的话到处得到仔细倾听的，从而怎样和为何能给历史事件打上水兵烙印的。这位为自由主义政策效劳的历史学家甚至没有给自己提出如此简单的问题。其实，喀琅施塔得奇迹之所以能够出现，原因仅仅是在于水兵比异常聪明的教授深刻得多地反映了历史发展的要求。文字不太通顺的委托书之所以有效，如果用黑格尔的话来说，那是因为它是合理的。同时，最聪明的主观计划是那么不切实际，因为历史的智慧甚至不在这些计划那里歇一下脚。

*　　*　　*

苏维埃落在了工厂委员会后面，工厂委员会又落在了群众后面；士兵落在了工人后面；还有外省在更大程度上落在了首都后面。这就是革命的必然进程，它产生着成千上万的矛盾，以致然后又好像是意外地、随便地和开玩笑似的克服它们，旋即又产生新矛
477 盾。落后于革命进程的还有党，也就是那个最没有权利落后特别是在革命时期更是如此的组织。在诸如叶卡捷琳堡、彼尔姆、图拉、下诺夫哥罗德、索尔莫沃、科洛姆纳、尤佐夫卡这些工人集中的地方，布尔什维克直到5月月底才跟孟什维克分手。在敖德萨、尼古拉耶夫、伊丽莎白格勒、波尔塔瓦以及其他乌克兰城镇，到6月中旬布尔什维克也还没有自己的独立组织。在巴库、兹拉托乌斯特、别热茨克、科斯特罗马，布尔什维克直到6月月底才最终跟孟什维克分道扬镳。如果考虑到再过4个月布尔什维克就要夺取政权了，那么上述这些事实不能不令人感到惊讶。战争时期，党落后于群众的基层进展是多么严重啊，加米涅夫—斯大林的三月领导

距离伟大的历史任务又有多么遥远啊！总之，迄今为止的人类历史上曾经有过的最革命的政党，还是被革命事件弄得个措手不及。它在炮火中改变队形，在时局的压力下把自己的队伍排列整齐。在革命过程中，群众总是比极左的政党还要左“100倍”。

布尔什维克影响的增长是伴随着自然历史进程的力量而出现的，通过最近的观察，它也暴露出了自己的矛盾和曲折，高潮和低潮。况且，群众的成分是不一致的，他们以自己的方式学会了控制革命的烈火，不外是烧伤了自己的双手便往后缩。布尔什维克所能做的只不过加速了锻炼群众的过程。他们耐心地进行解释。不过，这一次历史没有滥用他们的耐心。

就在布尔什维克势不可当地控制了工厂和团队的时候，民主杜马的选举让妥协派分子占据了很大的也好像是不断增大的优势。这就是革命最尖锐和最费解的矛盾之一。诚然，清一色无产阶级的维堡区的杜马以自己拥有布尔什维克多数而感到自豪，不
过这只是一个例外。在6月举行的莫斯科城市杜马选举中，社会 478
革命党人占了百分之六十以上的席位。这个数字连他们自己也觉得惊讶，因为他们不可能感觉不到自己的影响正在迅速下滑。对于理解革命的真实发展和它在民主派反光镜里面的反映之间的相互关系而言，莫斯科的选举是非常需要的。工人和士兵的先进阶层急忙从自己身上抖落了妥协主义的幻想。然而，小市民的最广泛阶层才刚刚开始活动。对这些分散的群众来说，民主选举难道不正是为在政治上表现自己提供了第一次、无论怎么说也是罕见的一次机会吗？在昨天还是孟什维克或者社会革命党人的工人带领跟在身后的士兵把票投给了布尔什维克党的同时，车夫、货郎、

门房、女小贩、小店主及其伙计、教员把票投给社会革命党人，这样的英勇举动第一次摆脱了政治上毫无作为的状态。小资产阶级阶层事后之所以把票投给克伦斯基，是因为在他们的心目中，他是二月革命的化身，但是这革命直到今天才来到他们跟前。社会革命党人占60％多数的莫斯科杜马发出的是一颗行将消逝的星辰的最后一道亮光。所有其他民主自治机构的情况也是一样的。它们好不容易才降生出来，现在却已经因出世太晚的虚弱而夭折了。这就意味着革命的发展进程所依靠的是工人和士兵，而不是由革命旋风所扬起和卷飞的人类尘沙。

被压迫阶级革命觉醒的发展过程既如此深刻，又极其简单。革命最危险的偏差之一就在于民主派机械的统计员把昨天、今天和明天加在一起，并且以此推动形式上的民主派人士到实际上是革命的沉重尾巴所在之处去寻找它的脑袋。列宁则教导全党要把脑袋和尾巴区分开来。

# 第二十二章　苏维埃代表大会和六月示威

批准克伦斯基发动进攻的苏维埃第一次代表大会于 6 月 3 日在彼得格勒中等武备学校大楼开幕。出席代表大会的共有 820 名有表决权的代表和 268 名只有发言权的代表。他们代表着 305 个地方苏维埃，53 个市区和地区的苏维埃，以及一些军队的前线组织和后勤机关以及某些农民组织。拥有不少于 25000 人的苏维埃可选出一名有表决权的代表，10000 到 25000 人的苏维埃可选出 473
一名有发言权的代表。根据这些其实未必得到严格遵守的标准，可以推算出代表大会身后站着 2000 多万支持者。从 777 名代表的政党属性资料来看，其中有 285 名社会革命党人，248 名孟什维克，105 名布尔什维克，其余的就是一些不太重要的团体。左派，也就是布尔什维克以及追随他们的国际主义者的代表人数还不到全体代表的 1/5。构成代表大会多数的是那些 3 月登记为社会主义者，而 6 月就已经对革命感到厌倦的人。在他们看来，彼得格勒定是一座已经发了疯的城市。

代表大会的工作是从赞成驱逐可怜的瑞士社会民主党人格里姆开始的，他企图通过与霍亨索伦王朝外交部门进行的幕后强制来挽救俄国革命和德国社会民主党。左派提出了立即讨论有关酝

酿中的前线进攻问题的要求,但遭到了绝大多数代表的拒绝。布
480 尔什维克看上去是很小的一撮。可是就在这一天,可能就在这一个小时,彼得格勒工厂委员会代表会议同样以绝大多数票通过了一项决议,决议称只有苏维埃政权才能挽救国家。

妥协派分子无论他们多么近视,也不可能看不到周围每日不断发生的事情。显然是在外省代表的影响下,痛恨布尔什维克的李伯尔在 6 月 4 日的会议上揭露那些不中用的政府特派委员,说各地都不愿把权力交给他们。“由于出现了这样的局面,政府机关一系列职能都转到了苏维埃手里,甚至在后者不想要这些权力的时候。”这些人在向别人讲自己人的坏话。

一位教师代表在代表大会上发言说,革命四个月以来,在国民教育领域没有发生任何哪怕是最微小的变化。所有上了年纪的教师、检查员、校长,以及通常是前黑帮组织成员的各州督学,以前的全部教学计划、反动的教科书,甚至大臣的老同事一概全都安安稳稳地原封不动。只有沙皇的肖像被取下藏到阁楼里去了。不过只要有可能,随时都可以挂回原处。

代表大会没有下决心取消国家杜马和国务会议。孟什维克发言人波格丹诺夫用杜马和国务会议“反正都是濒于死亡的不再存在的机关”这么一句话掩饰自己面对反动派时的羞怯。马尔托夫以他惯有的敏锐论战风格回答说:“波格丹诺夫表明他认为杜马是不存在的,可是他又不去触犯它的存在。”

尽管临时政府有如此可靠的多数支持,代表大会还是在一片焦虑不安和缺乏信任的气氛中举行的。爱国主义受潮变湿了,只是溅出了一些无精打采的火花。事情很清楚,群众是不满意的,布

尔什维克在全国特别是在首都比在代表大会上强大有力得多。布
尔什维克与妥协派分子之间归结为特定的基本原理的争论必然经 481
常触及这个问题：民主派应该同谁一道前进，是同帝国主义者呢，还是同工人？协约国的阴影一直笼罩在代表大会上空。前线进攻的问题事先就已决定好了，留给民主派人士要做的事情只是表示屈从罢了。

策烈铁里用教训人的口吻说道：“在这紧急时刻，任何一种社会势力的分量都不应该被排斥，只要它还能为人民的事业所利用。”这就是跟资产阶级联合的理由。既然无产阶级、军队和农民每走一步都在破坏民主派人士的计划，那么必须在反布尔什维克战争的幌子下开展反人民的战争。就这样，策烈铁里排斥了喀琅施塔得水兵，以免把立宪民主党人佩佩利亚耶夫从自己的天平上抛开。建立联合政府的决议以 543 票的多数赞成，126 票反对，52 票弃权获得通过。

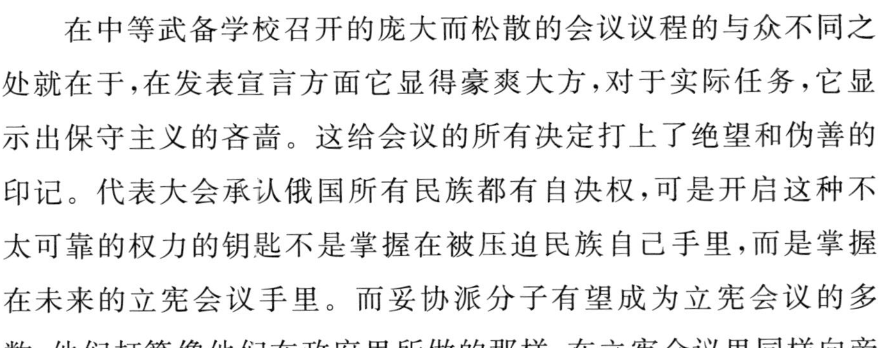

在中等武备学校召开的庞大而松散的会议议程的与众不同之处就在于，在发表宣言方面它显得豪爽大方，对于实际任务，它显示出保守主义的吝啬。这给会议的所有决定打上了绝望和伪善的印记。代表大会承认俄国所有民族都有自决权，可是开启这种不太可靠的权力的钥匙不是掌握在被压迫民族自己手里，而是掌握在未来的立宪会议手里。而妥协派分子有望成为立宪会议的多数，他们打算像他们在政府里所做的那样，在立宪会议里同样向帝国主义分子屈膝投降。

代表大会拒绝通过八小时工作日的法令。策烈铁里解释说，联合政府之所以在这个问题上裹足不前，是因为难以协调各个居

民阶层的利益。好像不论哪一个历史上的伟大事业都要通过“协调利益”，而不是通过进步阶级的利益战胜反动阶级的利益来实现的！

苏维埃的经济学家格罗曼在大会临近结束之际提交了自己非
482 交不可的决议：关于即将降临的经济灾难和国家调节的必要性的决议。代表大会通过了这个礼仪式的决议，不过其目的仅仅在于让一切都保留原样。

托洛茨基于 6 月 7 日写道：“驱逐格里姆以后，代表大会就转入了议事日程。但是资本主义的利润在斯科别列夫及其同事看来还是如同以前那样不可侵犯。粮食供应危机每一个小时都在不断恶化。在外交领域，政府遭受了一个又一个的打击。最后，如此歇斯底里宣布的前线进攻看来准备马上就要用极其可怕的冒险行为猛烈打击人民了。”

“本来，我们有耐心也还愿意对李沃夫—捷列申柯—策烈铁里内阁有高度文化修养的活动再观察几个月。我们需要时间——以便我们做好准备。可是，地下的鼹鼠掘洞掘得太快了。于是在‘社会主义’部长的影响下，政权问题就有可能比我们所能推想到的一切还要快得多地落到了这次代表大会参加者的身上。”

领袖们力求用更高的权威来掩饰自己，以免让群众识破，同时他们诱使代表大会卷入目前面临的一切冲突中去，结果毫无情面地损害了大会在工人和士兵心目中的名誉。这种最轰动一时的插曲就是与杜尔诺沃的别墅相关的一段经历。此人是沙皇时期一个老高级官僚。作为内务大臣的他由于镇压 1905 年革命而出了名。这个令人痛恨的况且手脚又不干净的官僚有一座空闲别墅，主要是由于它有一个后来孩子们最喜欢举行游艺会的大花园，因此被维堡区的工人组织占用了。资产阶级报刊于是把这座别墅描绘成暴徒和强盗的避难所，描绘成维堡地区的喀琅施塔得。谁也不愿花精力去查明真实情况究竟是怎样的。小心地回避所有重大问题的临时政府满怀难得的激情着手去拯救这座别墅。苏维埃执行委员会方面要求采取英勇无畏的制裁措施，策烈铁里当然也不会拒 483
绝。这位检察长发布命令，要求无政府主义者团伙 24 小时内搬出别墅。工人们得知对方正在准备采取军事行动的消息以后，拉响了警报。无政府主义者方面也威胁要进行武装抵抗，28 家工厂宣布举行抗议罢工。执行委员会发表了谴责维堡工人的告民众书，把他们称作反革命的助手。做了这些准备工作以后，司法部门和民警部门的代表深入了虎穴。然而情况很快查清了，在给好些工人教育组织提供场所的别墅里秩序井然。代表们只好退出来，而且也不是没有蒙羞。不过，这段经历还有进一步的后续发展。

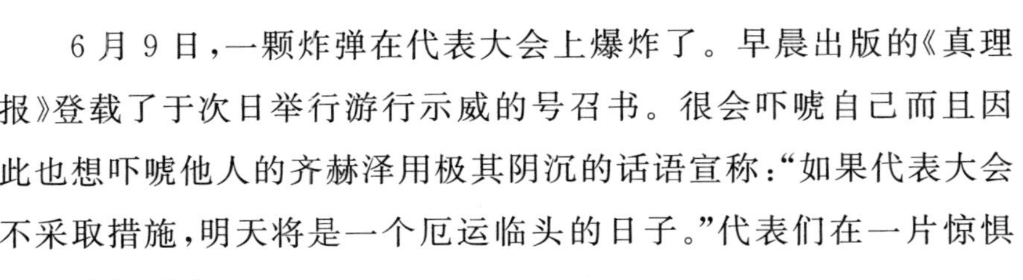

6 月 9 日，一颗炸弹在代表大会上爆炸了。早晨出版的《真理报》登载了于次日举行游行示威的号召书。很会吓唬自己而且因此也想吓唬他人的齐赫泽用极其阴沉的话语宣称：“如果代表大会不采取措施，明天将是一个厄运临头的日子。”代表们在一片惊惧之中抬起了头。

整体形势有力地引起了让彼得格勒的工人和士兵与代表大会对质的想法，群众对布尔什维克施加压力，要他们采取行动。卫戍部队的士兵情绪特别激愤，他们担心由于前线发动进攻而把他们分成小股部队，并且把他们分散到前线各地去。此外还加上对《士兵权利宣言》的强烈不满，因为该宣言跟第一号命令以及军队里事实上已经形成的制度相比后退了一大步。举行游行示威的首倡来自布尔什维克的军事组织，其领导人断言，如果党不担负起领导责任，那么士兵将自行上街；就如后来事件所证明的那样，这是有充分根据的。但是群众情绪的急剧转变不会顺从对事态发展进程的估计，因此这在布尔什维克中间引起了相当程度的动摇。沃洛达尔斯基不能肯定工人是否会走上街头。对游行示威到底是什么性
484 质的疑虑也是存在的。军事组织的代表坚持说，害怕遭到攻击和镇压的士兵不带武器就不会出动。“这样的游行示威结果会怎样呢？”托姆斯基小心地问道，他要求继续展开讨论。斯大林认为：“士兵中间的情绪纷扰是事实，工人中间没有如此明确的情绪。”不过他到底还是看到了对政府实行反抗的必要性。与接受战斗相比，总是更愿意逃避战斗的加里宁坚决表示反对游行示威，他的借口是缺乏鲜明的理由，特别是在工人那里，“游行示威只能是凭空臆想出来的”。6 月 8 日，经过一连串初步表决以后，在各区代表举行的会议上以最终 131 票赞成、6 票反对和 22 票弃权通过了游行示威的决定。这次示威定于 6 月 10 日星期天举行。

筹备工作直到最后一刻都是暗地里进行的，这是为了不让社会革命党和孟什维克有开展反对宣传的可能。这个合法的预防措施后来被说成是军事阴谋的证据。工厂委员会中央委员会也同意组织游行示威的决定。尤戈夫写道：“在托洛茨基（他反对持异议的卢那察尔斯基）的压力下，区联派委员会决定参加游行示威。”准备工作在热火朝天地进行。

游行示威务必会举起政权归苏维埃的旗帜。它的战斗口号包括：“打倒十个资本家部长。”这是要求断绝同资产阶级联合最简单

的体现。游行队伍必定会朝正在举行代表大会的中等武备学校进发。这就突出表明，事情不是在推翻临时政府，而是对苏维埃领袖施加压力。

在布尔什维克预备会议上确实响起了另外一种声音。例如，当时中央委员会年轻的委员斯米尔加就提出：“不排除夺占邮政局、电报局和军械局，如果事态发展成冲突的话。”另一位与会人 485
员、彼得格勒委员会委员拉齐斯因为斯米尔加的建议没有得到接受而在自己的日记里面写道：“我不可能与这种结果和解……我同谢马什科和拉希亚同志商量好了，必要时依靠机枪团全副武装起来，占领车站、军械库、银行、邮政局和电报局。”谢马什科是机枪团的一个军官，拉希亚是一个好斗的布尔什维克工人。

存在这样的情绪自然是容易理解的。党的总体方针是夺取政权，而问题仅仅在于评估形势。彼得格勒发生了有利于布尔什维克的明显转折，可是在外省，同样的进程发展缓慢；最后，前线还需要发动进攻的教训来使自己消除对布尔什维克的不信任。因此，列宁仍然站在 4 月的立场上：“耐心解释”。



苏哈诺夫在自己的札记中把 6 月 10 日游行示威的计划说成是列宁“在有利形势下”夺取政权的直接图谋。实际上，尝试这样提出问题的仅仅是个别布尔什维克，按照列宁嘲笑他们的说法，他们比自己本来该持的立场“稍微偏左一点”。可怕的是，苏哈诺夫甚至不打算把自己的武断猜想与列宁在许多讲话和文章中表达的政治路线进行比较。*

* 关于这个问题详细情况参看本卷附录三。

苏维埃执行委员会主席团立即向布尔什维克提出取消游行示威的要求。根据什么呢？显然，只有国家政权才能正式禁止游行示威，可是它连想都不敢这样想。作为由两个政党的联盟领导的
486 “民间组织”苏维埃怎么能禁止第三个政党的游行示威呢？布尔什维克中央委员会拒绝执行这个要求，不过还是决定更加突出地强调游行示威的和平性质。6 月 9 日，工人街区到处贴满了布尔什维克的告示：“我们是自由公民，我们有权提出抗议，我们也应该享受自己的这一权利，现在还不算迟。和平示威的权利仍然为我们所拥有。”

问题被妥协主义者提交给了代表大会。此刻齐赫泽发话了，就是谈到厄运临头的那篇讲话，并且提出必须通宵开会。同为吉伦特派后裔之一的主席团成员格格奇科里以下面这段对布尔什维克的粗野叫嚣结束了自己的发言：“把你们肮脏的双手从伟大事业上挪开！”尽管布尔什维克提出了要求，然而大会还是没有让他们有时间在党团范围内来讨论这个问题。最后代表大会做出决定：3 天内禁止一切游行示威。对布尔什维克强行压制的行为，此刻也就是对政府的僭越行为：苏维埃继续从坐垫下把权力偷回到自己这里来。

与此同时，米留科夫现身在哥萨克代表大会上，他把布尔什维克称作“俄国革命的主要敌人”。按照事物的逻辑，革命的主要朋友就是他米留科夫本人。可是早在二月革命前夕，他就曾承认，与其遭受俄国人民的革命，还不如接受德国人把俄国打败。在回答哥萨克提出的如何对待列宁分子的问题时，米留科夫说道：“是清除这些先生的时候了。”这位资产阶级的领袖太急不可耐了。话又

说回来，他实在是不能再丧失时机了。

就在那个时候，各工厂和团队都在举行集会，决定明天要在“全部政权归苏维埃”的口号下走上街头。在苏维埃代表大会和哥萨克代表大会的喧嚣声中发生了一件不太为人注意的事情，那就是维堡区杜马的改选，结果布尔什维克得到了 37 个席位，社会革命党和孟什维克的联盟得到了 22 席，立宪民主党只有 4 席。

面临代表大会的无条件决定，同时有人神秘兮兮地推说有来 487
自右边的可怕打击，布尔什维克于是决定重新考虑示威问题。他们想举行和平的游行示威，而不是起义。他们也不可能有把遭到禁止的示威变为准起义的理由。代表大会主席团方面决定采取措施。数百名代表分成几十名一组，被派往工人街区和兵营阻止游行示威，他们要在清晨赶到塔夫里达宫，以便进行总结。农民代表苏维埃执行委员会也加入了这一行动，并且为此派出了自己的 70 名人员。

尽管采用这种方式出人意料，布尔什维克毕竟还是达到了自己的目的，代表大会的代表只得被迫去结识首都的工人和士兵。不能让山走近先知，先知就不得不向山靠近。会面的结果极有可能是很有教训意义的。一位孟什维克通讯员在莫斯科苏维埃的《消息报》上描绘出这样一幅场景。“代表大会的多数成员，共有 500 多人一夜没有合眼，他们分成几十个小组分别去了彼得格勒的各个工厂和部队，呼吁大家不要参与游行示威……代表大会在相当多工厂以及某些卫戍部队中并没有什么威信……大会成员受到的迎接往往是远非友好的，有时还是敌视的，送别时也往往充满愤恨。”这份苏维埃官方机关报绝对不是夸大其词；相反，它提供的是两个世界深夜相会极其温和的场景。

无论如何，彼得格勒的群众没有给代表们留下任何有关从今以后谁能够规定以及谁又能够取消游行示威的疑问。只是从《真理报》得到消息确认大会反对游行示威的呼吁书并没有违背布尔
488 什维克的决定以后，普梯洛夫工厂的工人才同意张贴它。第一机枪团在卫戍部队中就像普梯洛夫工厂在工人中一样扮演了第一小提琴手的角色。在两个苏维埃的执行委员会主席——齐赫泽和阿夫克先季耶夫做完报告以后，它做出了下列决议："依照布尔什维克中央委员会及其军事组织的决定，本团推迟自己的行动……"

塔夫里达宫度过不眠之夜以后，弹压者的队伍完全处于士气沮丧的状态。他们原以为代表大会的权威是无可争议的，结果却碰到了一堵不信任和敌对的高墙。"在群众中布尔什维克把持了一切。""满怀敌意地看待孟什维克和社会革命党。""只相信《真理报》。"有的地方还喊出了"我们不是你们的同志"的声音。代表们一个接一个地报告说，虽说停止了战斗，他们还是经受了最沉重的失败。



群众服从了布尔什维克的决定。但是这种服从绝对不是没有抗议甚至是愤怒的。有些企业做出了指责中央委员会的决议。各区情绪最激昂的一些党员甚至撕毁了自己的党证。这是一种严重情况的先兆。

妥协派分子打算以君主制的阴谋为借口禁止三天之内举行游行示威，这阴谋想抓住布尔什维克发动的示威不放；他们提示哥萨克代表大会部分人参与了此事，反革命军队也正在逼近彼得格勒。既然取消了游行示威，那么布尔什维克随后提出要对阴谋一说做

出解释是不足为怪的。代表大会的领袖们却不正面回答，而是径直把阴谋归罪于布尔什维克本身。摆脱困境的出路就是这样幸运地找到了。

应当承认，6 月 10 日夜晚妥协派分子确实发现了一个强烈震惊他们的阴谋，那是群众和布尔什维克反对妥协派分子的阴谋。但是，布尔什维克服从代表大会的决定鼓舞了妥协派分子，让他们的惊惧一变而成为疯狂。孟什维克和社会革命党决定显示坚强毅 489
力。6 月 10 日，孟什维克的报纸写道："是到了用背叛和出卖革命的罪名来痛斥列宁分子的时候了。"苏维埃执行委员会主席在哥萨克代表大会上发表了演讲，并且吁请哥萨克支持苏维埃来反对布尔什维克。代表大会主席、乌拉尔哥萨克大首领杜托夫回答他说："我们哥萨克任何时候都不会同苏维埃分开。"反动分子甚至准备跟苏维埃一起来反对布尔什维克，其目的是以便今后更有把握地扼杀苏维埃。

6 月 11 日，一个威严可畏的法庭组建起来了，参加者包括执行委员会和代表大会主席团成员、各党团领导人，总共 100 人左右。如往常一样，策烈铁里充当了检察长。由于疯狂而憋得喘不过气的他要求实行严厉镇压，而且鄙视地挥手赶开情愿中伤布尔什维克，却还没有下决心摧毁他们的达恩。"至于布尔什维克现今所做的，这已经不是思想宣传，这是阴谋……但愿布尔什维克能原谅我们。现在我们将转向另外的斗争方式……必须解除布尔什维克的武装。不能把那些迄今为止布尔什维克所拥有的太重要的技术手段继续留在他们手里。不能让机枪和大炮留在他们手里。我们不允许搞阴谋。"这是新的腔调。解除布尔什维克的武装的原意是什么呢？苏哈诺夫就这事写道："布尔什维克本来就没有什么特别的武器储备。所有武器本来就在成群结队跟布尔什维克走的士兵和工人手里。解除布尔什维克的武装只能意味着解除无产阶级的武装。而且，这也是解除军队的武装。"

换句话说，革命的典型时刻，也就是资产阶级民主制遵照反动派的要求，企图解除保证革命取得胜利的工人武装的时刻临近了。民主派先生当中确有饱学之士，如果依据旧典籍，他们必然会对被
490 解除武装的人，而不是解除武装者表示自己的同情。可是，当同样的问题实实在在摆在他们面前的时候，他们却认不出它了。策烈铁里这位度过了多年苦役生涯的革命者、昨天的齐美尔瓦尔得分子，着手解除工人的武装，这一情况不是那么简单就能弄明白的。整个大厅一片死寂。外省代表看来终究还是感到了有人把他们推向深渊。一位军官因为歇斯底里症发作而狂抖不止。

脸色之苍白不亚于策烈铁里的加米涅夫从座位上站起来，很有尊严地（听众都感觉到了其力量）高声说道："部长先生，如果您不是随便乱说，您就没有权利只是说说而已，请您以反对革命的罪名逮捕我和判决我吧。"全体布尔什维克离开会场以示抗议，他们拒绝参与对自己的党的侮辱。大厅里的紧张气氛变得令人不堪忍受。

李伯尔急忙出来替策烈铁里帮腔。讲台上有节制的疯狂被歇斯底里的疯狂取代了。李伯尔要求采取无情的措施。"如果你们想得到跟在布尔什维克后面的民众，那你们就要把布尔什维主义连根拔掉。"可是人们听他讲话并没有产生共鸣，甚至还半怀敌意。

正如平素那样，容易动情的卢那察尔斯基也马上试图找到与

多数派的共同语言。尽管布尔什维克竭力让他相信，他们只打算举行和平示威，然而他的个人经历令他相信：“举行示威游行是错误的。”然而，没有必要使冲突进一步尖锐化。卢那察尔斯基没有使敌人安静下来，同时又激怒了朋友。

泥潭派最有经验然而又最无结果的领袖之一达恩伪善地说：“我们不跟左派展开斗争，我们要跟反革命进行斗争。如果身后站着德国走狗，那不是我们的过错。”以德国人为借口，就随随便便代替了全部论据。当然，这些先生无论什么样的德国走狗都不能指证出来。

策烈铁里想动手打人，达恩只举起手为止。由于自己的软弱 491
无力，执行委员会追随了达恩。第二天向代表大会提交的一份决议具有反对布尔什维克的特别法律的性质，不过没有得出直接实行的结论。

布尔什维克交给代表大会的一份书面声明称：“在你们的代表访问了工厂和部队以后，下面的情况对于你们可能没有疑问了，这就是游行示威之所以没有举行，那不是你们禁止的结果，而是我们党取消的结果……子虚乌有的军事阴谋是临时政府的成员为了解除彼得格勒无产阶级的武装和遣散彼得格勒卫戍部队而捏造出来的……即使国家政权完全转到苏维埃手中（我们始终坚持这一点），而苏维埃却企图给我们的宣传套上枷锁，这就迫使我们不可能逆来顺受，而会为着国际社会主义的理念（正是这些理念把我们与你们区分开）去冒坐牢和受到其他惩罚的危险。”

在这些日子里，苏维埃的多数派与苏维埃少数派之间似乎是为了一场决定性格斗而贴胸相向。不过到最后一刻，双方都后退了一步。布尔什维克放弃了游行示威，妥协主义者则放弃了解除工人武装。

策烈铁里在自己的阵营里也处于少数地位。不过对其本人来说，他是对的。同资产阶级结盟的政策走到了必须削弱不肯与联合政府和解的群众的地步。要把妥协主义政策顺利贯彻到底，也就是直至建立资产阶级议会统治，除了解除工人和士兵的武装以外，不可能有别的途径。然而，策烈铁里不仅仅是对的；此外，他还是毫无力量的。无论工人还是士兵都不会自愿交出武器。可见，
492 需要动用武力来对付他们，可策烈铁里已经没有什么武力了。他只有从反动派手里才能获得武力，假如真有可能的话。而一旦顺利粉碎了布尔什维克，反动派就会立刻动手粉碎妥协主义的苏维埃。他们也绝不会忘记提醒策烈铁里，他仅仅是一个前苦役犯，此外什么也不是。可是，事态的后续发展证明，这种武力是反动派也没有的。

策烈铁里以布尔什维克使无产阶级与农民分离为论据从政治上说明开展反对布尔什维克斗争的必要性。马尔托夫反驳他说，策烈铁里“不是从农民内部”获得自己的原则观念的。“右翼立宪民主党群体、资本主义群体、地主群体、帝国主义群体以及西方资产阶级”——就是这些人要求解除工人和士兵的武装。马尔托夫是对的：在历史上，有产阶级何止一次把自己的贪欲隐藏在农民背后。

从列宁发表四月提纲的时候开始，借口存在着把无产阶级与农民隔离开的危险便成了所有把革命往后拉的人的主要理由。因此列宁找到了策烈铁里与“老布尔什维克”之间的相似之处不是偶

然的。

关于这一点，托洛茨基在1917年的一部作品中写道："我们党与社会革命党以及孟什维克的隔离，哪怕是最极端的或通过单人囚室实行的隔离，无论如何都不等于就是无产阶级与被压迫的农民和城市群众的隔离。相反，革命无产阶级的政策与现在的苏维埃领袖的背信弃义行为的尖锐对立，唯此才能把挽救性质的政治分化带进千百万农民中去，帮助农村的贫困阶层从强壮的社会革命党农夫的叛卖领导下挣脱出来，并且把社会主义无产阶级变成下层人民革命的真正领袖。"

可是，策烈铁里彻头彻尾捏造的理由显示了强大的生命力。
十月革命前夕，这种理由作为许多"老布尔什维克"反对革命的理 493
由带着双倍的力量恢复了。再过几年以后，亦即反对十月革命的反动思想开始出现的时候，策烈铁里的公式就演变成了篡改学派的主要理论武器。

*　　*　　*

就是在代表大会那次会议上，即对布尔什维克进行缺席审判的同一次会议上，一位孟什维克代表出人意料地建议，在最近的星期天即6月18日，在彼得格勒和其他最重要的城市发起一次工人和士兵的游行，目的是向敌人展示民主派的统一和力量。这个建议被采纳了，尽管不是没有犹豫。又过一个多月，米留科夫有理由充分解释了妥协主义者的意外转变："在阻止了6月10日游行示威后，社会主义部长们在苏维埃代表大会上发表了立宪民主党的言论……他们觉得自己在接近我们的道路上走得太远了，以至立足点正在从他们脚下消失。于是他们相当恐惧并且急剧地转向了布尔什维克一边。”6 月 18 日举行示威游行的决定当然不是转向布尔什维克一边，而是转向反对布尔什维克的那些群众一边的尝试。与工人和士兵的夜间对质在苏维埃上层普遍引起了一定的精神震荡。于是，与代表大会起初的打算相反，关于撤销国家杜马和 9 月 30 日召开立宪会议的决定以临时政府的名义仓促颁布出来了。游行示威口号的选定完全是出于不引起群众愤怒的考虑：“普遍和平”，“尽快召开立宪会议”，“民主共和国”。至于前线进攻，以及联合政府则只字未提。列宁在《真理报》上发问：“先生们，对临时政府的完全信任藏到哪里去了？……为什么你们的舌头不听使
494 唤了？”这种讽刺击中了要害：妥协派分子不敢要求群众信任他们已经加入的那个政府。

再一次遍访了工人街区和兵营的苏维埃代表于游行前夜在执行委员会做了十分令人鼓舞的报告。这类消息把镇定和对洋洋得意的训诫的爱好归还给了策烈铁里，他向布尔什维克喊话：“现在我们面临的就是革命力量公开和正当的检阅……如今我们大家都会看到，多数人到底跟谁走，是跟你们还是跟我们。”布尔什维克还是在他做出如此轻率表示之前就应战了，《真理报》这样写道：“我们将参加 18 日举行的示威游行，这是为了争取达到我们在 10 日举行的示威想要达到的目的。”

显然是为了引起对三月葬礼游行（至少从表面看这是民主力量最大的一次统一游行）的怀念，这一次行进路线也是通向马尔索沃校场，直到二月牺牲者的墓地。可是除了行进路线以外，再也没有什么能令人回想起三月的遥远时光。参加游行的大约有 40 万人，也就是说比参加葬礼的要少得多。缺席这次苏维埃组织的游

行示威的不仅有苏维埃与之组成联合政府的资产阶级，而且还有在民主派以往的庆祝游行中占据相当显著地位的激进知识分子。几乎只有工厂和兵营参加了这次示威游行。

聚集在马尔索沃校场的代表大会代表宣读着而且是像校对似的仔细宣读着宣传资料。最先打出来的布尔什维克标语遇到的是他人半戏谑地付之一笑。要知道策烈铁里在前一天是多么满怀信心地发出了自己的挑战。然而，还是这些口号在一次又一次地重复着。“打倒十个资本家部长”、“打倒进攻”、“全部政权归苏维埃”。讽刺的冷笑挂在他们脸上，然后又慢慢从那里消失了。布尔什维克的旗帜看不到头，迎风飘扬，代表们不再相信与实际不符的统计结果。布尔什维克的胜利实在是太明显了，苏哈诺夫写道： 495
“在某些地方，布尔什维克旗帜和队列的长龙被社会革命党特有的标语牌和苏维埃官方的标语牌冲破了。但是它们还是淹没在群众里面了。”一份半官方的苏维埃刊物次日报道称，示威者“时而在这里时而在那里十分气愤地撕毁了写有信任临时政府标语的旗帜”。这些语句中有明显夸张的成分。举出尊敬临时政府标语牌的只有3个不大的团体：普列汉诺夫的小圈子、哥萨克部队和加入了崩得的一小群犹太知识分子。这个三方组合以自己的全部人数让人产生了这是政治玩笑的印象，它似乎决意要把制度的无能展示出来。普列汉诺夫的信徒和崩得分子只得在人群敌对的高喊中卷起标语。就连一贯表现出顽强精神的哥萨克的旗帜也真的被示威人群撕毁和清除了。

《消息报》描述道：“在此之前还是翻腾的水流现在变成了水位高涨的宽阔河流，它马上就要漫过河岸了。”这是维堡区，它整个地

处在布尔什维克旗帜之下。“打倒十个资本家部长”。有一个工厂还举出了这样的标语：“生存的权利高于私有制的权利。”这个口号不是党提示的。

垂头丧气的外省人还在睁大双眼寻找领袖，后者却把眼睛闭起来或者干脆躲藏起来。布尔什维克紧逼外省代表，难道我们像是一小撮阴谋家吗？代表们承认不像。他们用与官方会议上根本不同的语调说：“在彼得格勒你们是有力量的。但是在外省和前线就不是这样。彼得格勒不可能反对全国。”布尔什维克回答他们说，等着瞧吧，很快就要轮到你们了，相同的标语会出现在你们那里。

496 “在这次示威期间，”普列汉诺夫老人家写道，“我和齐赫泽并排站在马尔索沃校场上。我从他的脸上看出，令人震惊的大量要求撤换资本家部长的标语到底有何意义，他丝毫也没有自欺欺人。这种意义被官气十足的指令刻意强调，某些个像是真正过命名日的列宁派代表人物正是带着这种指令看待这种意义，他们旁若无人地从我们身边走过。”



无论在何种场合，布尔什维克的这种自我感觉是有根据的。高尔基的报纸写道：“根据游行的标语和口号来判断，星期日的示威显示出了布尔什维主义在彼得格勒无产阶级中间的彻底胜利。”这是一个巨大的胜利，同时也是在对手选定的那个战场，用对手选好的那些武器取得的胜利。赞成发动进攻、承认联合政府和抨击布尔什维克以后，苏维埃代表大会按照自己的原则号召群众上了街。而群众对代表大会宣布：我们既不想要发动进攻，也不想要联合政府，我们要跟布尔什维克走。此次游行示威的政治结局就是这样的。既然游行示威的首倡者孟什维克的报纸第二天就忧郁地发问:这个馊主意是谁想出来的？那么大家会感到奇怪吗？

当然,并不是首都所有工人和士兵都参加了游行示威,也不是所有的游行示威者都是布尔什维克。但是,他们当中没有任何一个人真的想要联合政府。那些对布尔什维主义仍然怀有敌意的工人也不知道拿什么来反对它。单凭这一点他们的敌意就会变成旁观的中立态度。赞成布尔什维克口号的还有不少孟什维克和社会革命党人,这些人还没有同他们自己的党断绝关系,但是已经不再相信党的口号了。

6 月 18 日的游行示威给其参加者自身也留下了深刻的印象。群众看到了,布尔什维主义已经形成了势力,动摇不定的人也开始倾心于它。在莫斯科、基辅、哈尔科夫、叶卡琳诺斯拉夫和另外许多省会城市,示威游行显示出布尔什维克影响的巨大增长。到处 497
都提出了同样的口号,而且,它们击中了二月制度的心脏。必须要做出结论。看起来,妥协派分子走投无路了。但是到最后时刻,前线的进攻帮了他们的忙。

6 月 19 日,涅瓦大街上举行了立宪民主党领导的爱国主义游行,游行队伍举着克伦斯基的画像。用米留科夫的话来说就是:“这与前一天在同是这些街道上发生的所有事情是如此的不同,以致不信任的感觉不知不觉地混杂到胜利的感觉中去了。”理所当然的感觉！不过妥协派分子还是轻松地吁了一口长气。他们的想法顿时就蹿升到了两种游行示威之上,作为民主派的总结。这些人注定要把满满一大杯错觉和屈辱一饮而尽。

四月危机期间,革命的和爱国主义的两种游行示威迎头相撞,它们的冲突马上就导致了人员伤亡。6月18日和19日的敌对示威是一个接在另一个后面举行的。因此这一次没有引起直接的冲突。可是冲突已经是在所难免了。它只不过是推迟了两个星期而已。

不知道如何表现自己的独立性的无政府主义者利用6月18日的示威游行冲击了维堡监狱。结果囚犯，其中大多数是刑事犯被放出来了，没有经过战斗，也没有造成人员伤亡，而且还不只是从这一座监狱，旋即又从好几座监狱中放出了犯人。看来，冲击监狱并没有令行政当局感到意外，而且它乐意迁就无论真正的还是假装的无政府主义者。本来这整个莫名其妙的插曲与游行示威丝毫没有关系，然而爱国主义的报刊把两者紧紧联系在一起。布尔什维克在苏维埃代表大会上建议开展严格的调查，看460名刑事犯到底是怎么从各监狱被放出来的。但是，妥协派分子不可能让自己如此放手，因为他们害怕撞上最高行政机关和盟友的代表。此
498 外，他们怎么也不愿意为正是他们所组织的游行示威进行辩护，使其免遭恶意中伤。

在此之前数天因杜尔诺沃别墅而蒙羞的司法部长佩列韦尔泽夫决定借机雪耻报复，于是借口搜寻逃跑的犯人，对那幢别墅发动了新的进攻。无政府主义者进行抵抗，其中一人在交火中身亡，别墅也遭到了严重毁坏。认为别墅是属于自己的维堡区工人拉响了警报，好几座工厂暂时停了工。警报声传到了其他一些城区，同样也传到了兵营。

6月最后几天是在持续不断的动荡中度过的。机枪团准备马上发起反对临时政府的行动。罢工工厂的工人游说驻军各团，号

召他们上街。身着军大衣的大胡子农民(其中许多人已经白发斑斑)的抗议队伍沿马路向前延伸。这些四十岁上下的人要求让他们回去种地。布尔什维克展开了反对发起武装行动的宣传:6月18日的示威游行已经说出了可能说出的一切。为了实现变革,光游行示威是不够的,至于革命的时钟则还没有敲响。6月22日,布尔什维克在报纸上向卫戍部队发出呼吁:“你们不要相信任何以军事组织名义发出的上街采取行动的号召。”从前线回来的一批代表对暴力和惩罚进行了控诉。解散不驯服的部队的威胁犹如火上浇油。“在许多团队,士兵们连睡觉时手里也握着武器。”一份布尔什维克致苏维埃中央执行委员会的声明如是说。爱国主义游行通常是武装游行,总是引发街头冲突。这不过是所积蓄的电能的微量释放。无论哪一方都不打算公然发起进攻:反动派的力量太弱小了;革命对自己力量仍然缺乏十足的信心。可是城里的街道上看起来堆满了炸药,冲突一触即发。布尔什维克的报纸不断进行解释和劝阻。爱国主义报刊则通过无所顾忌地污蔑布尔什维克来
发泄自己的恐惧。6月25日,列宁写道:“到处都对布尔什维克发 499
出野蛮的、恶毒的和疯狂的叫嚣,这正是立宪民主党人、社会革命党人和孟什维克对本身的松垮的普遍抱怨。他们是大多数。他们掌握政权。他们互相结成联盟。而他们看到自己却一事无成!!怎么能不朝着布尔什维克发狠呢?”(《列宁全集》中文第二版第30卷,第356页)

# 500 结　语

在本书的开头几页，我曾试图证明十月革命在俄国的社会关系之中有多么深刻的根源。作者的分析绝对不是事后来适应已经发生的事件，相反，这种分析早在此次革命甚至在其1905年的预演之前就做出来了。

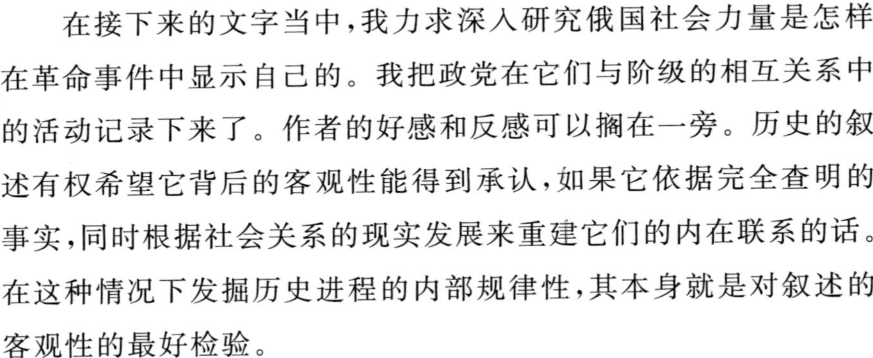

在接下来的文字当中，我力求深入研究俄国社会力量是怎样在革命事件中显示自己的。我把政党在它们与阶级的相互关系中的活动记录下来了。作者的好感和反感可以搁在一旁。历史的叙述有权希望它背后的客观性能得到承认，如果它依据完全查明的事实，同时根据社会关系的现实发展来重建它们的内在联系的话。在这种情况下发掘历史进程的内部规律性，其本身就是对叙述的客观性的最好检验。

在读者面前掠过的二月革命诸多事件用合理排除的方法证实了，目前至少一半证实了如下理论预测：还是在无产阶级取得政权之前，政治发展的其他一切方式经历了生活的检验，而且都被当作不适用的方式抛开了。

自由派资产阶级连同其民主派人质克伦斯基的政府结果彻底失败了。“四月危机”是由十月革命向二月革命发出的第一个公开警告。事件过后，资产阶级临时政府被联合政府取代了。而联合

政府存在的每一天，都在暴露其一事无成的境况。六月示威是苏 501
维埃执行委员会自己决定发动的，尽管它确实不是完全出于自愿。在这次示威中，二月革命试图与十月革命进行实力的较量，结果遭受了最无情的失败。这失败发生在彼得格勒的舞台上，那绝对是命中注定的；打败它的正是那些完成了二月革命，后来又把革命推广到我们国家其他地方的工人和士兵。六月示威说明，彼得格勒的工人和士兵正在走向第二次革命，而这次革命的目的已经写在他们的旗帜上了。准确无误的迹象表明，国家其他所有地区都在向彼得格勒看齐，尽管难免要迟一些。这样一来，在第四个月结束之际，二月革命已经在政治上耗尽了自己的全部生命力。妥协主义者丧失了工人和士兵的信任。领导苏维埃的政党与苏维埃群众之间的冲突从此成为无法避免的了。作为对两次革命力量对比进行和平检验的六月十八日游行过后，它们之间的矛盾势必会带有公开和暴力的性质。

于是，“七月危机”发生了。上层出面组织的游行示威过了两个星期以后，同是那些工人和士兵自己便主动上了街，他们要求苏维埃中央执行委员会把政权夺过来。妥协派分子予以断然拒绝。七月危机造成了街头冲突和人员伤亡，并且以击溃被宣布要为二月制度破产负责的布尔什维克而告终。策烈铁里 6 月 11 日提出的当时遭到拒绝的那个建议——宣布布尔什维克不受法律保护并且解除他们的武装——在 7 月月初得到了不折不扣的执行。布尔什维克的报纸被查封了。布尔什维克的武装力量被解散了，工人
的武器也被收缴了。党的领袖被宣布为德国参谋部的仆从，他们 502
当中有些人藏匿起来了，另有一些人被关进了监狱。

可是，恰恰是在妥协主义者对布尔什维克的七月“胜利”中，民主派的软弱无力暴露无遗。反对工人和士兵的民主派人士不得不火速调集明目张胆的反革命部队，它们不仅敌视布尔什维克，而且敌视苏维埃：苏维埃执行委员会已经没有自己的军队了。

自由主义者从中得出了正确的结论，米留科夫以二者必居其一的形式表达出来了：是科尔尼洛夫，还是列宁？革命实在没有给中庸王国留下多大余地。反革命在自言自语：要么现在动手，要么永无机会。最高总司令科尔尼洛夫以反对布尔什维克进军为幌子发动了反对革命的叛乱，就如革命前一切种类的合法反对派被爱国主义，也就是被反对德国人斗争的需要掩盖起来一样，革命后一切种类的合法反革命被反对布尔什维克斗争的需要掩盖起来了。科尔尼洛夫拥有有产阶级及其政党即立宪民主党的支持，但是这并没有妨碍，相反却促使科尔尼洛夫派去反对彼得格勒的军队不经过战斗就失败了，没有经过冲突就投降了，像洒在火热的铁板上的水滴一样蒸发了。于是，政变从右边而且是由位居军队首脑的那个人尝试过了；有产阶级和人民的力量对比也由行动检验过了，而且也是二者必居其一：科尔尼洛夫或者列宁。科尔尼洛夫像烂熟的果实一样掉落下来了，尽管当时列宁还被迫藏身在极其隐秘的地下状态。

此后，还有什么不同的方式没有加以利用、没有经受考验、没有经过试验吗？还有布尔什维主义的方式。确实，在科尔尼洛夫的图谋以及它遭到可耻覆灭以后，群众最终像潮水一般转向了布
503 尔什维克一方，十月革命带着天然的必然性步步逼近了。与号称不流血的二月革命（尽管它在彼得格勒造成了不少人员伤亡）不

同，十月革命在首都确实未经流血就完成了。我们有没有权利发问：难道还有什么东西可以为十月革命的深刻理性提供证据呢？只有那些被革命击中了最敏感的部位也就是钱袋的人才觉得革命是冒险行为或者是花言巧语结出的果实，这难道不是一清二楚的吗？流血斗争只是在布尔什维克的苏维埃夺取了政权以后发生的，那时，在协约国政府的大量物质援助下，被推翻的阶级为了夺回失去的东西进行了绝望的挣扎。国内战争的年代于是开始了。红军建立起来了。饥饿的国家转入了战时共产主义制度，并且变成了斯巴达式的兵营。十月革命一步步为自己开辟道路，击垮了所有的敌人，转而去解决全部的经济任务，医治由帝国主义战争和国内战争造成的最严重的创伤，努力争取在工业发展方面取得最大的成就。然而，新的困难又出现在它的面前，这是由于它处在资本主义强国包围之中的孤立状态而造成的。导致俄国无产阶级夺取政权的发展滞后性把一系列任务提到了这个政权面前，而这些任务就其自身性质而言在一个遭到孤立的国家范围内是不可能完全解决的。因此，这个国家的命运与世界历史的未来发展进程整体上是紧紧联系在一起的。

这专门叙述二月革命的第一卷说明，这次革命是怎样以及为什么必然失去其意义的。第二卷将指出，十月革命是怎样取得胜利的。

505

# 附录一　第一章参考材料

关于俄国历史发展特殊性的问题以及与此相关联的它的未来命运问题，构成了几乎整个 19 世纪期间俄国知识分子一切争论和分化的基础。斯拉夫派和西欧派朝着相反的方向然而又同样没有商量余地地去解决这个问题。接替它们的是民粹主义和马克思主义。在资产阶级自由主义影响下最终蜕化之前，民粹主义长期而顽固地捍卫俄国绕过资本主义完全独特的发展道路。在这个方面，民粹主义继续着斯拉夫主义的传统，不过肃清了其君主制—教会—泛斯拉夫主义成分，赋予了它革命民主主义的性质。

就事情的实质而言，沉溺于自己全部反动幻想的斯拉夫主义观念就如沉溺于自己全部民主错觉的民粹主义观念一样，根本不是什么纯粹的投机，而是以俄国发展毫无疑问的同时又是十分深刻的特殊性为依据的，只不过这些特殊性受到了片面的理解和错误的评价。在同民粹主义的斗争中，证明了所有国家发展规律同一性的俄国马克思主义往往陷入教条主义的陈腐公式，表现出把孩子连同洗澡水一起从浴盆里泼出去的倾向。这种倾向特别鲜明地体现在著名教授波克罗夫斯基的许多著作当中。

1922 年，波克罗夫斯基猛烈攻击了本书作者建立在不断革命论基础上的历史观念。这里引用了作者对波克罗夫斯基教授的答复中最重要的摘要，它们发表在1922年7月1日和2日两期党中央机关报《真理报》上，我认为至少对于那些不仅对事件的戏剧性 506
过程而且对革命的理论感兴趣的读者是有益的。

## 论俄国历史发展的特殊性

波克罗夫斯基针对我的《1905年》这本书发表了专门文章。这篇文章证明，——可惜是从反面！——把历史唯物主义方法运用于活生生的人类历史是一件多么复杂的事情，从而往往把历史引向多么陈腐的公式，即使像波克罗夫斯基那样知识渊博的人也是这样。

它(遭到波克罗夫斯基批评的这本书)受到的挑战直接来自这样一种意图，即用历史来说明既与资产阶级民主共和国的口号对立，也与无产阶级和农民的民主政府的口号对立的无产阶级夺取政权的口号的根据，并且从理论上证明其正确。……这个思想的形成引起了来自为数不少的，准确地说是绝大多数马克思主义者理论上的最大愤慨。不仅孟什维克，而且加米涅夫和罗日科夫(布尔什维克历史学家)都是这种愤慨的表达者。总的来说，他们的观点是这样的：资产阶级的政治统治必定出现在无产阶级政治统治之前，资产阶级民主共和国对无产阶级来说应该是长期的历史学校；企图跨越这个阶段就是冒险主义；假如西方的工人阶级都还没有夺取政权，那么俄国无产阶级怎么就能给自己提出这一任务呢，等等。这种为历史发展公式和形式类比所束缚的假马克思主义观
点把历史上的各个时代变成了无法改变的社会范畴(封建主义、资 507

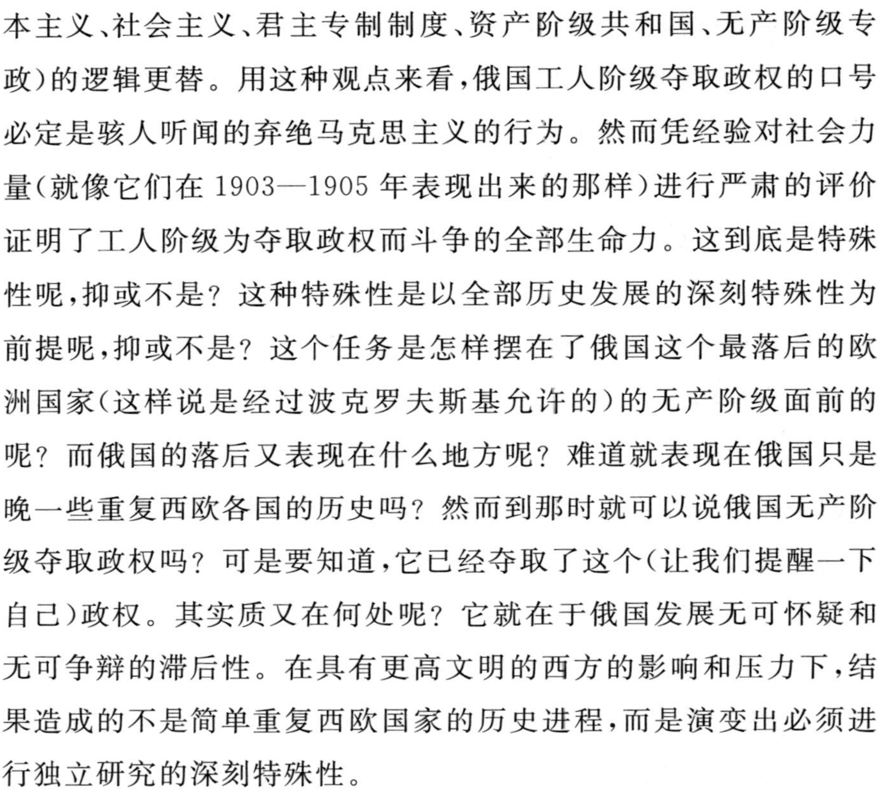

本主义、社会主义、君主专制制度、资产阶级共和国、无产阶级专政)的逻辑更替。用这种观点来看,俄国工人阶级夺取政权的口号必定是骇人听闻的弃绝马克思主义的行为。然而凭经验对社会力量(就像它们在1903—1905年表现出来的那样)进行严肃的评价证明了工人阶级为夺取政权而斗争的全部生命力。这到底是特殊性呢,抑或不是?这种特殊性是以全部历史发展的深刻特殊性为前提呢,抑或不是?这个任务是怎样摆在了俄国这个最落后的欧洲国家(这样说是经过波克罗夫斯基允许的)的无产阶级面前的呢?而俄国的落后又表现在什么地方呢?难道就表现在俄国只是晚一些重复西欧各国的历史吗?然而到那时就可以说俄国无产阶级夺取政权吗?可是要知道,它已经夺取了这个(让我们提醒一下自己)政权。其实质又在何处呢?它就在于俄国发展无可怀疑和无可争辩的滞后性。在具有更高文明的西方的影响和压力下,结果造成的不是简单重复西欧国家的历史进程,而是演变出必须进行独立研究的深刻特殊性。



在欧洲革命开始前就导致了十月革命胜利的我国政治局势的深刻特征是建立在各个阶级和国家政权之间的力量对比的特殊性之上的。当波克罗夫斯基和罗日科夫跟民粹主义者及自由主义者论战时,他们证明了沙皇制度的组织和政策取决于经济的发展和有产阶级的利益,这基本上是正确的。但是,当波克罗夫斯基力图重复这一观点来反对我时,他的攻击简直是无的放矢。

508 我国资产阶级在无产阶级成为独立的政治力量之前没有做到推翻沙皇制度。这是我们国家在帝国主义包围的条件下历史滞后发展的一个后果。

可是对于波克罗夫斯基来说，为我们构成研究中心议题的问题本身是不存在的……

波克罗夫斯基写道："在16世纪全欧洲的背景下描述当时的莫斯科罗斯——是一桩极富诱惑力的任务。再没有更好的方法驳倒至今甚至在马克思主义者圈子里也占统治地位的'原始性'偏见，好像俄罗斯的专制制度就是在这种'原始性'经济基础上产生的。"接着他又写道："在其真实的历史联系中，把这个专制制度解释为欧洲商业资本主义的一个方面……——这不仅是历史学家非常感兴趣的任务，而且对于大众读者也是非常具有教育意义的重要任务，没有更彻底的方式能清除关于俄国历史进程'特殊性'的传奇了。"正如我们所看到的，波克罗夫斯基坚决否认我国经济发展的原始性和落后性，与此同时把俄国历史进程的特殊性归入了传奇之列。而全部问题就在于，波克罗夫斯基被他本人还有罗日科夫发现的16世纪俄国商业相当广泛发展的状况完全催眠了。很难理解波克罗夫斯基怎么会犯这样的错误。实在可以去想一想，莫非商业贸易就是主要的经济生活方式，就是衡量它的准确无误的标尺。德国经济学家卡尔·比歇尔早在20年前就企图从商业贸易（生产者和消费者之间的联系途径）当中找出一切经济发展判断标准。当然，司徒卢威赶紧把这些"被发现的"标准搬进俄国的经济"科学"。比歇尔的理论当时就遭到了来自马克思主义者十分自然的回击。我们在生产领域——技术和劳动的社会组织——
寻找经济发展的标准，而我们把生产者向消费者提供产品所经过 509
的途径视为次生性质的现象，其根源需要在同一个生产领域去寻找。

16世纪俄国商业规模之大（至少在覆盖的面积方面是如此），

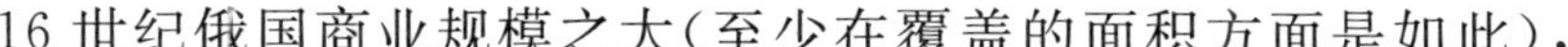

用比歇尔-司徒卢威标准的观点来看不管这有多离奇，恰恰可以用俄国经济极其原始和落后来解释。西欧城市是手工业行会和商业基尔特[①]城市。但我们的城市首先是行政—军事中心，因而是消费中心，而不是生产中心。西欧的手工业行会的生活方式是建立在相对较高的经济水平之上的，当时加工工业的全部基本过程脱离了农业，变成了独立的手工业，创建了自己的组织，自己的中心，自己的城市，创建了最初是有限的（省一级、区一级的），然而又是稳定的市场。这样一来，在中世纪欧洲城市的基础上，形成了程度相当高的经济分化，后者又孕育出了中心城市与它周围的农业地带之间正常的相互关系。至于我国经济的落后性，首先体现在手工业没有与农业分离，仍然维持着家庭手工业的形式上。在这里，我们与印度的距离比欧洲更近，就像我们的中世纪城市与亚洲城市的距离比欧洲城市更近一样，就像我们的专制制度位于欧洲的专制政体与亚洲的君主专制之间，而许多特点与后者相近一样。



由于我们国家幅员无比辽阔和居民稀少（看来这同样是落后的足够客观的标志），因此产品交换必须以最广大规模的商业资本的中介作用为前提。这种规模之所以成为可能，是因为西方处在
510 发展水平要高得多的状态，它有自己十分复杂的需要，它派出自己的商人和运出自己的商品，并且在我们最原始的在相当程度上也是野蛮的经济基础上来推动我们这里的商品流通向前发展。看不到我国历史发展的这一最大的特点——就等于看不到我们国家的全部历史。

---

① 即同业公会。——译者

本书作者的西伯利亚房东雅各布·安德烈耶维奇·乔尔内赫(作者曾帮他记了两个月的账,几普特、几俄尺地记入他的账簿)用自己商业行为的力量在基连斯克县范围内实行几乎没有限制的统治,这不是16世纪,而是20世纪之初的事情。雅各布·安德烈耶维奇从通古斯人那里收购毛皮,从遥远的乡村牧师手里购买教堂物品,他又从伊尔比特集市和下诺夫哥罗德博览会集市运来印花布,而主要是经营伏特加酒(那时伊尔库茨克省还没有实行酒类专卖)。雅各布·安德烈耶维奇目不识丁,却是个百万富翁(按当时而不是今日数字后面"零"的分量)。他作为商业资本代表人的"独裁"是无可争辩的。甚至他说起话来总是离不开"我的小通古斯人"。基连斯克城,还有上维尔霍连斯克以及下伊林姆斯克这些城镇,成了在官场上相互依赖的警察局长、警察所长和富农的住所,也居住着各式各样的小官吏以及某些可怜的手工业者。那里作者没有发现作为城市经济生活基础的有组织的手工业——无论是行会,或是行会节日,还是基尔特制,统统都没有,尽管雅各布·安德烈耶维奇属于"第二等基尔特制"。就是这种西伯利亚真实生活的片断对于我们理解俄国发展的历史特殊性确实要比波克罗夫斯基就此所说的要深刻得多。的确如此。雅各布·安德烈耶维奇的商业活动从勒拿河的中游及其众多的东方支流一直延伸到了下诺夫哥罗德甚至莫斯科。能够在自己的商业地图上画出如此长线条的欧洲内陆商业家族为数不多。可是用西伯利亚本地俄罗斯人的话来说,这位商业独裁者——是"梅花老K"[①],他是我国经济落后性、

① 扑克中梅花老K的原型是亚历山大大帝。——译者

511 野蛮性、原始性最完美和最有说服力的化身。他也是居民稀少、农村居民点零散、土路难以通行以及它们在春秋雨季泥泞时期形成了包围县、乡、村长达两个月之久的沼泽封锁，还有普遍的文盲等等现象的体现。而乔尔内赫之所以能在西伯利亚（勒拿河中游）野蛮的基础上蹿升到重要的商业地位，是因为西方——“俄罗斯”、“莫斯科”挤压西伯利亚，并把它放在拖轮上拖着往前走，从而导致了不开化的游牧经济和华沙闹钟的结合。

行会手工业构成了中世纪城市文化的基础，该文化也投射到了农村。中世纪的科学、经院哲学、宗教改革是从手工业行会的土坯里孕育成长起来的。这些在我们这里都是没有的。当然，我们也能找到萌芽、征兆和标记，可是要知道，在西方这不是标记，而是具有手工业行会基础的强健的经济文化结构。立足其上的是欧洲中世纪城市，它就在此基础上诞生并且起来同教会及封建主做斗争，同时向反对封建主的君主专制制度伸出了手。正是这种城市为以火器为标志的常备军创造了技术前提。

我们的手工业行会城市哪怕是与西欧城市稍有类似之处的城市到底在哪里呢？它们同封建主在哪里进行过斗争呢？难道是工商业城市同封建主的斗争创建了俄国专制制度发达的基础吗？出于我国城市自身性质的缘故，我们这里没有发生过这样的斗争，正如没有发生过宗教改革一样。这究竟是不是特殊性呢？

我国的手工业还停留在家庭手工业阶段，也就是说还没有从农业经济中剥离出来。宗教改革还停留在农民教派阶段，因为它找不到来自城市方面的领导。在我们这里，原始性和落后性还在朝着上天大声呼叫……

沙皇制度作为独立的(还是相对在经济基础上各种活生生的 512
历史力量斗争的范围内而言的)国家组织不是由于实力强大的城市跟实力强大的封建主斗争,而是因为我国封建主力量衰竭(且不论我国城市的工业彻底衰竭)而兴盛起来的。

波兰就其社会结构而言介于俄国和西欧之间,就像俄国介于亚洲和欧洲之间一样。波兰的城市对行会手工业比我们的城市要熟悉得多。但是它们也没能发展到协助国王政权削弱封建主的程度。国家政权仍然直接掌握在贵族手里。其后果是国家处于完全无力的境地,直至瓦解。

至于说到沙皇制度,无论与资本家还是与无产阶级都有关系:令人不解的是,波克罗夫斯基把自己的怒气仅仅发泄到谈论沙皇制度的本书第一章。俄国资本主义之所以没有从手工业通过手工工场发展到工厂大工业,是因为在俄国手工业大多数还没有从农业分化出来的时候,欧洲资本首先以商业资本方式,然后以财政和工业资本的方式对我们国家施加重压。由此——我国资本主义现代工业在原始经济包围中出现了:有比利时或者美国开办的工厂,而周围是小村落,是逐年衰败的草屋和木屋村落,等等;由此——西欧资本在俄国经济中起着巨大的作用;由此——俄国资产阶级在政治上软弱无力;由此——我们要战胜俄国资产阶级是相当容易的;由此——当我们的事业遭到欧洲资产阶级干涉的时候,困难就会加剧。……

而我国的无产阶级呢?他们经历了中世纪出师学徒兄弟情谊般的教育吗?他们有古老的行会传统吗?什么类似的东西都没
有。他们被抛进了工厂的锅炉,径直与木犁割断了联系……由此 513

使得无产阶级自身没有保守传统，也没有帮派；由此，再加上其他原因，使得革命的新鲜事物、十月革命、世界上第一个工人政府出现了。但是由此也导致了文盲、落后，缺乏组织教养，工作没有秩序，缺乏文化和技术教育培养。我们在我国经济文化建设中每一步都能感受到所有这些缺点。

俄罗斯国家与建立在较高经济、政治和文化基础上的西方国家的军事组织迎头相遇。如此一来，俄国资本在迈出自己的最初几步时便与发达得多也强大得多的西方资本迎头相遇，结果落到了后者的支配之下。于是，俄国工人阶级在迈出自己最初几步时便发现了由西欧无产阶级经验制造出来的现成武器——马克思主义的理论、工会、政党。仅仅用俄国有产阶级的利益来说明专制制度的本质和政策的人忘记了，除了更落后、更贫乏、更无知的俄国剥削者以外，世界上还有更富裕的、实力更强大的欧洲剥削者。俄国有产阶级只得怀着仇视或半仇视与欧洲有产阶级迎头相遇。这类遭遇是通过国家组织这个中介发生的。专制制度就是这样的国家组织。假若没有欧洲城市和欧洲火药（因为它不是我们发明的），假若没有欧洲的交易所，专制制度的全部结构和全部历史就是另外一副模样了。

在自己存在的最后阶段，专制制度不仅是俄国有产阶级的机构，而且是欧洲交易所剥削俄国的组织。这种双重角色继续赋予
514 它相当大的独立性。1905 年法国交易所为了维持俄国的专制制度，违背俄国资产阶级政党的意愿向专制制度提供贷款的事实，就是上述独立性的清晰体现。

沙皇制度是在帝国主义战争中被摧毁的。为什么？因为在这个制度下生产基础太低下了（“原始性”）！在军事技术领域，沙皇制度竭力向最完善的样式看齐。在这方面，更富裕和更文明的盟国尽一切可能来帮助它。多亏这个，沙皇制度才得以掌握了最完善的战争武器。但是它没有也不可能有仿造这些武器并且通过铁路和水路足够快地运送它们（以及大量人群）的可能性。换句话说，沙皇制度凭借比它的敌人和盟友都更加落后的经济基础，在国际竞争中捍卫了俄国有产阶级的利益。

在战争期间，沙皇制度在无情地剥蚀这个基础，也就是说比实力强大的敌人和盟友吞食了比例要大得多的国民财产和国民收入。这个事实一方面在战时债务体制中，另一方面在俄国的彻底破产中得到了证实……

所在这些因素直接决定了十月革命，决定了无产阶级的胜利，也决定了它今后的困难。这是波克罗夫斯基的老生常谈根本无法解释清楚的。

515 # 附录二　第十六章附录

在为侨居美国的俄国工人而开办的纽约《新世界》日报上，本书作者力图依据美国报刊上少得可怜的报道来对俄国革命做出分析和预测。3 月 6 日（旧历）作者写道：“正在发生的事件的内部经过，我们只能通过官方透露出来的只言片语和隐语暗示来了解。”专门围绕革命撰写的系列文章从 2 月 27 日开始，到 3 月 14 日由于作者动身离开纽约而中断。我把从这些系列文章中摘录出来的引文按时间先后顺序排列在下面，它们能够提供作者 5 月 4 日回到俄国时对革命的所持的见解。

2 月 27 日：

“上层是混乱不堪、名誉扫地、互不协调的政府，彻底动摇的军队，有产阶级中间心怀不满、信心尽失和惊恐万状，下层人民当中充满极度冷酷的情绪，在事变烈火中经过锻炼的无产阶级人数的增长——所有这些都让我们有理由说，我们将成为第二次俄国革命的见证人，我们还希望我们当中有许多人将是它的参加者。”

3 月 3 日：

“罗将柯和米留科夫之流现在谈论秩序为时尚早，安宁明天还
516 不会降临到动荡不安的罗斯。在辽阔无垠的全俄民族监狱中，国家所有备受压迫、生活无着以及被沙皇制度和有产阶级掠夺罄尽

的人民，现在一个阶层接着一个阶层开始行动起来。彼得格勒发生的事件仅仅是开端。站在俄国人民群众前列的革命无产阶级将执行自己的历史性工作：他们将把君主制度和贵族反动派从其避难所赶出去，并且向德国和全欧洲的无产阶级伸出自己的双手。因为不仅需要消灭沙皇制度，而且需要消灭战争。”

“革命的第二次浪潮肯定将冲击为恢复秩序以及与君主制度妥协而操心的罗将柯和米留科夫之流的头脑。革命将从自己的内部推出自己的政权——走向胜利的人民的革命机关。无论主要战役还是主要牺牲都还在后头。彻底和真正的胜利只有在它们后面才会出现。”

3 月 4 日：

“长期压抑的群众不满情绪之所以直到战争爆发后第 32 个月才如此之迟地向外爆发，不是因为群众面对的是警察障碍（战争期间它实际上已经摇摇欲坠了），而是因为所有的自由主义设施和机关连同它们的社会爱国主义走狗向觉悟最低的工人阶层施加了强大的政治压力，劝诱他们相信‘爱国主义纪律和秩序’的必要性。”

“只有在这种情况下（即起义胜利后）才轮到了杜马。在最后一刻沙皇还力图解散它。如果存在着解散的可能的话，它就会‘照过去的样子’平静地解散。可是在首都正是违背了自由派资产阶级的意志而走上街头开展斗争的革命人民已经占了优势。军队也和人民站在一起。因此，假如资产阶级不努力去组建自己的政权，
革命政府就会从起义的工人群众内部诞生。6 月 3 日杜马任何时 517
候都不曾决定从沙皇那里夺走政权。然而它不可能不利用业已出现的皇权空缺局面：专制王朝暂时从地面消失了，而革命政权还没

有定型。”

3 月 6 日：

“以城市无产阶级为首的革命力量与已经暂时掌握政权的反革命自由派资产阶级之间的公开冲突根本无法避免。当然，可以挑出许多令人感动的话来论证全民统一相对于阶级分裂具有巨大优越性这个题目，自由派资产者和可悲的社会主义庸人正竭尽全力着手去做这件事。但无论何时还从未有谁能用这样的咒语消除社会矛盾和中止革命斗争的自然发展。”

“正是在目前，革命无产阶级应该马上使自己的革命机关——工人、士兵和农民代表苏维埃与临时政府的执行机构对立起来。在这场斗争中，无产阶级要把正在站起来的人民群众团结在自己的周围，应当把夺取政权树立为自己的直接目标。即便在筹备立宪会议时期，唯有革命的工人政府才有意志和能力在全国进行激进的民主清洗，自上而下地重建军队，并且把它变成革命的民兵，切实向下层农民证明，只有支持工人革命制度，他们才能得到解救。”

3 月 7 日：

“在尼古拉二世一伙执掌政权时期，专制王朝和反动贵族的利
518 益在对外政策中占有优势。恰恰是由于这个缘故，柏林和维也纳总是希望同俄国单独缔结和约。现在，从政府的旗帜上同样明显看得出来纯粹的帝国主义利益。古契柯夫和米留科夫之流对人民说：‘再也没有沙皇政府了，现在你们应该为全民族利益流血。’而俄罗斯帝国主义者把收回波兰，夺取加里西亚、君士坦丁堡、亚美尼亚、波斯理解为民族利益。换句话说，俄国现在与其他欧洲国家

首先是与自己的盟国——英国和法国处在共同的帝国主义行列中。”

“从王朝—贵族帝国主义过渡到纯粹资产阶级的帝国主义，无论如何也不能让俄国无产阶级容忍战争。同世界性大屠杀和帝国主义进行的国际主义斗争现在是我们比以往任何时候都重要的任务。”

“米留科夫的帝国主义式自我夸耀——摧毁德国、奥匈帝国和土耳其——现在对霍亨索伦王朝和哈布斯堡王朝再有利不过了。米留科夫在它们手中扮演菜园稻草人的角色。在着手军队改革之前，自由主义—帝国主义新政府就在协助霍亨索伦王朝激起爱国主义精神，修复遭到破坏的德国人民的‘民族统一’。既然德国无产阶级理由充分地想到了站在俄国新的资产阶级政府身后的是全体人民，其中包括革命的主要力量——俄国无产阶级，这对我们的同志——德国的革命社会主义者那将是多么可怕的打击。”

“俄国革命无产阶级的直接责任表明，自由派资产阶级凶险的
帝国主义意图其实没有什么力量，因为它没有得到工人群众的支 519
持。俄国革命应该在全世界面前展示自己的真实面貌，也就是自己不仅对王朝—贵族反动派，而且对自由主义、帝国主义抱毫不妥协的敌视态度。”

3 月 8 日：

“在‘拯救国家’的旗号下，自由派资产阶级力图把对革命人民的领导权掌握在自己手里，为此，他们不仅把爱国主义劳动派分子克伦斯基，而且看来也要把社会民主工党机会主义分子的代表齐赫泽拉上自己的拖轮。”

“土地问题把一根长长的楔子钉进了现今的贵族—资产阶级的社会爱国主义联盟。克伦斯基必须在‘自由主义’六三分子[1]与革命无产阶级之间做出选择，前者基于资本主义目的想偷窃革命的全部成果，后者将全面实施土地革命纲领，也就是为了人民的利益没收沙皇、地主、皇族、修道院和教会的土地。克伦斯基个人做什么样的选择，没有多大意义……而农民群众，农村下层的选择则是另一回事。把他们吸引到无产阶级一边来是最迫切和最紧要的任务。”

“企图通过以我们的政策去适应农村的民族爱国主义狭隘性来解决（吸引农民）这一任务是犯罪行为：为自己跟农民的关系付出自己与欧洲无产阶级关系破裂的代价，那等于俄国工人完成自杀。不过这里没有任何政治上的需要。我们手里有更强大的武

520 器：就在现今的临时政府[2]和李沃夫—古契柯夫—米留科夫—克伦斯基内阁不得不以维持自己统一的名义避开土地问题的时候，我们能够也应该把这个问题完整地摆在俄国农民群众的面前。

——既然土地改革是不可能的，那么我们就拥护帝国主义战争吧！——有了 1905—1907 年的经验以后，俄国资产阶级如是说。

——你们对比了帝国主义战争和土地革命，你们转身背对着战争吧！——我们将援引 1914—1917 年的经验对农民群众这样说。

---

① 即由 1907 年 6 月 3 日国家政变出身的杜马成员。

② 美国报纸所说的临时政府，是指杜马临时委员会。

就是这个土地问题将在军队的无产阶级骨干与军队的农民群众的团结事业中发挥巨大的作用。'要地主的土地,而不要君士坦丁堡!'无产阶级士兵对农民士兵这样说,向他们解释清楚帝国主义战争是为谁以及为什么目的服务的。直接依靠无产阶级以及追随他们的农村下层的工人革命政府能够以何种速度取代自由主义—帝国主义政府,那将取决于我们首先在工人中间,其次在农民和士兵群众中间开展的反对战争的宣传和斗争所取得的成就。"

"罗将柯、古契柯夫、米留科夫之流竭尽全力按照自己的模样来创建立宪会议。反对外敌的全民战争口号是他们手中最有力的王牌。当然,他们现在就要大谈保卫'革命成果'使其不至于毁于霍亨索伦王朝之手的必要性了。于是社会爱国主义者也将替他们帮腔。" 521

"我们要说:如果说有什么值得保护!那么头一件事就是确保革命不让内部敌人破坏。需要做的不是等候立宪会议,而是把君主制和农奴制的垃圾从每个角落清除掉。需要教育我国农民的是别相信罗将柯的诺言和米留科夫的爱国主义谎言。需要千百万农民在土地革命和共和国的旗帜下团结起来去反对自由主义的帝国主义者。只有依靠无产阶级的革命政府把古契柯夫和米留科夫之流的政权赶下台,才能彻底地完成这项工作。这个工人政府为了教育团结城乡最落后和最无知的下层劳动群众,并促使他们行动起来,将动用国家政权的一切手段。"



"——如果德国无产阶级不起来斗争呢?那我们怎么办呢?

——怎么,你们还假设俄国革命甚至在我们的革命把政权交给工人政府的情况下还能对德国毫无影响吗?不过要知道,这是完全不可思议的。

——嗯，要是事情毕竟这样呢？……

——……假如发生了不可思议的事情，假如保守的社会民主党组织阻碍德国工人阶级近期起来反对本国统治阶级，——那么，不用说俄国工人阶级将用手中的武器来保卫革命。工人革命政府就将进行反对霍亨索伦王朝的战争，同时号召兄弟的德国无产阶级起来反对共同的敌人。德国无产阶级的情况也完全一样，假如
522 他们近期夺得了政权，那他们不仅‘有权利’而且有义务从事反对古契柯夫—米留科夫的战争，以帮助俄国工人战胜本国的帝国主义敌人。在这两种场合，无产阶级政府领导的战争都不过是武装的革命罢了。问题并不在于‘保卫祖国’，而是在于保卫革命并且使它扩展到别的国家。”

在前面从预定为工人撰写的普及文章里面引用的大量摘录中，与列宁 4 月 4 日提纲中体现出来的相同的有关革命发展的观点得到了充分发挥，这大概不需要再去证明了吧。

*　　*　　*

鉴于布尔什维克党在二月革命头两个月经历过的危机，在这里引用本书作者 1909 年为罗莎·卢森堡的波兰刊物撰写的一篇文章的摘引文字并非多余：

“如果说孟什维克从‘我国资产阶级革命’这一抽象概念出发，产生了无产阶级的全部策略直至自由派资产阶级取得国家政权之前都要适应后者的行为的思想，那么布尔什维克从‘民主的而非社会主义的专政’这一同样纯粹的抽象概念出发，则产生了握有政权的无产阶级自行局限在资产阶级民主范围内的想法。的确，二者之间在这个问题上的差异是非常大的：虽然孟什维主义的反革命

一面现在就已经全面表现出来了，可是布尔什维主义的反革命特征则只有在革命胜利的场合才会有其巨大的危险性。”

这些话在1923年以后被篡改者在反对“托洛茨基主义”的斗 523
争中广泛运用。其实，在事情发生8年之前，它们就已经给当今篡改者“在革命胜利的场合”的行为赋予了十分确切的性质。

党清除了自己右翼阶层的“反革命特征”，体面地度过了四月危机。正因为如此，作者在1922年给上面这段引文增加了下面的注释：

“众所周知，这不是偶然的，因为在列宁的领导下于1917年春也就是夺取政权之前，在这个最重要的问题上，布尔什维主义（不是没有经过内部斗争）完成了思想上的重新武装。”

1917年4月，列宁在同布尔什维克领导阶层的机会主义倾向的斗争中写道：

“布尔什维克的口号和主张总的说来已得到历史充分的证实；但是具体实现的结果与任何人所能想象的不同，它要新奇得多，特殊得多，复杂得多。

忽略或忘记这一事实，就会重蹈我党历史上不止一次起过可悲作用的‘老布尔什维克’的覆辙，他们只会无谓地背诵记得烂熟的公式，而不去研究新的生动现实的特点。

……

现在谁只谈‘无产阶级和农民的革命民主专政’，谁就是落在生活的后面，因而实际上跑到小资产阶级方面去反对无产阶级的阶级斗争，这种人应当送进革命前的‘布尔什维克’古董保管库（也可以叫作‘老布尔什维克’保管库）。”（《列宁全集》中文第二版第29卷，第138页）

525 # 附录三　致加利福尼亚大学A.考恩教授的一封信

您想知道，苏哈诺夫讲述的1917年5月我跟表面上以马克西姆·高尔基为首的《新生活报》编辑部的见面情况准确程度如何。为了进一步把事情弄明白，我必须就苏哈诺夫七卷本《革命札记》的总体性质说几句话。这部著作所具有的全部缺点（冗长啰唆、印象主义的表达、政治上的近视）使人阅读起来有时难以忍受。不过不能不承认作者极其认真的态度，从而使得《札记》成了很有价值的历史文献。然而，法律界人士都知道，证人极其认真的态度还不能完全确保其证词的可靠：还需要考虑证人的发育水平，他的视力、听觉、记忆能力，他在事件发生时的情绪，等等。苏哈诺夫作为一个知识分子型的印象主义者，就像大多数这种人一样，缺乏理解其他气质人群政治心理的能力。虽说他本人1917年站在妥协派阵营的左端，因而与布尔什维克比较接近，可是就自己的哈姆雷特式气质而言，他是而且始终是与布尔什维克正好相反的人。在他身上，总是充满着怀有敌意地疏远那些目的明确的，深知自己想干什么和走向何处的人的感情。所有这一切导致了苏哈诺夫在自己
526 的《札记》中刚要试图了解布尔什维克行动的动机或者揭露他们的暗中动机时极其认真地错上加错，有时，他好像在有意把简单和明

白的问题弄糊涂。事实上，至少在政治上，他天生就缺乏找到两点之间最短距离的能力。

苏哈诺夫在把我的路线与列宁的路线对立起来一事上花费了不少气力。苏哈诺夫对会场外情绪和知识分子圈子的传闻（顺便指出，为评价自由主义、激进主义和社会主义上层的心理提供了大量资料的《札记》的优点之一就在这里）十分敏感，他自然要靠列宁和托洛茨基之间发生意见分歧的愿望而活着；何况，这种情况势必会减轻哪怕是部分地减轻处于社会爱国主义者和布尔什维克之间的《新生活报》的不幸命运。在自己的《札记》里面，苏哈诺夫在政治回忆和事后揣测的外表下，仍然生活在这些无法实现的愿望的气氛之中，他试图把个性、气质、作风的特点解释为特殊的政治方针。

关于 6 月 10 日那次没有举行的布尔什维克游行，特别是七月危机那次武装示威，苏哈诺夫花了大量篇幅来企图证明，列宁在那些日子里径直力求通过阴谋与起义夺取政权，而托洛茨基则与此相反，他努力追求当时居优势地位的政党即社会革命党和孟什维克所代表的苏维埃的实际政权。所有这些说法，本身都是毫无根据的。 ***517***

6 月 4 日，策烈铁里在苏维埃第一次代表大会上的发言中顺便谈道：“目前在俄国没有一个政党会说，把政权交给我们。”此刻从听众席位上传来一声高喊：“有！”列宁历来不喜欢打断发言人讲话，也不喜欢别人打断他。只是这次确有非常重大的理由才能促使他一改自己通常的矜持。按照策烈铁里的逻辑结果就是，当人民遇到了极大困难时，首先必须尽量把政权推给别人。实际上这就是俄国妥协主义的智慧。二月革命后正是它把政权推给了自由主义者。策烈铁里给很少招人喜欢的害怕担当责任的行为涂上一层政治上大公无私和极有远见的色彩。对于完全相信本党使命的革命者来说，这种胆怯的清高是让人根本无法接受的，在困难环境中有本事回避政权的革命政党只配受到蔑视。

在同一次会议上发言时，列宁解释了自己对策烈铁里的大声回答，他说："邮政部长公民（即策烈铁里。——托洛茨基）……说，俄国没有一个政党会表示决心要掌握全部政权。我回答说：'有的！任何一个政党都不会放弃这样做，我们的党也不放弃这样做，它每一分钟都在准备掌握全部政权。'（掌声，笑声）。你们爱怎么笑就怎么笑，但是，如果部长公民向我们……提出这个问题，那他一定会得到应有的回答。"（《列宁全集》中文第二版第 30 卷，第 240 页）列宁的观点难道不是完全透明的吗？

就在这次苏维埃代表大会上，紧接着农业部长佩舍霍诺夫发言之后，托洛茨基说了这样一番话："我与他（佩舍霍诺夫）不属于同一个政党，不过，假若有人对我说内阁将由 12 个佩舍霍诺夫组成，那我就会说，这是向前迈进了一大步……"

托洛茨基没有想到，就是在游行发生的那些日子托洛茨基说过的内阁由佩舍霍诺夫们组成的那些话，可能被人理解为与列宁准备夺取政权相对立的意见。事情过后，苏哈诺夫以臆造这种对立的理论家身份出来说话了。苏哈诺夫把布尔什维克为了让苏维埃接管政权而筹备的 6 月 10 日游行示威解释为夺取政权的预演，他写道："在'游行示威'前两三天，列宁公开说过，他准备把政权夺到自己手中。而与此同时，托洛茨基却说，希望看到 12 个佩舍霍诺夫取得政权。这就是差别。不过我还是认为，托洛茨基被拉入了6月10日的事件……就在那个时候，没有令人怀疑的‘区联派分子’[①]，列宁是不打算去开展决战的。因为托洛茨基是这场宏伟的竞赛中与他类似的伟大对手，而在自己的党内部，列宁本人以后很久，很久，很久都没有出现过第二个。”

所有这些议论都充满着矛盾。按照苏哈诺夫的说法，实际上列宁似乎真的想干策烈铁里指责他的那件事情：“由无产阶级少数立即夺取政权。”无论多么难以置信，苏哈诺夫不顾一切疑难，还是在列宁说的布尔什维克准备夺取政权的那句话中间发现了布朗基主义的证据。然而假若列宁真的要在6月10日准备通过阴谋夺取政权，大概不会在6月4日的苏维埃全体会议上预先向敌人警告这一点吧。自从回到彼得格勒的第一天起，列宁就在使党相信，只有在苏维埃取得多数以后，布尔什维克才能给自己提出推翻临时政府的任务，这一点还需提醒吗。在四月危机期间，列宁坚决反对那些提出“打倒临时政府”的口号并且把它作为时下任务的布尔什维克。列宁6月4日的回答只有一个含义：如果工人和士兵信任我们，哪怕就在今天，我们布尔什维克也准备夺取政权，这就是我们与妥协主义者的区别，他们享有工人和士兵的信任，却没有勇气把政权拿过来。

苏哈诺夫把托洛茨基当作现实主义者，把列宁当作布朗基主 529
义者，把二者对立起来。“不接受列宁，但完全可以同意托洛茨基

① 苏哈诺夫把作者称作“令人怀疑的区联派分子”（区际组织成员），显然希望以此说明，事实上我是一个布尔什维克。不管怎样后面这种意见是正确的。我只是为了把区际组织带进布尔什维克党才留在该组织中的，这个目标在8月实现了。

关于问题的提法。”与此同时，苏哈诺夫宣布，“托洛茨基被拉入了6月10日的事件”，也就是被拉入了夺取政权的阴谋。苏哈诺夫在两条路线并不存在的地方发现了它们，然后他无法拒绝自己愉快地把这两条路线结合在一起，以便有机会谴责托洛茨基的冒险主义。这是对左翼知识分子自欺欺人地指望列宁和托洛茨基分裂而实施的别出心裁和不太切合实际的报复。

在布尔什维克为被取消的6月10日游行示威所准备的，而后来在6月18日游行示威中高举出来的宣传标语里面，“打倒十个资本家部长”的口号占据了中心位置。作为唯美主义者的苏哈诺夫很欣赏这个口号的简单朴实表达，可是作为政治家的苏哈诺夫却显得不甚理解其含义。政府中除了十个“资本家部长”以外，还坐着六个妥协派部长，布尔什维克的宣传标语并没有触犯他们。相反，按照口号的含义，社会主义部长，即苏维埃多数的代表倒是应该接替资本家部长。托洛茨基在苏维埃代表大会当场的发言，正是说出了布尔什维克宣传标语这层意思：请你们取消跟自由主义者的联合，撤换资产阶级部长并且由自己的佩舍霍诺夫们去接替他们。布尔什维克在提议苏维埃多数夺取政权时，他们当然一点也不会在对待佩舍霍诺夫们态度方面捆住自己的双手；相反，他们不会隐瞒，为争取苏维埃的多数和争取政权，将在苏维埃民主的范围内同佩舍霍诺夫们开展不可调和的斗争。所有这一切，归根结底都是最起码的常识。只有苏哈诺夫（与其说是他个人，不如说是他这种类型的人）的前述特点才能解释清楚，这位事件的参加者和观察者怎么可能在如此重大同时又如此简单的问题上如此不可救药地铸成了大错呢。

注意到这个已经分析清楚的政治插曲，就很容易理解苏哈诺 530
夫对您所感兴趣的我与《新生活报》编辑部的见面一事所做的虚伪描述了。托洛茨基与马克西姆·高尔基小圈子发生冲突的寓意，在苏哈诺夫借托洛茨基之口说出的最后一句话当中体现出来了：“现在我看到，除了同列宁一起创办报纸以外，我别无选择。”如此看来，仅仅是因为不可能与高尔基和苏哈诺夫亦即那些托洛茨基任何时候都认为既不是政治家，也不是革命者的人物达成协议，迫使托洛茨基找到了走向列宁的道路。要证明这种想法的荒唐无稽，把它表达清楚就足够了。

顺便说一句：对于苏哈诺夫来说，“同列宁一起创办报纸”这句话是多么有代表性，仿佛一个革命政治家的任务只在于办报。托洛茨基不会这样思考和这样确定自己的任务，这对于具有最起码的创造性想象力的人而言，也应该是明显的。

为了说清楚托洛茨基对高尔基的办报人员的拜访，必须要记住托洛茨基是 5 月月初即革命后两个多月，列宁回国后一个月到达彼得格勒的。在这期间，许多事情已经来得及稳定和确定下来。对托洛茨基来说，不仅对革命的基本力量即工人和士兵的情绪，而且对所有集团和“有教养的社会”的政治色彩进行直接的也可以说凭经验的了解是必要的。拜访《新生活报》编辑部对托洛茨基来说不过是一次小小的政治试探行为。目的是弄清这个“左派”团体的吸引力与排斥力，以及把其中某些人员分化出来的可能性，等等。短时间的交谈让托洛茨基相信，这个自作聪明的文学家小团体是毫无希望的，对他们来说，革命就是简单地归结为撰写社论。加之，既然他们指责布尔什维克“自我孤立”，把这个罪名归咎于列宁

及其四月提纲，那么托洛茨基无疑不得不告诉他们，他们用自己全
531 部言语再一次向我证实，列宁让党与他们隔绝或者更准确地说是把他们跟党隔绝，这样做是完全正确的。为了影响反对同列宁联合的梁赞诺夫和卢那察尔斯基这两个参加交谈的人，我必须特别坚决地强调上面这个结论；很显然，它也为苏哈诺夫的个人说法提供了借口。

* * *

您建议托洛茨基无论如何也不要答应 1917 年秋在彼得格勒苏维埃的讲坛上为高尔基的生日纪念会发表讲话，这当然是完全正确的。这一次苏哈诺夫表现不错，他放弃了自己的一个古怪念头：即在十月革命前夕吸引托洛茨基去参加站在街垒另一边的高尔基的生日庆祝会。